한중 문학의 대화

이육사와 루쉰 그리고 한중 상호 문화 인식

이화학술총서

한중 문학의 대화

이육사와 루쉰 그리고 한중 상호 문화 인식

홍석표 지음

이화여자대학교출판문화원

책머리에

한국의 중국 현대 문학 학계의 숙원 사업이기도 했던 루쉰 전집의 완역이 몇 해 전에 마무리되었다. 2010년에 『루쉰전집』 제1권이 출간된 이후 2018년에 총 20권의 전집이 완간된 것이다. 이것은 일본어판 『루쉰전집(魯迅全集)』에 이어 외국어로 완역된 두 번째 루쉰 전집이라는 점에서 의의가 있다. 필자도 번역자의 한 사람으로 이 전집의 완간에 참여했는데, 열두 명의 중국 현대 문학 연구자들이 10여 년 동안 각고의 노력을 기울여 일궈낸 중요한 학술 성과라고 할 수 있다. 『루쉰전집』의 완간은 한중(韓中)의 문학(문예) 교류가 그 어느 때보다 진지하고 깊이 있는 수준에 도달해 있음을 의미한다. 한국어판 『루쉰전집』이 나왔으니 이제 누구나 용이하게 루쉰 문학에 접근할 수 있을 것이다. 이를 증명이라도 하듯이 최근 국문학계에서도 루쉰의 문학적 삶이나 루쉰이 한국에서 어떻게 수용되었는지에 관해 진지하게 연구하며 훌륭한 학술적 성과를 내고 있으니 고무적인 일이 아닐 수 없다.

잘 알려져 있듯이 루쉰은 「광인일기」, 「아Q정전」, 「고향」 등을 창작한 작가로 중국 현대 문학을 대표하는 문호이다. 루쉰의 작품은 그가 활동하던 동시대 한국인들에게도 많은 사랑을 받았다. 1927년 류수인이 한국에서 최초로 루쉰의 단편소설 「광인일기」를 번역해 소개한 이후 그의 소설은 지속적으로 한국에 소개되었다. 1930년대 초반에 양백화가 「아Q정전」을, 정래동이 「애인의 죽음(傷逝)」과 「쿵이지(孔乙己)」 등을 번역·소개했으며, 시인 이육사도 1936년에 「고향」을 번역·소개한 바 있다. 1940년대에는 김광주와 이용규 공역의 『루쉰단편소설집』(제1·2집)이 출간되었다. 한국어판 『루쉰전집』의 완간은 근대 시기 이후 루쉰 문학 번역의 성과를 총결하는 의미를 갖는 것이기도 하다. 여기서 특기할 만한 것은 이육사의 「고향」 번역이 한국어의 묘미를 한껏 살린 문학 번역의 전범(典範)으로 보아도 손색이 없다는 점이다. 이육사는 루쉰 문학을 비롯한 중국 현대 문학을 비평·번역했던 한국의 제1세대 중국 현대 문학 연구자로 근대 시기 한중 문학 교류사에서 중요한 위치를 차지한다.

필자는 이 책의 원고가 마무리되고 있던 지난해 11월 안동에 있는 이육사문학관을 찾았다. 이육사의 따님인 이옥비 여사를 만나기 위해서였다. 이옥비 여사는 이육사의 유일한 혈육으로 이육사문학관의 관장을 역임하며 10여 년 동안 문학관을 지켜왔는데, 꼭 한번 만나 뵙고 싶었다. 이육사에 관한 저서를 내신 바 있는 도진순 교수님의 도움으로 이옥비 여사의 전화번호를 얻어 연락을 드렸다. 여사는 팔순의 연세에도 불구하고 정정한 목소리로 반갑게 전화를 받아주셨다. 필자는 약속한 날짜에 설레는 마음으로 이육사문학관을 찾았다. 여사와의 만남은 무척 즐거웠다. 겸손하면서도 강인한 이옥비 여사의 이미지는 마치 이육사를 만난 듯한 느낌으로 다가왔다. 이옥비 여사와 문학관의 신준영 학예사의 안내로 전시관을 둘러보았는데, 여사께서 친히 전시된 유품 및 문헌에 관해 일일이 설명해주어 이육사의 생애가 더욱 생생하면서도 감동적으로 와닿았다. 이옥비 여사의 설명을 경청하는 중에 이육사가 중국어본 『신구약전서』를 읽었다는 새로운 사실도 알게 되었다. 서울로 돌아온 후 필자는 중국의 중고 서점을 수소문해서 이육사가 생존해 있던 1936년 중국에서 출판된 중국어본 『신구약전서』를 구입할 수 있었고, 곧바로 그 책을 이육사문학관에 보냈다. 이육사문학관의 손병희 관장께서 직접 전화를 걸어 『신구약전서』 기증본에 대해 감사의 마음을 전하실 때, 이육사문학관을 위해 할 수 있는 자그마한 일이라도 있다는 데 대해 오히려 필자가 감사할 따름이었다. 여러 해 동안 근대 한중의 문학·학술 교류사를 연구하며 최근에는 이육사의 중국 현대 문학 비평과 번역에 관해 집중적으로 조명해온 필자로서는 이옥비 여사를 만나고 이를 계기로 이육사문학관과 인연을 맺게 되어 영광이라고 생각한다.

근대 시기 한중의 문학(문예) 교류는 오늘날의 상황과 크게 달랐다. 이를 이해하기 위해서는 일제 강점기의 열악한 현실 조건도 고려해야 하고, 당시 한국 사회의 압도적인 서양 문학 일변도의 추세도 감안해야 한다. 그런데 기억해야 할 것은, 열악한 현실 조건에서나마 당시 국내 중국 현대 문학의 비평과 번역은 중국을 이해하려는 욕구에서 비롯되었을 뿐만 아니라 비슷한 역사적 상황에 놓인 중국을 타산지석으로 삼아 한국 사회 또는 한국 문학이 나아갈 방향을 모색하는 데 또 다른 가능성을 위한 참조 체계를 발견하려는 시도이기도 했다는 사실이다.

그 시기 한중의 문학 교류를 이해하는 데 꼭 짚고 넘어가야 할 점은 일제 강점기의 복잡한 언어 환경에 대한 것이다. 주지하듯이 그 시기 중국은 '문학혁명'을 거쳐 언문일치의 백화(白話)로 된 현대 중국어로 글을 쓰던 때였는데, 한국인들은 전통 한문이 아닌 '외국어로서의 중국어'를 새롭게 습득하지 않으면 당대 중국 문학 작품이나 평론을 읽을 수 없었다. 일제 강점기의 열악한 환경에서 현대 중국어로 된 작품이나 평론을 직접 읽을 수 있는 중국어 독해 능력을 갖춘다는 것은 대단히 어려운 일이었다. 그래서 중국에서 유학했거나 경성제국대학에서 중국어문학을 전공한 극히 일부의 지식인들이 현대 중국어를 습득해 원전에 접근할 수 있었을 뿐이다. 대표적인 경우로 정래동, 김태준, 이육사, 김광주, 이명선 등을 들 수 있다. 그런데 이들은 일본어 텍스트도 손쉽게 읽을 수 있었다는 사실에 주의할 필요가 있다. 당시는 오늘날의 '외국어로서의 일본어' 환경과 전혀 다른 언어 환경에 놓여 있었다는 점을 간과해서는 안 된다. 그 시기 일본에서는 이른바 '지나학(支那學)'이라는 이름으로 중국에 대한 연구를 가속화하고 있었는데, 중국 현대 문학에 대한 연구도 활성화되어 당대 중국 문학 작품이 동시기에 일본어로 소개되었고, 주요 작가에 대한 비평과 소개가 잇달았다. 이러한 상황에서 당시 한국인들도 일본어를 매개로 일본인의 중국 현대 문학 연구의 성과를 참조할 수 있었던 것이다.

그렇지만 열악한 현실 조건과 복잡한 언어 환경 속에서도 한중의 문학 교류는 여러 가지 제약을 뛰어넘는 다양한 역사적 경험을 남겼다. 정래동은 일본의 중국 현대 문학 번역에 나타나는 오역의 문제점을 심각하게 비판한 바 있듯이 일본어 텍스트로부터 벗어나서 원전을 탐독하며 나름의 관점으로 중국 현대 문학을 비평·번역했다. 전통 한문뿐만 아니라 현대 중국어 독해 능력을 바탕으로 중국 현대 문학의 원전을 읽으며 작품을 비평하거나 번역한 이육사도 주목할 만하다. 이육사는 루쉰 문학을 이해하는 데 일본어 텍스트를 참조하기도 했지만, 그가 시사평론을 쓰던 저널리스트에서 점차 시와 수필을 창작하는 문학가로 전환한 이후에는 중국 현대 문학의 원전에 기초해 작품을 비평하고 번역한 것이다.

필자가 이 책에서 시도하고자 한 것은 근대 시기 열악한 현실 조건에도 불구하고 한중의 문학 교류가 이룩한 다양한 역사적 경험을 실체적으로 규명해 이를 재구성하는 일이었다. 이육사와 루쉰·후스(胡適)·쉬즈모(徐志摩) 문학과의 관계, 정래동·김태준·이명선의 저우쭤런(周作人) 비평, 후스와 저우쭤런의 한국 문화 인식, 류반농(劉半農)의 한국 민간 문학 소개 등은 한중 문학 교류의 역사적 경험을 다채롭게 보여주는 주요한 실례에 해당한다.

이육사가 번역한 중국 문학 작품을 보면 중국어 원본에 근거했든 일본어 텍스트에 근거했든, 모두 번역문학으로서 탁월한 성취를 이룩했다는 점을 확인할 수 있다. 문학 번역은 해당 언어의 독자들을 위한 것인 만큼 가독성을 중시하지 않을 수 없고 이에 따라 의역을 수반하게 되므로 번역자의 창조성을 포함한다. 루쉰 「고향」의 번역이라든지, 쉬즈모 시의 번역이라든지, 중국 근대 한문시(漢文詩)의 번역이라든지, 이육사가 보여준 중국 문학의 번역은 높은 수준의 창조적 번역으로 문학 번역의 전범으로 간주할 수 있다.

베이징대학 교수이자 유명한 산문 작가였던 저우쭤런은 한국이 일제의 지배를 받고 있었음에도 불구하고 한국의 문화적 위상과 그 예술의 가치를 높이 평가했다. 그는 한국의 문화적 정체성을 예증하기 위해 '조선전설(朝鮮傳說)'을 번역했으며, 고유한 문화적 정체성을 가진 '조선민족'의 국가 독립을 지지하면서 중국 문화 연구를 위한 비교학적 차원에서 '조선학(朝鮮學)' 연구의 필요성을 제기하기도 했다.

또한 학술사상가로 당시 지대한 영향을 끼치고 있던 베이징대학 교수 후스도 동 대학 중문과에서 '중일한 자음(字音) 연혁 비교 연구'를 강의하고 있던 한국인 김구경에게 중국의 초기 선종(禪宗) 문헌인 『능가사자기(楞伽師資記)』를 빌려주며 학문적 교류를 시작했다. 이후 김구경이 간행한 『능가사자기』 교간본은 후스가 중국의 선종 연구 방면의 개척적인 논문인 「능가종고(楞伽宗考)」를 집필하는 데 기초 자료로 활용되었다.

이러한 사실은 근대 시기 한중 문학 교류의 다양한 역사적 경험을 새롭게 발굴하고 체계화해서 그 현실적 의의를 규명하는 일이 매우 중요한 사안임을 시사한다. 필자의 이 책이 학술적 가치를 갖는다면, 이는 바로 그 점을 깊이 탐색한 데 있을 것이다. 지난 과거의 역사적 경험은 오늘날 한중의 문학 교류를 더욱 확대해나가고 '동아시아 문학'의 방향을 재정립하는 데 든든한 사상적 토대가 될 것이다.

이 책을 완성하기까지 많은 분으로부터 도움을 받았다. 이 책의 각 장을 구성하는 글들은 대부분 최근 몇 년간 중국에서 열린 학술회의에 초청을 받아 준비한 논문을 기초로 하고 있다. 필자가 최근 참가한 학술회의는 다음과 같다. 2018년 9월 베이징대학에서 열린 '저우씨 형제와 문학혁명(周氏兄弟與文學革命)', 2018년 10월 난징사범대학에서 열린 '현대 문학과 현대 한어(現代文學與現代漢語)', 같은 달 옌볜대학에서 개최된 '두만강 포럼: 문화 횡단적 관점에서의 문학 교류와 영향(圖們江論壇: 跨文化視域下的文學交流·影響)', 2019년 6월 중국런민대학에서 열린 '백년 회고: 문화와 문학(百年回顧: 文化與文學)', 2019년 9월 옌볜대학에서 개최된 '두만강 포럼: 동아시아 문학 교류와 근대성의 구축(圖們江論壇: 東亞文學交流與近代性的建構)', 2019년 10월 난징대학에서 열린 '당대 문학 창작과 신문학 전통(當代文學創作與新文學傳統)', 2020년 9월 루쉰문화기금회가 주최한 '2020 중한문학대화회(中韓文學對話會)' 등이다. 필자가 이들 학술회의에 참가해 글을 발표할 때마다 좋은 반응을 얻었던 기억이 지금도 생생하다. 학술회의를 위해 쓴 글은 대부분 중국어로 작성되었는데, 학술회의가 끝난 뒤 일부 원고는 중국과 일본의 저명 학술지에 실리는 기회도 얻었다. 학술회의를 통해 중국과 일본의 학자들과 진지하게 교류함으로써 연구 주제나 관점을 좀 더 심화·확장할 수 있었던 것도 큰 수확이었다. 필자를 초청해 학문적 대화를 나눌 수 있는 기회를 준 중국 각 대학의 교수님들에게 진심으로 감사드린다.

필자는 2017년부터 중국 옌볜대학의 김병민 교수님이 이끌고 있는 '중한 근현대 문학교류사 문헌정리(中韓近現代文學交流史文獻整理)'라는 공동 연구 프로젝트에 참여해왔는데, 이 책의 일부 원고는 그 연구 프로젝트와 관련된 것이기도 하다. 필자는 공동 연구를 수행하기 위해 몇 차례 옌볜대학을 방문해 학술회의에 참석했고, 그때마다 김병민 교수님을 비롯해 많은 옌볜대학 교수님들로부터 환대를 받았다. 학술회의를 통한 서로 간의 깊이 있는 학문적 대화는 언제나 필자의 뇌리에 깊이 각인되었다. 김병민 교수님을 비롯해 연구 프로젝트를 함께 수행해온 옌볜대학 교수님들에게도 각별히 감사드린다.

이 책은 필자의 전공 영역을 벗어난 폭넓은 자료를 섭렵해야 했기에 이화여자대학교 인문과학대학의 여러 전공 교수님들로부터 도움을 받았다. 김도훈 교수님은 세르쥐 페르스키의 프랑스어본 자료를 번역하는 데 도움을 주셨고, 정병준 교수님은 독립 운동가 김현구와 관련된 영문 자료를 제공해주셨다. 또 임동훈 교수님은 이육사의 문장과 관련된 한국어의 문법적 구조나 어휘를 해석하는 데 조언을 해주셨고, 노경덕 교수님은 가린-미하일롭스키가 펴낸 『조선설화(Корейские сказки)』의 러시아어 원본을 볼 수 있도록 자료를 찾아주셨다. 차제에 특별히 감사의 뜻을 전한다.

끝으로 필자의 원고를 세심하게 읽고 조언을 아끼지 않은 분들에게도 이 자리를 빌려 고마운 마음을 전한다. 또한 필자의 원고를 환영하며 언제나 멋진 책으로 만들어주는 이화여자대학교출판문화원의 이승아 원장님을 비롯해 이혜지 주간님, 그리고 편집팀 선생님들께도 깊이 감사드린다.

2021년 7월

저자 삼가 씀

차례

서장

한중 문학의 대화와 동아시아 문학

'2020 중한문학대화회(中韓文學對話會)'가 지난 2020년 9월 25일 온라인 화상 회의로 열렸다. '2020 중한문학대화회'는 중국의 루쉰문화기금회 및 중국사회과학원 문학연구소와 한국의 한중문학비교연구회가 공동으로 주최하고 저장(浙江) 웨슈외국어대학(越秀外語學院)과 한국문학번역원이 후원하는 국제 학술회의였다. 원래는 중국의 문호 루쉰의 고향인 사오싱(紹興)에서 진행될 예정이었으나, 코로나19 사태로 인해 온라인 화상 회의를 겸하는 방식으로 진행된 것이다. 중국 학자들은 사오싱에, 한국 학자들은 서울의 한국문학번역원에 모여 온라인으로 접속해 참가했다. 필자도 이 학술회의에 참가해 논문 「이육사와 루쉰의 니체 수용과 창작」을 발표했다.

이번 학술회의의 중국 측 주최 기관인 루쉰문화기금회와 중국사회과학원 문학연구소는 2017년 '중외문학대화(中外文學對話)'라는 학술 교류 대회를 발기해 2017년에 러시아, 2018년에 프랑스, 2019년에 인도와 문학대화회를 개최했으며, 2020년에는 한국과 문학대화회를 개최한 것이다. 중국이 러시아, 프랑스, 인도에 이어 한국과 문학대화회를 개최했다는 것은 한중 문학 교류의 측면에서 매우 고무적인 일이 아닐 수 없다. 중국의 신문학운동이 한국에 처음 소개된 때가 1920년이니 이후 100여 년 동안 우여곡절을 거치며 한국 문학과 중국 문학은 작품 번역과 작가 및 학자 교류를 통해 그만큼 가까워진 것이다. 1910년대 말 한국과 중국에서 근대 문학이 형성된 후 1930년대 중반까지 양국의 문학적 교류는 민간 차원에서 비평과 번역을 통해 상당히 활발하게 이루어졌다. 그러나 1937년 일본이 중국을 침략함으로써 비공식적이고 개인적인 차원의 교류마저 유지되기 힘든 위기에 처했다. 1945년 8·15 해방과 더불어 새로운 전환기를 맞이한 듯했으나 곧이어 냉전 체제가 구축되고 1950년 한국전쟁이 발발함에 따라 문학을 통한 양국의 교류는 사실상 단절에 가까운 상황으로 이어졌다. 이후 이러한 상황이 지속되다가 1992년 한중 수교가 정식으로 이루어짐으로써 한중 문학 교류는 공전(空前)의 호기를 맞이해 공적인 차원이든 민간 차원이든 왕성하고 실질적인 교류가 진행되어왔다. 수많은 근현대 중국 문학 작품이 한국어로 번역 출판되었고, 2018년에는 한국어판 『루쉰전집』(전 20권)이 완간되기에 이르렀다. 또한 많은 근현대 한국 문학 작품도 중국어로 번역 출판되었는데, 한국문학번역원의 정책적 지원으로 최근 20년간 184종의 한국 문학 작품이 중국어로 번역되는 성과도 있었다. 공적인 작가 교류도 활발하게 이루어졌다. 2007년 한국문화예술위원회와 대산문화재단이 중국작가협회와 합작해 한중 작가 교류를 시작한 이후 2008년부터 지금까지 한·중·일 삼국이 돌아가며 네 차례나 '동아시아 문학 포럼'을 개최했는데, 이를 통해 문학 교류가 더욱 내실화되었다. '2020 중한문학대화회'는 그동안의 한중 또는 동아시아 문학 교류의 괄목할 만한 성과를 바탕으로 개최될 수 있었다.

이 대목에서 언급할 점은 한중의 문학 교류에 있어서 작품 번역의 현황과 독자들의 반응에 관한 것이다. 한국의 출판사는 대부분 민영 출판사이기 때문에 중국 문학 작품의 출판이 용이하고, 중국의 국제적 위상이 높아짐에 따라 중국을 소개하고자 하는 욕구가 강해져 작품 번역이 양적으로 크게 확대되어왔다. 반면에 중국의 출판사는 대부분 공영 출판사로 공적인 출판 검열을 거쳐야 하기 때문에 한국 문학 작품의 중국 내 출판이 용이하지 않고, 한국을 이해하고자 하는 중국인들의 욕구가 상대적으로 덜해 작품 번역의 양적 확대를 기대하기는 쉽지 않다. 그렇지만 최근 들어 한중 상호 간 문학 작품의 번역 여건과 독자들의 반응이 크게 호전되고 있는 것도 엄연한 사실이다. 중국에서 번역 출판된 한국 작품의 경우, 2002년에 소개된 김하인의 『국화꽃 향기(菊花香)』가 중국 독자들로부터 큰 호응을 얻은 이후 최근 들어 한국 소설에 대한 관심이 크게 높아졌다. 2013년에 번역되어 나왔다가 2020년 6월에 다시 출간된 공지영의 『도가니(溶爐)』, 2019년 9월에 출판된 조남주의 『82년생 김지영(82年生的金智英)』, 2020년 5월에 나온 이창동의 『소지(燒紙)』가 중국 독자들로부터 좋은 반응을 얻고 있다. 이 중 『82년생 김지영』은 중국에서 2019년도 외국 문학 부문 1위 작품에 오르기도 했다. 국내에서 번역 출판된 중국 작품의 경우, 국제적으로 명성을 얻고 있는 위화(余華), 모옌(莫言), 쑤퉁(蘇童) 등을 위시해 중국 작가들의 작품이 전례 없이 많이 출판되었다. 이 중에서 2007년에 출판된 위화의 『허삼관매혈기』가 큰 인기를 누렸고, 2013년에 나왔다가 2020년에 다시 출판된 류츠신(劉慈欣)의 SF 소설 『삼체(三體)』가 좋은 반응을 얻고 있다. 최근 들어 한중 상호 간 문학 작품의 번역 여건과 독자들의 반응이 크게 호전되고 있음은 한중 문학의 대화라는 측면에서 매우 고무적인 일이 아닐 수 없다.

'2020 중한문학대화회'에서 중국사회과학원의 한 교수가 「루쉰은 어떻게 '동아시아'적인가(魯迅如何"東亞")」라는 제목으로 행한 발표가 필자에게 인상적이었다. 그는 루쉰이 지닌 동아시아적 속성의 가치를 언급하며 “루쉰은 본질적인 ‘동아시아’ 속성을 지니고 있으며, 이 때문에 그에게 ‘동아시아 의식’이 결핍되어 있다고 하더라도 동아시아 문제를 인식하는 데 있어 특수한 가치를 갖는다”[1]라고 했다. 사실 루쉰의 작품 속에서 동아시아에 대한 그의 사고와 고민을 엿볼 수 있는 대목을 발견하기는 쉽지 않다. 하지만 오늘날 우리가 동아시아 문학 담론을 구성하는 데 있어 루쉰을 빼놓을 수 없는 것은 중국사회과학원 교수의 언급처럼 루쉰이 동아시아인으로서 본질적인 ‘동아시아’ 속성을 지니고 있기 때문이다. 루쉰의 ‘동아시아 의식’이 명확하지 않다고 하더라도 그가 ‘동아시아’ 속성을 지니고 있는 이상 동아시아 문제를 인식하고 논의하는 데 그의 매개성을 강조하지 않을 수 없다. 자기비판과 저항 정신을 그 본질로 하는 루쉰 문학은 억압과 차별을 부정하며 인간과 인간, 민족과 민족, 국가와 국가 간의 위계질서를 거부하는 사상을 내장하고 있어 동아시아의 ‘근대’를 반성적으로 사유하고 미래를 열어가는 데 정신적 자원이 되기에 충분하기 때문이다.

나아가 중국사회과학원 교수는 한국 학자들의 ‘동아시아 루쉰’ 담론과 관련해 그 특수한 의의와 가치를 세 가지 측면에서 인식할 수 있다고 했다. 첫째, 지연 관계 및 역사 관계 방면과 문화 연원 방면에서 한국은 중일 양국의 중개자로서 동북아의 중심이다. 둘째, 한국은 중국의 ‘중화 의식’도 없고 일본의 ‘대동아공영권’의 부정적 유산도 없으므로 상대적으로 자유롭게 ‘동아시아’를 구성할 수 있다. 셋째, 한국은 근대 일본의 확장에 의한 가장 큰 피해국으로서 철저하게 식민지화되어 여러 가지 ‘현대’(즉 근대) 문제가 두드러져 그것을 심각하게 체험했

1 董炳月, 「魯迅如何“東亞”」, 『2020 한중문학대화회 학술자료집 · 2020 中韓文學對話會學術資料集』, 朴宰雨 · 王錫榮 編輯, 2020, 31쪽. “魯迅有本質的‘東亞’屬性, 因此, 卽使是其‘東亞意識’的缺乏, 對於認識東亞問題來說也具有特殊價值.”

다. 이와 같이 그는 한국 학자들이 제기하는 동아시아 담론의 인식론적 근거를 세 가지로 정리한 다음에 "총체적으로 보면, 동북아 국가 중에서 '동아시아 담론'을 구성할 가장 적합한 국가는 마땅히 한국(조선)일 것이다"[2]라고 강조했다. 그가 정리해 제시한 세 가지 인식론적 근거는 1990년대 이래 전개되어온 한국발 동아시아 담론의 주창자들이 널리 견지해온 입장임은 두말할 것도 없다.[3] 여기서 간과할 수 없는 것은 든든한 역사적 경험을 기반으로 하지 않은 동아시아 담론은 그것의 학적 논리나 이념적 당위성에도 불구하고 실천의 영역에서는 역내 국가 상호 간의 공감대를 형성하기 어렵다는 점이다. 분단 문제, 과거사 문제, 역사 분쟁, 영토 분쟁, 비대칭적 관계 등이 상존해 있는 역내의 상황에서 연대와 통합의 가치를 지향하는 동아시아 담론은 자칫 수사에 그칠 수도 있는 것이다. 이때 지난 과거의 역사적 경험을 풍부하게 발굴해내고 이를 의미 있는 방식으로 재구성(체계화)해서 축적해나갈 때 동아시아 담론은 역사적 근거를 확보함으로써 좀 더 실효성을 획득하게 될

---

2 董炳月, 「魯迅如何"東亞"」, 『2020 한중문학대화회 학술자료집 · 2020 中韓文學對話會學術資料集』, 31쪽. "總體看來, 東北亞國家中, 最適合建構'東亞話語'的國家應當是韓國(朝鮮)."

3 한국의 동아시아 담론은 대체로 1990년대 초반에 시작되어 2000년대 중반에 이르러 크게 활성화되어서 지금까지 이어지고 있다. 일찍이 '지적 실험으로서의 동아시아' 또는 '프로젝트로서의 동아시아'라는 동아시아적 시각을 제기한 백영서는, 그것은 "동아시아를 어떠한 고정된 실체로도 간주하지 않고 항상 자기 성찰 속에서 유동하는 것으로 파악하는 사고와 그에 입각한 실천의 과정을 뜻한다"라고 언급했다. 또한 그것은 "세계 시장의 논리에 대한 대안을 찾는 데 도움이 될 자원으로서 동아시아에 더 많은 관심을 갖자는 의도를 담고 있으며", "지난 한 세기 동안 국민 국가의 성취와 그 폐해를 남달리 격렬히 겪은 한국인의 경험이 반영된 지적 모색의 한 자락이기도 하다"라고 강조했다(백영서, 「중국에 '아시아'가 있는가?: 한국인의 시각」, 『발견으로서의 동아시아』, 정문길 · 최원식 · 백영서 · 전형준 편, 문학과지성사, 2000, 58쪽). 한국의 동아시아 담론에 비견될 만한 담론으로 일찍이 일본에서는 다케우치 요시미(竹内好)가 '방법으로서의 아시아'를 제기한 바 있고, 최근 중국에서는 쑨거(孫歌)가 '지역 연대로서의 아시아'를 제기한 바 있다.

것이다. 자칫 수사에 머무를 수 있는 동아시아 담론에 실질(實質)을 부여하기 위해서라도 이론적 모색 못지않게 지난 과거의 역사적 경험을 실체적으로 탐색하는 지적 작업이 동시에 진행되어야 한다.

한편 한국의 박재우 교수가 「최근 한국의 루쉰 수용과 중국의 한국 주요 작가 수용, 그리고 동아시아 문학에 대하여」라는 제목의 발표에서 루쉰과 비견될 만한 근대 한국 작가를 조심스럽게 탐색하고 있다는 점도 생각해볼 만하다. 그는 한용운, 신채호, 이광수, 염상섭, 현진건, 이육사를 거명하며 그들의 장단점을 간단히 서술하고 루쉰과의 비교 가능성 면에서 "계속해서 연구가 이루어진다면 아마도 점점 정론이 생기지 않을까 생각된다"[4]라고 했다. 그의 문제의식은 루쉰 문학과 비견될 만한 한국 근대 문학을 찾아내서 이를 매개로 한중의 문학적 대화의 깊이를 더해보자는 것이다.

우리는 중국 근대 문학(현대 문학)[5]을 대표할 수 있는 문학가로 루쉰(魯迅, 1881-1936)을 바로 떠올릴 수 있고, 일본 근대 문학을 대표할 수 있는 문학가로 나쓰메 소세키(夏目漱石, 1867-1916)를 꼽는 데 주저하지 않을 것이다. 나쓰메 소세키는 『나는 고양이로소이다』, 『도련님』, 『마음』 등의 작품을 통해 일본인들이 처한 정신적 현실을 진단하고 나아가야 할 방향을 제시한 문학가로 일본의 국민 작가라는 칭호를 받고 있기도 하다. 그의 작품은 서구적 근대화의 길로 들어선 일본이 겪는 사회적 갈등을 지식인과 개인의 자아를 통해 여실히 보여주는데, 그는 근대적 불안과 고뇌를 깊게 응시한 작가로 널리 인정받고 있다. 루쉰은

---

4 박재우, 「최근 한국의 루쉰 수용과 중국의 한국 주요 작가 수용, 그리고 동아시아 문학에 대하여」, 『2020 한중문학대화회 학술자료집 · 2020 中韓文學對話會 學術資料集』, 20쪽.

5 중국 근대 문학은 오늘날 중국에서는 '현대 문학'이라고 부르는데, 이에 대한 자세한 내용은 이 책의 33쪽을 참조하라.

「광인일기」와 「아Q정전」 등의 작품을 통해 중국인의 저열한 국민성을 예리하게 비판한 문학가로, 전 생애에 걸쳐 중국의 근대적 민족 국가 수립에 절실히 요청되는 국민적 자질을 확립하기 위해 기성의 전통 및 질서를 철저하게 비판하는 한편 인간의 정신 현상과 그 본질을 깊이 탐색한 심각(深刻)한 문학을 일궈냈다. 그러면 루쉰에게 필적하는 한국 근대 문학을 대표할 수 있는 문학가는 누구를 들어야 할까? 이는 한중 비교 문학을 연구하거나 동아시아 문학을 연구하는 사람이라면 한 번쯤 생각해보았을 문제이다. 특히 한·중·일 동아시아 문학을 구축하려는 입장에 서면, 그것은 대단히 중요한 문제가 아닐 수 없다. 한·중·일 동아시아 문학을 구축하기 위한 문학의 대화를 이어가려면 우선 그 매개로서 한·중·일 각국의 근대 문학을 대표하는 문학가를 내세울 필요가 있다. 그래야만 대화의 물꼬를 틀 수 있기 때문이다. 대화는 호혜적 질서를 기반으로 하는데, 대화를 이어가기 위해서는 어떤 실질적인 매개가 필요하고 그 매개가 대등한 무게를 지닐 때 진정한 효과를 거둘 수 있다.

중국에서는 루쉰을, 일본에서는 나쓰메 소세키를 내세울 수 있다면 한국에서는 어떤 문학가를 내세울 수 있을까? 이러한 문제를 숙고할 때 반드시 고려해야 할 점은, 근대 시기에 한국은 민족 국가로서의 국권을 상실해 일제의 엄혹한 사상 탄압 속에서 어떤 작가이든 근대 문학을 온전히 이룩하기 어려웠다는 사실이다. 민족 국가로서의 지금의 한국 상황이나 당위적 이념에 입각해 한국 근대 문학을 손쉽게 재단해서는 안 된다. 물론 과거 역사에 대한 평가는 미래를 위한 것인 만큼 미래의 가치 정립을 위해서 그것의 공과(功過)에 대한 냉철하고 엄정한 평가는 필수적이다. 그렇다고 하더라도 판단 기준을 마련할 때 그 당대의 시대 조건을 충분히 고려하지 않으면 안 된다. 말하자면 그 시대의 현실 국면의 특수성을 깊이 인식하고 개별 작가의 복잡한 내면세계와 치열한 고민을 잘 들여다보아야 한다. 먼저 우리는 작품의 질적 수준과 분량 면에서 한국 근대 문학을 대표하는 문학가로 1917년에 발표된 『무정』을 필두로 하는 문학적 성취를 이룩한 이광수(1892-1950)를 떠올릴 수 있을 것이다. 하지만 잘 알려져 있듯이 이광수는 말년에 친일 협력(親日協力)의 길로 나아감으로써 그의 문학 인생에 큰 오점을 남겼다. 그런데 이광수가 전향해 친일 협력의 길로 들어서던 바로 그 무렵에 시인 이육사(1904-1944)는 본격적으로 시를 창작하며 일제에 대한 민족적 저항을 몸소 실천했고, 그 길을 끝까지 걸어 마침내 일제의 감옥에서 생을 마감했다. 어쩌면 한국 근대 문학이 감당해온 민족적 과업이 단절에 처할 절망적인 그 순간에 이육사에 의해 그 명맥이 이어진 것인지도 모른다.

일제는 1937년 6월부터 수양동우회 사건을 일으켜 이듬해 초까지 한국의 문인·지식인을 친일로 전향시키기 위해 수양동우회 회원들을 치안유지법 위반 혐의로 대거 검거해 투옥했다. 이 사건으로 검거된 많은 회원들이 강제로 전향한 뒤 일제에 협력하는 길로 나아갔는데, 수양동우회의 중심인물이었던 이광수도 수감되었다가 풀려나면서 전향을 선언하고 점차 친일 협력의 길로 나아가게 된다. 이를테면 이광수는 1938년 11월에 전향을 선언한 후 "조선어는 국어(일본어—인용자)의 일부, 조선 문학은 국문학(일본 문학—인용자)의 일부로서의 권리와 영예를 획득하게 될 것이다. 국민성을 떠나서 문학은 없다"[6]라고 주장하기에 이른다. 전향을 선언한 이후 창작된 그의 단편소설 「무명(無明)」(『문장』 창간호, 1939. 2)은 그 시기 한국의 암울한 현실 국면을 여실히 보여준다.

6 李光洙, 「文學의 國民性」(『京城日報』 1939. 11. 17), 『춘원 이광수 친일문학전집(II)』, 이경훈 편역(평민사, 1995), 60쪽.

「무명」은 병감의 수감자들, 즉 '윤(尹)'·'민(閔)'·'정(鄭)'·'강(姜)'의 '인간악(人間惡)의 맨 밑바닥'을 들춰낸 탁월한 형상적 묘사를 보여주고 있는데, 그들은 시종 감옥의 규칙을 굳이 '법'이라고 표현하며 '법'을 어기는 사소한 일도 꺼린다. 「무명」은 '인간악의 맨 밑바닥', 즉 인간 군상들의 저속하고 왜곡된 인격을 탁월하게 형상화하고 있다는 데서 당시 '획시기적' 작품으로 평가되기도 했지만,[7] 작가는 그들의 인격 형성의 원인을 깊이 있게 탐색하지 않는다는 점에서 한계를 드러낸다. 작품에서 수감자들을 관조하는 화자인 '나'는 그들의 성격 형성의 인과적 맥락을 사색하는 일을 포기한 것이다. 「무명」이 인물들의 성격을 가장 밀도 있게 형상화하는 데 성공했다고 하지만, 화자인 '나'는 계몽자적 관조에 머물고 등장인물의 성격 형성의 내재적 논리로까지 침투해 들어가 묘사하지 못한 것이다. 병감의 수감자들을 관조의 태도로 묘사하는 '나'는 작가 이광수의 분신이라 할 만한데, '나'의 태도는 이광수의 '전향의 생정치(生政治)'를 여실히 보여주는 것이라는 비평[8]이 있는 것도 바로 이 때문이다.

사실 1937년 6월부터 전개된 수양동우회 사건 이후 일제가 사상 탄압과 민족 말살 정책을 전면적으로 실시함에 따라 한국의 민족운동은 거의 와해되다시피 했다. 당시 작가들은 한 치 앞의 현실을 예측하기 힘든 혼란에 직면해 민족운동의 전면에 섰던 사람들도 변절하는가 하

---

7 李光洙, 「文學을 談論함」(『三千里』 1939. 7), 『李光洙全集(8)』(三中堂, 1971), 632쪽 참조. "金東煥: '女性을 한 아름 登場 아니시킨 점'으로, 또 '人間惡의 맨 밑바닥을 들춘 점'으로 「無明」은 劃時機的 作品이었어요. 春園: 金東仁氏요 李泰俊氏요 여러분이 요전번 『三千里』와 其他에 評하여 주신 것을 나는 意味 깊게 읽었는데, 모두 '나'란 人物이 稀薄하게 그려졌다고 나무랬지만 그러나 나란 人物이 너무 分明해지면 다른 人物의 存在가 엷을까 봐서 일부러 그랬어요."

8 황호덕, 「변비와 설사, 전향의 생정치(生政治): 「無明」의 이광수, 식민지(감옥)의 구멍들」, 『상허학보』 제16집, 2006. 2, 285-324쪽 참조.

면, 기존의 민족운동에 대한 믿음을 포기하거나 의심을 품는 등 자포자기의 태도를 드러냈다. 바로 이 시기에 시인 이육사는 흔들림 없이 자신만의 길을 개척해 계속 나아갔다. 이육사는 1936년 10월 「루쉰 추도문」을 발표해 루쉰의 죽음을 애도하며 루쉰 문학론을 전개했고 동년 12월에는 루쉰의 단편소설 「고향」을 번역했으며, 초기 창작으로 1937년 8월과 10월에 각각 「문외한의 수첩」과 「황엽전」을 발표했다. 「문외한의 수첩」과 「황엽전」은 소설적 서사 구조를 갖는 작품인데, 일제가 수양동우회 사건 등을 일으키며 수많은 문인·지식인을 검거하고 투옥하던 바로 그 시기에 창작되었다. 필자는 이 두 작품의 창작이 일제의 탄압과 강제로 인해 문인·지식인의 전향이 속출하던 1937년의 엄혹한 현실 국면에 대한 이육사의 문학적 대응이라고 생각한다.

민족운동의 와해와 수많은 문인·지식인의 전향이라는 절망적인 현실 속에서 이육사는 「문외한의 수첩」에서 '문외한'의 형상을 빌려 "남들이 모두 문(門)안에서 보는 세상을 나는 문밖에서 보겠소. …… 이 동리를 떠나 아무도 발을 대지 않은 대설원을 걸어가겠소. 전인미도(前人未到)의 원시경을 가는 느낌이오. 누가 나를 따라 이 길을 올 사람이 있을는지? 없어도 나는 이 길을 영원히 가겠소"[9]라고 말한다. 또 「황엽전」에서 '유령'의 형상을 창조해 "유령은 다시 일어나 걷는 것입니다. 캄캄한 암흑 속을 영원히 차고 영원히 새지 못할 듯한 밤을 제 혼자 가는 것입니다"[10]라고 묘사한다. 이육사는 절망적인 현실 국면에서 '문외한'이나 '유령'의 형상을 빌려 강인한 의지의 길을 제시한 것이다.

---

9 李陸史, 「門外漢의 手帖」, 『李陸史全集』, 김용직·손병희 편저(깊은샘, 2008), 145쪽. 이 책에 나오는 『李陸史全集(이육사전집)』에서 인용한 문장의 경우 일부 단어 및 표현을 필자가 약간 다듬었다.

10 李陸史, 「黃葉箋」, 『李陸史全集』, 102쪽.

그는 실제로 그 길을 저 혼자 걸어서 “하늘도 그만 지쳐 끝난 고원(高原) 서리빨 칼날진 그 위에 서”서 “강철로 된 무지개”를 꿈꾸고(「절정」 1940.1), “차라리 봄도 꽃피진 말아라”, “마음은 아예 뉘우침 아니라”, “참아 바람도 흔들진 못해라”라고 하며(「교목」, 1940.7) 한 치의 흔들림 없는 강인한 의지의 사상(思想)을 완결적인 시적 구조로 형상화했다. 이육사의 「문외한의 수첩」과 「황엽전」을 그 시대의 현실 국면 속에 놓고 보면 그 내밀한 창작 동기를 감지할 수 있다. 이광수가 그때까지 떠맡아왔던 민족 계몽의 문학적 과업을 포기하고 전향의 길로 들어서던 바로 그 순간 이육사는 그 지점에서 출발해 민족 저항을 위한 시 창작을 본격화하며 그 한계를 개별적으로, 그리고 은밀하게 돌파해나갔다. 말하자면 이광수가 ‘춘원 이광수’에서 ‘가야마 미쓰로’(香山光郎, 이광수의 일본식 이름)로 되는 그 순간 이육사는 저널리스트 ‘이활(李活)’에서 문학가 ‘이육사(李陸史)’로 거듭난 것이다.

따라서 우리는 한중 또는 한·중·일 동아시아 문학의 대화를 위해 한국 근대 문학 작가를 논할 때, 역사의 절망적인 현실 국면을 충분히 고려해야 할 뿐만 아니라 그것의 초월 국면도 동시에 염두에 두어야 한다. 한국 근대 문학의 성취라는 측면에서 이광수의 문학적 업적을 존중해 그를 한국 근대 문학을 대표하는 문학가로 지목할 수 있지만, 친일 협력이라는 한계 또한 분명하다. 그렇기에 절망적인 현실 국면의 임계점에서 그 한계를 돌파해나간 이육사 역시 한국 근대 문학을 대표하는 문학가로 보아도 손색이 없다. 시의 형식과 사상을 완벽하게 결합해 가장 높은 단계의 정신적 경지에 도달한 그의 문학적 성취를 강조하지 않을 수 없는 것이다. 일제 지배하의 절망적인 현실 국면이 빚어놓은 한국 근대 문학의 특수성을 고려한다면, 한계와 돌파의 의미를 중첩해서 ‘이광수/이육사’를 한국 근대 문학을 대표하는 문학가로 내세우는 것도 한 가지 방법이다. 한국 근대 문학의 대표 문학가로 '이광수/이육사'를 병립해 내세운다면, 동아시아 근대 문학의 역사적 질곡을 전경화(前景化)할 수 있어 향후 동아시아 문학 구축의 이념을 정초하는 데도 공헌할 수 있을 것이다. 한·중·일 근대 문학 형성의 시차를 반영하듯이 루쉰은 일본 유학 시기에 나쓰메 소세키의 『나는 고양이로소이다』와 『우미인초(虞美人草)』 등의 작품을 탐독했고, 이광수는 나쓰메 소세키의 『나는 고양이로소이다』와 『도련님』, 루쉰의 「아Q정전」과 「쿵이지」 등을 탐독했으며, 이육사는 루쉰 문학을 비평·번역한 바 있다. 따라서 '나쓰메 소세키—루쉰—이광수/이육사'는 동아시아 문학의 대화에서 공동의 담론을 조성하고 상호 인식을 증진하는 데 실질적인 성과를 이끌어낼 수 있을 것이다.

한중 문학의 대화 또는 한·중·일 동아시아 문학의 대화는 우열을 논하는 장이 아니다. 그것은 상호 이해를 도모하고 연대를 강화하며 새로운 가치를 창출하는 장이 되어야 한다. 동아시아 근대 문학이 근대 문명에 대해서든, 역사 전통에 대해서든, 현실 정치에 대해서든 비판과 저항을 이념의 공통분모로 공유하고 있다고 할 때 '나쓰메 소세키—루쉰—이광수/이육사'는 동아시아 근대 문학의 '사상(思想)'의 기점이 될 수 있다. 필자는 한중 또는 동아시아 문학의 대화에서 한국 근대 문학을 대표하는 문학가로 '이광수/이육사'를 병립해 내세운다면, 한중 또는 동아시아의 상호 이해를 도모하고 공존의 미래를 위한 새로운 가치를 창출하는 데 크게 공헌할 수 있을 것으로 기대한다. 다만 국경을 넘어서 대화를 이어간다는 것은 끈질긴 노력과 강인한 인내심이 요구되는 지난한 과정임을 기억해두자. 서로 간의 모순과 충돌이 불거지는 문제에 봉착하면, 우리는 무의식적으로 자국의 민족적 입장에 쉽게 동화되어버릴 수 있기 때문이다.

이 책은 바로 한중 문학 대화의 역사적 경험을 실증적으로 탐색해 이를 재구성하는 데 목적이 있다. 한국과 중국에서 근대 문학이 형성된 뒤 한중의 문학(문예) 교류가 상당히 활발하게 이루어지기 시작한 1920년대부터, 1945년 한국이 해방을 맞이하고 1949년 중국에서 사회주의 체제가 들어선 후 냉전 체제로 인한 남북 분단과 한국전쟁으로 말미암아 한중의 문학 교류가 사실상 단절되는 1950년까지, 이른바 근대 시기를 시간적 범주로 삼아 한중 간의 문학 비평과 번역 및 창작을 중심으로 한중 문학 교류의 실질적 양상과 상호 문화 인식의 가치를 고찰하고자 한다. 그동안 필자는 근대 시기 한중의 문학과 사상 그리고 학문의 교섭을 고구(考究)한 『근대 한중 교류의 기원』이라는 저서와, 근대 시기 한국의 루쉰 문학 수용의 계보와 그 사상적 영향을 논구(論究)한 『루쉰과 근대 한국』이라는 저서를 출간했다. 이제 연구 주제를 심화해 중국 근대 문학의 국내 비평과 번역 그리고 한중의 문예 교류와 상호 문화 인식 등을 실증적 자료에 근거해 면밀하게 고찰하고자 한다.

근대 시기 한국의 문학가 중에서 중국 근대 문학을 비평·번역한 사람으로는 시인 이육사가 두드러진다. 주지하듯이 이육사는 루쉰 문학을 비평·번역하며 국내에 소개했고, 나아가 근대 중국의 시단(詩壇)을 비평하고 쉬즈모의 시를 번역했으며, 후스의 문학사 저작과 구딩(古丁)의 단편소설을 번역하기도 했다. 이육사는 근대 시기 한국을 대표하는 시인인 만큼 그가 이룬 중국 근대 문학 비평과 번역의 성과는 한중 문학 교류의 실상을 이해하는 데 대단히 중요한 실례에 해당한다. 이육사는 1920년대 중반 중국 베이징의 중국대학(中國大學)에 유학했고, 조선혁명군사정치간부학교를 졸업한 후 1933년 6월 상하이에 체류하는 동안 민주 인사 양싱포(楊杏佛)의 빈소에서 루쉰을 직접 만나 대화를 나누기도 했다. 이러한 계기로 그는 1936년 루쉰이 사망한 직후에 「루쉰 추도문」을 발표하고 루쉰의 단편소설 「고향」을 번역했다. 시와 수필을 왕성하게 창작하던 1940년대 초에는 후스의 「오십년 동안 중국의 문학(五十年來中國之文學)」을 초역(抄譯)하고, 쉬즈모의 시 「배헌(拜獻)」(바치리)과 「재별강교(再別康橋)」(케임브리지와 다시 이별하며)를 번역했으며, 구딩의 단편소설 「골목안(小巷)」을 번역하기도 했다.

1930년대에 중국 근대 문학을 연구해온 정래동은 중국 "현대 작가로도 루쉰이라든지 저우쭤런, 린위탕(林語堂), 궈모뤄(郭沫若), 위다푸(郁達夫) 등등 작가가 모두 다 그 개성과 작풍이 뚜렷하게 나타나는 것이 그네들의 장점으로 봅니다"라고 말하고, 그들의 작품 중에는 "저우쭤런, 루쉰의 것을 많이 읽었습니다"라고 했는데,[11] 루쉰과 저우쭤런은 근대 시기 한국에서 크게 주목받은 작가로 그들의 문학이 국내에 지속적으로 소개되었다. 후스는 1920년대 초 양백화에 의해 최초로 국내에 소개된 이후 그의 학술 성과와 그가 주도했던 신문학운동이 한국의 문인·지식인으로부터 많은 관심을 받았다. 따라서 근대 시기 중국 문학가 중에서 루쉰, 저우쭤런, 후스는 당시 한국에서 가장 활발하게 소개되어 일정한 영향을 끼친 사람들이다. 이들은 중국의 신문학을 개창해 중국 근대 문학의 기초를 다졌을 뿐만 아니라 그 시기 중국 문단을 대표하는 문학가였던 만큼 한국인들이 그들을 주목하게 된 것도 당연하다. 특히 저우쭤런과 후스는 그 시기 중국 문학가 중에서 누구보다 한국인들과 빈번하게 교류하며 한국 문화를 적극적으로 이해하고자 했으니, 그들의 한국 문화 인식은 한중의 상호 문화 인식을 예증하는 중요한 실례에 해당한다.

이 시기에 한국의 문학 작품도 간간이 중국에 번역·소개되었다. 당

---

11 丁來東, 「外國文學專攻의 辯(9)」, 『東亞日報』 1939. 11. 16.

시 베이징대학 교수이던 류반눙(劉半農)이 교열을 보고 유명한 화가 쉬베이훙(徐悲鴻)이 삽화를 그린 『조선민간고사(朝鮮民間故事)』가 1932년에 출판되었다. 또한 장혁주, 이북명, 정우상의 단편소설을 번역해 수록한 『산령(山靈)』이 1936년에 출판되었으며 김동인, 장혁주, 이효석, 이태준, 김사량, 유진오, 이광수의 단편소설을 번역 수록한 『조선단편소설선(朝鮮短篇小說選)』이 1941년에 나왔다. 이 책들은 한국 문학과 직접 접촉해 한국 문화를 이해하려는 중국인들의 욕구가 반영된 것인데, 역시 한중의 문학 교류를 예증하는 중요한 텍스트에 해당한다.

오늘날 인문학의 영역에서 추상적인 이론 못지않게 구체적인 역사, 사료, 텍스트를 중시하는 방법론이 강조되고 있는데, 보편적 구조를 대변한다고 믿어왔던 기존 이론을 회의적인 시선으로 바라봄에 따라 과거 역사 그 자체 혹은 텍스트로의 복귀가 설득력을 얻게 된 것이다. 이러한 현상은 두 가지 흐름으로 귀결된다. 하나는 텍스트 그 자체로 되돌아가는 것이고, 다른 하나는 텍스트가 놓인 역사적 장소로 되돌아가는 것이다. 이 책은 바로 이러한 방법론적 태도를 존중해 텍스트 자체로 되돌아가서 원(原)텍스트의 세밀한 읽기와 정밀한 분석에 중점을 둘 것이며, 또한 그 텍스트가 놓인 역사적 장소로 되돌아가서 텍스트가 형성된 역사적 맥락을 엄밀히 추적할 것이다.

그동안 국내 학계에서 이육사 문학과 중국 근대 문학의 상관관계에 관한 연구가 단편적으로 진행되어왔지만, 중국 근대 문학에 대한 이육사의 비평 및 번역 텍스트가 형성된 역사적 맥락을 실증적으로 고찰하지 못했거나 텍스트의 세밀한 읽기가 선행되지 않아 해석상의 오류를 드러낸 경우가 종종 있었다. 중국 근대 문학에 대해 이육사가 비평하고 번역한 텍스트 그 자체로 되돌아가서 텍스트의 형성 과정을 실증적으로 고증하고, 텍스트의 세밀한 읽기를 통해 그 의미와 가치를 분석해내며, 그러한 의미와 가치를 당대의 역사적 맥락 속에 놓고 그 시대적 의의를 규명할 필요가 있다.

근대 시기에 중국 문학 연구자로 잘 알려진 정래동과 김태준, 이명선의 저우쭤런에 대한 비평도 사상적 층위에서 계보학적 분석이 필요하다. 정래동은 두 차례 저우쭤런을 방문했으며, 1934년 「저우쭤런과 중국의 신문학」이라는 평론을 발표해 저우쭤런을 체계적으로 분석 비평했다. 정래동은 저우쭤런의 저작을 폭넓게 탐독한 후 그의 문예 이론에 크게 공감해 저우쭤런의 소품문(小品文) 창작을 고평(高評)했다. 그리고 저우쭤런의 백화문학론(白話文學論)을 예시해 중국 신문학 전개의 복합적 구조를 드러내고, 그의 포용적인 문예 비평적 태도를 분석해 강조했다. 더욱이 정래동은 아나키즘 문예 이론에 기울었던 만큼 저우쭤런과 사상적으로 공명해 국민 문학('민족주의 문학') 및 무산계급 문학에 대한 그의 비판을 적극적으로 소개했는데, 이는 당시 한국 사상계에 이념적으로 개입하는 것이기도 했다. 김태준도 1931년 저우쭤런을 방문해서 대화를 나눈 바 있으며, 그 시점을 전후해 단편적이나마 저우쭤런을 비평·소개했다. 김태준은 사회주의계급 문학론에 의거해 중국 신문학과 중국 문단을 비평·소개하는 과정에서 문학혁명(文學革命) 직후의 저우쭤런의 수필 창작과 문학 연구 성과를 긍정적으로 평가하기도 했으나, 저우쭤런을 직접 만나본 후에는 그를 사상적으로 낙오한 '과도기의 명사(名士)'로 혹평하는 데 주저하지 않았다. 김태준의 사상적 계보를 이어간 이명선도 1940년 「저우쭤런론(周作人論)」을 발표해 문학혁명 시기 저우쭤런의 '위대한 공헌'을 인정하면서도 1920년대 중반 이후 소품문 창작으로 전향해 현실 도피로 나아간 그의 행보를 사상적인 측면에서 신랄하게 비판했다.

근대 시기 한국에서의 저우쭤런에 대한 비평은 평자(評者)의 사상적 입장에 따라 크게 둘로 갈라졌다. 하나는 정래동의 경우처럼 개인주의적 또는 아나키즘 문예 이론의 관점에서 저우쭤런의 문학론과 창작 성과를 높이 평가하고 그의 포용적인 문예 비평적 태도를 적극 소개하는 것이었고, 다른 하나는 김태준과 이명선의 경우처럼 사회주의계급 문학론의 관점에서 문학혁명 시기의 문학적 공헌에도 불구하고 현실 도피적인 길로 나아간 저우쭤런의 창작과 사상적 태도를 신랄하게 비판하는 것이었다.

이 책은 그동안 학계에서 거의 논의되지 않았거나 극히 제한적으로 다루어진 주제 영역을 새롭게 개척해서 텍스트에 대한 실증적 고증과 세밀한 읽기를 통해 한중의 문학 교류와 상호 문화 인식의 역사적 경험을 실체적으로 구명(究明)하고자 한다. 총 2부로 구성되어 있는 이 책의 제1부에서는 루쉰, 후스, 쉬즈모 등 근대 중국 문학가의 작품·저작에 대한 이육사의 비평과 번역을 분석하고 이육사의 문예 활동 및 창작이 그들과 어떤 상관관계가 있는지를 고찰할 것이다. 제2부에서는 한국에서의 루쉰의 대중적 이미지 구축과 작품 텍스트의 유전(流傳), 후스에 대한 한국 내 비평과 후스와 한국인의 학문적 교류, 한국에서의 저우쭤런 문예에 대한 비평, 저우쭤런의 동아시아 문명 의식과 한국 문화 인식, 『조선민간고사』의 중역(中譯)과 쉬베이훙 삽화의 의미 등에 관해서 세밀하게 고찰해 근대 시기 한중 문예 교류의 양상과 상호 문화 인식의 의의를 규명할 것이다.

이 책은 필자가 그동안 국내 및 국외 학술지에 발표해온 글들을 수정·보완해서 새롭게 구성한 것이다. 지금까지 학계에서 거의 논의되지 않았거나 극히 제한적으로 다루어진 주제들을 심도 있게 고찰해 여러 새로운 관점을 제시하고 있어 독자들의 흥미를 유발할 수 있을 것으로 기대한다. 다만 이 책은 근대 시기 중국에서 한국 문학이 어떻게 수용되었는지에 관해서는 종합적으로 검토하지 못했는데, 그 시기 한국 문학의 중국 내 비평과 번역이 상당히 제한적으로 이루어진 것도 그 원인의 하나로 지적할 수 있겠지만, 그것은 별도의 저술을 통해 좀 더 충실하게 고찰해야 할 영역이라고 생각했기 때문이기도 하다. 향후 충분한 자료를 축적하고 분석해 한국 문학의 중국 내 수용에 관한 진전된 연구를 진행할 수 있기를 바란다.

끝으로 첨언할 것은 근대 문학과 현대 문학이라는 용어에 관한 것이다. 오늘날 우리는 1917년 이광수의 장편소설 『무정』이 발표되어 한국의 신문학이 형성된 이후부터 한국전쟁이 일어난 1950년까지의 문학을 보통 '근대 문학'이라고 부른다. 중국에서는 1917년 문학혁명이 제창되고 1918년 루쉰의 단편소설 「광인일기」가 발표되어 신문학이 형성된 이후부터 1949년 사회주의 중국이 성립하기까지의 문학을 '현대 문학'이라고 부른다. 그런데 이른바 한국의 근대 문학 시기에 중국 신문학을 연구하던 사람들은 그 당시에 그것을 중국 '현대 문학'이라고 불렀다는 데 주의할 필요가 있다. 오늘날의 관점에서 우리는 근대 문학 시기의 중국 신문학을 중국 '근대 문학'이라고 부를 수 있지만 그 당대에는 중국 '현대 문학'이라는 말로 지칭했다는 사실을 존중할 필요가 있고, 또한 오늘날 중국에서도 공식적으로 그 시기의 문학을 '현대 문학'이라고 부르고 있으므로 서장을 제외한 이 책에서는 중국 신문학을 지칭하는 말로 중국 '현대 문학'이라는 용어를 그대로 사용할 것이다.

【일러두기】

- 근대 시기의 문헌에서 인용한 경우 원문을 그대로 옮기는 것을 원칙으로 했으나 일부 단어 및 띄어쓰기 등은 현행 한글 맞춤법에 따라 고쳤다. 일부 비문은 뜻이 통하도록 좀 더 매끄럽게 다듬었다.
- 중국의 인명 및 지명은 우리의 한자음이 아닌 중국어 표기법에 따라 썼다.

제 1 부

이육사의 중국 현대 문학 비평과 번역

제 1 장
루쉰 문학의 비평과 번역

이육사(李陸史, 1904-1944)는 근대 시기 한국의 대표적인 저항 시인으로 일제의 검속이 되풀이되는 와중에도 적지 않은 시를 남겼다. 「청포도」, 「절정」, 「교목」, 「광야」 등에서 보듯이 그의 시는 아름다운 시어와 운율 그리고 강인한 사상성(思想性)으로 인해 우리의 심금을 울린다. 그는 수필 「계절의 표정」에서 "계절을 누구보다도 먼저 느낄 만한 외로움이 나에게 있었다. 그래서 나는 밤에 안두(案頭)에 쌓여 있는 시집들 중에서 가을에 읊은 시들을 한두 차례 읽어봤다"[1]라고 말하고 베를렌, 구르몽, 키츠, 예이츠, 레나우, 크론, 니체의 시를 들었

1 李陸史, 「季節의 表情」(『朝光』 1942. 1), 『李陸史全集』, 김용직 · 손병희 편저(깊은샘, 2008), 193쪽.

다. 이어 그는 "그러나 러시아의 몇 날 안 되는 전원의 가을을 읊은 세르게이 예세닌의 「나는 아끼지 않는다」라든지 「잎 떨어진 단풍」과 「겨울의 예감」 등등은 농민들의 시인으로서 그가 얼마나 망해가는 농촌의 구곡(舊穀)을 애상해 한데 천부의 재질을 경주했는가 엿볼 수 있어 거듭거듭 외여 보거니와 여기서 나의 가을시의 순례는 마침내 아세아로 돌아오고 마는 것이다"[2]라고 했다. 가을을 읊은 유럽 시인들의 시 순례를 마친 후 마침내 아시아의 시로 돌아온 이육사는 "시 문학의 세계적 고전이며 그 광휘가 황황한 삼천 년 전의 가을을 읊은"[3] 『시경(詩經)』의 「국풍 · 겸가(國風 · 兼葭)」를 다음과 같이 번역했다. "갈대 우거진 가을 물가에,/ 찬이슬 맺어 무서리치도다./ 알뜰히 못 잊을 그님이시고,/ 이 江 한 가 번연히 계시련만./ 물 따라 찾아 오르려 하면,/ 길은 아득해 멀기도 멀세라./ 물 따라 찾아 나리자 하면,/ 그 얼굴 그냥 물 속에 보여라(兼葭蒼蒼, 白露爲霜. 所謂伊人, 在水壹方. 溯洄從之, 道阻且長. 溯游從之, 宛在水中央)." 이육사는 이 시의 번역을 마친 후 "제 것이나 남의 것을 가릴 것 없이 고전을 번역해 본다는 데는 망녕되이 붓을 댈 것이 아니라 신중한 태도를 가질 것은 두말 할 바가 아니나"[4]라고 했듯이 문

---

2 李陸史, 「季節의 表情」, 『李陸史全集』, 194쪽.

3 李陸史, 「季節의 表情」, 『李陸史全集』, 194쪽.

4 李陸史, 「季節의 表情」, 『李陸史全集』, 194쪽. 이육사가 님을 그리는 애정시인 「국풍 · 겸가(國風 · 兼葭)」를 번역한 까닭은 무엇일까? 그는 「계절의 표정」에서 '병(病)' 때문에 '습격해 오는 권태' 속에서 "담배를 피우면 입술을 조붓하게 오무리고 연기를 천정으로 곱게 불어 올리는 것이었다. 거기에 나는 개인 날의 무지개를 그리는 것이었다"(『李陸史全集』, 196쪽)라고 했는데, 담배 연기로 그려놓은 '무지개'를 생각할 때 '알뜰히 못 잊을 그님이시고(所謂伊人)'는 당시 일제 치하의 현실에서 새로운 의미를 획득한다. 그러니까 일제의 검속이 되풀이되는 열악한 현실 조건 속에서 독립운동을 지속하던 이육사에게 이 시는 '찬이슬이 무서리치는' 엄혹한 식민지 현실, '알뜰히 못 잊을 그님'으로 표상되는 독립을 향한 자기 확신, '물 따라 찾아 오르고 내리는' 독립을 위한 힘겨운 투쟁을 우회적으로 표현해주고 있는 것이다.

학 번역이 얼마나 어려운 일인지를 분명하게 인식하고 있었다. 그렇지만 그는 더없이 아름다운 시어와 리듬으로 중국 문학의 고전인 『시경』의 작품을 완벽한 한국어로 번역해 문학 번역을 어떻게 해야 하는 것인지를 실천적으로 예증해 보였다.

이육사는 독립운동에 헌신하면서 시와 수필을 간단없이 창작했거니와 중국 현대 문학에도 관심을 가지고 루쉰(魯迅, 1881-1936) 문학과 중국 현대 시인을 비평하고 중국 현대 문학 작품을 번역하기도 했다. 이육사의 중국 현대 문학 비평과 번역은 분량 면에서 많지 않지만, 일제의 검속이 되풀이되는 매우 힘겨운 시기에 이루어졌기에 소중한 가치를 갖는다. 우선 주목되는 것은 1936년 10월 루쉰 서거 직후에 발표한 「루쉰 추도문(魯迅追悼文)」과 동년 12월에 번역해 발표한 루쉰의 단편 소설 「고향(故鄕)」이다. 「루쉰 추도문」은 루쉰의 죽음을 애도하기 위한 글이지만, 이육사가 이 글에서 루쉰 문학론을 전개하고 있다는 점에서 중요한 의의를 갖는다. 또한 「고향」은 루쉰의 대표작으로 이육사에 의해 최초로 한국어로 번역되었다는 점에서 의미심장하다.

1. '이활'에서 '이육사'로

이육사는 본명이 이원록(李源祿)인데, 이활(李活)이라는 이름도 사용했고 육사(陸史)라는 호도 사용했다. 1940년 1월호 잡지 『문장(文章)』에 실린 「조선문예가총람」에서 이육사를 "이육사(李陸史): 경성부(京城府) 통인정(通仁町) 149의 9, 본명은 이활(李活) ……"[5]로 소개하고 있으니

5 「조선문예가총람」, 『文章』 1940. 1, 239쪽.

이활은 이육사의 본명으로 사용되고 있었음을 알 수 있다. 『매일신보(每日新報)』 1944년 1월 21일 자의 「인사(人事)」란에 실린 이육사의 부고 소식에도 '이활'이라는 이름을 사용했고,[6] 이보다 앞서 발송된 이육사의 부고장에도 이육사를 '육사 이활 씨(陸史李活氏)'로 표현하고 있어 이활이 본명이며 육사가 호임을 알 수 있다.[7] 이렇게 보면 이육사는 공식적인 활동에서 '이활'을 본명으로, '육사'를 호로 사용한 것이다.

이육사는 1930년 1월 3일 자 『조선일보』에 「말」이라는 시를 발표할 때 처음으로 이활이라는 이름을 사용한 이래 그 시기에 『중외일보(中外日報)』 및 『조선일보』의 대구지국(大邱支局) 기자로 재직하면서 신문 기사나 시사평론을 발표할 때 그 이름을 사용하기도 했다. 현재까지 알려진 이육사의 글 중에서 신문 기사나 시사평론은 대부분 이활의 이름으로 발표되었는데,[8] 그 이름으로 발표된 글을 모두 예거하면 다음과 같다.

제목	발표 일자	게재지	사용한 이름	장르
말	1930. 1. 3	『조선일보(朝鮮日報)』	이활(李活)	시
대구사회단체개관(大邱社會團體槪觀)	1930. 10	『별건곤(別乾坤)』	대구 이육사, 이활(大邱二六四, 李活)[9]	시사평론

6 「人事」, 『每日新報』 1944. 1. 21. "李活氏(詩人) 十六日 北京客館에서 別世."

7 박현수, 『한 권에 담은 264 작은 문학관』(도서출판 울력, 2016), 106쪽. "訃告 陸史李活氏今月十六日別世於北京客舍玆以訃告/ 弟 源一 源朝 源昌/ 甲申一月十九日/ 謹喪 崔興峰/ 京城府城北町一二二ノ一一."

8 『대중(大衆)』 창간임시호(1933. 4)에 제목만 실린 「레닌주의철학의 임무」라는 글은 글쓴이를 이육사로 밝히고 있는데, 검열에 의해 삭제되어 제목만 실린 것이다. 이육사는 이 잡지에 이활이라는 이름으로 「자연과학(自然科學)과 유물변증법(唯物辨證法)」이라는 글도 동시에 발표했으니 삭제된 글은 이름을 달리해 투고한 것으로 보인다. 이육사의 시사평론 중 「대구의 자랑 약령시(藥令市)의 유래」(『조선일보』, 1932. 1. 14·16·20·26)는 '이활'이 아닌 '육사생(肉瀉生)'의 이름으로 발표되었다.

대구 장 연구회(硏究會)의 창립을 보고서	1932. 3. 6·9 (2회)	『조선일보』	이활	시사평론
신진작가 장혁주(張赫宙) 군 방문기: 가이조샤(改造社) 입선 「아귀도(餓鬼道)」 작가	1932. 3. 29	『조선일보』	이활	신문 기사
자연과학(自然科學)과 유물변증법(唯物辨證法)	1933. 4	『대중(大衆)』 창간임시호	이활	시사평론
1934년에 임(臨)하야 문단에 대한 희망: 『형상(形象)』 창간호 설문에 대한 답변	1934. 2	『형상(形象)』	이활	설문
오중전회(五中全會)를 앞두고 외분내열(外分內裂)	1934. 9	『신조선(新朝鮮)』	이활	시사평론
국제무역주의(國際貿易主義)의 동향	1934. 10	『신조선』	이활	시사평론
위기에 임(臨)한 중국정국(中國政局)의 전망	1935. 1	『개벽(開闢)』	이활	시사평론
1935년과 노불관계(露佛關係) 전망	1935. 1	『신조선』	이활	시사평론
공인(公認) "깽그"단(團), 중국청방비사소고(中國靑帮秘史小考)	1935. 3	『개벽』	이활	시사평론
중국의 신국민운동검토(新國民運動檢討)	1936. 4	『비판(批判)』	이활	시사평론
중국농촌(中國農村)의 현상(現狀)	1936. 8	『신동아(新東亞)』	이활	시사평론
모멸(侮蔑)의 서(書): 조선 지식여성의 두뇌와 생활	1938. 10	『비판』	이활	시사평론
영화에 대한 문화적 촉망	1939. 2	『비판』	이활	시사평론

이상에서 예거한 이활의 이름으로 발표된 시사평론 중에서 이육사의 글이 아닌 것도 있을 수 있다는 견해가 있지만,[10] 이들 시사평론을

9 글쓴이를 본문에서는 '대구 이육사(大邱二六四)'로, 목차에서는 '이활(李活)'로 기재하고 있다.

10 김학동, 『이육사 評傳』(새문사, 2012), 157-158쪽. "이들 중에는 물론 육사의 것도 있

세밀하게 읽어보면 이육사의 독특한 문장 구성 방식을 발견할 수 있다는 데 주의할 필요가 있다. 이육사의 독특한 문장 구성 방식이란 두 개의 독립된 문장을 '~는 것은~'으로 연결하는 구조를 갖는다는 점이다.[11] 이것은 오늘날의 문법적 구조로 보아 비문에 가깝다. 이를테면 ① "이렇게 하야 '깽'은 민국(民國) 17년 이래로 국민당의 중요한 무기가 되엿다는 것은 주로 노동자들의 대중운동을 압박하는 것과 조합운동을 통하야 스트라익을 궤멸시키는 역할을 맡어 연출해왔다",[12] ② "거기는 극히 복잡한 역사형태와 착종(錯綜)한 경제요소가 아즉도 남어 있다는 것은 자본주의도 있고 봉건적 잔재도 그냥 남었다"[13] 등이 그것이다. 글의 내용으로 보아 '~는 것은~'을 중심으로 앞부분은 주요 논점을 드러내는 문장이고 뒷부분은 그것을 부연 설명하는 문장이다. '~는 것은~'은 앞뒤 두 문장을 연결하는 허사(虛辭)적 표현에 가까

겠지만, 한편으로는 또 다른 사람이 있을 가능성을 배제할 수가 없다. 이들의 내용이나 성격으로 보아 그렇게 생각된다. …… 조선일보사 현상소설에 응모해 예선에서 선정된 <무화과(無花果)>의 작자 '이활'과 '일반평문'부에 있는 중국의 정치·사회·경제 등에 관련된 평문의 문제는 해결되어야 할 과제로 남아 있다. 육사가 '이육사' 이외에 '이활'과 수감번호 '二六四'를 필명으로 사용한 것은 극히 제한된다. 그것들은 모두 초기에만 사용하고 있을 뿐, 시작(詩作)을 위시하여 소설, 수필 및 문학평론 등에서는 주로 '육사'란 아호(雅號)로 발표하고 있다." 1933년『조선일보』의 일천원(一千圓) 현상 공모에 이활의 이름으로 제출된 <무화과>가 이육사의 출품작이 아니라는 사실을, 김학동은 김광균이 1934년 3월『조선중앙일보(朝鮮中央日報)』에 발표한「문단과 지방」이라는 글을 통해 실증한 바 있다(『이육사 評傳』, 156쪽). 김광균의「문단과 지방」에는 다음과 같은 말이 나온다. "이활(李活)이 수편의 단편을 시도했었다. 어학자 이상춘(李常春)의 자제인 만큼 문장은 간명하나 박진력(迫眞力) 있는 작품을 못 보이고 있다. 최근 조선일보 천원 현상 장편 예선에 통과하였으나 불행히 결승에 낙오하였다"(김광균,「문단과 지방」,『김광균 전집』, 김학동·이민호 편, 국학자료원, 2002, 365쪽).

11 손병희는 "이육사의 언어에는 중층적이고 혼성적인 요소가 내재한다"(손병희 편저,『이육사의 문학』, 이육사문학관, 2017, 7쪽)라고 했는데, '중층적이고 혼성적인 요소'란 이육사의 독특한 문장 구성 방식과도 관련되어 있을 것이다.

12 李活,「公認 "깽그"團, 中國青帮秘史小考」,『開闢』1935. 3, 42쪽.

13 李活,「中國農村의 現狀」,『新東亞』제6권 제8호, 1936. 8.

운 것으로 판단되는데, ①은 '이렇게 하야 '깽'은 민국 17년 이래로 국민당의 중요한 무기가 되였다. 말하자면[14] 주로 노동자들의 대중운동을 압박하는 것과 조합운동을 통하야 스트라익을 궤멸시키는 역할을 맡어 연출해왔다'로 풀이할 수 있고, ②는 '거기는 극히 복잡한 역사형태와 착종한 경제요소가 아즉도 남어 있다. 말하자면 자본주의도 있고 봉건적 잔재도 그냥 남었다'로 풀이할 수 있다.[15] 이러한 독특한 문장 구성 방식은 중국의 정치·사회·경제 등에 관한 이육사의 평문을 위시해 앞서 예거한 시사평론에 고루 나타나며, 「루쉰 추도문」과 여타 수필에도 자주 나타난다.[16] 이렇게 보면 이들 시사평론은 모두 이육사의 글로

---

14 뒷부분의 문장을 부연 설명으로 보아 '는 것은'을 '말하자면'으로 바꿀 수 있는 것은, 이육사가 1933년 4월 『대중』에 발표한 「자연과학과 유물변증법」에 나오는 다음의 문장을 통해 확인할 수 있다. "至今은 辨證法 그것을 取扱하야 認識의 手段으로서의 辨證法의 役割 그 任務 어떠한 意味에서는 그 價値를 이해하지 않으면 아니 될 것을 간단히 말하자면 레닌이 보는 바 辨證法이란 어떠한 것인가를 硏究하여야 할 것이다"(『이육사의 문학』, 327쪽). 여기서는 아예 '간단히 말하자면'이라는 말을 덧붙여 부연 설명임을 나타냈는데, 인용문을 두 개의 문장으로 분리해 '~것이다. 간단히 말하자면~'으로 바꾸어도 상관없을 듯하다.

15 또한 ①은 '이렇게 하야 '깽'은 민국 17년 이래로 국민당의 중요한 무기가 되였다는 것은 주로 노동자들의 대중운동을 압박하는 것과 조합운동을 통하야 스트라익을 궤멸시키는 역할을 맡어 연출해왔다는 말이다'로, ②는 '거기는 극히 복잡한 역사형태와 착종한 경제요소가 아즉도 남어 있다는 것은 자본주의도 있고 봉건적 잔재도 그냥 남었다는 말이다'로 풀이할 수도 있다.

16 이를테면 「루쉰 추도문」(『朝鮮日報』 1936. 10)에서 "그때쯤은 뿌르주아 민주주의적인 정치사조조차도 아직 계선(界線)이 분명하지 못하였다는 것은 뿌르주아 혁명이라는 소위 국민혁명도 정직하게 말하자면 5·4운동을 전초전으로 한 것인 만큼 여기서 역시 중국의 비평가인 빙선(丙申)은 자미있는 말을 하고 있다", "그의 소설에는 주장이 개념에 흐른다거나 조금도 무리가 없는 것은 그의 작가적 수완이 탁월하다는 것을 말하지 않을 수 없다"라든지, 수필 「계절의 표정」(『朝光』 1942. 1)에서 "그러나 짐즛 가을에 뺨을 부비며 항분(亢奮)해보고 울어라도 보고저한 내 관습이 아즉 살어 있었다는 것은 계절을 누구보다도 먼저 느낄 만한 외로움이 나에게 있었다", "여기서 나는 또 한 가지 묘책을 얻었다는 것은 요놈 쉴새 없이 나를 습격해 오는 권태를 피할려고 하지 않고 권태를 될 수 있는 대로 친절하게 달래서 향락할려고 했다" 등이 그러한 예에 해당한다.

생각해도 무방할 것이다.

이육사는 1930년 2월 『중외일보』의 대구지국 기자가 되었는데, 『중외일보』가 일제의 탄압으로 1931년 6월 종간되자 동년 8월 『조선일보』의 대구지국 기자로 전근한다. 그는 『조선일보』 기자로서 1932년 3월 일본 가이조샤(改造社)의 현상 공모에 단편소설 「아귀도(餓鬼道)」로 입선한 장혁주(張赫宙)와의 인터뷰 기사를 발표하며, 이를 끝으로 기자직을 사임하고 중국으로 건너가게 된다. 그리고 이육사는 1932년 10월 중국 난징 근교에 개교한 조선혁명군사정치간부학교(이하 군사간부학교로 줄임)의 제1기생으로 입학해 6개월간의 교육 과정을 마치고 1933년 4월에 졸업한다. 군사간부학교 졸업 직후 그는 잠시 상하이에 머물다가 동년 7월에 귀국하며, 이후 『조선일보』 기자 이상호(李相昊)—이육사가 1930-1931년에 『중외일보』의 대구지국 기자로 재직할 때 함께 근무했던 동료 기자—의 주선으로 다시 『조선일보』의 대구지국 특파원으로 임명된다. 하지만 이육사는 대구지국 부임을 앞둔 시점인 1934년 5월 군사간부학교 출신자의 전원 검거로 인해 구속되고, 동년 6월 23일 기소 유예 의견으로 석방, 8월 31일에는 기소 유예 처분을 받게 된다. 그런데 앞서 예거한 시사평론 중에서 중국의 정치·사회·경제 및 국제 정세에 관한 평문은 모두 그가 기소 유예 의견으로 석방된 이후에 쓰인 것임을 알 수 있다. 그러면 이육사가 구속에서 풀려난 이후에 중국의 정치·사회·경제 및 국제 정세에 관한 평문을 적극적으로 발표한 이유는 무엇일까? 이는 우선 기자가 되고자 했던 그의 저널리스트로서의 정체성과 무관하지 않겠지만, 좀 더 심층적인 이유를 따져볼 필요가 있다. 그것은 이육사가 군사간부학교에서 받은 교육 및 졸업 때 설정한 자신의 사회적 실천 방향과 밀접하게 관련되어 있다.

이육사가 군사간부학교의 졸업을 앞두고 의열단의 단장 김원봉(金

元鳳)에게 호출되어 금후 계획에 대한 질문을 받았을 때 "조선 독립운동을 위해서는 조선으로 돌아가서 노동자·농민에게 독립사상을 고취하여야 한다고 주장했더니, 김원봉은 그러면 조선으로 돌아가서 의열단을 위하여 사력을 다하여 활동하라"[17]고 했다고 한다. 군사간부학교는 조선혁명(민족해방)을 완수할 무장 투쟁가를 양성하는 일을 주 임무로 하고 있었는데, 이육사는 민족해방을 위한 무장 투쟁에 직접 뛰어들기보다 노동자와 농민에게 독립사상을 고취하는 사상 계몽의 방향으로 마음을 정한 것이다. 그는 김원봉에게 자신의 졸업 후 활동 방향을 좀 더 구체적으로 밝히기도 했다. "나는 도회지 생활이 길어서 도회지인의 심리를 잘 이해하고 있으므로 도회지에 머물러 공작을 할 생각이다. 곧 도회지의 노동자층을 파고들어서 공산주의를 선전하여 노동자를 의식적으로 지도 교양하고, 학교에서 배운 중한 합작의 혁명 공작을 실천에 옮겨 목적을 관철한다."[18]

이에 따를 때 우리는 이육사가 군사간부학교 졸업과 동시에 두 가지 사회적 실천 방향을 설정하고 있었음을 가늠할 수 있다. 첫째는 도회지의 노동자층으로 파고들어 공산주의 의식화 작업을 수행한다는 것이고, 둘째는 중한 합작의 혁명 공작을 실천한다는 것이다. 그렇다면 이육사가 군사간부학교를 졸업하고 귀국한 이후 발표한 시사평론은 바로 이러한 두 가지 사회적 실천 방향과 밀접하게 관련되어 있음을 짐작게 한다. 그가 군사간부학교의 졸업과 동시에 발표한 「자연과학과 유물변증법」이 사회주의 사상을 보급하기 위해 쓴 글인 만큼 그의 사상적 지향과 활동 방향을 직접적으로 드러내는 것이거니와, 귀국 후에

17 國史編纂委員會 編, 「李活 신문조서」(1934. 6. 17), 『韓民族獨立運動史資料集(30)』(國史編纂委員會, 1997), 157쪽.

18 國史編纂委員會 編, 「증인 李源祿 신문조서」, 『韓民族獨立運動史資料集(31)』, 192쪽.

집중적으로 발표한 중국의 정치·사회·경제 및 국제 정세에 관한 평문도 그의 사회적 실천 방향을 구체적으로 보여주는 것이라고 할 수 있다. 요컨대 이육사는 시사평론 등의 저널리즘적 글쓰기를 통해 대중을 의식화하고 중한 합작의 혁명 공작에 기여하며 궁극적으로는 독립사상을 고취하는 데 목표를 두었다. 이육사의 시사평론 글쓰기는 대체로 그의 사상적 지향을 저널리즘의 형식으로 표출한 사회적 실천 행위였다.

그런데 이육사의 글 전체를 그 내용에 따라 일별해보면 몇 가지 흥미로운 사실을 발견하게 된다. 우선 신문 기사나 시사평론은 대체로 '이활'의 이름으로 발표되었고, 시와 수필 등의 문예 창작, 문예 비평, 문학 번역의 경우는 대체로 '육사' 또는 '이육사'의 이름으로 발표되었다는 사실이다. 앞서 언급한 바와 같이 『문장』에 실린 「조선문예가총람」에서 이육사를 소개할 때 '이육사'의 이름을 앞세운 것은 시와 수필을 창작하고 문예 비평을 쓴 '문학가'로서의 이육사를 중시했기 때문일 것이다. 이육사는 1934년 10월호 『신조선(新朝鮮)』에 두 편의 글을 발표하면서 시사평론인 「국제무역주의의 동향」은 '이활'의 이름으로, 수필 「창공에 그리는 마음」은 '육사'의 이름으로 발표했다. 그는 이때부터 시사평론을 비롯한 저널리즘적 글쓰기에는 '이활'이라는 이름을 사용하고 시와 수필을 포함한 문예적 글쓰기에는 '육사(이육사)'라는 이름을 사용하기로 가닥을 잡은 것으로 짐작된다. 이육사가 1930년 1월 『조선일보』에 발표한 「말」은 그의 최초의 시작(詩作)으로 '이활'의 이름으로 발표했는데, '육사'라는 이름이 정착되기 이전에 발표한 것이니 그 시기에 사용하던 '이활'로 발표한 것이다. 또한 당시에 그는 일부 신문 기사나 시사평론을 발표할 때 '이육사(二六四)', '육사생(肉瀉生)', '이육사(李戮史)'의 이름을 사용하기도 했으나 이는 '육사(陸史)'라는 호가 정착되어가는 과정을 보여주며, 그 시기에 '문학가'로서의 정체성이 확립되지 않아 저널리즘적 글쓰기와 문예적 글쓰기를 구분하지 않았음을 뜻한다. 그러니까 이육사는 '문학가'로서 자기 정체성을 뚜렷하게 갖게 되면서부터 문예 창작, 문예 비평, 문학 번역 등 문예적 글쓰기에는 '육사(陸史)' 또는 '이육사(李陸史)'의 이름을 사용하고, 시사평론을 포함한 저널리즘적 글쓰기에는 본명으로 알려진 '이활(李活)'을 주로 사용한 것이다.

또 다른 흥미로운 사실은, 이육사가 주로 신문 기사와 시사평론을 쓰면서 간간이 시와 수필도 발표해오다가 1936년 10월 '이육사'의 이름으로 발표한 「루쉰 추도문」을 계기로 이후 시와 수필 창작에 매진하고 문예 비평과 문학 번역도 적극적으로 시도했다는 점이다. 이육사는 「루쉰 추도문」 이전에 발표한 수필 「창공에 그리는 마음」(『신조선』 1934. 10)에서 '육사'의 이름을 사용한 이래 시작 「춘수삼제」(『신조선』 1935. 6), 「황혼」(『신조선』 1935. 12), 「실제」(『신조선』 1936. 1)를 모두 같은 이름으로 발표했다. 이때까지 이육사는 '이활'의 이름을 사용해 주로 시사평론을 발표했고, 「루쉰 추도문」 이후에도 두 편의 시사평론, 즉 「모멸의 서: 조선 지식여성의 두뇌와 생활」(『비판』 1938. 10)과 「영화에 대한 문화적 촉망」(『비판』 1939. 2)을 같은 이름으로 발표했다. 이들은 모두 저널리즘적 글쓰기의 범주에 속한다. 그런데 이육사는 시사평론으로 간주할 수도 있는 「조선문화는 세계문화의 일륜」(『비판』 1938. 11)이라는 글을 '이육사'의 이름으로 발표했는데, 그 까닭은 무엇일까? 이 글은 '지성 옹호의 변'이라는 특집에 다른 12인의 문인의 글과 함께 실렸으니, 이육사는 문학가의 자격으로 이 특집에 참여해 '이육사'의 이름을 사용한 것으로 보아야 할 것이다.

요컨대 이육사는 신문 기사나 시사평론과 같은 저널리즘적 글쓰기에는 '이활'의 이름을 사용했고, '육사'라는 호가 정착된 이후 시와 수필의 창작, 문예 비평, 문학 번역 등의 문예적 글쓰기에는 '이육사(육사)'의 이름을 사용한 것이다. 그리고 그는 「루쉰 추도문」을 가운데 두고 그 이전에는 저널리스트의 신분으로 주로 시사평론을 발표했고, 그 이후로는 문학가의 신분으로 주로 시와 수필, 문예 비평과 문학 번역의 글을 발표한 것이다.

이 대목에서 우리는 이육사의 저널리즘적 글쓰기와 문예적 글쓰기를 가르는 경계 지대에 놓인 「루쉰 추도문」에 대해 좀 더 살펴볼 필요가 있다. '이육사'의 이름으로 발표된 「루쉰 추도문」은 문예적 글쓰기에 속하지만, 이육사의 글쓰기에 중대한 변화가 일어나는 경계 지대에 놓인 만큼 저널리즘적 글쓰기의 성격도 아울러 지니고 있다. 「루쉰 추도문」은 '문학가' 루쉰을 추도하기 위한 글이기에 당연히 문예적 글쓰기에 속하지만, 동시에 '추도문'의 성격을 갖기에 저널리즘적 글쓰기이기도 하다. 만일 「루쉰 추도문」을 저널리즘적 글쓰기의 연장선에 놓인 것으로 본다면, 이육사가 그 글을 집필할 때 일역본(日譯本) 『루쉰선집(魯迅選集)』을 텍스트로 삼아 적극적으로 참조한 것도—이에 대해서는 다음 절에서 고찰할 것이다—납득할 수 있다. 이육사는 루쉰 서거 직후 짧은 시간 내에 「루쉰 추도문」을 써야 했기에 일역본 『루쉰선집』을 참조할 수밖에 없었을 것이며, 저널리즘적 글쓰기는 문예적 글쓰기만큼 창의성을 요구하지 않는다는 점도 고려되어야 한다.

2. 탐독한 루쉰 문학의 텍스트

이육사는 「루쉰 추도문」(『조선일보』 1936. 10. 23·24·25·27·29)을 다음과 같은 말로 끝맺었다. "이 위대한 중국 문학가의 영(靈) 앞에 고요

學藝

魯迅追悼文 (一)

李陸史

魯迅略傳

—兩著作目錄—

니ー체와現代文化

—그의誕生日을記念하야—

⑦ 金亨俊

이육사가 발표한 「루쉰 추도문(1)」(『조선일보』 1936. 10. 23)

히 머리를 숙이면서 나의 개인적으로 곤란한 타형(惰形)에 의하여 문호 루쉰의 윤곽을 뚜렷이 그리지 못함을 참괴(慚愧)히 알며 붓을 놓기로 한다."[19] 이육사가 말한 '개인적으로 곤란한 타형'과 그가 느낀 '참괴'는 무엇을 의미하는 것일까? 이것은 작자의 겸사(謙辭)로 보아 넘길 수도 있겠지만, 혹시 이육사의 내면의 어떤 진실을 반영하고 있는 것은 아닐까? 「루쉰 추도문」은 일종의 추도문 형식을 빌려 발표한 이육사의 '루쉰론(魯迅論)'이라 할 만한데, 그가 이 글의 말미에서 왜 '개인적으로 곤란한 타형'을 말하며 '참괴'의 심정을 드러냈을까?

사실 「루쉰 추도문」을 읽어보면 루쉰의 작품에 대한 깊이 있는 탐

19 李陸史, 「魯迅追悼文」, 『李陸史全集』, 221쪽.

독이 선행되지 않으면 쓰기 어려운 글임을 바로 알 수 있다. 왜냐하면 「루쉰 추도문」에는 루쉰 작품의 원문이 많이 인용되어 있고 그 인용문의 출처도 구체적으로 밝혀져 있기 때문이다. 그런데 이육사는 「루쉰 추도문」을 발표하기 이전까지 루쉰에 관한 글을 발표한 적이 없으며, 그때까지 그가 발표한 글 속에서도 루쉰을 언급한 적이 없다. 그렇다면 이육사는 어떻게 「루쉰 추도문」을 쓸 수 있었을까? 그가 탐독한 루쉰 문학의 텍스트는 무엇이었을까 하는 의문을 갖지 않을 수 없다.

이육사는 1936년 말부터 시의 사상성을 강화해 시를 본격적으로 창작하게 되는데, 1936년 10월 『조선일보』에 「루쉰 추도문」을 발표하고 동년 12월호 『조광(朝光)』에 루쉰의 단편소설 「고향」을 번역해 발표한 것을 고려할 때, 그가 시 창작을 본격화하고 시의 사상성을 강화하는 데 루쉰 문학과의 만남이 어떤 전기(轉機)가 되었을 것으로 짐작된다.[20] 이육사에게 루쉰 문학과의 만남이 중요하다면, 이육사가 어떠한 경로로 루쉰 문학을 이해하게 되었는지는 꼭 짚고 넘어가야 할 문제이다.

1932년 3월 29일 자 『조선일보』에는 이육사가 쓴 「신진작가 장혁주 군 방문기: 가이조샤(改造社) 입선 「아귀도(餓鬼道)」 작가」라는 글이 실려 있다. 이것은 이육사가 『조선일보』의 대구지국 기자로서 당시 일본 가이조샤의 현상 공모에 단편소설 「아귀도」로 입선한 장혁주를 인터뷰한 글이다. 이 글은 다음과 같은 말로 시작하고 있다. "대구같이 적은 도시에 독서하는 사람은 비록 얼마 되지 않을 것 같으나 4월호의 『가이조(改造)』 잡지가 각 서점에서 짐을 풀자마자 전화가 빗발치듯 하

20 졸저 『루쉰과 근대 한국: 동아시아 공존을 위한 상상』(이화여자대학교출판문화원, 2017), 238-239쪽 참조.

고 나는 듯이 팔려 그 다음 날부터 절품이 된 것은 단순한 '저널리즘'의 과장만은 결코 아니라는 것도 고이치 않은 말이다."[21] 일본 잡지 『가이조』 1932년 4월호가 대구 지역에서 날개 돋친 듯 팔려나가 서점에서 절품이 되다시피 한 것은 당시 대구에 살고 있던 장혁주의 「아귀도」가 거기에 실려 있었기 때문이다. 이육사가 장혁주를 인터뷰하게 된 것도 바로 이 「아귀도」 때문인데, 『가이조』는 당시 한국의 지방 도시에도 배포되었고, 특히 1932년 4월호는 의외의 판매 부수를 올린 것이다. 그런데 공교롭게도 장혁주의 입선작 「아귀도」가 실려 절품이 될 정도로 판매 부수를 올린 1932년 4월호 『가이조』에는 일본인 마스다 와타루(增田涉)의 「루쉰전(魯迅傳)」이 루쉰의 사진과 함께 실려 있었다. 이육사는 장혁주의 입선작 「아귀도」가 실린 『가이조』 4월호를 통해 때마침 같은 호에 실린 「루쉰전」에도 주목했을 것이다. 앞서 언급했듯이 이육사는 장혁주와의 인터뷰를 끝으로 『조선일보』 기자를 그만두고 중국으로 건너가 1932년 10월에 군사간부학교에 입학하고 1933년 4월에 졸업하게 되며, 졸업 직후 상하이에 잠시 머물던 6월에 국민당 남의사(藍衣社)에 의해 암살당한 중국의 민주 인사 양싱포(楊杏佛)의 빈소를 찾았다가 루쉰과 대면하게 된다. 이육사는 이때의 경험을 「루쉰 추도문」의 서두에서 감동적으로 서술했는데, 루쉰에게 "늘 한번 대면의 기회를 가지려고 했더란 말"[22]을 할 수 있었던 것도 『가이조』에 실린 「루쉰전」으로부터 받은 루쉰에 대한 인상과 무관하지 않아 보인다. 이육사가 「루쉰 추도문」을 집필할 때 참조한 텍스트를 추적해보면 그 신빙성이 더해진다.

이육사는 1936년 10월 루쉰이 사망한 직후 매우 짧은 시간 내에

21 李活(李陸史), 「新進作家 張赫宙君 訪問記: 改造社 入選 「餓鬼道」 作家」, 『朝鮮日報』 1932. 3. 29.

22 李陸史, 「魯迅追悼文」, 『李陸史全集』, 209쪽.

「루쉰 추도문」을 쓰고 루쉰의 단편소설 「고향」을 번역했는데, 이육사가 참고한 텍스트는 무엇이었을까? 먼저 「루쉰 추도문」이 『조선일보』에 게재될 때, 그 첫머리에 '일기자(一記者)'의 말이 붙어 있고 '루쉰 약전(魯迅略傳)－부저작목록(附著作目錄)'도 함께 실려 있다는 사실에 주목해보자. '루쉰 약전'은 「루쉰 추도문」의 본문과 구분해 지면 조판이 되어 있고, '루쉰 약전'에 나오는 루쉰의 작품 목록과 「루쉰 추도문」에 나오는 목록이 상이하다. 그리고 '루쉰 약전'에서는 루쉰이 "국민정부의 탄압을 받아서 1931년 상하이에서 체포되었다"[23]라고 서술했으나 「루쉰 추도문」의 본문에서는 루쉰에게 체포령이 내려졌지만 "최암흑(最暗黑)한 50일이 지나고 그는 베이징을 탈출했다"[24]라고 서술했다. 이러한 점들을 고려할 때 '루쉰 약전'은 이육사가 직접 작성한 것이라기보다 '일기자'가 작성한 것으로 짐작된다. 그리고 이 '루쉰 약전'은 약 한 달 뒤에 발간된 1936년 12월호 『조광』에도 게재되는데, 이육사가 번역한 루쉰의 「고향」 번역문 앞에 그대로 실리게 된다. '루쉰 약전'이 「루쉰 추도문」과 「고향」 번역문 앞에 동일하게 실려 있다는 사실은 그것들이 루쉰의 서거에 맞춰 기획된 일종의 특집임을 시사한다. 그리고 「루쉰 추도문」과 「고향」 번역문 앞에는 동일한 루쉰의 사진도 실려 있는데, 이 사진은 1935년 6월 일본의 이와나미서점(岩波書店)에서 출간한 사토 하루오(佐藤春夫)·마스다 와타루(增田涉) 공역의 『루쉰선집(魯迅選集)』의 속표지에도 수록되어 있다. 「루쉰 추도문」과 「고향」 번역문 앞에 실린 루쉰의 사진은 『루쉰선집』에 수록된 그의 사진을 적출해 사용한 것으로―이에 관해서는 제5장에서 상세하게 다룰 것이다―추정되며, 이는

---

23 李陸史, 「魯迅追悼文(1)」, '魯迅略傳―附著作目錄', 『朝鮮日報』 1936. 10. 23.
24 李陸史, 「魯迅追悼文(5)」, 『朝鮮日報』 1936. 10. 29.

「루쉰 추도문」 작성과 「고향」 번역이 '일기자'에 의해 기획된 일종의 특집이었다는 사실을 방증한다.

일본 이와나미서점에서 출판한 『루쉰선집』(1935)

좀 더 세밀하게 검토해보자. 「루쉰 추도문」 앞에 붙어 있는 '일기자'의 말은 다음과 같다. "「아Q정전」의 작자로서 세계적 작가이며 중국 신문학의 최고봉인 루쉰이 지난 19일 오전 5시에 상하이에서 숙아(宿痾)로 영면하였다는 부음이 전한 지 3일되는 날에 우리는 간단한 일문(一文)을 빌려 삼가 추도의 뜻을 표하거니와 만년에 그의 정치적 불우(不遇)로 인하여 문학자로서의 성명(聲名)조차가 우리에게 널리 퍼지지 못한 것을 더 유감으로 생각한다[일기자(一記者)]."[25] 이 글의 문맥으로 보아 「루쉰 추도문」은 루쉰을 추도하기 위해 기획된 것임을 짐작게 하는데, 여기에 나오는 '일기자'는 누구일까? 그가 누구인지 단정할 수는 없지만 몇 가지 정황으로 보아 유추해볼 수는 있다. 잡지 『삼천리(三千里)』가 1935년 12월에 세계적 정치가, 사상가, 문호, 과학자의 초청에 관한 설문을 진행했고, 이 설문에 참여한 당시 『조선일보』의 외보부장(外報部長)이던 홍양명(洪陽明)은 "문사(文士)로는 막심 고리키 씨나 루쉰 씨, 음악가로서는 폴란드

25 李陸史, 「魯迅追悼文(1)」, 『朝鮮日報』 1936. 10. 23.

(波蘭)의 파데레프스키 씨"[26]라고 하며 초청하고 싶은 문사로 막심 고리키와 루쉰을 들었다. 홍양명은 일본의 와세다대학을 졸업하고 1930년대 전반기에 『조선일보』의 상하이 특파원으로 근무한 바도 있어[27] 중국에서의 루쉰의 명성에 주목했을 것이고, 당시 한국에서도 루쉰의 명성이 널리 알려져 있었으므로 루쉰을 초청하려는 그의 생각은 호소력을 갖는 것이었다. 루쉰 서거 당시 홍양명은 『조선일보』의 외신과 편집을 담당하고 있었고 또한 잡지 『조광』과 『삼천리』의 필진으로도 참여하고 있었으니, 루쉰의 서거 소식을 접하자마자 서둘러 그를 추도할 계획을 세웠을 가능성이 크다. 이육사는 군사간부학교를 졸업한 후 잠시 상하이에 체류하던 1933년 6월에 루쉰을 직접 만난 적이 있고, 귀국 후 『조선일보』 기자이던 이상호의 주선으로 1934년에 『조선일보』의 대구지국 특파원으로 임용되었으며,[28] 그 후 중국의 정치·사회·경제에 관한 시사평론을 발표해오고 있었다. 이러한 사정을 고려하면 홍양명 → 이상호 → 이육사의 인적 관계망에 속에서 이육사가 '루쉰 추도문'을 쓸 적임자로 추천된 것으로 추정해볼 수 있다. 그러니까 루쉰 서거를 추도하기 위한 '일기자'의 기획이 앞서고, 그에 응해 이육사는 「루쉰 추도문」을 집필하고 루쉰의 「고향」을 번역한 것이다.

요컨대 「루쉰 추도문」과 「고향」 번역문 앞에 붙어 있는 동일한 내용의 '루쉰 약전'은 '일기자'가 작성한 것이며, 역시 동일하게 실린 루쉰

---

26 「招請案: 世界的 政治家·思想家·文豪·科學者」, 『三千里』 1935. 12.

27 大韓言論人會, 『韓國言論人物史話－8·15前篇(下)』(大韓言論人會, 1992), 361쪽 참조. 홍양명은 일본의 와세다대학 영문과를 졸업했고 좌익 문예 단체인 조선프롤레타리아예술가동맹(KAPF)의 성원으로 활동했다. 1931년 이후 사회주의 노선을 버리고 언론계에 투신해 1931년부터 1937년까지 『조선일보』 상하이 특파원, 편집부 기자, 외보부장, 논설위원 등을 지냈다. 또한 그는 이 기간 동안 잡지 『조광』과 『삼천리』의 주요 필진으로 활동했다.

28 國史編纂委員會 編, 「李活 신문조서」, 『韓民族獨立運動史資料集(30)』, 158쪽.

의 사진도 '일기자'가 『루쉰선집』으로부터 적출해 전재(轉載)한 것으로 추정된다. 이 『루쉰선집』은 1935년 6월 도쿄의 이와나미서점에서 출판되었는데, 루쉰의 소설 「쿵이지(孔乙己)」, 「풍파(風波)」, 「고향(故鄕)」, 「아Q정전(阿Q正傳)」, 「오리의 희극(鴨的喜劇)」, 「비누(肥皂)」, 「가오 선생(高老夫子)」, 「고독자(孤獨者)」를 비롯해 산문 「후지노 선생(藤野先生)」, 강연 원고인 「위진의 시대상과 문학(魏晉風度及文章與藥及酒之關係)」 및 「상하이 문예의 일별(上海文藝之一瞥)」이 수록되어 있다. 또한 앞서 언급된 1932년 4월호 『가이조』에 실렸던 마스다 와타루의 「루쉰전」도 부록으로 실려 있다. 마스다 와타루는 1931년 봄 상하이에 도착해 루쉰의 『중국소설사략(中國小說史略)』을 일본어로 번역하기 위해 4개월 동안이나 루쉰의 집을 드나들며 그로부터 직접 가르침을 받았고, 또 1931년 8월 상하이에서 「루쉰전」의 1차 원고를 탈고한 뒤 이를 루쉰에게 보여주고 일부 수정을 받기도 했다. 그는 1932년 2월 도쿄에서 「루쉰전」을 재차 수정한 후 동년 4월호 『가이조』에 발표했고, 그것을 『루쉰선집』에 재수록했다.

이육사의 「루쉰 추도문」과 『루쉰선집』에 수록된 「루쉰전」을 비교해 보면 이육사가 「루쉰전」의 내용을 적극적으로 참조했음을 확인할 수 있다. 「루쉰 추도문」이 인용하고 있는 루쉰의 문장 중 「상하이 문예의 일별」에서 따온 장문의 인용문을 제외하면 대부분 「루쉰전」으로부터 가져온 것이다. 그리고 현대 중국 문학의 발전 과정에 대한 개략적 설명, 「광인일기(狂人日記)」, 「쿵이지」, 「아Q정전」 등 루쉰의 작품에 대한 분석, 루쉰의 문학 활동에 관한 전기적(傳記的) 사실, 루쉰과 혁명문학파의 대립, 농민 작가로서 루쉰의 작가적 위상, 국민당 정부의 탄압과 루쉰의 사상적 전변(轉變), 진정한 프로 문학 건설을 위한 루쉰의 노력 등은 모두 「루쉰전」의 내용을 토대로 쓰인 것이다. 다만 이러한 내용이

「루쉰전」에서는 루쉰의 생애의 시간 순서에 따라 서술되었지만, 이육사는 자신의 당면한 문제의식을 개입시켜 그 내용을 다양하게 재배치하는 방식을 취했다는 데 주의할 필요가 있다. 그러니까 이육사는 「루쉰전」의 내용을 참조해 루쉰의 문학과 사상의 특질을 비평·소개하고 있지만, 자신의 당면한 문제의식을 개입시켜 절실한 언어로 서술함으로써 훨씬 힘 있는 글을 구성한 것이다.

3. 「루쉰 추도문」의 상호텍스트성과 루쉰 문학 비평의 의의

이육사가 자신의 당면한 문제의식을 개입시켜 쓴 「루쉰 추도문」의 두드러진 특징은 무엇인가? 그것은 루쉰 정신을 '3단적 변천'의 관점에서 파악하려 했다는 점, 루쉰 문학을 통해 '예술과 정치의 관계'를 규명하려 했다는 점, 루쉰의 창작 태도를 통해 진정한 리얼리즘의 '창작 모랄'을 제시하려 했다는 점, 진정한 프로 문학을 건설하기 위해 노력해온 '문화전사(文化戰士)'로서 루쉰의 비장한 생애를 강조하려 했다는 점[29]이다.

이육사는 「루쉰 추도문」의 서두에서 루쉰을 만난 일화를 감동적으로 서술한 뒤 루쉰의 대표작 「아Q정전」을 읽고 난 후 "아Q의 운명이

29 이육사는 진정한 프로 문학을 건설하기 위해 노력해온 '문화전사'로서 루쉰의 생애를 「루쉰전」에 의거해 서술하면서 자신의 언술로 "오늘날까지 중국 문단의 '막심 고리키'이든 그(루쉰-인용자)는 지금부터는 문화의 전사로서 '앙리 발뷰스'보다 비장한 생애가 시작되는 것이었다"(『李陸史全集』, 220쪽)라고 하며 루쉰의 비장한 생애를 강조하고자 했다.

걱정되어 못 견디겠다"[30]라고 평한 프랑스 비평가 로망 롤랑의 말을 인용했다. 이어 이육사는 중국 현실에 대한 자신의 인식을 반영해 '아Q'의 운명에 관해 다음과 같이 서술했다. "지금의 중국의 아Q들은 벌써 '로망·롤랑'으로 하여금 그 운명을 걱정할 필요는 없이 되었다. 실로 수많은 아Q들은 벌써 자신들의 운명을 열어갈 길을 루쉰에게서 배웠다. 그래서 중국의 모든 노동층들은 남경로(南京路)의 '아스팔트'가 자신들의 발밑에 흔들리는 것을 느끼며 시고탑로(施高塔路) 신촌(新邨)의 9호로 그들이 가졌던 위대한 문호의 최후를 애도하는 마음들은 황포탄(黃浦灘)의 붉은 파도와 같이 밀려가고 있는 것이다."[31] 그런데 『루쉰선집』의 「루쉰전」에는 로망 롤랑의 이름이 등장하지 않으며, 『가이조』의 「루쉰전」에는 「아Q정전」이 프랑스어로 번역되어 로망 롤랑이 주관하던 『유럽』이라는 잡지에 실렸고 그가 「아Q정전」에 대한 자신의 격정적인 평론을 중국에 보냈다는 정도로 언급되어 있을 뿐이다.[32] 이육사는 「아Q정전」을 호평한 로망 롤랑의 말을 직접 인용한 것인데, 로망 롤랑의 「아Q정전」에 대한 평가는 당시 한국에서도 알려져 있었다.[33] 이육사는 로망 롤랑이 안타까워한 '아Q'의 운명과 달리 '자신들의 운명을 열어갈 길을 루쉰에게서 배운' 새로운 '아Q'들의 등장을 문학적 수사를 통해 의미심장하게 표현하고 있어 변혁된 중국 현실에 대한 자

---

30 李陸史, 「魯迅追悼文」, 『李陸史全集』, 210쪽.

31 李陸史, 「魯迅追悼文」, 『李陸史全集』, 210쪽.

32 增田涉, 「魯迅傳」, 『改造』 1932. 4, 1쪽 참조.

33 주요한(朱耀翰)은 1934년 5월 15일 삼천리사(三千里社)가 주최한 '문학문제평론회(文學問題評論會)'의 대담에서 이렇게 언급했다. "중국서도 루쉰(魯迅)의 「아Q정전」이 중국인의 성격적 약점과 추악한 사회의 진상(眞相)을 너무도 적나라(赤裸裸)하게 그리었으니까 대번에 '로망·롤랑' 같은 큰 비평가도 격찬하여 마침내 30여 개 국어로 번역되어 루쉰 문명(文名)이 천하를 떨치고 있지 않아요"(「三千里社主催 文學問題評論會」, 『三千里』 1934. 6). 이 대담의 참석자는 주요한을 비롯해 박영희(朴英熙), 현빙허(玄憑虛), 양백화(梁白華), 김동인(金東仁), 김안서(金岸曙), 김동환(金東煥) 등이었다.

신의 인식을 두드러지게 드러냈다. 이육사는 수많은 '아Q'들이 루쉰에게서 배워 신흥 '노동층'으로 거듭나 역사의 주체로 나섬으로써 이제 중국이 '아Q시대'를 벗어나서 새로운 역사 단계로 진입하고 있다고 판단한 것이다. 이 대목은 루쉰 문학이 당시 중국 사회에 끼친 사상적 영향력을 명시해주는 것이기도 하지만, 동시에 중국 현실을 바라보는 이육사 자신의 사상적 입장을 은연중에 드러낸 것이기도 하다.

그리고 이육사는 "루쉰 정신의 3단적 변천과 아울러 현대 중국 문학의 발전 과정을 알아보는 것도 그를 추억하는 의미에서 그다지 허무한 일은 아닐 것이다"[34]라고 말하며 '루쉰 정신의 3단적 변천'을 언급했다. 그는 '루쉰 정신의 3단적 변천'을 구체적으로 명시하지는 않았다. 「루쉰 추도문」의 전체 내용을 고려할 때 대략 '일본 유학 시기', '「광인일기」와 「아Q정전」의 창작 시기', '문화전사로서의 활동 시기'로 구분해 이를 서술하려 했던 듯하다. 무엇보다 이육사가 「루쉰 추도문」에서 자신의 당면한 문제의식을 개입시켜 드러내려 한 주요 목표는, 루쉰 문학을 통해 '예술과 정치의 관계'를 새롭게 규명하고 루쉰의 창작 태도를 통해 진정한 리얼리즘의 '창작 모랄'을 제시하려는 것으로 집약된다. 이육사는 "작가로서의 태도를 통하여 일관하여 있는 루쉰 정신을 다시 한번 음미"[35]함으로써 자신에게 가장 시급한 문제인 동시에 당시 '조선 문단'이 당면한 문제이기도 한 '예술과 정치의 관계' 그리고 '창작 모랄'로서 진정한 리얼리즘의 문제를 해명하려 했던 것으로 보인다.

이육사는 먼저 "오늘날 우리의 조선 문단에는 누구나 할 것 없이 예술과 정치의 혼동이니 분립이니 하여 문제가 어찌 보면 결말이 난 듯

34 李陸史, 「魯迅追悼文」, 『李陸史全集』, 210쪽.
35 李陸史, 「魯迅追悼文」, 『李陸史全集』, 214쪽.

도 하고 어찌 보면 미해결 그대로 있는 듯도 한 현상인데, 루쉰같이 자기 신념이 굳은 사람은 이 예술과 정치란 것을 어떻게 해결하였는가?"[36]라는 문제를 제기했다. 그는 이 문제를 해명하려면 루쉰의 작가로서의 출발점부터 구명해야 한다고 말하고, 일본 유학 시기 의학으로부터 문학으로의 전향 및 그 시기의 문예 활동을 「루쉰전」에 의거해 간단히 소개했다. 그리고 "이것은 루쉰의 문학 행정(行程)에 있어서 가장 초기에 속하는 것이지마는 이러한 번역까지라도 그의 일정한 목적, 즉 정치적 목적 밑에 수행된 것을 엿볼 수 있는 것이며"[37]라고 하며 루쉰의 초기 문예 활동이 정치적 목적의식 아래 진행되었음을 특별히 강조했다. 나아가 그는 루쉰이 「광인일기」를 창작해 '어린이를 구하자'라고 말한 것도 당시 청년들에게 무거운 책임감을 깨닫게 한 것으로 청년을 해방하기 위함이었음을 「루쉰전」에 의거해 지적한 후, '예술과 정치의 관계'에 대한 루쉰의 태도를 다음과 같이 비평했다.

> 그러므로 루쉰에 있어서는 예술은 정치의 노예가 아닐 뿐 아니라 적어도 예술이 정치의 선구자인 동시에 혼동도 분립도 아닌, 즉 우수한 작품, 진보적인 작품을 산출하는 데만 문호 루쉰의 위치는 높아갔고, 아Q도 여기서 비로소 탄생하였으며, 일세의 비평가들도 감히 그에게는 함부로 머리를 들지 못하였다.[38]

'예술과 정치의 관계' 문제는 당시 '조선 문단'에서 중요한 화두이기도 했지만, 이육사 자신에게도 해결하지 않으면 안 될 절박한 사안이

---

36 李陸史, 「魯迅追悼文」, 『李陸史全集』, 214쪽.
37 李陸史, 「魯迅追悼文」, 『李陸史全集』, 215쪽.
38 李陸史, 「魯迅追悼文」, 『李陸史全集』, 216쪽.

었다. 독립운동이라는 무거운 정치적 과제를 수행하면서 문예 창작에도 매진하려 한 그에게 그것은 절실한 문제가 아닐 수 없었다. 결국 이육사는 루쉰의 문학적 태도로서 '예술이 정치의 선구자인 동시에 혼동도 분립도 아닌' '예술과 정치의 관계'를 예증함으로써 시 창작에 매진할 수 있는 사상적 자원을 확보한 것이다. 「루쉰 추도문」의 중요성은, 이육사가 얼마나 독창적인 견해로 루쉰 문학을 심도 있게 비평하고 있는가에 있다기보다 루쉰의 문학적 태도가 이육사에게 당면한 절실한 문제를 해결하는 데 얼마나 강한 확신을 심어주었는가 하는 데 있다. 이육사는 '예술이 정치의 선구자인 동시에 혼동도 분립도 아닌' '예술과 정치의 관계'를 확신함으로써 독립운동이라는 정치적 실천 행위와 병행해 시 창작에 더욱 매진할 수 있게 된 것이다. 이육사의 시 창작이 「루쉰 추도문」 집필 이후에 본격화되어 강한 사상성을 띠게 되는 것도 그가 루쉰 문학 비평을 통해 '예술과 정치의 관계'에 대한 나름의 확신을 얻었기 때문일 것이다. 그가 "온갖 고독이나 비애를 맛볼지라도 '시(詩) 한 편'만 부끄럽지 않게 쓰면 될 것을 그래 이것이 무에겠소"[39]라는 자기 확신에 이르게 된 것도 '정치의 선구자인 동시에 혼동도 분립도 아닌' 것으로서의 '시'의 예술적 힘을 깊이 깨달았기 때문이다.

이육사가 제시하려 했던 또 다른 중요한 논점은 문학의 진정한 리얼리즘 문제를 해결하기 위한 루쉰의 '창작 모랄'이다. 이육사는 "다만 문제는 그(루쉰—인용자)가 얼마나 창작에 있어서 진실하게 명확하게 묘사하는 태도를 가지는가"[40]에 있다고 말한 후 「상하이 문예의 일별」에 나오는 문장을 길게 인용했다. 이 인용문은 이육사가 『루쉰선집』에 수록

39 李陸史, 「季節의 五行」(『朝鮮日報』 1938. 12), 『李陸史全集』, 161쪽.
40 李陸史, 「魯迅追悼文」, 『李陸史全集』, 217쪽.

된 「상하이 문예의 일별」로부터 따와 번역한 것인데, 이 인용문에 이어 "이 간단한 몇 마디 말이 문호 루쉰의 창작에 대한 '모랄'인 것이다. 얼마나 우리의 뼈에 사무치고도 남을 만한 시사인고!"[41]라고 강조했다.

이육사가 루쉰의 '창작 모랄'을 입증하기 위해 인용한 문장을 그대로 옮겨보면 다음과 같다.

> 현재 좌익 작가는 훌륭한 자신들의 문학을 쓸 수 있을까? 생각건대 이것은 매우 곤란하다. 현재의 이런 부류의 작가들은 모두 '인텔리'다. 그들은 현실의 진실한 정형(情形)은 쓰려고 해도 용이치 않다. 어떤 사람이 일찍 이런 문제를 제출한 적이 있었다. "작가가 묘사하는 것은 반드시 자기가 경험한 것이라야만 될 것인가?" 그러나 그는 스스로 답하기를 "반드시 안 그래도 좋다. 왜 그러냐 하면 그들은 잘 추찰(推察)할 수가 있으므로 절도하는 장면을 묘사하려면 작가는 반드시 자신이 절도질할 필요도 없고, 간통하는 장면을 묘사할 필요를 느낄 때 작가 자신이 간통할 필요도 없다"고. 그러나 나는 생각한다. 그것은 작가가 구사회 속에서 생장해서 사회의 모든 일을 잘 알고 그 사회의 인간들에게 익숙해져서 있는 때문에 추찰이 되는 것이다. 그러나 종래 아무런 관계도 없는 새 사회의 정형과 인물에 대해서는 작가가 무능하다면 아마 그릇된 묘사를 할 것이다. 그러므로 프로 문학가는 반드시 참된 현실과 생명을 같이하고 혹은 보다 깊이 현실의 맥박을 감수하지 않으면 안 된다.
>
> 그러나 구사회를 조그만치 공격하는 작품일지라도 만약 그 결점을 분명히 모르고 그 병근(病根)을 투철히 파악하지 못하면 그것은

41 李陸史, 「魯迅追悼文」, 『李陸史全集』, 219쪽.

유해할 뿐이다. 애석한 일이나마 현대의 프로 작가들은 비평가까지도 왕왕 그것을 못한다. 혹 사회를 정시(正視)해서 그 진상을 알려고도 않고, 그중에는 상대자라고 생각하는 편의 실정도 알려고 하지 않는다.

비근한 예로는 얼마 전 모 지상에 중국 문학계를 비평한 문장을 한 편 보았는데, 중국 문학계를 3파로 나눠서 먼저 창조파(創造派)를 들어 프로파(派)라 하여 매우 상세하게 논급하고, 다음 어사사(語絲社)를 소(小)뿌르파라고 조그만치 말한 후 신월사(新月社)를 뿌르[주아]문학파라 해서 겨우 붓을 대다가 만 젊은 비평가가 있었다. 이것은 젊은 기질의 상대자라고 생각하는 파에 대해서는 무엇 세밀하게 고구(考究)할 필요가 없다는 뜻을 표명한 것이다. 물론 우리는 서적을 볼 때 상대자의 것을 보는 것은 동파(同派)의 것을 보는 안심과 유쾌와 유익한 데 미치지 못하는 것은 사실이다. 그러나 만약 일개 전투자라면, 나는 생각건대 현실과 상대자를 이해하는 편의상 보다 많은 당면의 상대자에 대한 해부를 필요로 하지 않으면 안 될 것이다. (한 문장이 생략되어 있음-인용자) 옛것을 분명히 알고 새로운 것에 간도(看到)하고 과거를 요해(了解)하여 장래를 추단하는 데서만 우리들의 문학적 발전은 희망이 있다. 생각건대 이것만은 현재와 같은 환경에 있는 작가들은 부단히 노력할 것이고, 그래야만 참된 작품이 나오는 것이다.[42]

이육사가 입증하고자 한 루쉰의 '창작 모랄'이란 위 인용문의 뒷부분에 나오는 '만약 일개 전투자라면, 나는 생각건대 현실과 상대자를

---

42 李陸史, 「魯迅追悼文」, 『李陸史全集』, 217-219쪽. 이 인용문의 중국어 원문은 魯迅, 『魯迅全集(4)』(北京: 人民文學出版社, 2005), 307-308쪽을 참조하라.

이해하는 편의상 보다 많은 당면의 상대자에 대한 해부를 필요로 하지 않으면 안 될 것이다. 옛것을 분명히 알고 새로운 것에 간도(看到)하고 과거를 요해(了解)하여 장래를 추단하는 데서만 우리들의 문학적 발전은 희망이 있다'라는 데서 집중적으로 드러난다. 그것은 상대자를 정밀하게 해부하는 데서 출발해 옛것, 즉 과거를 정확하게 이해하고, 새로운 것, 즉 장래를 추단하는 창작 태도이다. 그것은 바로 진정한 문학적 리얼리즘을 구현하기 위한 작가의 창작 태도를 의미한다. 이육사가 비평하고자 한 루쉰의 '창작 모랄'은 당시 한국 문단에 주는 강한 메시지인 동시에 문예 창작에 매진하려는 이육사 자신의 문학적 태도를 우회적으로 드러내는 것이기도 하다.

이육사가 인식한 루쉰의 '창작 모랄'을 좀 더 심층적으로 이해하기 위해 이육사의 위 번역문과 『루쉰선집』의 일어 번역문을 비교해볼 필요가 있다. 일어 번역문은 루쉰의 중국어 원문에 의거한 충실한 번역으로 평가되는데, 이육사는 그것을 한국어로 번역하면서 축자적(逐字的)인 직역보다 상당한 의역을 감행하고 있다. 이는 당시 한국의 독립운동과 사회주의운동에 대한 일제의 엄혹한 사상 탄압으로 인해 검열을 피해야 했기 때문이기도 하겠지만, 또 다른 측면도 고려하지 않을 수 없다. 즉 이육사는 루쉰의 '창작 모랄'을 명확히 드러내기 위해 자신의 주관적 입장을 적극 개입시켜 일어 번역문의 어휘를 적절한 한국어 어휘로 바꾸어 번역한 것이다.

이육사는 「루쉰 추도문」에서 '무산계급'이라는 말을 가급적 직접 노출시키지 않거나 영어의 '프로' 등 다른 말로 바꾸어 표현하는 방식을 취하고 있다. 그는 '신해혁명', '문학혁명', '뿌르주아혁명', '국민혁명', '국민당의 혁명군', '혁명문학론'이라는 어휘는 그대로 사용하면서도 「상하이 문예의 일별」로부터 인용한 문장의 번역에서 '혁명'을 '현실'

『루쉰선집』에 실린 「상하이 문예의 일별(上海文藝の一瞥)」	「루쉰 추도문」에 실린 「상하이 문예의 일별」
現在の左翼作家は、よき無産階級文學を(현재의 좌익 작가는 훌륭한 무산계급 문학을)	현재 좌익 작가는 훌륭한 자신들의 문학을
知識階級(지식계급)	인텔리
革命の實際(혁명의 실제)	현실의 진실한 정형(情形)
無産階級の情形と人物(무산계급의 정형과 인물)	새 사회의 정형과 인물
革命文學家(혁명 문학가)	프로 문학가
革命と生命を共にレ(혁명과 생명을 같이하고)	참된 현실과 생명을 같이하고
それは革命に有害だ(그것은 혁명에 유해하다)	그것은 유해할 뿐이다('혁명'이라는 말을 생략)
現代の作家は、革命的作家と批評家すらも(현대의 작가는 혁명적 작가와 비평가까지도)	현대의 프로 작가들은 비평가까지도
その實相を(그 실상을)	그 진상을
就中その敵人だと考へるものの實相さへも(그중에서도 그 적이라고 생각하는 자의 실상이라도)	그중에는 상대자라고 생각하는 편의 실정도
以前『レニン青年』紙上に(이전 『레닌 청년』 지상에)	얼마 전 모 지상에('레닌 청년'이라는 말을 '모'로 바꿈)
無産階級文學派(무산계급문학파)	프로파
小資産階級文學派(소자산계급문학파)	소뿌르파
資産階級文學派(자산계급문학파)	뿌르문학파
青年批評家が敵人だと思ふものに對しては(청년 비평가가 적이라고 생각되는 사람에 대해서는)	젊은 기질의 상대자라고 생각하는 파에 대해서는
革命と敵人との理解上(혁명과 상대자와의 이해상)	현실과 상대자를 이해하는 편의상
よき作品が生れるのだ(좋은 작품이 나오는 것이다)	참된 작품이 나오는 것이다

이나 '참된 현실' 등으로 바꿔놓았다. 「상하이 문예의 일별」에서 '혁명'은 무산계급혁명 또는 사회주의혁명을 가리킬 수 있는 어휘인데, 이육사는 그것을 모두 '현실' 또는 '참된 현실' 등으로 바꾸어 번역한 것이

다. 이를테면 '革命の實際(혁명의 실제)'(중국어 원문: 革命的實際) → '현실의 진실한 정형(情形)', '革命と生命を共にし(혁명과 생명을 같이하고)'(중국어 원문: 和革命共同着生命) → '참된 현실과 생명을 같이하고', '革命と敵人との理解上(혁명과 상대자와의 이해상)'(중국어 원문: 在了解革命和敵人上) → '현실과 상대자를 이해하는 편의상'이 그것이다. 이육사가 이렇게 번역한 것은 일제의 검열을 피하려는 의도에서 비롯되었다고 할 수도 있겠으나, 또 다른 의도도 생각해볼 수 있다. 루쉰의 '창작 모랄'을 입증하기 위해 인용한 것이므로 루쉰의 '창작에 있어서 진실하게 명확하게 묘사하는 태도'를 더욱 두드러지게 할 필요가 있었고, 그래서 '혁명'을 '현실' 또는 '참된 현실'로 번역함으로써 '진실하게 명확하게 묘사'할 대상을 적시하고자 했던 것으로 보인다. 또한 이육사는 '無産階級の情形と人物(무산계급의 정형과 인물)'(중국어 원문: 无产阶级的情形和人物)을 '새 사회의 정형과 인물'로 번역해 '무산계급'을 '새 사회'로 바꾸어 번역했는데, 이는 일제의 검열을 비켜 가기 위한 것이기도 하지만, '사회(현실)'의 진실하고 명확한 묘사라는 루쉰의 '창작 모랄'을 더욱 분명하게 드러내려는 의도에서 비롯된 것으로 짐작된다. 'その實相を(그 실상을)'(중국어 원문: 它的底细) → '그 진상을', '就中その敵人だと考へるものの實相さへも(그중에서도 그 적이라고 생각하는 자의 실상이라도)'(중국어 원문: 尤其是认为敌人的底细) → '그중에는 상대자라고 생각하는 편의 실정도'에서 보듯이 일본어 '實相'을 '진상' 또는 '실정'으로 번역했는데, 이 역시 동일한 의도에서 비롯되었다고 할 수 있을 것이다. 더욱이 이육사는 일어 번역문 '青年批評家が敵人だと思ふものに對しては(청년 비평가가 적이라고 생각되는 사람에 대해서는)'(중국어 원문: 这位青年批评家对于愈认为敌人的)를 '젊은 기질의 상대자라고 생각하는 파에 대해서는'이라고 번역했는데, 얼핏 보아 오역처럼 느껴지지만 이육사의 깊은 의

도가 숨어 있는 듯하다. 이 문장은 좌익의 '청년 비평가'들이 공격 대상을 깊이 있게 탐구하지 않은 데 대한 루쉰의 비판이 담겨 있는 문장인데, '청년 비평가'라는 말을 굳이 '젊은 기질의 상대자'로 번역한 것은 무엇 때문일까? 전후 맥락으로 보아 좌익 비평가들의 비평이 상대를 정확하게 해부하기는커녕 단순히 '젊은 기질'로 인해 상당히 주관적이고 자의적인 공격에 가깝다는 점을 은연중에 드러내기 위한 것이다. 이는 이육사가 중국 '좌익 비평가'들의 루쉰 비판을 부정하려는 자신의 입장을 번역어의 의도적인 선택을 통해 표출한 것이다.

그런데 이육사가 '사회의 진실하고 명확한 묘사'라는 루쉰의 '창작 모랄'을 분명하게 드러내기 위해 나름의 번역어를 선택했다고 말했지만, 한 가지 더 짚고 넘어가야 할 점이 있다. '혁명'을 '참된 현실'로 번역한 것이라든지 '무산계급'을 '새 사회'로 번역한 것은 이육사의 또 다른 내면의 진실을 반영하고 있는 것은 아닌가 하는 점이다. 그것은 '혁명'을 통해 '참된 현실'을 구축할 수 있고 '무산계급'의 사회가 진정한 '새 사회'가 될 수 있다고 보는 이육사의 사상적 성향을 은연중에 드러낸 것은 아닐까?

어쨌든 이육사는 「루쉰 추도문」에서 마스다 와타루의 「루쉰전」의 내용을 적극적으로 참조해 루쉰에 관한 전기적 사실, 「광인일기」와 「아Q정전」 등 그의 작품에 대한 분석, 루쉰 문학의 리얼리즘적 특성, 농민 작가로서 루쉰의 작가적 위상, 혁명문학파의 루쉰 비판에 대한 반비판, 진정한 프로 문학 건설을 위한 루쉰의 노력 등을 서술했다. 더욱이 그는 자신의 당면한 문제의식을 개입시켜 루쉰 문학을 비평함으로써 '예술이 정치의 선구자인 동시에 혼동도 분립도 아닌' '예술과 정치의 관계'를 입증했다. 더 나아가 '사회의 진실하고 명확한 묘사'라는 진정한 리얼리즘의 '창작 모랄'을 제시해 당시 한국 문단에 강한 메시지를 주는 동시에 자신의 시 창작의 실천적 정당성을 확보하고 진정한 리얼리즘의 창작 방법을 구축해나갔던 것이다.

4. 「고향」 번역의 의의와 양상

번역의 의의

루쉰의 「고향」은 근대 시기 한국에서 네 차례 번역되었는데 이육사, 배호(裵澔), 이명선(李明善), 김광주(金光洲)에 의해서였다. 이육사는 한국 최초로 「고향」을 번역해 1936년 12월호 『조광』에 발표했다. 배호는 「고향」을 번역해 1946년 4월호 『상아탑』에 발표했다. 이명선은 1946년 6월 『중국현대단편소설선집』(선문사)을 펴내면서, 김광주는 이용규(李容珪)와 함께 1946년 8월 『루쉰단편소설집』(서울출판사) 제1집을 펴내면서 「고향」을 번역해 수록했다. 이와 같이 루쉰의 「고향」은 근대 시기 한국에서 네 차례나 번역되었으니 루쉰의 작품 중에서 가장 애독된 작품이었다. 특히 이육사가 번역한 「고향」은 한국 최초로 번역된 것이

故鄕
魯迅 作
李陸史 譯
魯迅略傳

이육사가 번역한 루쉰의 단편소설 「고향」
(『조광』 1936. 12)

기에 그 의미를 좀 더 면밀하게 검토할 필요가 있다.

앞서 언급했듯이 이육사는 일역본 『루쉰선집』에 수록된 「고향」을 저본(底本)으로 해서 그것을 한국어로 옮겼다. 『루쉰선집』에 실린 「고향」은 사토 하루오가 번역했는데,[43] 『루쉰선집』이 출판되기 이전에 루쉰은 사토 하루오와 마스다 와타루가 개별적으로 번역한 바 있는 자신의 작품의 일어 번역을 믿을 만하다고 생각했던 것 같다. 루쉰이 마스다 와타루에게 보낸 편지에서 그러한 사실을 확인할 수 있다. "이노우에(井上, 즉 이노우에 코바이井上紅梅－인용자) 씨가 번역한 『루쉰전집』(『외침』과 『방황』을 완역한 소설집－인용자)이 출판되어 상하이에도 도착했으며 역자가 나에게도 한 권을 보내왔어요. 잠깐 펼쳐 보니 놀랍게도 오역이 너무 많았어요. 그대와 사토(佐藤, 즉 사토 하루오佐藤春夫－인용자) 선생이 번역한 것을 참조하지 않은 듯한데, 실로 너무 황당하다고 생각해요."[44] 사토 하루오와 마스다 와타루가 공역한 『루쉰선집』은 작품의 원문에 의거한 충실한 번역으로 일본 독자들이 루쉰 문학을 이해하는 데 지대한 영향을 끼친 것으로 평가되는데, 이육사도 바로 이 책에 수록된 「고향」을 한국어로 옮긴 것이다.

사실 이육사가 「고향」을 번역하기 이전에 한국에서는 「고향」에 대한 비평적 소개가 먼저 이루어졌다. 베이징에 유학하며 중국 신문학을 연구해온 정래동(丁來東)은 1931년 1월 『조선일보』에 장문의 평론인 「루쉰과 그의 작품」을 발표했는데, 이 글에서 「고향」을 소절(小節)의 제

43 『루쉰선집』에 수록된 「고향(故鄉)」과 「고독자(孤獨者)」, 두 편은 사토 하루오가 번역했다.

44 魯迅, 「致增田涉」(1932. 12. 19), 『書信』, 『魯迅全集(14)』, 231쪽. 일본어로 쓰인 이 편지는 『魯迅全集』에 다음과 같이 중국어로 번역되어 있다. "井上氏所譯紅『魯迅全集』已出版, 運到上海來了. 譯者也贈我一冊. 但略一翻閱, 頗驚其誤譯之多, 他似未參照你和佐藤先生所譯的. 我覺得那種做法, 實在太荒唐了."

목으로 해서 줄거리를 상세하게 소개한 뒤 이 작품의 의미를 구체적으로 분석했다. 그는 「고향」이 자연의 묘사라든가 농촌 인민의 성격을 가장 아름답고 자연스럽게 그려냈다는 점, 서사시라고 해도 좋을 만큼 리듬이 움직이고, 그 배경이나 사건의 발전에 있어서 시적 요소가 다분하다는 점, 계급문학자들이 「고향」에 관해 경제 조직의 일대결함(一大缺陷)인 자본의 집중과 중국의 병비(兵匪)의 환(患) 등으로 인해 농촌이 피폐(疲廢)해진 것을 표현했다고 비평한 데 대해서 그것은 루쉰의 작품에 있어서는 부대적(附帶的) 조건에 지나지 않으며, 루쉰이 의식적으로 유산계급의 몰락을 지시하고 농촌의 쇠패(衰敗)를 표현하려고 한 것이 아니라 농촌의 피폐한 현실을 사실 그대로 표현한 데 불과하다는 점을 평가했다. 또한 정래동은 루쉰의 사상을 '무사상(無思想)이라느니, 허무적이라느니' 하고 공격하는 데 자주 인용되어온, 「고향」의 말미에 나오는 '땅 위의 길'로 비유된 '희망'도 루쉰이 순전히 객관적인 태도로 인류를 관찰한 결과로서 원대한 희망, 즉 인류의 대목적(大目的)을 고취하려는 것이 아니라 중국과 중국인의 실상을 여실히 드러내려는 데서 비롯되었다는 점을 강조했다.[45] 그리하여 그는 「고향」이 "'중국은 어디로 나아가야겠다'는 것을 지시하는 것이 아니라 '중국 및 중국인은 이러하다' 하는 것을 나타낸 것에 불과하다"라고 말하고, "단편소설로서 그 표현이나 구조로 보아 걸작으로 볼 수 있다"라고 단언했다.[46]

정래동은 루쉰의 「고향」이 중국 농촌의 미래를 암시하는 것이 아니며, 중국 농민의 성격과 농촌 현실을 사실적으로 묘사했을 뿐만 아니라 표현과 구조 면에서 시적(詩的)인 '걸작'에 해당한다고 평가했으니, 「고

45 丁來東, 「魯迅과 그의 作品」, 『丁來東全集(Ⅰ)』(金剛出版社, 1971), 335-336쪽 참조.
46 丁來東, 「魯迅과 그의 作品」, 『丁來東全集(Ⅰ)』, 336쪽.

향」을 통해 루쉰의 문학과 사상의 특질을 매우 예리하고 정확하게 포착해낸 것이다. 「고향」에 대한 정래동의 이러한 비평은 이후 한국인이 루쉰의 작품 중에서 「고향」을 더욱 중시하고 애독하게 된 시발점이 되었을 것이다. 정래동의 「루쉰과 그의 작품」이 『조선일보』에 연재되고 있을 때 이육사는 『중외일보』 대구지국 기자로 활동하고 있었으니—곧이어 『조선일보』 대구지국 기자가 됨—어쩌면 이육사도 정래동의 비평을 통해 루쉰 문학을 이해하고 「고향」의 가치를 깨닫게 되었을지도 모른다.

그러면 이육사가 루쉰의 작품 중에서 「고향」을 골라 번역하게 된 이유는 무엇일까? 이육사는 「루쉰 추도문」에서 「고향」 작품을 단독으로 분석하지 않았는데, 이는 그가 참고한 마스다 와타루의 「루쉰전」에 「고향」에 대한 구체적인 분석이 나오지 않기 때문일 것이다. 그렇지만 이육사가 「루쉰 추도문」에서 루쉰 문학의 특질을 종합적으로 비평한 데서 「고향」에 대한 그의 이해를 간접적으로 읽을 수 있다. 이육사는 「고향」을 비롯해 「쿵이지(孔乙己)」, 「약(藥)」, 「내일(明天)」, 「작은 사건(一件小事)」, 「두발 이야기(頭髮的故事)」, 「풍파(風波)」, 「아Q정전(阿Q正傳)」을 예거하고 마스다 와타루의 「루쉰전」의 내용을 참조해 다음과 같이 설명했다. "이러한 대작은 모두 신해혁명 전후의 봉건 사회의 생활을 그린 것으로, 어떻게 필연적으로 붕괴하지 않으면 안 될 특징을 가졌는가를 묘사하고, 어떻게 새로운 사회를 살아갈까를 암시하고 있다. 뿐만 아니라 당시의 혁명과 혁명적인 사조가 민중의 심리와 생활의 '디테일스'에 어떻게 표현되는가를 가장 '레알'하게 묘사한 것이다. 더구나 그는 농민 작가라고 할 만치 농민 생활을 그리는 데 교묘하다는 것도 한 가지 조건이 되겠지마는, 그의 소설에는 주장이 개념에 흐른다거나 조금도 무리가 없는 것은 그의 작가적 수완이 탁월하다는 것을 말하지 않을 수 없다."[47] 이육사는 루쉰의 작품이 봉건 사회의 실상을 드러내고 그것의 붕괴를 암시하며 중국 민중의 심리와 생활의 '디테일'을 '리얼'하게 묘사하고 있다고 보았고, 특히 농민 작가로서 루쉰의 농민 생활에 대한 탁월한 리얼리즘적 묘사 능력을 고평(高評)한 것이다.

이 대목에서 루쉰을 탁월한 리얼리즘 작가로 이해한 이육사와 정래동, 두 사람 사이에 미묘한 관점의 차이도 발견할 수 있다. 그것은 문예(예술)와 혁명(정치)의 관계를 어떻게 보는가 하는 문제에서 비롯된다. 정래동은 "루쉰은 철두철미(徹頭徹尾) 문예는 혁명에 인연(因緣)이 가장 먼 것으로 생각하고, 아무리 문학자가 '혁명, 혁명' 하고 떠들어도 제삼선(第三線)의 전사(戰士)에 불과하다고 주장하여 왔다"[48]라고 설명했지만, 이육사는 "루쉰에 있어서는 예술은 정치의 노예가 아닐 뿐 아니라 적어도 예술이 정치의 선구자인 동시에 혼동도 분립도 아닌, 즉 우수한 작품, 진보적인 작품을 산출하는 데만 문호 루쉰의 위치는 높아갔고"[49]라고 설명했다. 정래동은 문예는 혁명과 무관하다고 본 루쉰의 창작 태도가 루쉰을 진정한 리얼리즘 작가로 만들었다고 여겼으며, 이육사는 문예(예술)와 혁명(정치)의 팽팽한 긴장 관계 속에서 문예의 선도적 역할을 확신하며 우수한 작품의 산출에 매진해온 루쉰의 창작 태도가 그를 진정한 리얼리즘 작가로 만들었다고 여겼다. 그리하여 정래동은 「고향」에 묘사된 계급 문제를 '부대적 조건'으로 해석했고, 이육사는 그것을 '어떻게 새로운 사회를 살아갈까를 암시하고 있다'고 설명한 것이다.

그렇지만 이육사에게 가장 중요한 문제는 창작에 있어 진정한 리얼

47 李陸史, 「魯迅追悼文」, 『李陸史全集』, 213쪽.
48 丁來東, 「魯迅과 그의 作品」, 『丁來東全集(Ⅰ)』, 357-358쪽.
49 李陸史, 「魯迅追悼文」, 『李陸史全集』, 216쪽.

리즘의 문제였다. 이육사는 「루쉰 추도문」에서 루쉰 문학이 '비계급적'이라고 비판한 '계급문학자' 첸싱춘(錢杏邨)의 관점에 맞서 "루쉰의 작품에서 우리는 눈 닦고 보아도 푸로레타리아적 특성은 조금도 볼 수가 없는 것은 사실이다. 그러나 우리가 한 사람의 작품을 비평할 때는 그 시대적 배경을 고려하지 않을 수 없는 것이니, 루쉰이 작가로 활동을 하고 있을 때는 중국에는 오늘날 우리가 정의를 내릴 수 있는 푸로레타리아는 없을 뿐 아니라, 그때쯤은 뿌르주아 민주주의적인 정치사조조차도 아직 계선(界線)이 분명하지 못하였다"[50]라고 설명했다. 이것은 마스다 와타루의 「루쉰전」의 내용을 참조한 것이지만, 이어 이육사는 자신의 언술로 "그(루쉰—인용자)를 프로 작가가 아니고 농민 작가라고 해서 작가 루쉰의 명예를 더럽힐 조건은 되지 못하는 것이다. 다만 문제는 그가 얼마나 창작에 있어서 진실하게 명확하게 묘사하는 태도를 가지는가"[51]에 있다고 강조했다. 이육사는 루쉰의 작품을 그것이 생산된 시대적 배경 속에 놓고 정당하게 평가해야 마땅하다고 보아 '계급문학자'의 루쉰 비판을 부정하고, 무엇보다 루쉰의 '창작에 있어서 진실하게 명확하게 묘사하는 태도'를 중시한 것이다.

이러한 리얼리즘적 창작 태도를 중시한 이육사의 관점은 그 후 영화비평에서도 고스란히 드러난다. 이육사는 영화 「대지」를 보고 난 후의 인상을 다음과 같이 서술했다. "나 자신이 다년간 중국에 있으면서 흉년도 보았고 약탈도 보았지마는 울지는 않았다. 물론 중국에는 4억만의 민중 속에 그 반수가 왕룽(王龍)이라면 나머지 반수가 아란(阿蘭)이다. 그리고 모두 그 동양적, 아니 중국적 인종(忍從)의 운명에 얽매여 어

50 李陸史, 「魯迅追悼文」, 『李陸史全集』, 216-217쪽.
51 李陸史, 「魯迅追悼文」, 『李陸史全集』, 217쪽.

쩔 수 없이 살아 있는 것이다. 그리고 '스크린'을 통하여 내 머리에 들어온 '아란'의 기억은 내 종생(終生)에 사라지지 않을 것만 같다."[52] 그는 영화 「대지」에서 생생한 '리얼리티'를 느끼게 한 장면은 "기근의 대군(大群)이 기차를 향하여 쇄도하는 장면과 약탈 때문에 군대가 내동(內動)하는 곳과 황충(蝗蟲)의 대군이 글자 그대로 운하같이 습래(襲來)하는 곳이었다"라고 말하고, "그런 장면에는 왕룽 일가의 운명보다도 중국 민중 전체의 운명이 놀랄 만한 '레알리티'를 가지고 보는 사람들을 육박하는 것이다"[53]라고 평가했다. 더욱이 그는 "19세기의 방대한 소설문학의 가치도 결국 일언(一言)으로 말한다면 그것이 인간 생활의 진실한 기록이었던 때문이 아니든가"[54]라고 하며 소설의 리얼리즘적 가치를 제시함으로써 영화 「대지」의 리얼리즘적 특질을 더욱 강조했다. 이처럼 민중의 삶의 진실을 '리얼'하게 묘사한 작품을 중시한 이육사로서는 중국의 농촌 현실과 농민(민중)의 삶을 '진실하고 명확하게 묘사해낸' 루쉰의 「고향」이 우선적인 번역의 대상이 될 수밖에 없었을 것이다. 군사간부학교의 졸업을 앞두고 '조선 독립운동'을 위해서는 조선으로 돌아가서 노동자와 농민에게 독립사상을 고취해야 한다고 주장했던 이육사에게 「고향」은 조선의 농촌 현실과 농민의 삶의 진실을 간접적으로 깨닫게 해주는 작품이기에 의미심장하게 다가왔음에 틀림없다.

더욱이 이육사는 루쉰의 소설 「고향」을 번역하기 이전에 저널리스트로서 중국에 관한 시사평론을 써오면서 중국의 농촌 문제에도 주의를 기울였다. 그는 「루쉰 추도문」과 「고향」 번역문을 발표하기 직전인

52 李陸史, 「藝術形式의 變遷과 映畫의 集團性」, 『李陸史全集』, 238쪽.
53 李陸史, 「藝術形式의 變遷과 映畫의 集團性」, 『李陸史全集』, 238쪽.
54 李陸史, 「藝術形式의 變遷과 映畫의 集團性」, 『李陸史全集』, 231쪽.

1936년 8월 『신동아(新東亞)』에 「중국 농촌의 현상」이라는 글을 발표했다. 이육사는 이 글의 서두에서 '레 미제라블'(빅토르 위고의 소설 제목이기도 하며, '불쌍한 사람들'이라는 뜻)이라는 말이 중국의 농촌 경제를 표현해주는 가장 적합한 대명사라고 말하고, 중국 농촌의 피폐한 현실을 다각도로 분석했다. 그는 중국의 농촌 경제가 피폐해진 것은 열강 농산물의 '덤핑'과 상품 자본의 농간 때문이라고 설명하고, 나아가 다음과 같이 분석했다. "중국 농촌 공황의 결정적인 원인의 한 가지는 가렴주구(苛斂誅求)인 것이다. 중국 위정자의 생명의 축대가 되는 이 가연잡세(苛捐雜稅)는 실로 1천 3백여 종이라는 전율할 숫자를 상상할 때 얼마나 잔혹한 착취를 국민이 부담하고 있는가를 알 수 있다. 그나마 지주·상업자본가·고리대의 삼위일체의 수탈은 일반 농민으로 하여금 조금이라도 토지 투자의 여유를 용허치 않을 뿐 아니라 농민의 빈곤은 농촌시설과는 완전히 인연이 멀고 재해의 위협에 대해도 하등의 방어력을 가지지 못했다. …… 농민의 곤궁도 이 지경에 가면 차라리 말이 없는 것이다."[55] 이와 같이 중국 농촌의 피폐한 현실을 심각하게 분석한 바 있는 이육사에게 그러한 현실을 가장 '리얼'하게 묘사하고 있는 「고향」은 루쉰 문학의 대표작으로서 먼저 번역되어야 할 작품이었던 것이다.

---

55 李陸史, 「中國農村의 現狀」, 『李陸史全集』, 329-330쪽. 농민의 빈곤을 설명하는 이 부분은 단편소설 「고향」에서 '룬투(閏土)'가 소설의 화자인 '나'에게 자신의 처지를 설명하는 대목과 완전히 일치한다. "'아주 무어 맹랑합죠. 여섯째 젖먹이까지도 일을 거들어주지만 그래도 먹고 살아갈 도리라곤 없습니다. 그나마 세상이 하도 기막히는 것…… 사방 돈만 떼이고 해도 신원할 곳도 없고 추수는 없죠. 농사라고 지어도 그것을 팔려고 나가면 몇 차례나 세금을 제키고, 그렇다고 팔지 않으면 썩힐…….' 그는 또 한 번 머리를 흔들었다. 얼굴에는 깊은 주름살이 이리저리 잡혀서 조금도 움직이지 않고 꼭 무슨 석상을 보는 듯했다"(『李陸史全集』, 127쪽).

번역의 양상

이제 이육사의 「고향」 번역이 어떤 양상을 보이는지 구체적으로 검토해보자. 이육사는 일역본에 의거하되 축자적으로 번역하지 않고 원의(原義)를 해치지 않는 선에서 한국의 문화적 배경과 가독성 등을 감안해 부분적인 의역을 시도했다. 그는 순수한 한국어의 형상적 언어를 즐겨 사용해 한국어의 묘미를 한껏 살리고, 문맥의 자연스러운 흐름을 고려해서 구문의 순서를 바꾸거나 때때로 구절과 어휘를 생략하거나 더하기도 했다. 이를테면 일문 '冷たい風は船室の中まで吹き込ん來て(찬바람은 선실 안까지 불어와서)'(중국어 원문: 冷風吹進船艙中)를 '싸늘한 바람은 선실 안까지 숨어들어'로, 'どんよりとした空の下に(찌푸린 하늘 아래에)'(중국어 원문: 蒼黃的天底下)를 '나즉한 하늘 밑에'로 번역한 것은 형상적 표현을 강화해주는 예이다. 또한 '坊ちやん(도련님)'(중국어 원문: 少爺)을 '귀여운 애기시절'로, 'ガラクタ道具(잡동사니 도구)'(중국어 원문: 破爛木器)를 '허접사리 세간'으로, '口論の末に(말다툼 끝에)'(중국어 원문: 議論之後)를 '말말끝에'로 번역한 것은 한국어의 묘미를 한껏 살린 예이다.

이육사의 「고향」 번역의 특징을 좀 더 분명하게 파악하기 위해 그의 번역문과 『루쉰선집』의 일문을 대조해보자.

> 그 다음날 아침 나는 우리집 사립문까지 왔다. 지붕에는 기와장 사이에 마른 풀들이 ① <u>줄기가 엉클린 대로 바람에 날려</u> 그것이 이 옛집의 주인을 가려내지 않으면 안 될 원인을 설명하는 듯하였다. …… 어머니는 매우 기뻐하셨으나 어데인지 마음 한편에 적막한 기색을 볼 수가 있었다. ② <u>나를 앉게 하고 차를 부어 주시면서도</u> 한참 동안

은 집일에 대해서는 아무 말씀도 안 하셨다. 굉아도 아직 한 번도 나를 본 일이 없으므로 곁에 가까이 오지는 않았다. ③ 그저 머리만 숙이고 앉았다가 때때로 내 얼굴을 치어다보곤 하였다. (『李陸史全集』, 116-117쪽)

次の日の朝、私は自分の屋敷の門口に來た。屋根瓦の合せ目に多くの枯草の斷莖が風に吹きさらされながら生えて、さながらにこの古家が持主を代へなければならない原因を說き明し顏であつた。…… 母は大へん機嫌がよかつたが、それでも浮かぬげな氣色はありありと見えた。私に腰を下ろさせ、休ませ、お茶をくれて、しばらくは家を片づける事の話もしなかつた。宏兒はまだ私を見たことがなかつたものだから、そばへはよりつかずにまじまじと私の顏を見つめているのであつた。(『魯迅選集』, 29쪽)[56]

위 인용문에서 이육사는 일문 '斷莖が風に吹きさらされながら生えて(끊어진 줄기가 바람에 날리며 자라서)'를 ① '줄기가 엉클린 대로 바람에 날려'로 번역함으로써 형상성을 강화하는 한편 운율이 있는 문체로 한국어의 묘미를 한껏 살려놓았다. 또 일문 '私に腰を下ろさせ、休ませ、お茶をくれて(나를 앉게 하고, 쉬게 하고, 차를 주시며)'를 ② '나를 앉게 하고 차를 부어 주시면서도'라고 번역해 '쉬게 하고'를 생략했는데, 문맥의 자연스러운 흐름을 위해 '쉬게 하고'를 생략하는 것이 더 낫다

56 佐藤春夫·增田涉 共譯, 『魯迅選集』(東京: 岩波書店, 1935), 29쪽. 중국어 원문: "第二日清早晨我到了我家的門口了. 瓦楞上許多枯草的斷莖當風抖着, 正在說明這老屋難免易主的原因. (略) 我的母親很高興, 但也藏着許多凄涼的神情, 教我坐下, 歇息, 喝茶, 且不談搬家的事. 宏兒沒有見過我, 遠遠的對面站着只是看."

고 판단했다. 그리고 'まじまじと私の顔を見つめているのであつた(말똥말똥 내 얼굴을 쳐다보고 있는 것이었다)'를 ③ '그저 머리만 숙이고 앉았다가 때때로 내 얼굴을 치어다보곤 하였다'로 번역했는데, 일문을 축자적으로 번역하지 않고 장면의 구체성을 더하기 위해 의역을 감행해 '그저 머리만 숙이고 앉았다가'라는 구절을 덧붙였다.

> ① 새파랗게 개인 하늘에 금빛으로 둥근 달이 둥실 떠오르고 그 밑은 해안의 하얀 모래밭에 일면으로 시선이 자라는 데까지 싱싱한 ② 수박들이 드리드리 열려 있는 것이다. 그 가운데 한 열두어 살 되는 소년이 목에는 은목도리를 걸고 손에는 한자루 작살(鋼叉)을 들고 한 마리의 고슴도치(猹)를 보자마자 ③ 눈에 불이 나게 그것을 찌르려고 하나 고슴도치는 그의 다리 밑으로 튀어나가서 달아나는 것이었다. (『李陸史全集』, 117쪽)

> 紺青色の空に一輪の金色の圓い月が出てその下は海岸の沙地で、一面に見渡すかぎり清清とした西瓜が植つてゐる。その中にひとり十一二の少年が、項には銀の頸飾をかけて、手に一本の鋼叉をかまへて一疋の猹(西瓜を食ひに來るといふ獸、空想上の獸で、猹の字は作者の造字)を目がけて精一杯で刺さうとしてゐるのだが、猹は身を飜して彼の胯の下からくぐり抜けて逃げてしまつたのであつた。(『魯迅選集』, 30쪽)[57]

---

57 중국어 원문: "深藍的天空中掛着一輪金黃的圓月, 下面是海邊的沙地, 都種着一望無際的碧綠的西瓜, 其間有一個十一二歲的少年, 項帶銀圈, 手捏一柄鋼叉, 向一匹猹盡力的刺去, 那猹卻將身一扭, 反從他的胯下逃走了."

위 인용문에서 이육사는 일문 '紺青色の空(감청색의 하늘)'을 ① '새파랗게 개인 하늘'로 번역했는데, 다음에 이어지는 '둥근 달'이 떠오른 장면을 연상해 맑게 갠 밤하늘의 이미지를 더욱 뚜렷하게 표현하기 위해서 '개인'이라는 단어를 더했다. 그리고 '西瓜が植つてゐる(수박이 심어져 있다)'를 ② '수박들이 드리드리 열려 있는 것이다'로 번역했는데, 끝없이 펼쳐져 있는 수박밭의 형상적 이미지를 더하기 위해 수박이 수없이 열려 있음을 강조해 표현한 것이다. 또한 '精一杯で刺さうとしてゐるのだが、猹は身を飜して(힘껏 찌르려고 하자, 차猹는 몸을 돌려서)'를 ③ '눈에 불이 나게 그것을 찌르려고 하나 고슴도치는'이라고 번역했는데, '精一杯で(힘껏)'을 '눈에 불이 나게'라는 형상적인 언어로 바꾸고, '身を飜して(몸을 돌려서)'라는 구절을 생략함으로써 이어지는 문장과 자연스럽게 연결되도록 했다.

> ① 작살을 가지고 있는데 무엇 겁나니. 쫓아가서 대번에 찌를 것인데. 고놈이 참 영리하거든. 사람에게 달려들어서는 그만 다리 밑으로 빠져 도망질을 치거든. ② 고놈 참 날싸기란 아주 말할 수 없거든……
> (『李陸史全集』, 120쪽)

> 刺叉を持つてるぢやねえか。進んで行つて、猹を見つけたら、すぐやつつけるのさ。あん畜生それや悧巧な奴だから、人間の方へ向つて駈け出し、そして胯の下からすり抜けて逃げてつてしまふのさ。あいつの毛はまるで滑つこくつて油みたいだものなあ……
> (『魯迅選集』, 33쪽)[58]

58 중국어 원문: "'有胡叉呢. 走到了, 看見猹了, 你便刺. 這畜生很伶俐, 倒向你奔來, 反從

위 인용문에서 이육사는 일문 '刺叉を持つてるぢやねえか(작살을 가지고 있잖아)'를 ① '작살을 가지고 있는데 무엇 겁나니'로 번역했는데, 번역할 때 숨겨진 의미를 되살려 '무엇 겁나니'라는 구절을 더했다. 또 'あいつの毛はまるで滑つこくつて油みたいだものなあ(그놈의 털이 마치 미끌미끌한 기름과 같아서)'를 ② '고놈 참 날싸기란 아주 말할 수 없거든'이라고 의역함으로써 한국어의 묘미를 한껏 살리며 동작의 재빠름을 적극적으로 표현했다.

> 두부집 서시는 이것을 발견한 것이 자기의 훌륭한 솜씨라고 그 대신 ① 닭의 둥우리를 떼여 가지고 갔다. ② 불티같이 날러갔으나 ③ 아무리 해도 그 적은 발에 뒷굽 높은 구두를 신은 것도 생각지 않고 되는 대로 뛰어서 가는구나 글쎄. (『李陸史全集』, 129쪽)

> 楊小母さんはこれを見つけ出したのは自分の大へんな手柄だといふので、それにつけて狗氣殺(これは私の鄉里の養雞の道具で臺板の上に柵欄がとりつけてあつて、そのなかに食料を盛つて置くと、雞は頸を伸してそれを啄むが、犬には出來ないのでそれを見て犬はぢれて死んでしまふといふもの)を取つて行つてしまつた。飛ぶやうに逃げて行つてしまつたが、何しろあの人は小さな脚に、高い底をつけた靴を穿いてゐるのもおかまひなく、無茶苦茶に走つて歸つたよ。(『魯迅選集』, 42쪽)[59]

胯下竄了. 他的皮毛是油一般的滑……'"

59 중국어 원문: "楊二嫂發見了這件事, 自己很以爲功, 便拿了那狗氣殺(這是我們這里養雞的器具, 木盤上面有着柵欄, 內盛食料, 雞可以伸進頸子去啄, 狗卻不能, 只能看着氣死), 飛也似的跑了, 虧伊裝着這么高底的小脚, 竟跑得這樣快."

위 인용문에서 이육사는 일문 '狗氣殺'을 ① '닭의 둥우리'로 옮겼는데, 일문에서는 중국어 원문 '狗氣殺'을 그대로 옮기고 이에 대한 해설을 번역해놓았으나 이육사는 가독성을 높이기 위해 '狗氣殺'에 대한 해설을 참조해 그 뜻에 가까운 순수한 한국어인 '닭의 둥우리'로 번역한 것이다. 또 '飛ぶやうに逃げて行つてしまつたが(날 듯이 도망갔으나)'를 ② '불티같이 날러갔으나'라고 번역했는데, 표현의 형상성을 높이기 위해 '불티같이'라는 말을 더했다. 그리고 이육사는 일문 '何しろあの人は小さな脚に、高い底をつけた靴を穿いてゐるのもおかまひなく、無茶苦茶に走つて歸つたよ(아무튼 그 사람은 작은 발에 높은 바닥을 단 구두를 신은 것도 상관하지 않고 마구 달려서 갔어)'를 ③ '아무리 해도 그 적은 발에 뒷굽 높은 구두를 신은 것도 생각지 않고 되는 대로 뛰어서 가는구나 글쎄'라고 번역했다. 중국어 원문 '高底的小脚'는 원래 '발바닥이 불룩한 전족을 한 발'을 뜻하는데, 일문에서는 이를 '작은 발에 높은 바닥을 단 구두를 신은'이라고 번역했으니 오역에 가깝다. 그렇지만 그것은 이야기 전개에 큰 지장을 주지는 않으며, 이육사도 일문에 의거해 번역했으나 그의 번역은 일문 번역보다 훨씬 생동적이며 매끄럽다.

> ① 이렇게 어지러이 생각하고 있을 때에 눈앞에 보이는 것은 해변에 푸른 모래불의 한쪽이었다. 위에는 감청색의 하늘에 금빛으로 빛나는 둥근 달이 떠 있었다. 생각하면 희망이라는 것은 대체 '있다'고도 말할 수 없고 또는 '없다'고도 말할 수 없는 것이다. 그것은 마치 지상에 길과 같은 것이다. ② 길은 본래부터 지상에 있는 것은 아니다. 왕래하는 사람이 많아지면 ③ 그때 길은 스스로 나게 되는 것이다. (『李陸史全集』, 130쪽)

うつらうつらとしてゐる時、目の前に打展けて來たのは海邊の青青とした砂地の一角であつた。上には紺青の空に一輪の金色の圓い月がかかつてゐた。想ふに、希望といふものは一體所謂「ある」とも云へないし、所謂「ない」とも云へないものだ。それはちやうど地上の路のやうなものである。本當を言へば地上にはもともと路はあるものではない、行き交ふ人が多くなれば路はその時出來て來るのだ。(『魯迅選集』, 43쪽)[60]

위 인용문에서 이육사는 일문 'うつらうつらとしてゐる時(꾸벅꾸벅 졸고 있을 때)'를 ① '이렇게 어지러이 생각하고 있을 때에'로 번역했는데, 이는 위 인용문 앞에 서술된 화자인 '나'의 '희망'에 대한 상념과 문맥상 자연스럽게 연결되도록 하기 위한 것이다. 중국어 원문 '我在朦朧中(나는 몽롱한 가운데)'의 뜻을 일어 번역문보다 더 잘 살린 번역으로 볼 수 있다. 또한 '本當を言へば地上にはもともと路はあるものではない(사실을 말하자면 지상에는 원래 길은 있는 것이 아니다)'를 ② '길은 본래부터 지상에 있는 것은 아니다'라고 번역했는데, '本當を言へば(사실을 말하자면)'(중국어 원문: 其實)을 생략한 것은 문맥의 자연스러운 흐름을 위해 그러한 구절이 불필요하다고 생각했기 때문일 것이다. 그리고 '路はその時出來て來るのだ(길은 그때 생겨나는 것이다)'를 ③ '그때 길은 스스로 나게 되는 것이다'라고 번역해 '스스로'라는 어휘를 더했는데, '길', 즉 '희망'은 주체적으로 만들어가야 한다는 점을 은연중에 드러내려는 이육사의 의도가 반영된 것으로 짐작된다.

60 중국어 원문: "我在朦朧中, 眼前展開一片海邊碧綠的沙地來, 上面深藍的天空中掛着一輪金黃的圓月. 我想: 希望是本無所謂有, 無所謂無的。這正如地上的路; 其實地上本沒有路, 走的人多了, 也便成了路."

요컨대 이육사는 일역본에 의거해 루쉰의 「고향」을 번역했지만, 형상적인 언어를 즐겨 사용해 한국어의 묘미를 한껏 살리고 문맥의 자연스러운 연결을 위해 구절이나 어휘를 생략하거나 추가해 유려한 소설적 문체로 번역한 것이다. 어떤 텍스트의 번역도 중립적으로 이루어질 수 없다. 원(原)텍스트에 대한 번역자의 해석이 먼저 이루어진 다음에 번역이 진행되기 때문이다. 그래서 모든 번역, 특히 문학 번역은 번역자의 창조성을 포함한다. 또한 번역은 해당 언어의 독자를 위한 것이므로 독자의 언어 환경과 가독성을 중시하지 않을 수 없다. 이는 의역의 중요성을 일깨워준다. 이러한 측면에서 보자면 이육사의 「고향」 번역은 일역본에 의거했다고는 하나 작품으로서의 완성도가 높은 창조적인 번역으로 문학 번역의 전범(典範)으로 보아도 손색이 없다. 따라서 이육사의 「고향」 번역은 한국의 루쉰 문학 번역사(飜譯史)에서 중요한 지위를 부여받아 마땅하다.

5. 중국 현대 문학에 대한 관심의 확대

이육사는 신문 기사나 시사평론과 같은 저널리즘적 글쓰기에는 '이활'의 이름을, '육사'라는 호가 정착된 이후 시와 수필의 창작, 문예 비평, 문학 번역 등의 문예적 글쓰기에는 '이육사(육사)'의 이름을 사용했다. 그는 1936년 10월에 발표한 「루쉰 추도문」을 가운데 두고 그 이전에는 저널리스트의 신분으로 주로 시사평론을 발표했고, 그 이후로는 문학가의 신분으로 시와 수필, 문예 비평 및 문학 번역의 글을 발표했다. 그런데 「루쉰 추도문」은 '이육사'의 이름으로 발표되었음에도 이육사의 글쓰기에 중대한 변화가 일어나는 경계 지대에 놓여 있었던 만큼 저널리즘적 글쓰기의 성격도 지니고 있었다. 「루쉰 추도문」을 저널리즘적 글쓰기의 연장선에 놓인 것으로 본다면, 이육사가 이 글을 집필할 때 일역본 『루쉰선집(魯迅選集)』을 텍스트로 삼아 그 부록으로 수록된 「루쉰전(魯迅傳)」의 내용을 적극적으로 참조한 것도 납득할 수 있다. 하지만 「루쉰 추도문」은 이육사 자신의 당면한 문제의식이 깊이 개입되어 있어 「루쉰전」보다 훨씬 힘 있는 글이 되었다. 이육사는 루쉰에 관한 전기적(傳記的) 사실, 루쉰의 작품에 대한 분석, 루쉰 문학의 리얼리즘적 특성, 농민 작가로서 루쉰의 작가적 위상, 진정한 프로 문학 건설을 위한 루쉰의 노력 등을 서술하는 데 「루쉰전」을 참조했지만, 자신의 절박한 문제의식을 개입시켜 루쉰 문학을 통해 '예술과 정치의 관계' 및 진정한 리얼리즘의 '창작 모랄'을 예증하고자 했다. 그는 루쉰 문학에 대한 비평을 통해 '예술이 정치의 선구자인 동시에 혼동도 분립도 아닌' '예술과 정치의 관계' 및 '사회의 진실하고 명확한 묘사'라는 진정한 리얼리즘의 '창작 모랄'을 예증함으로써, 당시 한국 문단에 강한 메시지를 주는 동시에 자신의 시 창작의 실천적 정당성을 확보하고 진정한 리얼리즘의 창작 방법을 구축해나갔던 것이다.

이육사는 또한 민중의 삶의 진실을 '리얼'하게 묘사한 작품을 중시해 중국의 농촌 현실과 농민(민중)의 삶을 '진실하고 명확하게 묘사해낸' 루쉰의 「고향」을 번역했다. 시사평론인 「중국 농촌의 현상」이라는 글을 통해 중국 농촌의 피폐한 현실을 심각하게 분석한 바 있는 이육사에게 「고향」은 우선적으로 번역되어야 할 작품이었다. 더욱이 '조선 독립운동'을 위해 노동자와 농민의 독립사상을 고취하려 했던 그에게 「고향」은 조선의 농촌 현실과 농민의 삶의 진실을 간접적으로 깨닫게 해주는 작품이었기에 의미심장한 것이었다. 이육사는 『루쉰선집』에 수록된 일역본에 의거해서 「고향」을 번역했지만, 형상적인 언어를 즐겨 사용해 한국어의 묘미를 한껏 살리고 문맥의 자연스러운 연결을 위해 구절이나 어휘를 생략하거나 추가하는 등 의역을 시도하며 유려한 소설적 문체로 번역했다. 이러한 번역은 창조적 번역으로 문학 번역의 전범으로 보아도 손색이 없으며, 한국의 루쉰 문학 번역사에서 중요한 지위를 차지한다.

끝으로 언급할 것은 이육사의 또 다른 중국 현대 문학 비평과 번역에 관한 것이다. 이육사는 1936년 「루쉰 추도문」을 집필하고 루쉰의 「고향」을 번역한 이후 1941년 여름 폐결핵 진단을 받기까지[61] 왕성한 창작 활동을 펼쳤는데, 폐결핵이 발병한 그 무렵에 작품 창작과 더불어 중국 현대 문학 연구로 관심을 더욱 확대하고 있었다. 그는 후스(胡適)의 중국문학사 저작 「오십년 동안 중국의 문학(五十年來中國之文學)」 중 제1장에서 제4장까지를 초역해 「중국문학 오십년사」라는 제목으로 『문장』 1941년 1월호와 4월호에 발표했다. 그리고 중국 현대시를 비평한 「중국 현대시의 일단면」을 써서 『춘추(春秋)』 1941년 6월호에 발표했으며, 만주 출신의 작가 구딩(古丁)의 단편소설 「골목안(小巷)」을 번역해 『조광』 1941년 6월호에 발표했다. 이육사는 1940년 말부터 이듬해 4월까지[62] 후스의 중국문학사 저작, 중국 현대시 및 유미주의 시인으로 알려진 쉬즈모(徐志摩)의 시, 중국 민중의 비참한 현실을 묘사한 구딩의

---

61 이육사는 1942년 1월에 발표한 수필 「계절의 표정」에서 "황소같이 튼튼하지는 못해도 20년 내에 물에 씻은 듯 감기 한번 제대로 못해 보고 병 없이 지내왔지만" 지난해 여름부터 "모든 것이 귀찮고 거북하고 말조차 여러 번 하기 싫고" "밥을 먹어야 한다는 것도 그실 큰 짐이었다"라고 했다(『李陸史全集』, 192쪽, 195쪽).

62 이육사는 「중국문학 오십년사」를 1941년 1월과 4월, 2회에 걸쳐 발표했는데, 제1회와 제2회 사이에 3개월의 시차가 있으므로 그것을 번역하는 데 많은 공력을 들였음을 알 수 있다. 그리고 그는 「중국 현대시의 일단면」의 말미에 '4월 25일 밤 원산(元山) 임해장(臨海莊)에서'라고 부기(附記)했고, 「골목안」의 말미에 '4월 26일 원산 청도장(聽濤莊)에서'라고 부기했으니, 이 두 편은 거의 동일한 시점에 완성되었음을 알 수 있다.

단편소설 등 다양한 경향의 중국 현대 문학에 관심을 가지고 이를 집중적으로 연구했다. 그런데 그는 1941년 여름부터 폐결핵이 발병해서 창작뿐만 아니라 중국 현대 문학에 대한 연구도 더 진행하기 어렵게 되었다.

앞으로 세밀하게 검토하겠지만 미리 특기할 것은, 「중국문학 오십년사」 및 「중국 현대시의 일단면」에 수록된 쉬즈모의 시 「배헌(拜獻)」(바치리)과 「재별강교(再別康橋)」(케임브리지와 다시 이별하며) 모두 이육사가 중국어 원문에 의거해 번역한 것이라는 사실이다. 이육사는 「중국문학 오십년사」를 번역할 때 원문에 의거해 충실한 번역을 시도하되 핵심 내용을 중심으로 초역하는 방식을 취했는데, 인용된 문언(文言)의 고문 및 한문시 그리고 본문을 부분적으로 생략하며 문장의 자연스러운 연결을 위해 의역도 병행했다. 「중국문학 오십년사」는 이육사의 중문 독해 능력을 가늠해볼 수 있는 중요한 사료인데, 이육사는 문언 고문의 독해 능력이 뛰어났을 뿐만 아니라 현대 중국어의 독해 능력도 상당한 수준에 도달해 있었음을 입증한다. 이육사의 중국어 학습 기간이 매우 짧았다는 점을 감안할 때,[63] 그가 「중국문학 오십년사」를 중국어 원문에 의거해 번역했다는 것은 중요한 의의를 지닌다. 다만 그는 구딩의 「골목안」을 번역할 때는 루쉰의 「고향」을 번역할 때처럼 일역본을 참조한 것으로 짐작되는데,[64] 소설은 현대 중국어로 쓰였다고는 하나

63 이육사는 1926년 가을 학기에 베이징 중국대학(中國大學)에 입학한 후 이듬해인 1927년 봄 학기까지 두 학기 동안 정식으로 중국어를 배웠으며, 이후 조선혁명군사정치간부학교에서 정규 과정으로 6개월간 중국어를 배웠다. 졸저 『근대 한중 교류의 기원: 문학과 사상 그리고 학문의 교섭』(이화여자대학교출판부, 2015), 76쪽 참조.

64 구딩의 「골목안」은 1939년 9월 일본어로 번역·출판된 '만인작가소설집(滿人作家小說集)' 『원야(原野)』(大內隆雄 譯, 東京: 三和書房, 1939)에 수록되어 있다. 이 책에는 구딩의 작품으로 중편소설 「원야」와 단편소설 「골목안」을 비롯해 만주 출신의 작가 여덟 명의 작품이 함께 수록되어 있다.

후스의 저작과 같은 서면어(書面語)로 쓰인 것이 아니라 방언을 포함한 순수 구어(口語)로 쓰였기 때문에 독해가 쉽지 않았던 원인도 있었을 것이다. 하지만 이육사의 「골목안」은 「고향」의 번역과 마찬가지로 소설 작품으로서 완성도를 높이기 위해 축자적인 직역이 아니라 의역을 활용해 한국어의 묘미를 한껏 살리고 있어 그 시기 문학 번역의 전범으로 보아도 손색이 없다. 「골목안」은 만주의 신징(新京)에 살고 있는 창부 금화의 비참한 삶을 묘사한 소설인데, 이육사는 중국 민중의 비참한 현실을 가장 '리얼'하게 묘사한 작품으로 여겨 이를 번역한 것이다. 루쉰의 「고향」이 중국 농민의 피폐한 현실을 묘사한 것이라면, 구딩의 「골목안」은 도시 민중의 비참한 현실을 묘사한 것인 만큼 주제의 일관성으로 보아 이육사의 번역 의도가 무엇이었는지를 가늠할 수 있다.

제 2 장
소품(소설) 창작과 니체의 수용 그리고 루쉰 문학

루쉰 문학이 프리드리히 니체(1844-1900)의 사상으로부터 일정한 영향을 받았고 이육사 문학 역시 니체의 사상으로부터 일정한 영향을 받았다는 것은 잘 알려진 사실이다. 루쉰과 이육사는 공히 니체로부터 문학적 상상력의 자양분을 흡수했는데, 특히 니체의 『차라투스트라는 이렇게 말했다』(이하 『차라투스트라』로 줄임)를 세밀하게 읽어보면 이 책에 나오는 다양한 비유와 상징의 이미지들이 루쉰의 소설과 산문, 이육사의 소품(소설)과 시 등에서 변형되어 나타난다는 사실을 확인할 수 있다. 루쉰은 소설 창작에서 출발해 산문적 글쓰기를 병행하고 나중에는 잡문(雜文)의 글쓰기에 매진했고, 이육사는 소품(소설) 창작에서 출발해 점차 시와 수필 창작에 매진했는데, 그들의 초기 문학적 글쓰기는 『차라투스트라』의 글쓰기 방식과 무관하지 않아 보인다. 니체는 철학과 문학에 두루 영향을 끼쳤는데, 『차라투스트라』는 철학 작품이면서 문학 작품으로 주제나 사상 이외에 아름다운 문체로도 유명해 작가들에게 많은 영향을 미쳤다. 니체를 '시인 철학자'로 부르는 것은 그가 시작(詩作)을 많이 남겼기 때문이기도 하지만 『차라투스트라』가 시적인 문학 작품으로 보아도 손색이 없기 때문이기도 하다. 루쉰과 이육사가 『차라투스트라』로부터 문학적 상상력을 빌려온 것은 우연이 아니다.

이육사는 1936년을 전후해 시사평론과 같은 저널리즘적 글쓰기에서 문예적 글쓰기로 방향을 전환하게 되는데, 1936년에 루쉰 문학을 비평한 「루쉰 추도문」을 발표하고 루쉰의 단편소설 「고향」을 번역해 발표했으며, 1937년에는 소품(소설)인 「문외한의 수첩」과 「황엽전」을 창작해 발표했다. 이 시기는 이육사가 니체 및 루쉰의 작품을 탐독하며 문예 창작을 본격화하던 때였다는 점에서 그의 창작과 니체 및 루쉰과의 연관성을 따져보는 것은 중요한 의미를 갖는다. 이육사가 이 시기에 니체와 루쉰의 텍스트를 얼마나 탐독했는지는 명확하게 확인할 길이 없다. 이육사는 자신의 흔적을 지워가며 글을 써야 했던 일제 강점기에 살았으므로 그의 창작과 관련된 대부분의 전기적 사실이 베일에 가려져 있다. 그것은 이육사가 남긴 글이나 글이 발표된 지면 속 여타의 글과의 상관관계 그리고 문우(文友)와의 교류 등을 통해 간접적으로 재구성할 수밖에 없다. 앞으로 검토하겠지만 여러 가지 정황으로 보아 이육사가 저널리즘적 글쓰기에서 문예적 글쓰기로 전환하던 무렵에 니체와 루쉰의 작품을 탐독하는 과정에 놓여 있었던 것만은 분명해 보인다.

이육사가 문예적 글쓰기로 전환하던 시기에 그와 니체 및 루쉰과의 연관성을 고찰하는 데 있어서 그 시기에 창작된 「문외한의 수첩」과 「황엽전」은 대단히 중요한 텍스트이다.[1] 이 작품들은 형식적인 측면이든 내용적인 측면이든 니체의 『차라투스트라』와 깊은 연관이 있는 듯하며, 『차라투스트라』로부터 일정한 영향을 받은 루쉰의 단편소설 「광인일기」 및 산문시집 『야초(野草)』와 상호 비교할 수 있기 때문이다. 「문외한의 수첩」과 「황엽전」은 허구적인 서사 구조를 갖는 이육사의 초기 창작인데, 시적인 상징이나 비현실적인 환상을 포함한다는 점에서 니체의 『차라투스트라』와 루쉰의 「광인일기」 및 『야초』에 수록된 작품과 비슷한 형식적 특징을 공유한다. 「문외한의 수첩」과 「황엽전」

---

1 「문외한의 수첩」과 「황엽전」은 모두 이육사가 '문학의 길'로 들어선 길목에서 시도한 일종의 시험적인 창작인데, 「문외한의 수첩」은 처음 발표될 때 '수필', 「황엽전」은 '소품'이라는 이름이 붙어 있었다. 그런데 두 작품은 모두 허구적인 소설적 구성을 갖추고 있어 소품이면서 소설로 간주할 수 있다. 이육사가 이러한 소품(소설)을 창작한 것은 그 시기에 "일거일동(一擧一動)을 같이한"(「嫉妬의 叛軍城」, 1936. 12. 5) 문우 이병각(李秉珏)과의 관계도 고려해야 한다. 이병각은 주로 일제의 식민지 정책에 저항하는 시와 수필을 발표하고 문예 비평을 시도했는데, 사실 그는 「눈물의 열차(列車)」라는 짧은 '콩트(소설)'로 『조선중앙일보』가 주관한 현상 공모에 당선되어 등단했고, 이후에도 그러한 형식의 작품을 몇 편 더 발표했다. 흥미롭게도 이육사와 이병각의 창작을 비교해보면 그들은 글쓰기 형식의 측면에서 매우 유사한 특징을 보여준다. 이병각은 1935년에 등단해 창작을 시작한 이래 1941년 폐병으로 사망하기 직전까지 콩트(소설), 시, 수필, 문예 평론 등을 발표했고, 이육사 역시 1936년 전후로 저널리즘적 글쓰기로부터 문예적 글쓰기로 전환한 이후 1941년 폐병을 얻어 창작을 지속하기 어려워지기까지 소품(소설), 시, 수필, 문예 평론 등을 발표했다. 이육사와 이병각은 창작의 형식 면에서 비슷한 경향을 보여주고 있는데, 이육사의 「문외한의 수첩」과 「황엽전」이 '소품(소설)'이라는 점에서 이병각의 '콩트(소설)' 창작과 일정한 연관이 있는 듯하다. 이를테면 만주행 이민 열차가 떠나려는 순간의 이별의 슬픔을 묘사한 「눈물의 열차」(『조선중앙일보』 1935. 1)도 그렇거니와, 어미 닭이 소리개에게 병아리를 빼앗긴 비참함과 약주찌게미조차 먹기 어려운 '달례(月禮)'·'후불(後不)'네의 가난을 겹쳐놓은 「오전(午前)」(『조선중앙일보』 1935. 7. 8·9)이라든지, 전차 신호등 앞에서 '윤리를 깨뜨리는 자에 대한 제재' 문제와 '단조로운 시간의 연속 속에서의 생활' 문제를 고민하는 두 명의 룸펜 지식인 '필수'와 '승호'의 단상을 묘사한 「사생아가 풍경(私生兒街 風景)」(『풍림(風林)』 1936. 12) 등은 모두 길이가 짧고 구조가 단순해 단편소설이라기보다는 일종의 소품이라 불러도 될 것이다. 이육사가 '문학의 길'로 들어서던 시기에 이병각과 친밀히 교유하며 문학적 영향을 주고받았으니, 「문외한의 수첩」과 「황엽전」의 창작은 분명 이병각이 먼저 시도한 바 있는 '콩트(소설)' 창작과 일정한 연관이 있는 것으로 보인다. 이병각이 리얼리즘적 문예 이론을 적극 제창했던 것처럼 이육사도 리얼리즘의 '창작 모랄'을 대단히 중시했는데, 그들이 문학의 리얼리즘론을 공유하고 있었다는 것도 문우로서 그들의 밀접한 문학적 관계를 방증한다.

의 언어가 서사적인 동시에 시적인 상징성을 갖는다고 할 때, 시적인 상징성을 더욱 강화하는 방향으로 나아가면 이육사는 시인의 정체성을 갖게 되는 것이다.

이 장에서는 이육사의 「문외한의 수첩」과 「황엽전」의 서사 구조 및 상징적 의미를 정밀하게 분석하면서 그 작품들과 니체의 『차라투스트라』와의 상관관계를 고찰하고 루쉰의 「광인일기」 및 『야초』에 수록된 작품과 상호 비교해 그 창작의 특징과 의의를 밝히고자 한다. 이는 근대 시기 한국과 중국에 니체의 사상이 어떻게 문학적으로 수용되었는지 그 수용의 양상을 세밀하게 추적하는 일이며, 이육사의 초기 창작과 루쉰 문학과의 관계 양상을 규명하는 일이 될 것이다.

1. 니체와 루쉰 그리고 이육사

주지하듯이 니체는 차라투스트라의 입을 빌려 '신은 죽었다'고 외치며 '모든 가치의 전도(顚倒)'를 주장한 철학자이다. 니체의 힘에의 의지와 영원회귀 사상은 신의 죽음과 가치 상실에 직면한 서양 근대 세계에 대한 니체의 처방으로 인간 그 자체를 강화하고 그 한계를 극복하는 데 중점을 두고 있다. 차라투스트라가 '신은 죽었다'라고 선언할 때 그것은 폐허의 신전, 그 자리에 이제 주체적 인간이 자신의 운명과 새로운 가치를 창조해야 하는 것임을 보여준다. 인간의 선악을 규정하는 절대 명령인 신의 율법이 인간의 주인 노릇을 함에 따라 인간은 노예로 전락했으니, 이제 니체는 그 전도된 관계를 역전시키면서 모든 가치의 전환을 시도한다.[2] 그래서 차라투스트라는 군중에게 초인(超人)의 존재를 가르친다. 왜소해지고 균일화된 현대의 인간들을 말종(末種) 인간이라고 부르고 그 대척점에 놓인 존재인 초인의 형상을 제시한다. 차라투스트라의 여정은 이러한 말종 인간과 초인 사이에 있는 인간 군상들을 만나고 체험하면서 초인을 향해 나아가는 과정이다. 초인은 기존의 선악이라는 범주를 넘어서 자신의 가치를 창조하는 인간 유형이다. 초인으로의 변신은 자기 바깥에 가치의 기준을 두고 그것에 복종해온 인간이 마침내 노예 생활을 끝내고 자기 가치의 주인이 됨을 말한다.[3] 이러한 초인은 끊임없이 한계와 제약을 돌파해나가는데, 결국 그의 길은 창조자의 길이 되는 것이다.

루쉰의 동생 저우쭤런(周作人)은 루쉰이 니체의 작품을 탐독한 데 대해[4] 이렇게 회고했다. "루쉰은 독일어를 배웠지만 독일 문학에는 그다지 흥미가 없었는데, …… 여기서 니체만이 예외라고 할 수 있다. 『차라투스트라는 이렇게 말했다』라는 책은 여러 해 동안 그의 책꽂이에 보존되어 있었다. 1920년 전후로 그는 그것의 제1편을 번역해 『신조(新潮)』 잡지에 발표했다."[5] 실제로 루쉰은 『차라투스트라』의 '서언(序言)' 10절을 번역해 1920년 9월 『신조』에 「차라투스트라의 서언(察拉圖斯忒拉的序言)」이라는 제목으로 발표했다. 그는 이 번역문의 말미에 '부기(附記)'를 덧붙여 "니체의 문학은 대단히 훌륭하며, 본서는 잠언(箴言)을 집

2 프리드리히 니체, 「작품 해설」, 『차라투스트라는 이렇게 말했다』, 장희창 역(민음사, 2004), 576쪽 참조.

3 프리드리히 니체, 「작품 해설」, 『차라투스트라는 이렇게 말했다』, 578-580쪽 참조.

4 루쉰과 니체의 관계에 대해서는 그동안 많은 연구가 진행되어왔다. 최근 중국에서 발표된 문헌으로는 張釗貽의 『魯迅: 中國"溫和"的尼采』(北京: 北京大學出版社, 2011), 汪衛東의 「魯迅與尼采的相遇: 中、西雙重現代轉型背景下的考察」(『文藝爭鳴』 2014. 10), 郜元寶의 「"末人"時代憶"超人": "魯迅與尼采"六題議」(『同濟大學學報』 第26卷 第1期, 2015. 2), 王學謙의 「迷狂的激情與智慧: 魯迅《狂人日記》對尼采酒神的借用與共鳴」(『文藝爭鳴』 2017. 2) 등을 참조할 수 있다.

5 周作人, 『魯迅的故鄉』(上海: 上海出版公司, 1953), 390쪽.

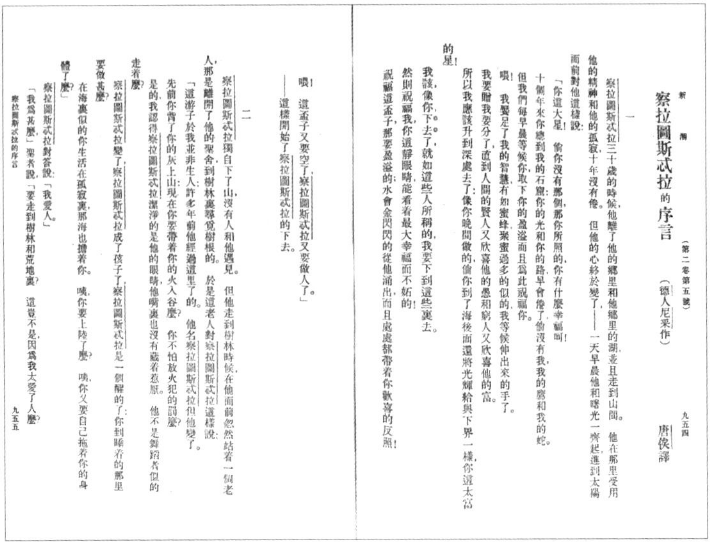

新潮 (第二卷第五號) 九五四

察拉圖斯忒拉的序言

(德人尼采作) 唐俟譯

一

察拉圖斯忒拉三十歲的時候，他離了他的鄉里和他鄉里的湖，並且走到山間。他在那里受用他的精神和他的孤寂，十年沒有倦。但他的心終於變了，——一天早晨他和曙光一齊起，進到太陽面前對他這樣說：

「你這大星！倘你沒有那個，那你所照的，你有什麼幸福呵！

十個年來你總到我的石窟：你的光和你的路，早會倦了，倘沒有我，我的鷹和我的蛇。

但我們每早晨等候你，取下你的盈溢而且為此祝福你。

喂！我饜足了我的智慧，有如蜜蜂聚蜜過多的似的，我等候伸出來的手了。

我要贈我要分了，直到人間的賢人又欣喜他的愚和窮人又欣喜他的富。

所以我應該升到深處去了：像你晚間做的，倘你到了海後而還將光輝給與下界一樣，你這太富的星！

我該，像你，。。下去了，就如這些人所稱的，我要下到這些裏去。

然則祝福我，你這靜眼睛，能看着最大幸福而不妒的！

祝福這盃子，那要盈溢的：水會金閃閃的從他涌出，而且處處都帶着你歡喜的反照！

喂！這盃子又要空了，察拉圖斯忒拉又要做人了。」

——這樣開始了察拉圖斯忒拉的下去。

二

察拉圖斯忒拉獨自下了山，沒有人和他遇見。但他走到樹林時候，在他面前忽然站着一個老人，那是離開了他的聖舍到樹林裏尋覓樹根的。於是這老人對察拉圖斯忒拉這樣說：

「這游子於我並非生人：許多年前他經過這里了的。他名察拉圖斯忒拉但他變了。先前你背了你的灰上山：現在你要帶着你的火入谷麼？你不怕放火犯的罰麼？是的，我認得察拉圖斯忒拉。潔淨的是他的眼睛，他嘴裏也沒有藏着惹厭。他不是舞蹈者似的走着麼？

察拉圖斯忒拉變了，察拉圖斯忒拉成了孩子了，察拉圖斯忒拉是一個醒的了：你到睡着的那里要做甚麼？

在海裏似的你生活在孤寂裏，那海也擔着你。咦，你要上陸了麼？咦，你又要自己拖着你的身體了麼？」

察拉圖斯忒拉對答說：「我愛人。」

「我為甚麼，」聖者說，「要走到樹林和荒地裏？這豈不是，因為我太愛了人麼？

察拉圖斯忒拉的序言 九五五

루쉰이 번역한 「차라투스트라의 서언(察拉圖斯忒拉的序言)」(『신조』 1920. 9)

성한 것으로 외관상으로 보아 모순이 많아서 이해하기 쉽지 않다"[6]라고 했고, 또 "역문 중에 타당하지 않은 데가 많을 텐데, 앞으로 계속 번역해나가면서 앞부분을 다시 고치도록 하겠다"[7]라고 약속하기도 했다. 사실 루쉰은 청년 시기인 1908년에 발표한 평론 「문화편지론(文化偏至論)」에서 "니체와 같은 사람은 개인주의의 최고 영웅이었다. 그가 희망을 걸었던 것은 오로지 영웅과 천재였으며, 우민(愚民)을 본위로 하는 것에 대해서는 마치 뱀이나 전갈을 보듯 증오했다"[8]라고 말하며 유럽

---

6 唐俟(魯迅), 「察拉圖斯忒拉的序言」, 『新潮』 第二卷 第五號, 1920. 9, 972쪽. "尼采的文章既太好; 本書又用箴言(Sprueche)集成, 外觀上常見矛盾, 所以不容易了解."

7 唐俟(魯迅), 「察拉圖斯忒拉的序言」, 『新潮』 第二卷 第五號, 1920. 9, 972쪽. "譯文不妥當的處所很多, 待將來譯下去之後, 再回上來改定."

8 魯迅, 「文化偏至論」, 『墳』, 『魯迅全集(1)』(北京: 人民文學出版社, 2005), 53쪽. "若夫尼佉, 斯個人主義之至雄桀者矣, 希望所寄, 惟在大士天才; 而以愚民爲本位, 則惡之不殊蛇蠍."

의 사상계를 뒤흔든 니체의 '초인설(超人說)'을 적극 소개한 바 있다. 그리고 루쉰이 문단에 두각을 나타내던 무렵인 1925년에 쓴 「다시 뇌봉탑이 무너진 데 대하여(再論雷峰塔的倒掉)」에서는 "파괴가 없으면 새로운 건설도 없다"라고 말하며 니체를 "질서파괴자(軌道破壞者)"로 추앙하고자 했다.[9] 1930년에 발표한 「나와 『어사』의 처음과 끝(我和《語絲》的始終)」이라는 글에서는 "나의 '방황'은 오래가지 않았다. 그것은 그 당시까지 니체의 『차라투스트라』를 읽은 여운이 좀 남아 있었기 때문이다"[10]라고 하며 니체로부터 받은 영향을 직접 언급하기도 했다. 1933년에 발표한 「귀머거리에서 벙어리로(由聾而啞)」라는 글에서는 "쭉정이로 청년을 양육해봤자 결코 건장하게 성장할 리 없고, 미래의 성취는 더욱 보잘것없어질 것이다. 이런 모습에서 니체가 묘사한 '말종 인간(末人)'을 볼 수 있을 뿐이다"[11]라고 말하며 청년들에게 '말종 인간'이 되어서는 안 된다고 역설했다. 이처럼 루쉰은 청년 시기부터 니체의 사상에 심취했거니와 1918년 「광인일기」의 창작으로 문단에 등장한 이후 지속적으로 니체의 『차라투스트라』를 탐독했고, 말년까지도 『차라투스트라』를 완역하려는 생각을 가졌으니[12] 평생 니체의 작품을 손에서 놓지

---

9 魯迅, 「再論雷峰塔的倒掉」, 『憤』, 『魯迅全集(1)』, 202쪽. "無破壞卽無新建設." "若用勃蘭兌斯的話來說, 乃是'軌道破壞者'."

10 魯迅, 「我和《語絲》的始終」, 『三閑集』, 『魯迅全集(4)』, 172쪽. "我的'彷徨'幷不用許多時, 因爲那時還有一點讀過尼采的『Zarathustra』的餘波."

11 魯迅, 「由聾而啞」, 『准風月談』, 『魯迅全集(5)』, 295쪽. "用秕谷來養青年, 是決不會壯大的, 將來的成就, 且要更渺小, 那模樣, 可看尼采所描寫的'末人'."

12 루쉰은 『차라투스트라는 이렇게 말했다』를 완역하려는 뜻을 이루지 못했지만, 1935년 쉬판청(徐梵澄)으로 하여금 이 책을 완역하도록 하고 자신이 직접 교감한 후 『세계문고(世界文庫)』 잡지의 주편(主編)이었던 정전둬(鄭振鐸)에게 소개해 출판했다. 이때 루쉰은 쉬판청이 번역한 『차라투스트라는 이렇게 말했다』의 책 제목을 직접 '蘇魯支語錄'라고 정했는데 조로아스터교, 즉 배화교(拜火教)가 중국에 알려질 때 '조로아스터'를 '蘇魯支'로 음역했으므로 그 단어를 사용해서 '차라투스트라'를 '蘇魯支'로 번역한 것이다(陣暉, 「魯迅對尼采《查拉圖斯特拉如是說》的譯介」, 『湖南人文科技學院學報』

않았다고 할 수 있다.

루쉰의 「광인일기」에서 '광인'의 외침이 '차라투스트라'의 목소리와 연관되어 있으며,[13] 특히 루쉰의 내면세계를 반영하고 있는 『야초』가 언어 형식적인 측면에서든 사상 내용적인 측면에서든 『차라투스트라』로부터 영감을 받아 창작된 것임은 잘 알려져 있다. 루쉰의 작품에 등장하는 다양한 비유와 상징의 이미지들이 『차라투스트라』에서 운용되고 있는 그것들과 상당히 닮아 있다는 데서[14] 그들의 상관관계를 확인

2016. 8, 73쪽 참조.).

13 푸쓰녠(傅斯年)은 루쉰의 「광인일기」가 나오고 얼마 지나지 않은 1919년 4월에 발표한 「미친 소리들(一段瘋話)」이라는 글에서 루쉰의 「광인일기」의 '광인'을 니체의 '초인'의 범주에서 평했다. "현재 사회에서 '초인(超人)'의 추구는 미치광이(瘋子)만이 담당할 수 있다. …… 예컨대 루쉰 선생이 지은 「광인일기」의 광인(狂人)은 인간 세상의 견해에 대해서 너무나도 철저했다. 그러나 세상 사람들은 그를 '광인'이라 부르지 않을 수 없다. 미치광이, 미치광이라고 해댄다! 고대의 예수와 소크라테스, 근대의 톨스토이와 니체에 대해 세상 사람들은 광인이라고 부르지 않았던가? 그런데 시간이 지나면서 어찌하여 무수한 비광인(非狂人)이 광인의 길을 따랐던가?(在現在社會裏求'超人', 只有瘋子當得起. (略) 譬如魯迅先生所作《狂人日記》的狂人, 對於人世的見解, 眞個透徹極了; 但是世人總不能不說他是狂人. 哼哼! 狂人, 狂人! 耶蘇, 蘇格拉底在古代, 托尔斯泰, 尼采在近代, 世人何嘗不稱他做狂人呢? 但是過了些時, 何以無數的非狂人跟着狂人走呢?)" 孟眞(傅斯年), 「一段瘋話」(『新潮』 第一卷 第四號, 1919. 4. 1), 『魯迅研究學術論著資料滙編 1(1913-1936)』, 中國社會科學院文學研究所魯迅研究室 編(北京: 中國文聯出版公司, 1985), 9-10쪽 참조.

14 「광인일기」에 나오는 '구쥬 선생(古久先生)'이 짓밟은 '낡은 출납장부(陳年流水簿子)'는 『차라투스트라』에 나오는 '낡은 서판'의 이미지와 비슷하다. "지금까지 모든 지식은 사악한 양심과 더불어 성장했다! 그러니 부숴버려라, 부숴버려라, 그대 인식하는 자들이여, 낡은 서판을!"(『차라투스트라는 이렇게 말했다』, 355쪽). 루쉰의 「전사와 파리(戰士與蒼蠅)」에 나오는, 전사(戰士)가 전사(戰死)했을 때 가장 먼저 그의 결점과 상처를 빨고 앵앵거리며 의기양양해 하는 '파리(蒼蠅)'의 이미지는 『차라투스트라』에 나오는 '파리'의 이미지와 비슷하다. "그들은 철모르고 쏘아대며 철모르고 속인다. 그들이 어떻게 나에 대해 공정할 수 있단 말인가!"(『차라투스트라는 이렇게 말했다』, 330쪽). 루쉰의 산문시집 『야초』에 수록된 「묘갈문(墓碣文)」에 나오는, 독 이빨로 남을 물지 못하고 자신을 문 '긴 뱀(長蛇)'의 이미지는 『차라투스트라』에 나오는 '독사'의 이미지와 비슷하다. "그때 독사 한 마리가 다가와서 그의 목을 물었기 때문에 차라투스트라는 고통을 못 이겨 고함을 질렀다"(『차라투스트라는 이렇게 말했다』, 116쪽). 루쉰의 「꽃 없는 장미

할 수 있다. 단적인 일례를 들어보자. 「광인일기」만 하더라도 그 말미에 '광인'이 "아이를 구하자"라고 외쳤을 때, 그 '아이'의 이미지는 『차라투스트라』의 '아이'의 이미지를 연상시킨다. 차라투스트라는 "나는 아직 발견되지 않은 채, 저 머나먼 바다에 있는 아이들의 나라만을 사랑할 뿐이다. 나는 나의 돛에게 명령하여 그 나라를 찾고 또 찾는다"(『차라투스트라』, 213쪽)[15]라고 말한다. 왜냐하면 아이인 "그들은 악의를 품고 있을 때조차도 순진무구한 것이기"(『차라투스트라』, 220쪽) 때문이다. 차라투스트라가 산에서 내려와 처음 맞닥뜨린 한 노인이 차라투스트라에게 "아이가 되었군. 각성한 자가 되었어"(『차라투스트라』, 13쪽)라고 말하는데, 아이는 순진무구함을 상징하며 각성의 가능성을 지닌다. 차라투스트라가 꿈에서 한 아이로부터 얼굴을 비춰볼 수 있는 거울을 받게 되자 그는 "거울을 들여다보는 순간 나는 소스라치게 놀라 고함을 쳤고 나의 마음은 뒤흔들렸다. 거울 속에서 내가 아니라 악마의 찌푸린 얼굴과 조롱하는 웃음을 보았기 때문이다"(『차라투스트라』, 142쪽)라고 말한다. 아이는 인간이 자신의 참모습을 비춰볼 수 있는 거울인 셈이다. 그렇기에 「광인일기」에서 '광인'의 어린 '누이동생'의 죽음은 순진무구한 그 '아이'의 살해를 의미한다. 루쉰이 '광인'의 입을 통해 "아이를 구하자"라고 외친 것도, 순진무구하고 각성의 가능성을 지니며 인간의 참모습을 비춰주는 거울과 같은 존재로 아이를 이해했기 때문이

2(無花的薔薇之二)」에 나오는 '피로 쓴 사실(血寫的事實)'의 이미지는 『차라투스트라』에 나오는 '피로 쓴 것'의 이미지와 비슷하다. "나는 모든 글 가운데서 피로 쓴 것만을 사랑한다. 피로 써라"(『차라투스트라는 이렇게 말했다』, 63쪽). 『야초』의 「그림자의 작별(影的告別)」에 나오는 '그림자(影)'의 이미지는 『차라투스트라』에서 차라투스트라와 그의 그림자가 대화를 나누는 「그림자」 편(『차라투스트라는 이렇게 말했다』, 476-482쪽)을 연상시킨다.

15 『차라투스트라는 이렇게 말했다』(장희창 역, 민음사, 2004)에서 인용 시 이후부터는 본문 괄호 속에 『차라투스트라』로 표기하기로 한다.

다.[16] 더욱이 니체는 차라투스트라의 입을 통해 "나는 사랑한다. 다가올 미래의 세대를 옹호하고 인정하며, 지난 세대를 구제하는 자를. 그러한 자는 오늘의 세대와 씨름하면서 파멸하고자 하기 때문이다"(『차라투스트라』, 20-21쪽)라고 말하는데, 청년세대를 옹호하고 기성세대와 격렬한 투쟁을 벌이며 자기희생을 마다하지 않았던 루쉰의 전투적인 비판 정신을 연상시킨다. 어쩌면 루쉰은 평생 니체의 작품을 가까이하며 니체의 정신과 사상을 자신의 전 생애를 통해 실천해나간 것인지도 모른다.

니체는 1920년대 초부터 한국에 소개되기 시작했는데, 묘향산인(妙香山人)은 '역만능주의(力萬能主義)', 박달성(朴達成)은 '강력주의(强力主義)', 김억(金億)은 '아욕주장(我欲主張)의 도덕', 이돈화(李敦化)는 '자아발현주의(自我發現主義)'라는 맥락에서 니체를 해석해 소개한 바 있다.[17] 니체의 원전은 부분 발췌이기는 하나 1929년에 한국 최초로 번역·소개되었는데, 배상하(裵相河)가 『신흥(新興)』 창간호에 니체의 『차라투스트라는 이렇게 말했다』 가운데 초인, 대지, 바다, 이웃 사람에 대한 사랑 등 17가지의 다양한 주제를 골라 '차라투스트라'라는 제목으로 번

16 루쉰의 소설집 『외침(吶喊)』(1923. 8)이 출판되고 얼마 지나지 않은 1924년 3월에 정창(正廠)은 「루쉰의 소설(魯迅之小說)」(『學燈』 1924. 3. 18)이라는 글을 발표했다. 이 글에서 그는 루쉰의 작품을 평해 "예술 방면에 대해 말하자면, 현재에 있어 확실히 독보적이라고 할 수 있다"라고 하고, "또 다른 측면에서 흐름이 너무 빠르다. 거의 시(詩)와 같은 곳이 많다. 「광인일기」는 그야말로 한 편의 산문시이다. 때문에 그의 묘사는 오로지 직서(直敍)로서 사람들에게 감동을 줄 수 있지만 사람들의 마음에 깊이 파고들 수는 없다. 그리고 내면적인 인물이 유형적(類型的)으로 많다"라고 말했다(『魯迅研究學術論著資料滙編 1(1913-1936)』, 50쪽). 정창은 「광인일기」의 예술적 특징으로 산문시적 특징을 강조하고 묘사가 직서라는 점, 등장인물이 내면적이라는 점 등을 들었는데, 「광인일기」가 니체의 『차라투스트라』의 글쓰기 방식과 유사한 특징을 갖는다는 점을 지적한 것으로 볼 수 있다.

17 김정현, 「니체사상의 한국적 수용: 1920년대를 중심으로」, 『니체연구』 제12집, 2007, 33-68쪽 참조.

역해 발표한 것이다.[18] 1930년대에 들어 니체의 사상은 김형준(金亨俊)에 의해 체계적으로 비평·소개된다. 김형준은 1932년 1월 『농민(農民)』에 「니체 철학에서 본 초인관(超人觀)」을 발표했고, 연속해서 같은 잡지에 「니체의 역사관」을 발표했다. 또한 그는 1936년 10월 1일부터 9일까지 6회에 걸쳐 『조선일보』에 「"네오휴머니즘"론」을 발표해 문학 창작론으로서 인간의 능동성, 창조성을 탐구하는 네오휴머니즘을 주창했는데, 이 논의 가운데 니체의 사상은 중요한 자리를 차지한다. 곧이어 김형준은 동년 10월 19일부터 『조선일보』에 「니체와 현대문화」를 연재해 니체의 사상에 대한 체계적인 해석을 시도했다.[19] 흥미로운 것은 「니체와 현대문화」가 『조선일보』에 연재될 때 동일 지면에 이육사의 「루쉰 추도문」도 함께 게재되었다는 사실이다. 「니체와 현대문화」 제7회가 실렸던 1936년 10월 23일에 「루쉰 추도문」 제1회 원고가 게재되었고, 「니체와 현대문화」 제8회 및 제9회(완결)가 실렸던 10월 24일과 25일에 「루쉰 추도문」 제2회 및 제3회 원고가 각각 게재되었다. 제7회부터 제9회까지의 「니체와 현대문화」는 니체의 '초인' 개념을 충실하게 해석한 부분인데, 그것이 「루쉰 추도문」과 동일 지면에 나란히 게재되었다는 것은 이육사가 적어도 이 무렵에 니체의 사상을 접하게 되었음을 짐작게 한다. 물론 니체의 사상이 당시 한국에 이미 널리 소개되었으니 이육사도 이전부터 니체의 사상을 접했고 그의 작품을 탐독하고 있었을 가능성이 크다. 어쩌면 이육사가 「루쉰 추도문」을 쓸 수 있었던 것도 루쉰 문학 속에서 니체의 차라투스트라 혹은 초인의 이미

---

18 김정현, 「1930년대 니체사상의 한국적 수용: 김형준의 니체해석을 중심으로」, 『니체연구』 제14집, 2008, 248-249쪽 참조.

19 김정현, 「1930년대 니체사상의 한국적 수용: 김형준의 니체해석을 중심으로」, 『니체연구』 제14집, 2008, 266쪽 참조.

지를 발견하고 루쉰 문학에 공명했기 때문인지도 모른다.

그러면 이육사와 니체의 관계는 어떠할까? 이육사가 니체를 직접 언급한 것은 1942년 1월에 발표한 「계절의 표정」에서이다. 그는 이 글에서 니체의 「가을」이라는 시를 감상한 뒤 짧은 비평을 곁들였다. 이육사는 "계절을 누구보다도 먼저 느낄 만한 외로움이 나에게 있었다. 그래서 나는 밤에 안두(案頭)에 쌓여 있는 시집들 중에서 가을에 읊은 시들을 한두 차례 읽어봤다"라고 말하고 베를렌, 구르몽, 키츠, 예이츠, 레나우, 크론, 예세닌의 가을을 읊은 시들을 예거하고 끝으로 "철인 니체의 「가을」은 애매(愛妹)의 능변으로도 수정할 수 없을 만큼 가슴을 찢어놓은 「가을」이다"라고 평했다.[20] 여기서 이육사가 읽었을 것으로 짐작되는 「가을」이라는 시는 니체의 『디오니소스 찬가』에 나오는 「가을」일 것이다. "지금은 가을. 가을은 가슴을 찢는다./ 날아가라! 비상(飛翔)하라!/ 태양은 기며 허덕이며/ 기슭을 밟고 산을 오른다,/ 걸음마다 숨을 몰아쉬며.// 어쩌다 세상은 그렇게 생기를 잃었을까./ 지치도록 팽팽한 거미줄 위에서/ 바람이 노래를 부른다./ 희망은 사라져버리고—/ 바람은 사라져 간 희망을 애달파한다./ …… "[21] 이 시는 니체의 초기 시 작품 중 하나이며, 시의 화자는 '가을 깊은 지금' 죽음과 재생을 동시에 읽고 있다. 이 작품에서 발견되는 죽음과 재생의 이미지는 화자가 늦가을에 즈음해 아름다웠던 지난 봄날의 추억을 떠올리며 그 봄이 다시 돌아오기를 기다리고 있는 것으로 표현되어 있다.[22] 또 이육사의 대표작 「광야」에는 '백마 타고 오는 초인'이라는 시구가 나오는

---

20 李陸史, 「季節의 表情」(『朝光』 1942. 1), 『李陸史全集』, 김용직·손병희 편저(깊은샘, 2008), 193쪽.

21 니체, 『디오니소스 찬가』, 이상일 역(민음사, 1997, 개정증보판), 26쪽.

22 박노균, 「니체와 한국문학(2): 이육사를 중심으로」, 『開新語文硏究』 제31집, 2010. 6, 215쪽 참조.

데, 그것이 니체의 초인 사상과 연관된 것임은 분명하다. 차라투스트라는 "그대들은 언젠가는 하나의 무리를 이루어야 한다. 스스로 자신을 선택한 그대들로부터, 하나의 선택된 민족이 태어나야 한다. 그리고 이 민족으로부터 초인이 태어나야 한다"(『차라투스트라』, 134쪽)라고 말한다. 이육사의 '백마 타고 오는 초인'은 일제 강점기의 시대적 맥락 속에 놓고 보면, 새로운 민족의 탄생을 희구하는 열망을 표현한 것으로 생각할 수 있다. 이로써 보건대 이육사는 니체의 작품을 탐독했거니와[23] 그의 창작이 니체의 사상과 일정한 연관이 있음을 짐작게 한다.

이육사의 평론이나 수필 속에서도 니체의 차라투스트라의 목소리를 발견하기는 어렵지 않다. 이를테면 1938년 10월에 발표한 시사평론인 「모멸의 서: 조선 지식여성의 두뇌와 생활」에서 "인류의 역사는 항상 더 나은 것을, 더 완전한 것을 완성키 위한 노력이라면, 이 결혼의 양식에도 우리는 우상적인 양식을 버리고 인간에로 돌아가지 않으면 안될 것이다"[24]라고 한다든지, "사람이 제 자신을 의식했을 때보다 더 강한 것은 없다. …… 모두 추종이고 모방밖에 없다. 어데 거기서 인간으로서의 높은 기개를 볼 수가 있는가. …… 어디까지나 비겁하고 예속적인 것이다"[25]라고 한 데서, 완전을 향한 인간의 노력을 역설하고 추종과 모방 및 비겁과 예속을 경멸한 차라투스트라의 목소리를 감지할 수 있다. 또 이육사가 1938년 12월에 발표한 수필 「계절의 오행(五行)」에서도 초인의 의지를 느낄 수 있다. "내가 들개에게 길을 비켜줄 수 있

23 이육사가 니체의 작품을 탐독했다면, 딸 이옥비 여사가 부친이 "일본에서 출판한 문학 전집과 사상 전집을 밤새 읽었다"라고 말한 바 있으므로 일본어로 번역된 작품을 읽었을 가능성도 있다. 강창민, 『李陸史 詩의 研究』(국학자료원, 2002), 37쪽 참조.

24 李陸史, 「侮蔑의 書: 朝鮮知識女性의 頭腦와 生活」(『批判』 1938. 10), 『李陸史全集』, 341쪽.

25 李陸史, 「侮蔑의 書: 朝鮮知識女性의 頭腦와 生活」, 『李陸史全集』, 342쪽.

는 겸양을 보는 사람이 없다고 해도 정면으로 달려드는 표범을 겁내서는 한 발자욱이라도 물러서지 않으려는 내 길을 사랑할 뿐이오. 그렇소이다. 내 길을 사랑하는 마음, 그것은 내 자신에 희생을 요구하는 노력이오. 이래서 나는 내 기백을 키우고 길러서 금강심(金剛心)에서 나오는 내 시를 쓸지언정 유언은 쓰지 않겠소."[26] 이육사가 수필 「산사기(山寺記)」에서 "영원히 남에게 연민은커녕 동정 그것까지도 완전히 거부할 수 있는 비극의 '히-로'"[27]를 상상한다고 했을 때, 그 '히-로'는 초인을 향해 나아가는 차라투스트라를 연상시킨다.

2. 「문외한의 수첩」의 서사 구조와 상징적 의미

「문외한의 수첩」은 액자소설의 서사 구조를 갖는다. 화자인 '나'의 친한 동무 R이 죽은 뒤 유고(遺稿)로 남긴 일기인 「문외한의 수첩」을 그의 동생이 '나'에게 보내온 경위를 설명하는 도입부가 있고, 10년간 고인이 마음 내킬 때마다 써둔 일기 중에서 '나'와 그가 마지막으로 갈린 이후 며칠 동안에 쓴 '193×년 ×월 ×일'의 일기가 수록되어 있다. 그리고 R의 일기를 덮으며 "이것은 한 사람이 인생의 문안에 들어오지 못하고 영원히 걸어간 기록이다. 오! 그러면 나도 역시 문외한(門外漢)인가?"[28]라는 '나'의 독백으로 끝난다.

그런데 이 작품은 일기의 입수 경위를 설명하는 도입부에서 일기의

26 李陸史, 「季節의 五行」(『朝鮮日報』 1938. 12. 24-28), 『李陸史全集』, 162쪽.
27 李陸史, 「山寺記」(『朝光』 1941. 8), 『李陸史全集』, 190쪽.
28 李陸史, 「門外漢의 手帖」, 『李陸史全集』, 146쪽. 이 절에서 「문외한의 수첩」으로부터 직접 따온 구절은 『李陸史全集』(김용직 · 손병희 편저, 깊은샘, 2008)에서 인용했는데, 짧은 인용문의 경우 이후 각주를 생략한다.

隨筆 門外漢의 手帖 (上) 李陸史

東京通信 (一) ◇新劇運動의 換轉◇ 崔載瑞

이육사의 「문외한의 수첩」(『조선일보』 1937. 8. 3)

주인공 R이 화자인 '나'의 동무이고 그의 동생이 '나'에게 그 일기를 전해주었다는 사실, 일기는 축일(逐日)해서 쓴 것이 아니며, '묵흔(墨痕)이 임리(淋漓)한 글씨'로 되어 있다는 사실을 알려주고 있어 루쉰의 단편소설 「광인일기」의 도입부를 연상시킨다. 그렇지만 액자 안의 이야기가 단 하루의 일기라는 점, 일기가 '○○형(兄)에게' 주는 편지 형식으로 쓰여 있고 주인공 R이 죽은 뒤 남긴 유고라는 점(「광인일기」의 주인공 '광인'은 병이 나아 어느 지방의 관리로 가게 되었음), 작품이 일기의 내용만으로 종결되지 않고 화자인 '나'의 현실로 돌아와 마무리되는 완전한 액자소설의 구조를 갖는다는 점 등에서 루쉰의 「광인일기」와 비교해볼 때 그 형식이 크게 다르다.

이제 화자인 '나'에게 주는 편지 형식으로 쓰인 R의 일기 내용을 구체적으로 분석해보자. 주인공 R은 "50리나 되는 산길을 걸어" 어느 한 동리에 이른 뒤 피곤한 다리를 쉬이면서 초당방을 찾아 "그들과 함께 살을 맞대고 지나며 그들의 생활을 체득할 수가 있다면…… 얼마나 유쾌한 일이겠습니까?"라고 말한다. 그것은 예전에 상하이에서 목욕을 하러 갔을 때 "적나라한 몸뚱이들이 모두 꼭같은 온도를 느낄 수 있더라고. 세계는 모름지기 목간통같이 되어야 한다고" 말한 바 있는 '나'의 말을 떠올리며 R은 오히려 "육친애를 느껴볼 결심"으로 "세계는 차라리 초당방같이 되라고까지" 생각한다. 그런데 담배가 떨어진 R은 동리의 어느 담배 가게에 갔다가 "뜻하지 못한 실패"를 경험하게 되는데, 그것은 가게 주인인 젊은 농부가 담배를 던지면서 "문(門)안에 들어와서 담배를 가져가오"라고 하며 코웃음을 지었기 때문이다. 돌아서는 R의 등 뒤에서 그 가게 주인은 다시 "건방진 녀석, 눈에 유리창을 붙이고"라는 말을 내뱉는다. 그 순간 "시력이 부족한 탓"에 안경을 쓴 것뿐인 R은 "그 젊은 농부가 내 안경 쓴 것을 못마땅히 여기는 것은 고루한 인습의 소치라고 하더라도 그 표현방법이 얼마나 내 뼈를 저리도록 쑤시는 풍자이었겠소. 과연 여기에 남과 나라는 투명한 장벽이 서서 있다는 것을 나는 안 듯하였소. 그리고 내 발길은 무겁게 옮겨졌소. 아주 몇 해를 두고 어느 사막이라도 걸어온 듯한 피로를 깨달았소"라고 말한다. 가게 주인의 풍자는 R로 하여금 두 사람 사이에 '투명한 장벽'이 놓여 있다는 사실을 깨닫게 해주었는데, 그 '투명한 장벽'은 '고루한 인습'에 의한 소통의 단절을 상징하는 것임은 두말할 필요가 없다.

그리고 두 시간쯤 뒤 R은 어느 집 초당방의 손이 되어 거기서 여러 사람들과 어울리게 되는데, '서양' 이야기를 들려달라는 "식자연하고 내로라는 듯이 뽐내는" '하이카라상'[29]의 청을 받아들여 『로미오와 줄

29 '하이카라상'에서 '하이카라'는 셔츠의 옷깃이 높은 것을 뜻하는 '하이칼라'를 의미하

리엣』 이야기를 '노미'와 '준'으로 바꾸어 들려준다. 흥미를 느끼며 듣고 있던 사람들은 새벽 두 시에 이르러 모두들 하품을 하다가 잠이 들고, R은 '하이카라상'으로부터 '이 동리의 서러운 전설'을 듣는다. 이 동리의 서러운 전설이란 매년 정초에 두 마을이 함께 해온 줄다리기에서 "사람들이 수백 명씩 모여서 그중에도 젊은 사람들은 처녀나 총각이 제각기 마음 있는 사람들과 사랑을 속삭이면서 영원히 그 자손들은 변함없이 이 동리를 지켜 왔건마는, 지금은 어쩐 일인지 그 사람들은 누가 오란 말도 없고 가란 말도 없건마는 다들 어디인지 한 집씩 두 집씩 동리를 떠나고 그럴 때마다 젊은이들의 싹트기 시작한 사랑은 그 봄이 다 가기도 전에 덧없이 흘러가고 만다"는 이야기이다. 이야기를 마치기도 전에 '하이카라상'은 "불쌍한 미완성 초연의 순정자"인 듯이 흐느껴 울다가 잠이 들고, "머리는 해저(海底)와 같이 아득하고 내 가슴은 운모(雲母)와 같이 무거워진" R은 "방안의 정적은 무거워져서 자꾸만 지구의 중심으로 침전되는 듯한" 순간 누군가로부터 "문안에 들어와서……"라는 말을 환청처럼 듣는다. R은 "오! 그렇다. 나는 문외한이다"라는 사실을 깨닫고 "그 문안에서 우리가 지켜야 할 보물이 있다면 사람들은 그것을 모두 문안에서 지킬 때에 나 혼자만 문밖에서 그 모든 것을 파수 본다면 그것도 나의 한 가지 임무가 아니겠소"라고 말하며 다음과 같은 자신의 신념을 밝힌다.

> 인생의 문외한(門外漢)이 되겠소.
>
> 그래서 남들이 모두 문(門)안에서 보는 세상을 나는 문밖에서 보겠

며, 이는 당시 서구식 복장으로 멋을 부리거나 서구식 교육을 받은 사람을 비아냥거리는 데 사용하던 말이다. 그리고 '상'은 남을 높이는 데 쓰이는 말인 일본어 'さん'의 발음을 표기한 것이다.

소. 남들은 깊이 보는 세상을 나는 널리 보면 또 그만한 자긍이 있을 것 같소. 오늘은 고기압이 어데 있는지 풍속은 64밀리오. 이 동리를 떠나 아무도 발을 대지 않은 대설원을 걸어가겠소. '전인미도(前人未到)'의 원시경(原始境)을 가는 느낌이오. 누가 나를 따라 이 길을 올 사람이 있을는지? 없어도 나는 이 길을 영원히 가겠소.[30]

끝으로 R의 일기를 덮으며 "이것은 한 사람이 인생의 문안에 들어오지 못하고 영원히 걸어간 기록이다. 오! 그러면 나도 역시 문외한인가?"라는 화자인 '나'의 독백적 진술로 작품이 마무리된다.

이 작품의 의미를 좀 더 깊이 있게 이해하기 위해서는 여기서 운용되고 있는 비유와 상징의 이미지들을 검토해보아야 한다. 우선 R의 일기에서 '꼭같은 온도를 느낄 수 있는' '목간통'이 인류애를 상징한다면 R이 살을 맞대고 사람들의 생활을 체득하기 위해, 즉 육친애를 느끼기 위해 찾은 '초당방'은 민족애를 상징한다고 할 수 있다. 그런데 R이 민족애의 상징인 시골 마을의 '초당방'을 찾았지만, 그 시골 마을이 이상적으로만 그려지지 않는다. 담배 가게 주인인 젊은 농부가 '고루한 인습의 소치'로서 '시력이 부족'해서 안경을 쓴 R을 '눈에 유리창을 붙이고'라고 '뼈를 저리도록 쑤시는 풍자'를 했듯이 R과 그 젊은 농부 사이에는 '투명한 장벽'이 가로놓여 있는 것이다. 이때 '투명한 장벽'의 비유는 이육사가 번역한 바 있는 루쉰의 「고향」에도 나온다. 「고향」의 '나'는 어린 시절의 친구 룬투(閏土)를 다시 만났을 때 "나는 몸서리가 쳐졌다. 나는 곧 우리들 사이에 어느듯 헐기 어려운 슬픈 장벽이 서게 되고 마는 것을 깨달았다"[31]라고 말한다. 루쉰의 '슬

30 李陸史, 「門外漢의 手帖」, 『李陸史全集』, 145쪽.

픈 장벽'은 이육사의 '투명한 장벽'으로 변형되어 나온 것으로 볼 수도 있다.

육친애를 느끼기 위해 '초당방'을 찾은 R은 '하이카라상'으로부터 그 '동리의 서러운 전설'을 듣게 되는데, 사람들도 하나둘 떠나고 청춘 남녀의 사랑도 덧없이 흘러간 그 동리의 이야기는 인간애가 넘치던 시골 마을(고향)이 이제 황폐화되었음을 상징적으로 보여준다. 또 '식자연하고 내로라는 듯이 뽐내는' '모던 뽀이' '하이카라상'을 '불쌍한 미완성 초연의 순정자'로 표현한 것은 그 역시 황폐화된 시골 마을(고향)을 떠나간 인물임을 암시한다. 그리고 '하이카라'의 '모던 뽀이'로서 도시인이 된 그의 별명에 일본어 '상(さん)'이 붙어 있는 것은 그가 일제의 식민화를 내면화한 인물임을 은연중에 드러낸다. 그런데 R은 '하이카라상'의 "'상' 자가 나에게는 조금 귀익지 못하나"라고 말함으로써 일제의 식민화에 대한 거부감을 드러낸다. 고루한 인습이 상존하고 인간애를 상실한 시골 마을(고향), 식민화가 내면화된 도시, 이런 곳에서 R은 어디에도 뿌리내릴 수 없기에 '문외한'이 되어 '전인미도(前人未到)'의 길을 영원히 가겠다고 다짐하는 것이다. 홀로 '전인미도'의 길을 영원히 가겠다는 R의 다짐은 암흑의 현실을 넘어서 새로운 길을 열어나가려는 강력한 의지의 표출이다. 그렇다면 R이 영원히 걸어가겠다고 말한, '아무도 발을 대지 않은' '전인미도'의 그 길은 실제적인 길이 아니라 의지의 길일 뿐이다. 그렇기에 '오! 그러면 나도 역시 문외한인가?'라는 화자인 '나'의 독백적 진술은 독자들로 하여금 R처럼 그 의지의 길을 영원히 걸어갈 것을 호소하는 강력한 계몽적 외

---

31 魯迅, 「故鄕」, 李陸史 譯, 『李陸史全集』, 125쪽; 魯迅, 「故鄕」, 『吶喊』, 『魯迅全集(1)』, 507쪽. "我似乎打了一個寒噤; 我就知道, 我們之間已經隔了一層可悲的厚障壁了."

침이 될 수 있다. 이 대목에서 우리는 루쉰의 「광인일기」의 말미에 나오는 "아이를 구하자"라는 '광인'의 계몽적 외침을 떠올릴 수도 있을 것이다.

그런데 '나는 이 길을 영원히 가겠소'라고 말한 '문외한' R이 이후 죽음에 이른 것을 어떻게 볼 것인가? 사실 R이 무엇 때문에, 그리고 어떻게 해서 죽었는지에 대해서는 구체적으로 암시되어 있지 않다. 우리는 이야기의 맥락 속에서 '문외한' R의 죽음의 원인을 추적해볼 수밖에 없는데, 그의 죽음과 관련해 차라투스트라의 말을 떠올릴 수 있다. "우선 재가 되지 않고서 어떻게 거듭나기를 바라겠는가!", "그대의 고독 속으로 들어가라. …… 자신을 넘어서 창조하려 하고, 그럼으로써 파멸하는 자를 나는 사랑한다"(『차라투스트라』, 111쪽). 차라투스트라에게 죽음은 재생을 의미하는바 새로운 창조는 자신의 파멸을 전제로 한다. '문외한' R의 죽음은 홀로 고독 속에서 자신의 길을 영원히 걸어간 자기파멸의 결과이다. 그렇기에 R의 죽음은 '전인미도의 길'을 저 혼자 걷다가 죽음에 이른 순교자적 죽음임을 의미한다. 그런데 차라투스트라가 "나는 나의 목표를 향해 나의 길을 가련다. 머뭇거리는 자와 게으른 자는 뛰어넘으리라. 그리하여 나의 길이 그들에게는 몰락의 길이 되리라!"(『차라투스트라』, 33쪽)라고 말하듯이 '나의 길'을 영원히 걸어간 '문외한'의 행위는 결국 그와의 사이에 '투명한 장벽'이 가로놓인 '문안' 사람들의 몰락의 길이기도 하다. 그렇다면 '문외한' R이 홀로 '전인미도의 길'을 영원히 걸어 죽음에 이른 그 길은 자기희생적인 순교자의 길인 동시에 '문안' 사람들의 몰락을 가져오는 새로운 창조의 길인 셈이다. R이 걸어간 길이 의지의 길이기에 R의 죽음을 리얼리티로서 제시할 필요는 없다. R의 죽음은 인과 관계를 따지는 리얼리티의 관점에서 해석하기 어려우며, 재생을 위한 죽음, 창조를 위한 몰락을 상징하는 철학적 주제의 문학적 형상화로 해석해야 한다. 화자인 '나'는 R의 죽음의 의미를 철학적으로 깨닫는 순간 일기를 덮을 수밖에 없었으며, '오! 그러면 나도 역시 문외한인가?'라고 말함으로써 '나' 역시 R처럼 자기희생적인 순교자의 길을 걸어갈 것임을 선언하게 되는 것이다. 「문외한의 수첩」을 일반적인 리얼리즘 소설로 볼 것이 아니라 『차라투스트라』와 같은, 철학(사상)을 문학적으로 표현한 글로 보아야 하는 이유도 바로 여기에 있다.

이육사는 「문외한의 수첩」을 발표하기 직전인 1936년 12월 5일에 쓴 수필 「질투의 반군성」에서 자신의 '생활'과 관련해 다음과 같이 말했다. "남이 긍정하는 바를 내가 긍정해서 남의 위치를 침범하는 것보다는 차라리 내가 부정할 바를 부정한다는 것은 마치 남이 향락할 바를 내가 향락해서 충돌이 생기고 질투가 생기는 것보다는 다른 어떤 사람도 분배를 요구치 않는 고민을 나 혼자 무한히 고민한다는 것과 같이 적어도 오늘의 나에게는 그보다 더 큰 향락이 없을는지도 모르는 것입니다."[32] 그래서 이육사는 그 길이 태풍이 몹시 불던 날 밤 바닷가에서의 경험과 같다고 말하며 "가시넝쿨에 업더지락 잡버지락 문학의 길도 그럴넌지는 모르지마는", "나는 아직도 꿈이 아닌 그날 밤의 바닷가로 태풍의 속을 가고 있는지도 모릅니다"라고 했다.[33] 이육사는 '내가 부정할 바를 부정한다는 것', 그리고 '다른 어떤 사람에게도 분배를 요구치 않는 고민을 나 혼자 무한히 고민한다는 것', 그것이 생활이라면 생활이라고 했다. 그리고 그 길은 폭풍이 몰아치는 바닷가의 태풍 속을 가는 것과 같다는 것, 그것은 문학의 길이기도 하다고 언급했다. 그렇

---

32 李陸史, 「嫉妬의 叛軍城」(『風林』 1937. 3), 『李陸史全集』, 137쪽.

33 李陸史, 「嫉妬의 叛軍城」, 『李陸史全集』, 137쪽, 138쪽.

다면 이육사는 「질투의 반군성」에서 그 무렵 '문학의 길'로 들어선 자신의 '생활'의 철학(사상)을 진술하고 있는 셈이다. '나 혼자 무한히 고민하며' '태풍의 속을 가고 있는' 이육사의 그 길은 '문외한'의 길이기도 하다. 이육사는 「질투의 반군성」에서 표출한 자신의 '생활'의 철학(사상)을 다시 「문외한의 수첩」으로 작품화했다고 볼 수 있다.

더욱이 이육사가 동시기인 1936년 12월에 발표한 시 「한개의 별을 노래하자」에서는 이전의 시작(詩作)에 비해 시의 사상성(思想性)이 대번에 상승하고 있는데, "한개의 별 한개의 지구(地球) 단단히 다져진 그 땅위에/ 모든 생산(生産)의 씨를 우리의 손으로 휘뿌려보자"[34]라고 읊었다. '생산의 씨'라는 구절에서 "그대들은 미래를 낳고 기르고 씨 뿌리는 자가 되어야 한다"(『차라투스트라』, 359쪽)라고 말하는 차라투스트라의 목소리를 감지할 수 있다. 그 '생산의 씨'는 나중에 「광야」에서 "내 여기 가난한 노래의 씨를 뿌려라"[35]라는 시구로 변형되어 나타나기도 한다. 또 이육사는 1937년 4월에 발표한 「해조사(海潮詞)」라는 시에서 '해조(海潮)의 소리'를 "거인의 탄생을 축복하는 노래의 합주!"[36]로 듣는다. '거인의 탄생'이라는 말도 차라투스트라의 초인의 탄생을 연상시킨다.

이렇게 보면 이육사가 '문학의 길'로 들어서는 길목에서 니체와의 만남은 대단히 중요하며, 「문외한의 수첩」은 단순한 수필이나 일반적인 리얼리즘 소설로 읽을 것이 아니라 니체의 『차라투스트라』처럼 문학적 서사를 빌려 자신의 철학(사상)을 표현한 작품으로 읽어야 한다는 것도 분명해졌다. 더욱이 죽음을 향해 영원히 걸어간 '문외한' R의 의지의 길을 생각할 때, 「문외한의 수첩」은 이육사가 자신의 '삶'의 길을

34 李陸史, 「한개의 별을 노래하자」, 『李陸史全集』, 64쪽.
35 李陸史, 「曠野」, 『李陸史全集』, 54쪽.
36 李陸史, 「海潮詞」, 『李陸史全集』, 67쪽.

예언적으로 써놓은 자전(自傳)에 해당하는 것인지도 모른다.

3. 「황엽전」의 서사 구조와 상징적 의미

小品 黃葉箋 李陸史

이육사의 「황엽전」(『조선일보』 1937. 10. 31)

「황엽전(黃葉箋)」의 도입부에서 화자인 '나'는 '나'를 사랑하는 사람이 있다면 그에게 '나'의 소식을 전하기 위해 "가을바람에 무한히 흘러가는 황엽(黃葉)의 쪼각쪼각이 모두 나의 편지라고 생각을 해" "그 어느 한 쪼각이라도 주워다가" "그 황엽이 바람에 나부끼며, 울며 부르짖는 서러운 전기(傳記)를 들어 보아라"라고 말한다.[37] 이후 의인화된 황엽(낙엽)이 체험한 이야기가 액자소설의 형식으로 제시된다.

황엽은 "제 애비 말을 안 듣기로 유명하여 집을 나선 놈"인 '소년'에 관한 10년 전의 이야기를 들려주고, 이어 10년의 세월이 흐른 뒤 "뭇 사람들의 생활 전체"가 변한 "소조(蕭條)하고 적막한" 죽음의 길거리에

37 李陸史, 「黃葉箋」, 『李陸史全集』, 93-94쪽. 이 절에서 「황엽전」으로부터 직접 따온 구절은 『李陸史全集』(김용직 · 손병희 편저, 깊은샘, 2008)에서 인용했는데, 짧은 인용문의 경우 이후 각주를 생략한다.

나타난 '그림자'인 '유령(幽靈)'의 이야기를 들려준다. 황엽이 들려주는 이야기는 유령의 이야기가 중심이며, 유령의 이야기는 유령이 잠들어 꾼 꿈 이야기가 중심을 이룬다. 작품은 유령이 잠에서 깨어나는 것으로 끝나는데, 다음과 같은 단락으로 마무리된다.

> 유령도 그때야 잠이 깨었습니다. 그리고 몸서리를 치는 것입니다. 얼마나 지리한 꿈이며 괴로운 꿈이겠습니까? 유령은 다시 일어나 걷는 것입니다. 캄캄한 암흑 속을 영원히 차고 영원히 새지 못할 듯한 밤을 제 혼자 가는 것입니다. 십 년 전 내 발밑을 지나다니며 사랑을 속삭이든 소년은 지금도 발길을 저 혼자 가고 있겠지요. 낙엽은 그래서 서러운 일생을 울고만 있습니다.[38]

「황엽전」의 형식적 구조를 분석하기 위해서는 이 단락에 주목할 필요가 있다. 이 단락은 서로 다른 이야기 전개의 구조적 성분을 갖는데, 앞의 다섯 문장은 황엽의 시점에서 서술한 유령에 관한 것이고, 여섯 번째 문장은 황엽의 시점에서 서술한 소년에 관한 것이며, 마지막 일곱 번째 문장은 화자인 '나'의 시점에서 서술한 황엽(낙엽)에 관한 것이다. 하나의 단락에서 작가는 유령에 관한 황엽의 시점 → 소년에 관한 황엽의 시점 → 화자인 '나'의 시점으로 되돌아온 것이다. 그렇다면 「황엽전」 전체의 서사 구조는 '화자인 나의 이야기－황엽의 이야기－화자인 나의 이야기'로 구성된 액자소설의 형식이다.

그러면 액자 안의 황엽의 이야기의 구조를 세밀하게 분절해보자. 황엽의 이야기는 '현실적 개연성이 있는 소년의 이야기－비현실적인 그

38 李陸史, 「黃葉箋」, 『李陸史全集』, 102쪽.

림자 유령의 이야기—유령의 꿈 이야기—꿈에서 깨어난 유령의 이야기—소년의 이야기'로 분절할 수 있다. 이를 추상적으로 표현하면 '현실(소년)—환상(유령)—환상의 환상(꿈)—환상(유령)—현실(소년)'의 구조가 된다. 액자 안의 황엽의 이야기가 의인화된 황엽의 시점에서 서술되고 있다는 점에서 황엽의 이야기 전체를 일종의 비현실적인 환상으로 볼 수도 있다. 하지만 황엽의 의인화는 일종의 서사 전략이므로 이야기의 내용으로 보아 소년의 이야기는 개연성이 있는 현실의 영역에 속하고, 유령의 이야기와 유령의 꿈 이야기는 비현실적인 환상의 영역에 속한다.

이제 황엽이 들려주는 이야기의 내용과 그 의미를 구체적으로 분석해보자. 황엽이 들려주는 이야기는 소년에 관한 이야기로부터 시작한다. 소년은 시골의 끝없이 널려 있는 백모래밭이 "너무도 허무해서" 서울에 왔지만 "어린 향수"도 지니고 있으며, 하이네니 괴테니 하는 시인들의 시를 외우는 문학 소년이기도 하다. 몇 해 지나 성숙해진 그 소년은 상대자를 데리고 나타났으나 "인간들에게 있어서는 행복의 절정은 최대의 비극과 서로 통해 있나 봐요"라는 황엽의 말처럼 소년과 상대의 사랑은 비극으로 끝난다. 소년의 상대가 부모의 반대에 부딪히자, "두 사람이 서로 사랑하면 그만이지 사랑을 부모에 대한 효행으로 하는 데가 어디 있소"라고 말하는 소년에게 "그렇지만 어쩔 수가 있어야지요"라고 말한 데서 두 사람의 사랑이 이루어지지 못할 것임을 암시한다. 그때가 "그들의 비극의 시초인 동시에 나의 '로맨티시즘'도 종언이었던 것입니다"라는 황엽의 말처럼 이후 10년이란 긴 시간 동안 황엽은 두 사람의 속삭임을 들을 수 없었다.

그리하여 황엽의 "풋잎새의 거울보다 반드라운 쪼각쪼각에 비치는 것"은 특정한 사람의 달착지근한 사랑이 아니라 "뭇사람의 생활 전체"

였다. 뭇사람들인 "그들의 지나가는 위풍"에 황엽은 전율하지 않을 수 없었고, 그들의 목소리는 "구슬을 굴리는 듯한 목소리"가 아니라 "바다에서 일어나는 노도의 교향악" 같은 "포효하는 소리"였다. 황엽은 그래서 "인간이란 위대한 장난꾼"이라고 생각하며 "어떻게 그들의 얼굴이 크게 보이고 힘차게 느껴졌든 것인가"라고 말한다. "그들의 행렬은 대강(大江)같이 흘러"간 뒤 "소조(蕭條)하고 적막한 거리"는 "괴수같이 늘어선 빌딩들의 검은 그림자가 '아스팔트'에 얼어붙은 거지들의 싸늘한 꿈을 죽음같이 덮어놓은" 곳이다. 이처럼 소년과 단절된 후 10년의 세월 동안 '인간'이 만들어놓은 것은 죽음이 드리워진 폐허의 도시뿐이다. 당시 일제 강점기의 암울한 현실을 감안할 때 '지나가는 위풍', '포효하는 소리'며, '얼굴이 크게 보이고 힘차게 느껴지는' '위대한 장난꾼'인 '인간'이란 무엇을 상징하는지 말하지 않아도 금방 알아차릴 수 있다. 그들은 그렇게 죽음의 도시를 만들어놓았다.

이때 황엽은 "무거운 발자국 소리"를 내며 걸어오는 "고요한 그림자 하나를 발견"하는데, 그것은 마치 "패잔병의 유령" 같은 존재였다. 황엽은 "방향도 없이 걷는" 그 유령을 따라가며 다음과 같이 유령에 관한 이야기를 들려준다. "시내도 건너고 들판도 지나 힘이 지치고 밤이 깊으면 산기슭 나무등걸 밑에 누워서 하늘에 수없이 많은 별들을 헤아려도 보는 것이겠지요. 그러나 그 어느 별도 그에게 행운을 점제한 별은 없었나 봐요." 그리하여 유령은 흐느끼며 울다가 잠이 들고 "아침햇발이 속새잎을 흔들면" 그는 다시 "일어나 걷는 것이었습니다." 강가에 이른 유령은 "자살이란 광경"을 떠올리게 했으나, "증오를 참지 못하는 그는 그만 뼈만 남은 두 손으로 물결을 흩치고는 돌 위에 엎더져 우는 것이었습니다. 그는 또다시 일어나 모든 것을 잊어버린 듯이 걸어가는 것이었습니다." 여기서 유령이 물결을 흩치다 돌 위에 엎어져 우는 모습은 '증오'를 안으로 삭히는 정신적 동작을 표현한 것이며, '증오'를 삭힌 후 유령이 또다시 걸어가는 행위는 단순한 물리적 동작에 머물지 않고 강력한 저항 의지를 형상적으로 표현한 것으로 읽을 수 있다.

유령의 걸어가는 행위가 강력한 저항 의지의 형상적 표현임은 다음에서 적나라하게 드러난다.

> 일기는 점점 흐려지고 원색(原色)으로 물들은 천공(天空)은 그의 최후의 희망까지라도 뺏어버릴 듯이 싸늘한 압박을 더하는 것이었습니다. 그렇다고 해서 그에게는 아무런 격정도 반발도 있는 것 같지는 않았습니다마는 주먹을 쥐어서는 주머니 속에 넣은 채로 간간이 머리를 흔드는 것은 과거에 대한 회한이라든지 그런 것들이 머리 속을 훑아가는 것이겠지요?[39]

유령은 최후의 희망까지도 빼앗아버릴 듯이 압박하는 천공, 즉 절망적 현실에 대해 격정이나 반발로써 직접 대항하지는 않는다. 그렇지만 '주먹을 쥐어서는 주머니 속에 넣는다'든지 '간간이 머리를 흔든다'든지 하는 유령의 미세한 동작은 그의 견결한 내면적 저항 의지를 더욱 두드러지게 표현해준다.

이어 유령은 어느 동리 앞에 다다랐는데 "기름종이에 빤-한 심지불이 타고 있는" 곳에서 몇몇 아이들이 그것을 지키고 있어 무엇을 하는 것이냐고 묻는다. 아이들은 이 동리에 10년에 한 번씩 유령이 나타난다는 전설이 내려오는데 그날은 동리 사람들이 한데 모여 기도를 올리

39 李陸史, 「黃葉箋」, 『李陸史全集』, 98쪽.

고 고사를 지낸다고 말한다. 그리고 마침 그날이 10년에 해당하는 날이며 방금 의식을 마쳤다고 말을 하고는 유령을 한참 동안 보더니 진짜 유령이 나타난 것이라 여기고 놀라 줄행랑을 친다. 유령은 처음으로 "한 번 크게 웃었는데", "그 웃음이란 곧 변해져서 무슨 쓰디 쓴 약물을 먹은 뒤의 입모습같이 변해지며 얼굴 전체가 커다란 환상에 사로잡히는 것 같았다." 이는 순진무구한 아이들조차 기피하며 줄행랑을 치는 고독한 존재가 된 유령의 절망적인 처지를 더욱 상징적으로 보여준다.

고독한 존재가 된 유령은 언덕 밑에서 잠이 들어 꿈을 꾸게 되는데, 유령이 꿈에서 본 것은 '큰물'로 인해 하룻밤 사이에 "왼 여름 피땀을 흘려 지은 농사도 한포기 없이 사람마다 두 주먹과 한 개의 목숨밖에는 남지 않았고", "주림과 추위가 매운 챗죽같이 그들을 휘갈겨" 고향을 떠나야만 하는 사람들의 이야기이다.

> 옛날에야 부모의 품속같이 포근하고 사랑스런 땅이었지마는 지금은 참담과 고통의 회억 이외에 아무것도 그들의 애착을 붙잡어 두지는 못하였습니다. 그들은 지금 한 개 촌락에서 다른 촌락으로, 한 성시(城市)에서 또 다른 성시에 표박(漂泊)의 길을 가는 것이었지마는 그 어느 한 곳도 그들이 발을 붙일 곳은 없었습니다. 모든 집들이 그들 앞에는 문들을 잠갔습니다. 그리고 오직 그들에게는 한오리 끝없는 길이었습니다. 어느 때나 걸어갈 수 있는 길이었습니다. 하루에 또 하루, 한달에 또 한달 꼭같이 그들은 하늘을 치여다보고 길을 갔습니다. …… 그들에게는 설움 이외에 아무것도 남는 것은 없었습니다. 그러나 이 설움과 주림과 추위는 그들 늙은이와 어린이와 남자 여자를 모두 한마음으로 얽어맬 수가 있었습니다. 바람과 비에 바래인 그들의

> 마음에 한 개의 희망이란 오직 일거리와 생활이었습니다. 이것이 그들을 고무하고 추진하는 힘이었습니다.[40]

어느 곳도 발붙일 곳이 없어 참담과 고통의 회억만을 지닌 채 설움과 주림과 추위 속에서 한없이 길을 가고 있는 그들을 고무하고 추진하는 힘, 즉 '한 개의 희망이란 오직 일거리와 생활'이라고 말했을 때 그 '생활'이란 무엇인가? 이는 이육사가 「질투의 반군성」에서 "나는 생활을 갖지 못하였다는 것입니다"[41]라고 말했던 그 '생활'일 것이다. 그 '생활'은 단순한 일상생활이 아니다. 삶을 주체적으로 영위할 수 없다면, 그것은 진정한 '생활'일 수 없다. 일제의 가혹한 사상 탄압과 혹독한 검열을 비켜 가야 했던 당시의 상황을 고려한다면, '생활'이란 대단히 순화해 표현한 고도의 선택적 언어임을 짐작할 수 있다. 그것이 고도의 선택적 언어임은 이육사가 1937년 12월에 발표한 「노정기(路程記)」라는 시에서 "쫓기는 마음 지친 몸이길래/ …… 먼 항구의 노정(路程)에 흘러간 생활을 들여다보며"[42]라고 읊었을 때의 그 '생활'이 입증해준다.

그래서 사람들은 그 '생활'을 찾기 위해 계속 길을 걸어간다. 황엽은 다음과 같이 서술한다. "그들은 아직까지도 발붙일 땅과 한 가지의 일거리도 갖지는 못하였으며 끝간 데를 모를 길만을 보고 걸어가는 것입니다." 그들은 "이빨을 물고 있는 힘을 다하여 전진"하며, "한 사람도 자기만을 생각하는 사람은 없었고" 발소리와 호흡을 같이하여 걸어간다. "그들에게는 조그마한 희망도 보이지는 않았습니다. 앞도 캄캄하고 뒤도 그랬습니다. 아득한 삼림 속을 허우적거리는 암담은 영

---

40 李陸史, 「黃葉箋」, 『李陸史全集』, 99쪽.
41 李陸史, 「嫉妬의 叛軍城」, 『李陸史全集』, 135쪽.
42 李陸史, 「路程記」, 『李陸史全集』, 26쪽.

원한 흑야(黑夜)가 새이지도 않고 영원한 미로도 끝막지도 않을 것 같았습니다." 그럼에도 불구하고 "부르짖는 사람도 없고 중얼대는 사람도 없으며 눈물도 마르고 공포도 사라진 그들은 발목에 있는 힘을 다해서 눈과 진흙 위를 쉬임없이 이동하는 것입니다." 그때 유령은 고향을 떠나 계속 이동하는 사람들 무리 속에서 제일 나이 많은 노인을 발견하는데, 그 모습이 10년 전 그가 고향을 떠나올 때의 아버지 모습이며 사람들도 어린 시절의 동무임을 알아차린다. 그래서 참다못한 유령은 "아버지"하고 소리쳤으나 아무도 아랑곳하지 않고 "모두 제각기 제 갈 길을 가고만" 있었다. 그때 유령도 잠에서 깨어나 몸서리를 친다. 그리고 다시 일어나 계속 길을 걷는다. "캄캄한 암흑 속을 영원히 차고 영원히 새지 못할 듯한 밤을 제 혼자 가는 것입니다." 황엽이 들려주는 유령의 이야기는 이것으로 끝난다.

황엽의 이야기에서 간과할 수 없는 것은 소년의 이야기이든, 유령의 이야기든, 유령의 꿈 이야기이든 모두 화자인 '나'와 깊은 연관이 있다는 점이다. 작품의 도입부에서 황엽의 조각조각이 나의 소식을 전하는 편지라고 생각하라고 말한 만큼 황엽이 들려주는 이야기의 주인공인 소년과 유령은 모두 '나'의 분신으로 보아도 될 것이다. 그렇다고 소년이 곧 유령인 것은 아니다. 유령은 그림자로 등장하고 있으니 화자인 '나'의 또 다른 분신일 수 있으며, 그렇기에 소년의 또 다른 모습일 수도 있다. 그렇다고 소년과 유령을 동일시해 그들의 관계를 인과적으로 해석할 필요는 없다. 각각을 화자인 '나'의 분신으로 보면 그만이다. 「황엽전」의 서사의 중심은 화자인 '나'의 분신으로서 환상의 영역에 속한 그림자 유령의 이야기이며, 소년의 이야기는 단지 현실의 영역에서 환상의 영역으로 넘어가기 위한 매개 역할을 수행할 뿐이다. 그런데 환상의 영역인 유령의 꿈 이야기에 등장하는 사람들을 10년 전 유령이 고향을 떠나올 때의 아버지의 모습이요 어린 시절 동무의 모습으로 서술한 것은 왜일까? 그것은 유령의 꿈 이야기가 그저 환상으로 그치지 않고 현실과 연계된 이야기임을 암시하는 서사적 장치로 보아야 한다. 이는 독자들로 하여금 꿈 이야기가 결국 현실의 유비(類比)임을 깨닫도록 하려는 것이다.

흥미로운 것은 「황엽전」의 그림자 유령의 이미지가 『차라투스트라』에도 등장한다는 점이다. 이를테면 차라투스트라는 다음과 같이 말한다. “내가 유령이라도 된단 말인가? 아마도 그것은 내 그림자였을 거네. 그대들은 방랑자와 그의 그림자에 대해 이미 어느 정도 듣지 않았는가?”(『차라투스트라』, 235쪽). 그리고 차라투스트라는 그림자의 모습을 이렇게 설명한다. “그 그림자는 너무도 허약하게 보였다. 그래서 그림자를 자세히 살피던 그는 갑자기 나타난 유령을 보기라도 한 것처럼 깜짝 놀라고 말았다. 뒤를 좇아온 이자는 너무도 얇고, 거무스레하고, 텅 비고, 지쳐 있는 것처럼 보였던 것이다”(『차라투스트라』, 477-478쪽). 이러한 차라투스트라의 그림자 이미지는 「황엽전」에서 “안개에 촉촉이 젖인 차림차리와 힘없이 옮겨지는 발걸음이 아주 무슨 패잔병의 유령” 같은 모습으로 등장하는 것이다. 더욱이 차라투스트라가 그림자에게 “무엇 때문에 그대는 나의 그림자를 자칭하는가? 그대는 내 마음에 들지 않는다”라고 말하자, 그림자는 “나는 이미 오래전부터 그대의 발꿈치를 좇아다니던 방랑자다. 언제나 길 위에 있고, 목적지도 없고, 고향도 없다”(『차라투스트라』, 478쪽)라고 답한다. 「황엽전」에서 고향을 떠나온 그림자 유령도 계속 길을 걸어가고, 꿈속 사람들도 고향을 떠나 길만을 보고 한없이 걸어간다. 이로써 보건대 「황엽전」의 패잔병의 유령 같은 그림자 이미지는 분명 『차라투스트라』에 등장하는 그림자 유령과 깊은 연관이 있다. 또한 『차라투스트라』에서 차라투스트라가 사흘 동안 마시지도 먹지도 쉬지도 않고 근심하며 돌아다니다가 깊은 잠에 빠졌다가 깨어나 제자들에게 "자, 벗들이여, 내가 꾼 꿈을 들어보아라"(『차라투스트라』, 239쪽)라고 하며 꿈 이야기를 들려주듯이 「황엽전」에서 유령도 꿈 이야기를 들려준다. 그리고 차라투스트라가 "나 자신의 울부짖는 소리가 나를 깨웠다. 그리하여 나는 정신을 차렸다"(『차라투스트라』, 241쪽)라고 하듯이 유령도 참다못해 "아버지" 하고 소리치며 잠에서 깨어난다. 이는 「황엽전」이 『차라투스트라』로부터 일정한 문학적 상상력을 빌려온 것임을 시사한다. 『차라투스트라』의 그림자 유령이 차라투스트라의 분신이듯이 「황엽전」의 그림자 유령도 화자인 '나'의 분신인 만큼, 결국 「황엽전」은 암흑 속에서 진정한 '생활'을 찾기 위해 끊임없이 나아가고자 하는 '나'의 철학(사상)을 문학적 서사를 빌려 표현한 것이다.

4. 이육사 및 루쉰의 '걷기' 모티프와 차라투스트라의 의지의 길

이육사의 「문외한의 수첩」과 「황엽전」에서 우리는 공통적으로 나타나는 중요한 형상적 모티프를 하나 발견하게 된다. 그것은 영원히 '길을 걸어간다'는 모티프이다. 「문외한의 수첩」에서 문외한은 '이 동리를 떠나 아무도 발을 대지 않은 대설원을 걸어가겠소'라고 말하고, 또 '전인미도의 원시경'을 가듯이 '나는 이 길을 영원히 가겠소'라고 말한다. 문외한은 그 길을 끝까지 걸어서 결국 죽음(자기파멸)에 이른다. 「황엽전」에서 유령은 '시내도 건너고 들판도 지나 걸어왔고' '모든 것을 잊어버린 듯이 걸어갔으며', 유령이 꿈속에서 본 사람들도 고향을 떠나 '표박(漂泊)의 길'을 가면서 '끝간 데를 모를 길만을 보고 걸어간다.' 더욱이 유령은 잠에서 깨어나 다시 걷기 시작해 '암흑 속을 영원히 차고 영원히 새지 못할 듯한 밤을 제 혼자 걸어간다.' 이처럼 「문외한의 수첩」과 「황엽전」에서 영원히 '길을 걸어간다'는 형상적 이미지가 전경화(前景化)될 때, 그것이 작품의 주제 사상을 드러낸다는 것을 어렵지 않게 파악할 수 있다. 작가는 영원히 '길을 걸어간다'라는 '걷기' 모티프를 통해 암흑과 절망의 현실을 뚫고 전진하는, 저항과 극복이라는 의지의 사상(思想)을 표현한 것이다. 이육사가 이후 시인으로서 '겨울은 강철로 된 무지갠가 보다'라든지, '차마 바람도 흔들진 못해라'라는 시구를 통해 한 치의 흔들림도 없는 강인한 의지를 표출하게 되는 것도 우연이 아니다.

이러한 영원히 '길을 걸어간다'는 이미지는 니체의 차라투스트라가 보여주는 가장 중요한 형상적 이미지이기도 하다. 『차라투스트라』에서 차라투스트라는 '방랑자'로 등장한다. 이 책의 제3부의 첫 편인 「방랑자」는 차라투스트라가 산등성이를 오르면서 자신의 삶이 한곳에 머물지 않고 계속된 방랑의 삶이었음을 회상하는 것으로부터 시작한다. 차라투스트라는 "아, 나의 더없이 험난한 길을 이제 올라야 한다! 아, 나의 더없이 고독한 방랑이 시작된 것이다"라고 말하고, 스스로에게 "그대는 위대함으로 통하는 그대의 길을 간다. 그대의 뒤에 이미 어떠한 길도 없다는 것. 그것이 이제 그대의 최상의 용기가 되어야 한다!"라고 말한다(『차라투스트라』, 270쪽). 제1부의 「머리말」에서도 "차라투스트라는 어두운 거리를 계속 걸어갔으며"(『차라투스트라』, 28쪽), "나는 나의 목표를 향해 나의 길을 가련다. 머뭇거리는 자와 게으른 자는 뛰어넘으리라. 그리하여 나의 길이 그들에게는 몰락의 길이 되리라!"(『차라투스트라』, 33쪽)라고 말한다. 제2부에서도 차라투스트라는 "나는 생명 넘치는 것을 추적해 왔으며, 그것의 본성을 알기 위해 가장 먼 길도 가장 가까운 길도 마다하지 않고 걸어왔다"(『차라투스트라』, 200쪽)라고 말한다. 제4부에서도 차라투스트라는 "웃으면서 자기의 길을 계속 걸어갔다"(『차라투스트라』, 449-450쪽)라고 나온다. 이것은 차라투스트라의 삶 자체가 길을 걸어가는 삶, 즉 움직이는 바로 그때 존재하는 노마디즘적 삶이라는 것을 보여준다.[43] 그가 살기 위해서는 자신 앞에 닥친 위험을 극복할 수 있는 용기와 결단이 요구되지만, 그에게 조언을 해줄 사람은 없다. 차라투스트라가 "이제 나 홀로 가려고 한다. 제자들이여! 그대들도 이제 헤어져 제 갈 길을 가도록 하라! 나는 그러기를 바란다"(『차라투스트라』, 135쪽)라고 말하듯이 모든 결단은 단지 자신의 자유로운 판단과 용기에 의해 이루어져야 한다. 그렇기에 차라투스트라는 "온 세상으로부터 버림받아 고독해진 사람"(『차라투스트라』, 440쪽)으로서 그의 방랑은 항상 고독한 방랑이다. 물론 고독한 차라투스트라가 방랑하며 걸어가는 그 길은 자신을 포함한 인간의 한계를 뛰어넘어 나아가려는 강인한 의지의 길이다. 차라투스트라가 "우리의 길은 저 위쪽으로, 종(種)에서 종을 '넘어서는' 단계로 나아간다"(『차라투스트라』, 131쪽)라고 말한다든지, "결코 파묻어버릴 수 없는 것, 바위라도 뚫고 나오는 것이 있으니, 나의 의지가 그것이다. 이 의지는 말없이 변함없이 세월을 뚫고 뚜벅뚜벅 걸어간다. 나의 의지, 나의 오랜 의지는 나의 발로써 걸어간다"(『차라투스트라』, 196-197쪽)라고 말한 데서 그것이 극명하게 드러난다. 강인한 의지의 길을 걷고 있는 차라투스트라가 "예고자로서 나는 파멸하고자 한다"(『차라투스트라』, 389쪽)라고 말하듯이 그는 최종적으로 자기희생, 즉 자기파멸에 이른다.

이러한 강인한 의지의 '길을 걸어간다'는 이미지는 루쉰의 작품에서

43 최상욱, 『차라투스트라는 이렇게 말했다 메타포로 읽기』(서광사, 2016), 416쪽 참조.

도 주요한 형상적 이미지로 등장한다. 루쉰의 「광인일기」(1918)에서 광인은 "나는 전혀 두려워하지 않고 여전히 나의 길을 간다"[44]라고 말한다. 루쉰은 수감록(隨感錄) 「생명의 길(生命的路)」(1919)에서 완전을 갈망하는 인류의 진보와 전진에 대한 믿음을 다음과 같이 표현했다. "어떠한 암흑이 사조(思潮)를 가로막는다 할지라도 어떠한 비참함이 사회를 습격한다 할지라도 어떠한 죄악이 인도(人道)를 더럽힌다 할지라도 인류에게 잠재해 있는 완전을 갈망하는 잠재력은 언제나 이런 쇠사슬의 가시덤불을 짓밟고 앞으로 나아간다."[45] 이러한 인간의 의지와 정신의 고양을 강조하는, 앞을 향해 나아가는 '걷기' 모티프는 단편소설 「고향」(1921)에서 화자가 "나는 나의 길을 가고 있다는 것을 안다"[46]라고 한 데서 표현되거니와 『야초』의 작품 「과객(過客)」(1925)에서 가장 전형적으로 표현된다.

상처투성이의 지친 '과객'은 헝겊을 건네준 소녀의 보시도 거부하고, 앞이 무덤일 뿐이라고 만류하는 노인의 충고에도 불구하고, 흘린 피를 물로 보충하며 앞을 향해 계속 걸어간다.

> "제가 기억할 수 있을 때부터 이렇게 걷고 있었으니까요. 제가 가는 곳은 바로 앞에 있습니다. 저는 그저 먼 길을 왔다는 것과 지금 여기에 있다는 것만 기억할 뿐입니다. 저는 계속 저곳으로, (서쪽을 가리키며) 앞으로 가야 합니다!"[47]

---

44 魯迅, 「狂人日記」, 『吶喊』, 『魯迅全集(1)』, 445쪽. "我可不怕, 仍舊走我的路."

45 魯迅, 「六十六 生命的路」(1919. 11. 1), 『熱風』, 『魯迅全集(1)』, 386쪽. "無論什么黑暗來防范思潮, 什么悲慘來襲擊社會, 什么罪惡來褻瀆人道, 人類的渴仰完全的潛力, 總是踏了這些鐵蒺藜向前進."

46 魯迅, 「故鄕」, 『吶喊』, 『魯迅全集(1)』, 510쪽. "知道我在走我的路."

47 魯迅, 「過客」, 『野草』, 『魯迅全集(2)』, 195쪽. "從我還能記得的時候起, 我就在這么走,

"저는 가야 합니다. 돌아가라구요? 거기에는 위선적이지 않은 곳이 없고 지주가 없는 곳이 없고 추방과 감옥이 없는 곳이 없고 가식적인 웃음이 없는 곳이 없고 거짓 눈물이 없는 곳이 없습니다. 저는 그런 것들을 증오합니다. 저는 돌아가지 않을 겁니다."[48]

"저는 가는 수밖에 없습니다. 앞에서 저를 재촉하는 소리, 저를 부르는 소리가 나서 쉴 수가 없습니다."[49]

루쉰의 '과객'이 쉬지 않고 앞을 향해 길을 걸어가려는 것은, "그대는 위대함으로 통하는 그대의 길을 간다. 몰래 그대의 뒤를 따르는 자는 그 누구도 없어야 한다! 그대의 발로써 걸어온 길을 지워버렸고, 그 길 위에는 '불가능'이라고 씌어 있다"(『차라투스트라』, 270쪽)라고 말한 차라투스트라의 가르침을 실천하는 것이다. 이는 지나온 길을 지워버리고 '불가능'을 향해 새로운 길을 개척해나가는 것이다. '과객'은 위선·지주·추방·감옥·가식적인 웃음·거짓 눈물로 점철된 지나온 길을 증오하지 않을 수 없으며, 그에게 그것은 되돌아갈 수 없는, 지워버려야 할 길이다. 차라투스트라가 "아직까지 어느 누구도 이 두 길의 끝까지 가보지는 못했다. …… 그 두 길은 서로 모순된다"(『차라투스트라』, 279쪽)라고 말하듯이 지나온 길과 모순된, 어느 누구도 가보지 않은 새

要走到一個地方去, 這地方就在前面. 我單記得走了許多路, 現在來到這里了. 我接着就要走向那邊去, (西指,)前面!"

48 魯迅, 「過客」, 『野草』, 『魯迅全集(2)』, 196쪽. "我只得走. 回到那里去, 就沒一處沒有名目, 沒一處沒有地主, 沒一處沒有驅逐和牢籠, 沒一處沒有皮面的笑容, 沒一處沒有眶外的眼淚. 我憎惡他們, 我不回轉去!"

49 魯迅, 「過客」, 『野草』, 『魯迅全集(2)』, 196쪽. "我只得走了. 况且還有聲音常在前面催促我, 叫喚我, 使我息不下."

로운 길을 개척하기 위해 '과객'은 자기희생(자기파멸)을 무릅쓰고 앞을 향해 쉬지 않고 나아간다.[50] 이렇게 보면 앞을 향해 계속 '길을 걸어가는' '과객'의 형상이 의지의 '길을 걸어가는' 차라투스트라의 형상과 깊은 연관이 있음도 분명해졌다.

그런데 루쉰과 이육사가 공히 『차라투스트라』로부터 '걷기' 모티프를 차용하고 있다고 하더라도 그들이 몸담고 있는 현실이 다르고 그들이 떠맡아야 했던 문학적 과제가 달라서 그들의 창작은 서로 다른 서사 구조와 주제 사상을 드러낼 수밖에 없다. 『차라투스트라』는 '모든 사람을 위한, 그리고 그 누구를 위한 것도 아닌 책'이라는 부제가 붙어 있는데, 이는 독자들이 이 책을 읽을 때 그 속에서 니체나 차라투스트라를 찾을 것이 아니라 독자 스스로를 찾아야 한다는 점을 강조한 것이다. 말하자면 니체는 독자가 저자나 텍스트 속 인물로부터 벗어나 자신만의 길을 걸어가기를, 자신만의 고유한 실존적 길을 찾아 그 길을 과감하게 걸어가기를 기대한 것이다. 니체가 사람들에게 그때까지의 서양 정신사를 전면적으로 부정하며 가치 전도의 새로운 길을 걸어갈 것을 촉구하는 것이었다면, 루쉰은 위선·지주·추방·감옥·가식적인 웃음·거짓 눈물로 비유되는 중국의 역사와 현실을 부정하며 미래의 새로운 가치의 길을 개척할 것을 촉구하는 것이었다. 그리고 이육사는 '위대한 장난꾼' 인간으로 인해 죽음이 드리워진 폐허의 도시와 '큰물'로 인해 하룻밤 사이에 황폐화된 고향을 떠날 수밖에 없어, 잃어버린 '생활'을 찾기 위해 자기희생적인 길을 영원히 걸어갈 것을 촉구하는 것이었다. 루쉰과 이육사는 니체의 가르침대로

50 이러한 '과객'(나그네)의 형상은 니체의 『디오니소스 찬가』의 「나그네」라는 시에도 등장한다. 니체는 이 시에서 "칠흑 같은 어둠을 헤치고" "멈추지 않고 걷는" '나그네'를 형상화하고 있다. 니체, 『디오니소스 찬가』, 16쪽 참조.

창작을 통해 자신만의 길을 걸어간 것이다.

5. 재생의 길

이육사는 「문외한의 수첩」과 「황엽전」에서 등장인물의 성격을 세밀하게 묘사하지 않으며 사건 전개의 인과 관계를 치밀하게 추구하지도 않는다. 두 작품은 인물의 성격 묘사와 사건 전개의 인과 관계를 중시하는 일반적인 리얼리즘 소설이 아니라 상징과 환상의 기법으로 작가의 철학(사상)을 형상화한 글로 이해해야 한다. 말하자면 철학의 문학화(文學化) 또는 사상의 서사화(敍事化)라고 부를 수 있을 것이다. 「문외한의 수첩」은 등장인물인 R의 문외한으로서의 삶의 태도, 즉 영원히 자기희생적인 '길을 걸어가는' 의지의 사상을 형상화한 것이다. 「황엽전」도 그림자 유령의 이야기와 유령의 꿈 이야기를 통해 '생활'을 찾아 영원히 암흑 속의 '길을 걸어가는' 의지의 사상을 형상화한 것이다. 이육사가 「루쉰 추도문」에서 리얼리즘 작가로서의 루쉰의 문학을 강조하고, 중국의 농촌 현실을 핍진하게 묘사한 루쉰의 단편소설 「고향」을 번역하고, 민중의 비참한 생활상을 묘사한 구딩의 단편소설 「골목안」을 번역하는 등 리얼리즘 문학을 중시했지만, 초기에 창작한 「문외한의 수첩」과 「황엽전」에서는 일반적인 리얼리즘 문학의 창작 원칙에 얽매이지 않았다. 그는 저항과 극복이라는 의지의 사상을 문학적 서사를 통해 표현하는 것이 주된 관심사였기에 일반적인 리얼리즘 문학의 창작 원칙으로부터 벗어나서 상징과 환상의 기법으로 이야기를 전개한 것이다. 이러한 글쓰기 방식은 니체의 『차라투스트라』가 전형적으로 보여주고 있거니와 『차라투스트라』로부터 일정한 영향을 받은 루쉰도

「광인일기」나 『야초』의 창작을 통해 그러한 특징을 보여주고 있다.

루쉰이 그랬던 것처럼 이육사 역시 니체의 『차라투스트라』로부터 일정한 영향을 받았으니, 이육사가 루쉰 문학을 비평하고 그의 작품을 번역할 수 있었던 것도 루쉰과의 사상적·문학적 공명에서 비롯되었다고 할 수 있다. 이육사는 니체의 『차라투스트라』로부터 일정한 문학적 상상력을 빌려 상징과 환상의 기법으로 의지의 사상을 서사화한 「문외한의 수첩」과 「황엽전」을 창작했는데, 그 시기에 루쉰 문학도 접했던 만큼 액자소설 형식의 「문외한의 수첩」은 일기의 입수 경위를 설명하는 도입부를 가진 일기체 형식이라는 측면에서 루쉰의 「광인일기」와 일정한 연관을 갖는다. 이처럼 이육사가 '문학의 길'로 들어서서 초기 창작을 시도할 무렵 니체 및 루쉰과의 만남은 중요한 의미를 갖는다. 더욱이 그가 「루쉰 추도문」에서 루쉰을 '위대한 중국 문학가'로 호명하고 있거니와 저널리즘적 글쓰기에서 문예적 글쓰기로 전환하는 데 있어 루쉰 문학과의 만남은 문학적 자각을 불러일으켰다는 점에서 또 다른 의미를 갖는다.

끝으로 언급할 것은, 이육사와 루쉰은 공히 자신이 창조한 인물 형상이 걸어간 그 길을 스스로도 걸어갔다는 점이다. 이육사는 윤곤강(尹崑崗)의 시집 『빙화(氷華)』를 평하면서 거기에 나오는 '용이 솟아 난단다'라는 시구에 대해 "이런 것은 이 시인뿐 아니라 우리 시인의 대부분을 정복하는 '이미지'로서 나의 뜻 같아서는 용은커녕 미꼬리 한 마리도 안 나와도 무가내하(無可奈何)이고, 실은 이 경지를 깨끗이 떠나는데 조선시(朝鮮詩)의 한 계단이 갱신되는 것이다"[51]라고 했는데, 용은커녕 미꾸라지 한 마리도 나오지 않는 '조선'의 현실에 대한 투철한 자기

---

51 李陸史, 「尹崑崗詩集 『氷華』 기타」(『人文評論』 1940. 11), 『李陸史全集』, 245쪽.

인식을 보여준다. 그래서 이육사는 '문안에서 지킬 것을 지키는 사람들'은 그 사람들대로 놓아두더라도 '자기가 부정할 바를 부정하며' 영원히 자신의 길을 걸어가는 '문외한'과 '유령'의 형상을 창조한 것이다. 이육사가 '문외한'과 '유령'의 형상을 통해 제시하는 그 길은 자기희생적인 죽음을 향한 길이며, 결과적으로 '문안 사람들'의 몰락을 가져오는 재생의 길이기도 하다. 이육사는 실제로 '문외한'처럼 죽음을 향한 의지의 그 길을 끝까지 걸어서 자기희생을 완결했으며, 최종적으로 재생의 길을 열어놓았다. 루쉰은 「광인일기」에서 '광인'의 입을 빌려 사람들에게 '마음을 고쳐먹으라(改心)'라고 외치면서도 "4천 년 동안 사람을 먹어온 이력을 가진 나, 처음에는 몰랐으나, 이제야 알겠다, 진정한 인간을 만나기 어렵다는 것을!"[52]이라는 심각한 자기반성에 이른다. 그래서 루쉰은 흘린 피를 물로 보충하는 자기희생을 마다않고 계속 앞을 향해 길을 걸어가는 강인한 의지의 소유자인 '과객'의 형상을 창조한 것이다. 루쉰도 실제로 평생 '광인'의 외침과 자기반성을 몸소 실천하면서 '과객'이 걸어간 강인한 의지의 길을 끝까지 걸어갔으며, 사후에 중국의 재생의 길을 열어놓는 데 절대적인 기여를 했다.

52 魯迅, 「狂人日記」, 『吶喊』, 『魯迅全集(1)』, 454쪽. "有了四千年吃人履歷的我, 當初雖然不知道, 現在明白, 難見眞的人!"

제 3 장
후스 문학사 저작의 번역과 구딩 단편소설의 번역

이육사는 1941년을 전후해서 시와 수필의 창작과 병행해 중국 현대 문학을 집중적으로 연구했다. 1941년 1월과 4월에 후스(胡適, 1891-1962)의 문학사 저작 「오십년 동안 중국의 문학(五十年來中國之文學)」을 번역한 「중국문학 오십년사(中國文學 五十年史)」를 발표했고, 동년 6월에는 중국 현대시를 비평한 「중국 현대시의 일단면」을 발표하고 동시에 만주 출신의 작가 구딩(古丁, 1916-1964)의 단편소설 「골목안(小巷)」을 번역해 발표했다. 후스의 「오십년 동안 중국의 문학」은 1920년대 초반에 나온 중국의 근대적 문학사 저작인데, 이육사가 이 책을 번역한 것은 그가 중국 현대 문학의 사적 흐름에도 관심을 기울이고 있었음을 예증하며, 더욱이 1940년대 초 엄혹한 시대적 상황 속에서 현실적 의의를 지닌다는 데 주목할 필요가 있다. 또한 이육사가 「중국 현대

시의 일단면」에서 중국 현대 시단과 주요 시인을 비평·소개하고 유미주의 시인인 쉬즈모(徐志摩, 1897-1931)의 대표작 「배헌(拜獻)」(바치리)과 「재별강교(再別康橋)」(케임브리지와 다시 이별하며)를 번역·소개한 것도 당시로서는 특기할 만하다. 구딩의 「골목안」은 만주의 신징(新京, 지금의 지린성 창춘)에 살고 있는 창부(娼婦) 금화(金華, 원작에서는 金花)의 비참한 삶을 묘사한 작품인데, 이 소설의 번역은 이육사의 문학적 지향성의 주요한 측면을 일깨워준다는 점에서 시사하는 바가 크다. 이 장에서는 「중국문학 오십년사」와 「골목안」을 중심으로 이육사의 중국 현대 문학 번역의 양상과 의의를 집중적으로 조명하고자 한다.

1. 검열과 제한된 참고 서적

후스의 「오십년 동안 중국의 문학」이 처음 한국에 소개된 것은 양백화(梁白華)에 의해서였다. 양백화는 근대 초기에 중국 신문학(新文學)을 국내에 소개하는 데 주력했는데, 후스의 저작을 번역한 것도 그러한 작업의 일환이었다. 그는 하시카와 도키오(橋川時雄)가 후스의 「오십년 동안 중국의 문학」을 번역한 일역본 『최근의 지나문학(輓近の支那文学)』을 제4장까지 번역해 「최근 오십년의 중국문학」이라는 제목으로 1923년 8월부터 10월까지 『동아일보』에 총 6회에 걸쳐 연재했다. 이육사의 「중국문학 오십년사」는 『문장』 1941년 1월호와 4월호에 발표되었는데, 양백화가 번역해 소개한 이후 18년 만에 다시 번역·소개된 것이다. 「중국문학 오십년사」는 『문장』 1941년 4월호에 실린 2회 번역문의 말미에 '(이하 중단)'이라는 말이 부기되어 있고, 또 "본고는 후스의 원문을 필자가 초역(抄譯)한 것인데 신년호 편집시(編輯時) 이 뜻이 누락되었음(편집부)"이라는 편집자의 설명이 있는데, 후스의 저작 「오십년 동안 중국의 문학」의 전체 10장 중 제1장에서 제4장까지의 내용을 초역한 것으로 2회 연재를 끝으로 중단되었음을 알 수 있다. 그러면 이육사는 왜 번역을 중단한 것일까? 그것은 게재지 『문장』이 1941년 4월호를 끝으로 폐간된 것과 관련이 있다. 1939년 2월에 창간된 『문장』은 『인문평론(人文評論)』과 함께 당시 대표적인 문학지로 전 문단인의 작품을 망라해 다루었는데, 1941년 일제 당국이 『문장』, 『인문평론』, 『신세기』를 병합하고 '일선어(日鮮語, 일본어와 조선어-인용자)를 반분하여 황도정신(皇道精神) 앙양에 적극 협력하라'고 요구하자 결국 『문장』은 이에 불응하고 폐간했다. 『문장』이 폐간되지 않았다면 이육사는 「중국문학 오십년사」의 번역을 좀 더 진행했을지도 모른다. 『문장』이 폐간됨에 따라 연재되던 「중국문학 오십년사」의 번역을 지속할 수 없었던 이육사는 방향을 바꾸어 중국 현대시를 비평한 「중국 현대시의 일단면」을 집필하고 구딩의 단편소설 「골목안」을 번역해 중국 현대 문학을 지속적으로 소개하고자 했다.

이육사는 중국 현대 문학의 비평과 번역을 위해 저본(底本)으로 참고한 서적들을 어떻게 확보할 수 있었을까? 이육사의 지기(知己)인 시인 신석초(申石艸, 본명은 신응식申應植)[1]는 이육사와 함께하던 그 시절을 회상해 "당시 충무로에는 명치옥이라는 과자점에서 좋은 코오피를 마실 수 있었고 마루젠(丸善)서점은 안성맞춤의 지식의 공급소였다"[2]라고 말한 바 있다. 당시 한국 지식인들은 마루젠서점을 위시한, 충무로에 있던 각종 서점에서 서적을 구입할 수 있었던 것으로 보이

1 이육사와 신석초의 교유 관계에 대해서는 도진순의 『강철로 된 무지개: 다시 읽는 이육사』(창비, 2017)의 「한시 '만등동상'과 '주난흥여'」를 참조하라.

2 申石艸, 「이육사의 인물」, 『나라사랑』 제16집, 1974. 9, 101쪽.

는데,[3] 이들 서점이 이육사가 후스의 「오십년 동안 중국의 문학」을 번역하고, 「중국 현대시의 일단면」을 집필하고, 구딩의 「골목안」을 번역하는 데 필요한 참고 서적들을 공급하던 곳으로 짐작된다. 정래동이 『인문평론』 1939년 10월 창간호에 실은 「지나신작가집 야초선(支那新作家集 夜哨線)」이라는 서평문의 서두에서 "최근 도쿄에서 출판된 서적 중에 지나(支那)에 관한 것이 적지 않은 것은 독서인의 주목을 요한다. 혹은 문화 일반에 관한 것, 기타 정치, 경제, 풍속, 습관 등등에까지 유루(遺漏)된 것이 없이 거의 소개되어가는 느낌이 있다. 그 외에도 어학에 관한 것이 수위(首位)를 점할 것 같으며 문학에 관한 것도 적지 않다"[4]라고 했는데, 일본에서 출판된 중국에 관한 서적들이 서울에서도 유통되고 있었다. 당시 서울에서는 일본에서 출판된 서적뿐만 아니라 중국에서 출판된 서적도 유통되고 있었는데, 중국 상하이에서 출판된 『루쉰선집(魯迅選集)』, 『루쉰문집(魯迅文集)』 등을 포함한 많은 중국 현대문학 작품이 1938년에 이르러 일제에 의해 발금(發禁) 처분을 받게 된 것으로도[5] 확인된다.

---

3 윤동주가 연희전문학교에 재학 중이던 1941년 5월 누상동에 있던 소설가 김송의 집에서 정병욱과 함께 하숙을 시작했는데, 정병욱은 그때의 일상을 다음과 같이 회고했다. "하학 후에는 기차편을 이용했었고, 한국은행 앞까지 전차로 들어와 충무로 책방들을 순방했다. 지성당(至誠堂) · 일한서방(日韓書房) · 마루젠(丸善) · 군서당(群書堂) 등, 신간 서점과 고서점을 돌고 나면 …… 극장에 들르지 않으면 명동에서 도보로 을지로를 거쳐 청계천을 건너서 관훈동 헌책방을 다시 순례한다. 거기서 또 걸어서 적선동 유길서점(有吉書店)에 들러 서가를 훑고 나면 거리에는 전기불이 켜져 있을 때가 된다"(정병욱, 「잊지 못할 윤동주의 일들」, 『나라사랑』 제23집, 1976. 6, 136-137쪽).

4 丁來東, 「支那新作家集 夜哨線」, 『人文評論』 창간호, 1939. 10, 112쪽.

5 「日政下發禁圖書目錄」, 『日政下의 禁書 33卷』(『新東亞』 1977년 1월호 별책부록, 東亞日報社, 1977), 270쪽, 272쪽 참조. 루쉰의 작품 이외에 중국 현대 문학 작품으로는 1935년 상하이에서 출판된 『(奴隸叢書之二)八月的鄉村』이 1936년에 발금 도서 목록에 올랐고, 1937년 상하이에서 출판된 『現代小說集』(小侯)과 『戲劇』(施公英)이 1938년에 발금 도서 목록에 올랐으며, 역시 1937년 상하이에서 출판된 『現代小說集』 第一輯, 『中國新

신석초는 이육사를 회고해 "다만 그가 문학을 이야기할 때, 가령 루쉰이나 후스 등을 이야기할 때, 동양의 고유한 미(美)나 아취를 이야기할 때는 의외로 다변적이고 열렬하였다"[6]라고 했고, 이육사의 「중국문학 오십년사」의 원고 및 게재지 『문장』의 폐간과 관련해 다음과 같이 말했다.

> 1941년 『문장』지가 4월호를 내고 폐간하였다. 폐간사에는 간단히 '국책에 순응하여'라고 기록되어 있다. 이 폐간호 『문장』지를 펼쳐 보면 우리의 독무대다. 육사의 작품으로는 「중국 문학사」 논문과 시 세 편이 실려 있고, 나의 작품으로는 「발레리 연구」 논문과 시 두 편이 실려 있다. 모두 미리 청탁해 둔 것을 마지막 한꺼번에 실은 것이리라. 그 후로 글 쓰는 사람들은 일본어로 쓰거나 그렇지 않으면 일본을 찬양하고 전쟁을 고무하는 것이 아니면 안 되게 되어 있었다. 전쟁은 벌써 제2차 세계 대전으로 번져 혼선을 이루고 있었으며, 우리는 모든 자유를 박탈당하였다. 항간에는 지식인들의 연마장이 작성되고 있다는 설이 파다하게 떠돌고 있었다. 시인들은 붓을 꺾고 침묵을 지키고 그리고 흩어졌다.[7]

신석초는 「이육사의 추억」이라는 글에서도 "그(이육사—인용자)는 루쉰과 궈모뤄(郭沫若)의 문학을 즐겨 이야기했다. 나는 그때 발레리에 심취해 있었던 것이다"[8]라고 말한 바 있거니와 이육사가 루쉰, 후스, 궈모

文學叢刊書信』, 『現代通用白話書信集』, 『中國新文學叢刊戲劇』이 1938년에 발금 도서 목록에 올랐다.

6 申石艸, 「이육사의 인물」, 『나라사랑』 제16집, 1974. 9, 101쪽.

7 申石艸, 「이육사의 인물」, 『나라사랑』 제16집, 1974. 9, 105-106쪽.

8 申石艸, 「李陸史의 追憶」, 『現代文學』 1962. 12, 238쪽.

뤄의 문학을 즐겨 이야기하던 시점은 신석초가 발레리를 연구하고 있을 때이므로 1941년을 전후한 무렵이었음을 짐작게 한다. 이 시기에 이육사는 분명 시 창작과 더불어 중국 현대 문학 연구에도 집중하고 있었다. 『조선일보』와 『동아일보』의 폐간, 『문장』의 폐간 등이 입증하듯이 이 시기에 일제의 사상 탄압과 검열이 가혹해지면서 이육사는 창작뿐만 아니라 문예 비평과 번역 활동에도 크게 제약을 받지 않을 수 없었다. 이육사의 중국 현대 문학 비평과 번역은 바로 일제의 엄혹한 사상 탄압과 검열로 인해 활동 영역이 극도로 위축되던 때에 진행되었다는 점을 염두에 두어야 한다. 이육사는 『문장』의 폐간으로 인해 「중국문학 오십년사」의 번역을 중단해야만 했던 상황임에도 불구하고 그 시기에 허용된 범위 내에서 중국 현대 문학 소개 작업을 좀 더 밀고 나가 중국 현대시를 비평하고 쉬즈모의 시를 번역했으며, 또한 구딩의 단편소설을 번역한 것이다.

2. 「중국문학 오십년사」의 저본과 번역의 양상

이육사는 후스의 「오십년 동안 중국의 문학(五十年來中國之文學)」을 번역해 「중국문학 오십년사」라는 제목으로 발표했는데, 「오십년 동안 중국의 문학」은 상하이에서 『신보(申報)』를 발행하던 신보관(申報館)이 창간 50주년을 기념해 1923년 2월에 기획·출간한 『최근의 오십년(最近之五十年)』이라는 책에 수록된 것이었다. 후스의 이 저작은 1922년에 집필되었고, 1872년부터 1922년까지 50년 동안의 중국 문학의 변천을 전체 10장으로 나누어 기술한 것이다. 루쉰이 후스가 보내온 「오십년 동안 중국의 문학」 초고를 읽고 난 후 후스에게 보낸 편지에서 "대단히 깊이 있고 인상적이어서 마음이 무척 유쾌했습니다! 하루빨리 인쇄되기를 바랍니다. 이러한 역사적인 것의 제시는 공허한 이론보다 더 낫기 때문입니다"[9]라고 했듯이 이 작품은 이른 시기에 나온 중국의 근대적 문학사 저작으로 사계(斯界)에 상당한 주목을 받았다.

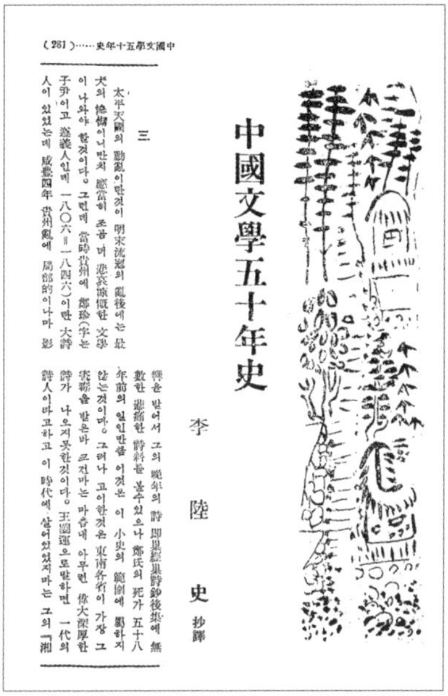

中國文學五十年史……(281)

中國文學五十年史

李陸史 抄譯

三

太平天國의 動亂이란것이 明末流寇의 亂後에는 最大의 慘劇이니만치 應當히 조금 더 悲哀慷慨한 文學이 나와야 할것이다。그런데 當時貴州에 鄭珍(字는 子尹이고 遵義人인데 一八〇六─一八四六)이란 大詩人이 있었는데 咸豐四年 貴州亂에 局部的이나마 影響을 받어서 그의 晩年의 詩 即巢經巢詩鈔後集에 無數한 悲痛한 詩料를 볼수있으나 鄭氏의 死가 五十八年前의 일인만큼 이것은 이 小史의 範圍에 屬하지 않는것이다。그러나 고이한것은 東南各省이 가장 그 慘禍를 받은바 크건마는 마츰내 아무런 偉大深厚한 詩가 나오지못한것이다。王闓運으로말하면 一代의 詩人이라고하고 이 時代에 살어있었지마는 그의「湘

이육사가 후스의 문학사 저작을 번역해 발표한 「중국문학 오십년사」(『문장』 1941. 1·4)

이육사는 이 저작 중에서 제1장부터 제4장까지 번역했는데, 이육사가 번역을 위해 저본으로 삼은 텍스트는 무엇이었을까? 후스는 「오십년 동안 중국의 문학」의 원고를 마무리한 뒤 1922년 10월 29일 일본인 하시카와 도키오가 이를 일본어로 번역하겠다고 요청하자 원고를 보내주었다. 후스의 이 글은 1923년 2월 신보관이 출간한 『최근의 오십년』에 수록되어 발표되었으며, 1924년 3월 신보관에 의해 『오십년 동안의 중국문학(五十年來之中國文學)』이라는 단행본으로 출판되었다. 이어 이 작품은 1924년 12월 상하이 아동도서관(亞東圖書館)에서 출판한 『후스문존(胡適文存)』 제2집에 「오십년 동안 중국의 문학」이라는 제목으로 수록되었고, 다시 1927년 4월 베이징문화학사(北京文化學社)에서 출판한 후

9 魯迅, 「致胡適」(1922. 8. 21), 『書信』, 『魯迅全集(11)』(北京: 人民文學出版社, 2005), 431쪽.

스의 『국어문학사(國語文學史)』의 부록에도 동일한 제목으로 수록되었다.[10] 한편 하시카와 도키오는 후스의 이 저작을 일본어로 번역해 1923년 2월 도쿄 동화사(東華社)에서 『최근의 지나문학(輓近の支那文学)』이라는 책으로 출판했다.

이러한 이력을 가진 후스의 이 저작의 여러 판본을 대조해보면, 소절 제목의 유무가 다르다는 것을 확인할 수 있다. 이를테면 『최근의 오십년』에 수록된 「오십년 동안 중국의 문학」에서는 첫머리의 목차에 전체 10장의 각각의 소절 제목을 밝히고 본문에서는 '(一), (二) …… (十)'으로 소절을 구분해놓았으며, 이것을 저본으로 한 일역본 『최근의 지나문학』에서는 본문에서도 목차에 나온 소절 제목을 그대로 썼다.[11] 그런데 신보관의 단행본과 『후스문존』 제2집 및 『국어문학사』의 판본에서는 소절 제목을 모두 생략하고 '(一), (二) …… (十)'으로만 소절을 구분했다. 이육사가 번역한 「중국문학 오십년사」를 보면 역시 소절 제목 없이 '一, 二, 三, 四'로 소절을 구분했는데, 그렇다면 이육사가 참조한 저본 텍스트는 신보관의 단행본이나 『후스문존』 제2집의 판본, 『국어문학사』의 판본 중 하나일 가능성이 높다. 다만 당시 널리 유통된 서적으로

10 김수연, 「해제: 신문학운동과 후스의 문학사 실천」, 후스, 『중국문학 50년 1872-1922』, 김수연 역(서울대학교출판문화원, 2018), 11-17쪽 참조.

11 신보관(申報館)이 간행한 『최근의 오십년(最近之五十年)』에 수록된 「오십년 동안 중국의 문학(五十年來中國之文學)」에는 첫머리에 '목차'를 두어 "一、總論. 二、'桐城 湘鄉派'的古文. 三、太平天國亂後的詩人一金和. 四、嚴復與林紓. 五、譚嗣同與梁啓超. 六、黃遵憲. 七、章炳麟. 八、章士釗與政論文學. 九、五十年的白話小說. 十、文學革命的運動"라고 해놓았고, 본문에서는 목차의 소절 제목을 생략하고 (一), (二) …… (十)으로만 표기해놓았다. 그리고 하시카와 도키오(橋川時雄)가 번역한 일역본 『최근의 지나문학(輓近の支那文学)』에는 목차와 본문에 소절 제목을 다음과 같이 두었다. "一 總論, 二 「桐城=湘鄉派」の古文, 三 太平天國亂後の詩人一金和, 四 嚴復と林紓の飜譯事業, 五 譚嗣同と梁啟超の文章, 六 黃遵憲の詩, 七 章炳麟の文章, 八 章士釗と政論文學, 九 白話小說, 十 文學革命運動."

제한하면 이육사가 입수할 수 있었던 텍스트로는 『후스문존』 제2집이 나 『국어문학사』로 압축될 수 있다.[12] 그리고 이육사의 번역문과 『후스문존』 제2집 및 『국어문학사』 판본의 원문을 각각 비교해보면, 이육사는 『국어문학사』의 판본을 저본으로 삼았음을 확인할 수 있다. 『후스문존』 제2집 및 『국어문학사』에 수록된 「오십년 동안 중국의 문학」의 원문은 거의 동일하지만 몇 군데 차이점도 발견된다. 이를테면 후스가 인용한 진허(金和)의 시 중에서 『후스문존』 제2집의 판본에 나오는 '南民私相慶'[13]라는 구절이 『국어문학사』의 판본에서는 '南民私相意'[14]로 되어 있다. 이육사는 이 구절을 '南方백성 서로들 같은 마음에'라고 번역했는데, '같은 마음'은 '意' 자를 풀이한 것이므로 『국어문학사』의 판본에 의거한 것임이 분명하다. 또 『후스문존』 제2집의 판본에서 '嚴復是介紹西洋近世思想的第一人, 林紓是介紹西洋近世文學的第一人'[15]이라는 구절이 『국어문학사』의 판본에서는 '西洋'이라는 단어에 밑줄을 그어 '嚴復是介紹西洋近世思想的第一人, 林紓是介紹西洋近世文學的第一人'[16]으로 되어 있다. 이육사는 이 구절을 '그런데 옌푸(嚴復)와 린수(林紓)의 큰 공로는 이러한 양대 결함을 보구(補救)한 데 있는 것이니 옌

12 1924년 12월에 출판된 『후스문존(胡適文存)』 제2집과 1927년 4월에 출판된 『국어문학사(國語文學史)』는 현재 서울대학교 중앙도서관에 소장되어 있는데(『胡適文存』 제2집은 중어중문학과에, 『國語文學史』는 고문헌자료실에 소장되어 있음), 원래 경성제국대학 도서관이 소장하고 있던 것으로서 당시 한국에도 이 책들이 유입되어 있었음을 알 수 있다.

13 胡適, 「五十年來中國之文學」, 『胡適文存』 第二集(上海: 亞東圖書館, 1924), 190쪽. 1923년 상하이 신보관에서 출판된 『최근의 오십년(最近之五十年)』에 수록된 「오십년 동안 중국의 문학(五十年來中國之文學)」에서도 인용된 진허의 시는 '南民私相慶'으로 되어 있는데(申報館 編, 『最近之五十年』, 上海: 申報館, 1923, 203쪽), 이는 이육사가 『최근의 오십년』의 판본을 저본으로 하지 않았음을 입증한다.

14 胡適, 「五十年來中國之文學」, 『國語文學史』(北京: 北京文化學社, 1927), 230쪽.

15 胡適, 「五十年來中國之文學」, 『胡適文存』 第二集, 194쪽.

16 胡適, 「五十年來中國之文學」, 『國語文學史』, 237쪽.

푸로 말하면 『서양근세사상(西洋近世思想)』을 소개한 제일인이었고 린수로 말하면 『서양근세문학(西洋近世文學)』을 소개한 제일인이었다'[17]라고 번역했는데, '『서양근세사상』'과 '『서양근세문학』'처럼 겹낫표(『 』)를 더해놓았으니 『국어문학사』 판본의 밑줄 친 '西洋'을 의식해 번역한 것임을 알 수 있다. 그리고 『후스문존』 제2집의 판본에서 '嚴復的英文與中國古文的程度都很高 ……'[18]라는 구절이 『국어문학사』의 판본에서는 '嚴復的英文與古中文的程度都很高 ……'[19]로 되어 있는데, 이육사는 이를 '옌푸로 말하면 영문(英文)이나 고중문(古中文)의 정도가 매우 높은데도 ……'[20]라고 번역했다. 이육사는 번역문에서 '고중문'이라는 단어를 사용하고 있으므로 『국어문학사』의 판본에 의거한 것이 확실해 보인다.

이제 「중국문학 오십년사」의 번역 양상을 검토해보자. 이육사의 「중국문학 오십년사」의 번역문과 『국어문학사』의 중국어 원문을 대조해 보면, 이육사가 중국어 원문에 의거해 직역의 방식으로 번역한 것임을 바로 알 수 있다. 이육사가 오독하거나 잡지사의 편집 과정에서 생긴 오식(誤植)으로 인해 잘못된 글자도 있지만, 대체로 원문에 충실한 매끄러운 번역을 시도하고 있다. 후스의 「오십년 동안 중국의 문학」은 1870년대부터 문학혁명(文學革命)에 이르는 시기까지 50년 동안의 중국 문학의 흐름을 사적으로 기술한 것인데, 문학혁명 이후의 신문학은 배제하고 주로 문언 고문(古文)으로 쓰인 시와 산문, 그리고 전통 백화소설을 위주로 기술하고 있다. 이육사는 이 중에서 제1장부터 제4장까지, 즉 '총론', '동성(桐城) 상향(湘鄉)파의 고문', '태평천국난(太平天國亂)

---

17 李陸史, 「中國文學 五十年史」, 『文章』 1941. 4, 285쪽.
18 胡適, 「五十年來中國之文學」, 『胡適文存』 第二集, 196쪽.
19 胡適, 「五十年來中國之文學」, 『國語文學史』, 239쪽.
20 李陸史, 「中國文學 五十年史」, 『文章』 1941. 4, 285-286쪽.

후의 시인 진허', '옌푸와 린수의 번역' 부분을 번역했다. 이육사는 원문을 완역하지 않고 핵심 내용을 전달하는 데 지장이 없는 단락을 일부 생략하는 초역의 방식을 취했는데, 초역이기에 문장의 자연스러운 연결을 위해 자신의 말을 덧붙이거나 가독성을 높이기 위해 원문에 없는 말을 추가하기도 했다. 「오십년 동안 중국의 문학」은 현대 중국어, 즉 백화문(白話文)으로 쓰였지만 인용문은 문언의 고문으로 쓰였으며 인용시 역시 문언의 한문시(漢文詩)이다. 인용문과 인용시를 제외하고는 현대 중국어인 백화문으로 쓰인 이 글의 본문을 번역할 때 이육사는 대체로 축자적인 방식으로 매끄러운 한국어 번역을 시도하고 있어 현대 중국어에 대한 그의 독해 능력을 유감없이 발휘하고 있다. 또한 문언의 인용문과 인용시의 한국어 번역을 볼 때, 이육사의 '고문' 독해 능력과 한문시 번역 능력이 대단히 뛰어나다는 것을 인정하지 않을 수 없다.

이육사는 원문의 내용을 축자적으로 번역하되 단어의 사전적 의미에 얽매이지 않고 내용과 문맥을 중시해 한국어의 묘미를 한껏 살리고 자신의 말을 추가해 문장을 자연스럽게 연결하고자 했다. 예를 들어보자.

> 대관절 문장이 통하지 않고 서술이 명백치 않는 데가 있어서 말하자면 조졸(粗拙)한 삼십 편의 가요라고는 하겠으나 시라고는 할 수 없어서 생각다 못해 겨우 찾어낸 것이 그의 「동관행, 기장수린제구감도(銅官行, 寄章壽麟題舊感圖)」란 1편을 들어 이 대명정정(大名鼎鼎)한 대시인(大詩人)을 대표하렸더니 그도 문장이 태반은 불통(不通)하므로 이에 약(略)하는 것이다.[21]

21 李陸史, 「中國文學 五十年史」, 『文章』 1941. 4, 282쪽.

文章多不通, 敍述多不明白, 只可算是三十篇笨拙的時事歌括, 不能算作詩! 我不得已, 勉强選了他的銅官行 寄章壽麟 題舊感圖一篇代表這一位大名鼎鼎的詩人:

銅官行, 寄章壽麟 題舊感圖.

(適按: 此詩無注, 多不可通. ……)[22]

이육사는 원문의 '多(많다)'를 '대관절'로, '我不得已(나는 부득이하여)'를 '생각다 못해'로, '勉强選了(억지로 골랐다)'를 '겨우 찾어낸'으로 번역했는데, 한국어의 묘미를 한껏 살린 표현으로 가독성이 뛰어나다. 그리고 인용시 「銅官行, 寄章壽麟 題舊感圖」는 후스도 지적했듯이 '불통(不通)'의 시이므로 이육사는 이를 생략해도 무방하다고 생각해 후스가 괄호 속에서 보충 설명을 해놓은('適按', '후스의 부가 설명') '此詩無注, 多不可通(이 시는 주가 없어서 대부분 통하지 않는다)'을 참조해 '그도 문장이 태반은 불통하므로 이에 약하는 것이다'라고 번역한 것이다. 이육사는 축자적으로 번역하되 단순히 사전적 의미에만 의존하지 않고 내용과 문맥을 중시해 가독성을 높이는 데 주안점을 두어 번역했고, 구문을 생략할 때에는 다음 문장과의 자연스러운 연결을 위해 원문의 의미를 살리면서 자신의 말로 바꾸어 표현한 것이다.

이육사가 원문의 내용에 충실하되 한국 독자들을 고려해 가독성을 중시했다는 점에 대해 좀 더 설명을 덧붙일 필요가 있다. 이를테면 이육사는 원문의 '中日戰爭之後[23](중일전쟁 후)'를 '일청전쟁(日淸戰爭)의 직후'[24]로 번역했는데, 후스의 저작에서 '중일전쟁'은 1894년에 일어

---

22 胡適, 「五十年來中國之文學」, 『國語文學史』, 227-228쪽.

23 胡適, 「五十年來中國之文學」, 『國語文學史』, 237쪽.

24 李陸史, 「中國文學 五十年史」, 『文章』 1941. 4, 285쪽.

난 '청일전쟁'을 가리키므로 원문의 의미를 정확하게 전달하기 위해 이육사는 번역 시점에서 실제와 부합하도록 '일청전쟁'으로 고쳐 번역한 것이다. 만일 원문대로 '중일전쟁 후'로 옮기면 번역 시점에서 보아 그것은 1937년에 발발한 '중일전쟁'으로 오독할 수 있기 때문이다. 또한 이육사는 원문 '林紓居然用古文譯了歐文與迭更司的作品[25](린수는 갑자기 고문을 이용해 오웬과 디킨스의 작품을 번역했다)'을 '린수는 고문(古文)으로 띡켄스의 『이도애화(二都哀話)』를 번역했으며'라고 옮겼는데, 작가 '오웬(歐文)'은 생략하고 '디킨스'의 작품은 '이도애화'라는 제목을 밝혀 구체적으로 예시해놓았다. 이육사가 「중국문학 오십년사」를 번역할 때 마침 임학수(林學洙)가 찰스 디킨스의 *A Tale of Two Cities*를 번역한 책인 『이도애화』가 1941년 1월 15일 조광사(朝光社)에서 출판되었고, 이육사는 '디킨스의 작품'이 이미 한국에 번역 출판되었으므로 한국 독자들의 이해를 돕기 위해 원문에 없는 작품명 '이도애화'를 명시한 것이다. 그렇다면 「중국문학 오십년사」의 2회 게재 원고(제3장과 제4장)는 적어도 1941년 1월 15일 이후에 번역된 것임을 시사한다.

찰스 디킨스의 *A Tale of Two Cities*를 번역한 임학수의 『이도애화』(1941)

25 胡適, 「五十年來中國之文學」, 『國語文學史』, 245쪽.

그리고 이육사는 원문 '我且學一個最明顯的例. 十幾年前, 周作人與他的哥哥也曾用古文來譯小說, 他們的古文工夫旣是很高的, 又都能直接了解西文, 故他們譯的域外小說集比林譯的小說確是高的多[26](아주 분명한 예를 들어보자. 10여 년 전에 저우쭤런과 그의 형도 고문을 이용해 소설을 번역했는데, 그들은 고문 공부가 뛰어난 데다가 서양어를 직접적으로 이해할 수 있었기 때문에 그들이 번역한 『역외소설집』은 린수가 번역한 소설보다 확실히 뛰어났다)'를 '여기 한 개 명현(明顯)한 예를 들면 저우쭤런이 그 형 루쉰과 초기에 고문으로서 소설을 번역했는데 그들의 고문 공부가 매우 높은 경지에 있었고 또 모두 직접으로 원문을 요해(了解)한 만큼 그들이 번역한 『역외소설집(域外小說集)』은 린수가 번역한 소설에 비하면 그 내용이 훨씬 높은 작품인데도'[27]라고 번역했다. 이육사는 원문에 없는 저우쭤런의 형 '루쉰'의 이름을 구체적으로 명시했고 '10여 년 전'을 '초기'라는 말로 바꾸었다. 『역외소설집』에 실린 작품이 대부분 저우쭤런에 의해 번역되었고 당시 베이징대학 교수이자 유럽 문학 연구자요 산문작가인 저우쭤런의 명성이 높았으므로 후스는 저우쭤런을 앞세우고 루쉰을 거명하지 않은 것이다. 이육사는 '10여 년 전'이라는 말이 후스의 집필 시점을 기준으로 한 것인 만큼 이를 그대로 옮기면 한국 독자들이 잘못 이해할 수 있으므로 '초기'라는 말로 바꿔놓았다. 또한 당시 국내에서 루쉰이 중국의 문호로 널리 알려져 있었으므로 원의를 해치지 않으면서 한국 독자들의 이해를 돕기 위해 '그 형 루쉰'이라고 해서 루쉰의 이름을 명시했다. 이와 같이 이육사는 원문의 내용을 놓치지 않으면서도 당시 독자들을 고려해 가독성을 높이는 데 주안점을 두어 번

---

26 胡適, 「五十年來中國之文學」, 『國語文學史』, 245쪽.
27 李陸史, 「中國文學 五十年史」, 『文章』 1941. 4, 287쪽.

역했는데, 이는 그의 번역이 순수한 학술적인 차원에서 진행되었다기보다 사회 계몽적인 차원에서 진행되었음을 시사한다.

3. 한문시 번역의 양상과 그 시학

이육사가 1940년 10월에 발표한 수필 「은하수」에 서술되어 있듯이 그는 7, 8세 되던 무렵부터 5언(五言), 7언(七言)의 '고시(古詩)'를 짓고 그것을 '고성낭독(高聲朗讀)'하는 데 열심이었을 뿐만 아니라 '논문' 짓기와 '경서' 읽기에도 열심이어서 고문(古文)과 한시(漢詩)의 소양이 두터웠다.[28] 신석초는 이육사를 회고해 '육사의 시가 원숙해짐에 따라 그의 언어는 더욱 심오해지고 침중한 상징주의의 빛깔로 물들어 갔지만', 그렇다고 프랑스의 보들레르나 베를렌을 수입했던 『백조(白潮)』 시대의 우울하고 퇴폐적인 그늘은 없었다고 말하고, 이육사의 시가 상징적 수법으로 접근해간 연유를 이렇게 말했다. "이 같은 수법이 아니고는 당시 우리가 관념하는 것들을 표현하기는 도저히 어려웠던 것이다. 그 무렵의 작품 중에 「교목」과 「호수」 등은 참으로 절품이다. 이 작품들이야말로 다시 고쳐 쓸 수 없는 순수시(純粹詩)라 할 만하다. 낭만주의건 상징주의건 서구시에서 온 개념의 시 형식이기는 하지만 시대를 초월하여 그 수법상으로만 말한다면 동양의 시가 이미 오래전에 실험해온 것이다. 어느 시에나 작건 크건 그러한 요소에 의하여 작품이 성립되는 것이 아닌가."[29] 이육사의 시어(詩語)가 '심오하고 침중한' 상징주의

---

28 李陸史, 「銀河水」(『農業朝鮮』 1940. 10), 『이육사의 문학』, 손병희 편저(이육사문학관, 2017), 198-201쪽 참조.

29 申石艸, 「이육사의 인물」, 『나라사랑』 제16집, 1974. 9, 105쪽.

적 빛깔로 물들 수밖에 없었던 것은 시대 상황으로 말미암은 것이었지만, 동시에 '동양의 시가 이미 오래전에 실험해온 것'의 전유(專有)로도 해석할 수 있다. 이러한 맥락에서 보면 이육사의 한문시(漢文詩) 번역은 특별한 의미를 갖는다.

이육사는 「중국문학 오십년사」에서 후스의 원문으로부터 고문 인용문의 일부와, 인용시 중에서 태평천국의 난 때의 시인 진허가 쓴 한문시 두 편을 번역해놓았다. 고문 인용문의 번역도 순통(順通)하거니와[30] 한문시의 번역도 시적(詩的)으로 대단히 훌륭하다는 점을 지적하지 않을 수 없다. 이것은 이육사의 고문 독해 능력을 예증해주며, 무엇보다 한문시의 번역은 이육사의 시학(詩學)을 가늠하게 해준다는 점에서 의미심장하다. 후스는 「오십년 동안 중국의 문학」에서 19세기 중엽에 일어난 태평천국의 난 때의 시대를 반영하고 혁신의 정신을 구현한 진허의 시를 중시해 적극적으로 비평·소개했는데, "시대를 대표할 수 있는 시인"으로서 진허의 "기사시(紀事詩)는 사람을 감동케 할 뿐만 아니라 역사적으로도 매우 가치가 있는 것"[31]이기에 이육사 역시 이에 공명해 그의 시를 번역한 것으로 보인다. 보통 진허의 시는 시(詩)와 사(史)가 조화를 이루어 시적 특질과 강력한 역사감(歷史感)을 구비하고 있는 '시

30 고문 인용문을 번역한 예를 하나 들면 다음과 같다. "惜抱(姚鼐)가 絶學을 振興하니 海內가 靡然히 따라 배우더니 그後 모든 사람들이 제各其 師承하기에만 자랑으로 여겨서 謬附가 없지않었다. …… 梅氏(梅曾亮)는 古風에 浸淫해서 짓는 것이 深遠하기는 하나. …… 曾文正公(國藩)만은 雄直한 氣風과 宏通한 識見으로써 文章에 發露함이 古今에 冠絶한 것이라. …… 배우는 사람들이 岐路에서 나갈 바를 모를 때 軌道를 바르켜 따르게 하였으니 姚氏를 내놓고는 그 法을 梅氏와 曾氏에 取하면 足하니라." 중국어 원문은 다음과 같다. "惜抱(姚鼐)振興絶學, 海內靡然從風. 其後諸子各詡師承, 不無謬附. …… 梅氏(梅曾亮, 一八五五死)浸淫於古, 所造獨爲深遠. …… 曾文正公(國藩)以雄直之氣, 宏通之識, 發爲文章, 冠絶古今. …… 學者將欲杜岐趨, 遵正軌, 姚氏而外, 取法梅曾, 足矣"(『國語文學史』, 221쪽).

31 李陸史, 「中國文學 五十年史」, 『文章』 1941. 4, 282쪽.

사(詩史)'의 작품으로 평가되며, 서사시의 구조와 서정시의 정신을 갖추고 있어 비장·숭고의 미학적 특징을 갖는다.[32] 이육사는 초역 과정에서 후스가 인용한 시 중 진허의 「통정편(通定篇)」에 나오는 기사시 두 수를 번역했는데, "단순한 풍자만이 아니고 일종 독설"이며 "이러한 조풍적(嘲諷的)인 회해(詼諧)가 역시 진허의 특별한 장처(長處)인" 때문이었다.[33]

진허의 시는 태평천국의 난 사건을 일기체로 묘사한 작품인데, 이육사의 첫 번째 번역시는 5언의 문언시(文言詩)를 번역한 것이다. 이것은 태평천국군(軍)이 난징성(南京城)을 점령하고 있을 때, 성안에 갇혀 있던 백성들이 관군의 대군이 곧 입성해 도적(태평천국군)을 몰아낼 것을 학수고대하며 관군의 수장 '향 장군(向將軍)'을 기다리고 있었지만, '향 장군'이 약정한 기일에 끝내 입성하지 않았음을 풍자적으로 묘사한 대목이다.

(1) 二月도 二十三일 大軍이 처온다 한번 들이자[34](二月二十三, 傳聞大兵至)
(2) 도적은 황황해서 왼종일 세네번 북을 울리는데(賊魁似皇皇, 終日警三四)
(3) 南方백성 서로들 같은 마음에 또다시 재생의 빛이 불타고(南民私相意, 始有再生意)
(4) 늠늠한 向將軍의 위엄, 하늘처럼 거룩히 우러릅제(桓桓向將軍, 仰若天神貴)
(5) 도적의 角소리 또한번 불이면 將軍의 말굽소리 들릴세라(一聞賊吹角, 卽候將軍騎)

---

32 龔喜平, 「論阿片戰爭愛國詩潮的"詩史"特徵」, 『愛國主義與近代文學』, 郭延禮 主編(濟南: 山東教育出版社, 1992), 39-41쪽 참조.
33 李陸史, 「中國文學 五十年史」, 『文章』 1941. 4, 283쪽.
34 '들이자'는 '들리자'의 뜻이다. 이육사의 수필 「은하수」(1940. 10)에도 "먼데 닭 우는 소리가 어즈러히 들이곤 했다"라는 말이 나온다.

(6) 맛난 안주도 香그런 술도 將軍이 오실세라 받들어두고(香欲將軍迎, 酒欲將軍饋)

(7) 끄니마다 將軍의 식사랑 밤이면 잠자리 걱정이 올 때(食念將軍食, 睡說將軍睡)……

(8) 일곱난 어린애 뜰아래 놀다 무심코 길사람에 將軍이 오신다니(七歲兒何知, 門外偶嬉戲, 公然對路人, 說出將軍字)

(9) 큰누의 놀라서 잿빛얼굴 부즈럽다 말말나 뺨을 치는데(阿姊面死灰, 撻之大怒詈)

(10) 이제야 행차 마저 얼굴은 열흘에 아흐레 수척함도 애무쉐라(從此望將軍, 十日九憔悴)

(11) 그중도 젊은 연석들은 한밤중에 충의를 맹서하고(更有健者徒, 夜半誓忠義)

(12) 願컨대 將軍님 命대로 물샘틈도 없는 일을 꾀하올때(願遙應將軍, 畫策萬全利)

(13) 도적의 麾下 한놈을 잡어도 저도 모르게 하옵자 하니(分隷賊麾下, 使賊不猜忌)

(14) 심상한 드나드리 가는곳도 허리우 短釼은 날카롭더니(尋常行坐處, 短刃縛在臂)

(15) 하루는 入城한단 그날에 제각기 병정들은 횃불을 들어(但期兵入城, 各各猝擧燧)

(16) 이제뵙는 將軍얼굴, 불상타 모다들 놓아주라 일읍시데(得見將軍面, 命卽將軍賜)

(17) 뉘라서 將軍님 바뿌신줄 알었으리 손에 넘는 공사도 있으리[35](誰料

35 李陸史,「中國文學 五十年史」,『文章』1941. 4, 283쪽.

將軍忙, 未及理此事)[36]

이육사는 원문의 5언의 정형적 율격을 고려해 5언 2구를 6음보 1구나 7음보 1구, 또는 8음보 1구로 번역했고, (8)의 구에서는 5언 4구를 8음보 1구로 번역했다. 이 기사시는 5언의 정형적 율격으로 쓰인 시인 만큼 이육사는 번역시에서 그러한 율격을 고려해 매 구를 주로 6음보로 번역하고 경우에 따라서는 7음보 또는 8음보로 번역한 것이다.

이육사는 음보율(音步律)의 정형적 율격뿐만 아니라 읽을 때 소리의 해조(諧調)까지 고려해 번역했는데, 그것은 (8) · (9) · (10)의 구에서 더욱 두드러진다. 아래 괄호 속의 번역문은 필자가 원문의 의미를 축자적으로 번역한 것이다(이하 동일).

① 七歲兒何知, 門外偶嬉戲(일곱 살 어린 아이 어찌 알겠는가, 문밖에서 우연히 놀다가)
② 公然對路人, 說出將軍字(공연히 길가는 사람에게, 장군의 이름을 말해버렸다네)
③ 阿姊面死灰, 撻之大怒詈(누이는 사색이 되어, 깜짝 놀라 꾸짖으며 때린다)
④ 從此望將軍, 十日九憔悴(이때부터 장군을 기다리며, 열흘에 아흐레는 초췌하였다네)

이육사는 원문 ①과 ②의 5언 4구를 합쳐 1구로 표현해 (8) '일곱난 어린애 뜰아래 놀다 무심코 길사람에 將軍이 오신다니'로 번역했는데, ①과 ②가 내용적으로 하나의 일을 서술하고 있으므로 이를 1구로 표

36 胡適, 「五十年來中國之文學」, 『國語文學史』, 230-231쪽.

현하고 ①, ② 각 구를 4음보로 구성해 전체 8음보의 음보율을 맞춰놓은 것이다. 원문 ③에서 '阿姊(누이)'를 '큰누의'로 옮겨 누이와 철부지 어린 동생의 나이 차이를 부각하고, '撻之大怒詈(깜짝 놀라 꾸짖으며 때린다)'라는 서술적 구문을 '부즈럽다 말말나(부질없다 말말라) 뺨을 치는데' 라고 옮김으로써 시상(詩想)에 의거해 좀 더 생동적이면서도 읽을 때 소리의 해조까지 고려한 멋진 시구를 만들어낸 것이다. 또 원문 ④의 축자적인 의미를 생각해 장군의 입성을 학수고대하는 백성들의 간절함을 좀 더 부각하기 위해서 (10) '이제야 행차 마저 얼굴은 열흘에 아흐레 수척함도 애무쉐라'라고 번역했는데, 여기서 '이제야'는 '이제야 저제야'라는 말에서 음보율을 고려해 '저제야'를 생략한 것이고, '애무쉐라'는 '안쓰럽다'의 뜻을 지닌 경북의 방언 '애무섭다'라는 말에 감탄의 어미를 더한 '애무서워라'를 축약한 것이므로 음보율과 읽을 때 소리의 해조까지 고려한 시어이다.

또 다른 일례로, '尋常行坐處, 短刃縛在臂(여느 때 어딜 가고 앉으나, 단검을 팔에 묶고)'라는 구절은 '향 장군'의 입성에 맞춰 도적과 한바탕 싸움을 준비하고 있는 백성들의 심상치 않은 의지를 묘사한 것인데, 이육사는 이를 (14) '심상한 드나드리 가는곳도 허리우 短釼은 날카롭더니'(여기서 '심상尋常'은 대수롭지 않고 예사로움을 뜻하는 한자어이다)라고 번역했다. 이육사는 축자적인 의미에서 벗어나 시상에 의거해 '行坐處(어딜 가고 앉으나)'를 '드나드리 가는곳도'라고 번역했고, '短刃縛在臂(단검을 팔에 묶고)'의 서술적인 구절을 '허리우 단인(短釼)은 날카롭더니'라고 표현했는데 '날카롭더니'라는 시어를 사용함으로써 싸움을 준비하는 백성들의 강인한 의지를 더욱 부각했다. 이 시구를 소리 내어 읽어보면 알겠지만, 이육사는 6음보의 율격에 소리의 해조까지 구현한 멋진 시구로 재창조했다.

다음의 번역시는 「6월 초이틀 기사 일백운(六月初二日 紀事 一百韻)」에 나오는 7언의 문언시 중에서 끝부분에 해당하는데, '향 장군'의 관군이 출병했으나 싸움조차 벌이지 못하고 그냥 되돌아온 것을 풍자적으로 묘사한 대목이다.

(1) 북치고 가볍게 뛰면 旗빨은 흰깃들이 나부끼는데(一時驚喜徧旄倪)
(2) 이제야 오랜 陰雨도 끝나고 찬란한 무지개 보히네(譬積陰雨看紅霓)
(3) 밤조차 수선수선 잠못일고 아츰햇발 눈에 부시드니(夜不敢寐朝陽躋)
(4) 한낮은 벌서되고 성난 말들이 코부는 소리도 들리네(日中纔聽怒馬嘶)
(5) 그러나 하루종일 둥둥 떠가던 해오래비 보히면(但見泛泛如鳧鷖)
(6) 칼엔 피안묻고 몸에 흙칠도 못한 全軍은 돌아서 오네[37](兵不血刃身不泥, 全軍而退歸來兮)[38]

이 시는 (6)에서 7언 2구의 원문을 8음보 1구로 번역한 것 이외에는 대체로 7언 1구의 원문을 6음보 1구 또는 7음보 1구로 번역했다. 이육사는 '一時驚喜徧旄倪(일시에 놀라움과 기쁨이 노인과 아이들에게 번져가고)'라는 구절을 (1) '북치고 가볍게 뛰면 旗빨은 흰깃들이 나부끼는데'라고 번역했으니 오역에 가깝다. 사실 전체가 아닌 일부를 인용한 한문시를 주석 없이 해석한다는 것은 대단히 어려운 일이다. '旄倪'는 각각의 한자의 뜻으로는 '旄(모)'가 '깃대의 장식', '倪(예)'가 '끝부분'을 의미하지만, 그것은 복합 명사로 '노인과 아이'를 뜻한다. 그런데 이육사는 이 말을 각각의 한자의 뜻대로 해석하고 음보율을 고려해 '旗빨은 흰깃들

37 李陸史, 「中國文學 五十年史」, 『文章』 1941. 4, 283쪽.
38 胡適, 「五十年來中國之文學」, 『國語文學史』, 231쪽.

이 나부끼는데'라고 번역한 것이다. 이육사의 번역이 오역에 가깝다고 하지만, 달리 보면 그것은 이육사의 의도적인 번역으로도 해석할 수 있다. 일부를 인용한 원문의 시는 완결적인 작품이 아니지만, 이육사는 이를 하나의 완결된 작품처럼 번역하고자 한 것이다. 그래서 그는 인용시의 첫 구절을 '향 장군'의 관군이 출정을 앞둔 분위기를 묘사한 것으로 해석하고 번역했다. 즉, '一時驚喜(일시에 놀라움과 기쁨이)'를, '驚(놀라다)'과 '喜(기쁘다)'의 한자의 뜻을 살리며 출병의 분위기를 고조하기 위해 '북치고 가볍게 뛰면'이라고 번역했고, '徧旄倪(노인과 아이들에게 번져가고)'도 그에 호응해 '旄(깃대의 장식)'와 '倪(끝부분)'의 한자의 뜻을 살려 '旗빨은 흰깃들이 나부끼는데'라고 번역한 것이다.

특히 주목되는 것은 (3) · (4) 구의 번역이다. 이육사는 원문의 '夜不敢寐朝陽躋(밤에도 잠 못 이루고 아침 해가 떠올랐는데)'를 (3) '밤조차 수선수선 잠못일고 아츰햇발 눈에 부시드니'로 번역했는데, 7언의 전반부 네 글자 '夜不敢寐(밤에도 잠 못 이루고)'를 3음보의 '밤조차 수선수선 잠못일고'로, 7언의 후반부 세 글자 '朝陽躋(아침 해가 떠올랐는데)'를 3음보의 '아츰햇발 눈에 부시드니'로 옮겼다. 7언구를 6음보의 율격으로 맞추고 '수선수선', '눈에 부시드니'와 같은 생동적인 시어로 표현한 것이다. 또 '日中纔聽怒馬嘶(한낮에야 겨우 성난 말 울음소리 들리고)'를 (4) '한낮은 벌서되고 성난 말들이 코부는 소리도 들리네'로 번역했는데, 율격을 고려했을 뿐만 아니라 '馬嘶(말 울음소리)'를 '말들이 코부는 소리'로 번역함으로써 마치 말 울음소리가 실제로 들리는 듯한 생동적인 시어로 표현한 것이다. 여기서 '코부는 소리'는 이육사가 인용시의 번역이라 하더라도 시어의 선택에 얼마나 신중을 기했는지를 보여주는 일례이다.

이로써 이육사가 번역시의 운율과 해조를, 말하자면 번역시의 시적 완결성을 얼마나 중시했는지 가늠할 수 있다. 중국의 근대 시기에 쓰인 문언의 한문시, 특히 기사시(紀事詩)를 주석 없이 해석하기란 대단히 어려운 일인데, 이육사는 인용시를 정확하게 해석했을 뿐만 아니라 인용시의 정형적 율격을 고려해 6음보를 기조로 하는 번역시의 율격을 만들어냈고, 또 읽을 때 소리의 해조까지 고려해 한국어의 묘미를 한껏 살린 유려한 번역 시구를 재창조했다.

이 대목에서 우리는 이육사의 한문시 번역의 미학적 기초로서 그의 시학을 검토할 필요가 있다. 유년 시절 한시를 창작하고 낭송한 경험이 이육사가 중국의 한문시를 번역하는 데 일정한 영향을 끼쳤겠지만[39] 그의 창작시와 마찬가지로 번역시의 밑바탕에 어떤 시학이 작동하고 있다는 데 주의할 필요가 있다. 그것은 이육사의 문우 신석초와 동생 이원조(李源朝)의 시론(詩論)을 통해 간접적으로 확인할 수 있다.

이육사가 「중국문학 오십년사」를 번역하던 때와 동일한 시기에 신석초는 발레리에 관한 연구를 통해 자신의 시학을 간접적으로 드러냈는데, 그 무렵 신석초와 매일같이 함께하면서 문학을 논했던 이육사도 이를 공유하고 있었다고 보아야 할 것이다. 어쩌면 이 시기에 이육사는 시 창작과 더불어 중국 문학을 비평·소개하고 신석초는 시 창작과 더불어 서양 문학을 비평·소개하는 방향으로 각자의 영역을 확보해나간 것은 아닐까? 이육사의 「중국문학 오십년사」 2회 연재 원고가 실린 『문장』 1941년 4월호에 신석초는 발레리의 시론을 비평한 「봐레리 연구단편(研究斷片)」을 발표했는데, 이 시기 신석초와 이육사의 교유 관계를 생각할 때 이 글은 이육사의 시학을 이해하는 데 중

39 도진순도 『강철로 된 무지개: 다시 읽는 이육사』에서 한시의 영향을 받은 이육사가, 시는 운율과 리듬을 통해 노래가 되길 바랐음을 밝힌 바 있다(『강철로 된 무지개: 다시 읽는 이육사』, 46-53쪽 참조).

요한 자료가 된다.

신석초는 이 글에서 시의 언어 문제를 대단히 중시한 발레리의 시론을 적극적으로 개진했다. "결국, 시인은 우유(偶有)에서 얻는 시적 감동을 각자의 기교에 의하여 구성하고 조직화하는 것인데 그 제작(制作)의 유일한 귀중한 수단은 언어인 것입니다. 언어에 의하여, 언어의 음향, 의미와 그 기구(機構, 구조의 뜻—인용자)에 의하여 시인은 소여(所與)의 상념·감동을 말하자면 음악화(音樂化)한다고 합니다."[40] 신석초는 시인이 '소여의 상념·감동'을 언어, 즉 언어의 음향·의미·구조를 통해 음악화한다는 발레리의 관점을 간단히 소개한 뒤, 시적 표현과 작위(作爲)의 문제를 다음과 같이 제시했다. "시는 봐레리 씨에게 있어서는 정신의 최고의 상태 또는 그 최상의 형태를 발명하고 암시하는 것이다. …… 그것들은 일방(一方) 현실적인 각종의 환경에 반(伴)하여 또는 지적인 관조(觀照)·약정(約定)·통제(統制), 이러한 제(諸) 기제(機制)에 의하여 형성되고 질서화하는 작위를 하기에 이른다. 요컨대 그것은 표현하고 작위하는 것이다."[41] 이어 신석초는 발레리가 중시한 시작(詩作)의 언어 문제, 즉 언어의 '의미와 음률에 의하여 시적 감동을 음악화'하는 시학을 다시 한번 강조했다.

> 시작(詩作)의 유일한 존귀한 수단은 '말'이다. 시인은 언어의 기구(機構), 그 의미와 음률(音律)에 의하여 그의 시적 감동을 말하자면 <u>음악화(音樂化)</u>[42]한다. …… 결국, 시신(詩神)은 봐레리 씨에 의하면 정신의 지상(至上)한 작자이며, 언어를 그 수단으로 하는, 인간의 특유한

40 申應植(申石艸), 「봐레리 硏究斷片」, 『文章』 1941. 4, 201쪽.
41 申應植(申石艸), 「봐레리 硏究斷片」, 『文章』 1941. 4, 202쪽.
42 원문에서는 강조의 뜻으로 글자 밑에 점을 찍어놓았는데, 여기서는 밑줄을 그었다.

> 감정세계, 비실천적이면서도 영속적인 한 우주를 지성에 의하여 질서 세우는 제작자이다.[43]

이러한 발레리의 시학은, 동일 지면에 발표된 이육사의 「중국문학 오십년사」에서 번역시의 언어와 형식을 이해하는 데 중요한 이론적 근거를 제공해준다. 말하자면 이육사의 번역시가 그의 창작시에서처럼 언어의 구조와 의미 그리고 음률에 의해 음악화하는 시학을 적극적으로 구현하고 있는 것이다.

또한 신석초가 비평·소개한 발레리의 시론은 이육사의 동생인 평론가 이원조가 개진한 시론과 상통한다. 이원조는 역시 동일 지면인 『문장』 1941년 4월호에 발표한 평론 「시의 고향: 편석촌(片石村)에게 붙이는 단신(斷信)」에서 편석촌 김기림(金起林)의 시론을 비평하며 자신의 시학을 전개했다. 이원조는 '감정의 무절제한 배설'의 낭만주의에 반기를 든 '현대시'가 '주지주의적 경향'으로 흘러 '이미지의 난립 상태'가 되었으며, 그 결과 '현대시'가 운문으로서의 성격, 즉 '해조'를 잃게 되었다고 비평했다.

> 그러나 이야기가 여기 이르면 우리는 한 개의 마지막 기로에 다다랐습니다. 시는 운문이냐? 아니냐? 하는. 그러나 혹시는 운문이란 것의 어의(語義) 해석에 있어 서로 얼마간의 호양(互讓)이 있을는지 모르겠습니다마는 나는 하여간 운문의 법칙을 떠나서 시를 이야기할 수는 없을 것 같습니다.
>
> 그러므로 나는 언젠가 「현대시의 혼란」이란 적은 글 가운데서 현

43 申應植(申石艸), 「봐레리 硏究斷片」, 『文章』 1941. 4, 204쪽.

> 대시가 해조(諧調)를 잃어버린 것은 현대인이 감정의 조화를 가지지 못한 때문이라고 한 일이 있습니다마는 해조란 것이 본래 음악적인 데 비해서 현대시가 너무나 회화적인 이마쥬를 추궁(追窮)한 나머지 마침내는 운문이 아니어도 좋다는 범람(汎濫)한 결론에까지 이르지 않았는가 합니다. 그러니 화음(和音)의 남용이 반드시 해조를 보전하는 것이 아니고 색채의 짙은 것만이 이마쥬를 선명하게 하는 것이 아닌 바와 마찬가지로 해조를 추궁한 시가 감정의 배설에까지 이르면 그것은 벌써 감정의 조화를 잃은 것입니다. 그러나 이와 꼭 마찬가지로 이마쥬의 난립이 벌써 우리로 하여금 현운(眩暈)을 느끼게 한다면 그 시도 결코 건강한 시가 될 수 없는 것입니다.[44]

시회(詩會)를 함께 열기도 했던 이육사와 신석초·이원조와의 관계를 생각할 때, 이원조의 시론은 신석초가 비평·소개한 발레리의 시학과 무관하지 않으며, 이육사 역시 이러한 시론을 공유하고 있었다고 보아야 한다. 이육사는 1941년 1월호 『문장』에 실린 '신춘좌담회'(이원조도 참석)에서 김기림이 말한 "시의 영원한 주장은 말하자면 시대적이요 사회적입니다"[45]라는 관점을 받아들이면서도 결국 이원조가 강조한 '감정의 절제'와 시어의 '해조(諧調)'를 중시하는 시학을 공유하고 있었던 것이다. 이육사는 자신의 시학을 직접적으로 진술한 적은 없지만 신석초, 이원조와 더불어 시의 운율과 해조, 즉 시적 감동의 '음악화'를 지향하는 시학을 추구했다. 이러한 시학은 「중국문학 오십년사」의 2회 원고가 실린 『문장』 1941년 4월호에 동시에 게재된 이육사의 창작

44 李朝(李源朝), 「詩의 故鄕: 片石村에게 붙이는 斷信」, 『文章』 1941. 4, 198쪽.
45 「新春座談會: 文學의 諸問題」, 『文章』 1941. 1, 151쪽.

시 「아미(娥眉)」, 「자야곡(子夜曲)」, 「서울」에서도 그대로 구현되어 있거니와 그의 번역시에도 관류하고 있다. 이육사가 「중국문학 오십년사」의 연재가 중단된 이후 그 후속 작업으로 1941년 6월에 발표한 「중국 현대시의 일단면」에서 유미주의 시인으로 널리 알려진 쉬즈모의 대표작 「배헌」과 「재별강교」를 정형적 율격과 소리의 해조를 고려한 완벽한 번역시로 재창조한 것—다음 장에서 상세하게 논의될 것이다—도 이러한 시학과 무관하지 않을 것이다.

4. 「골목안(小巷)」의 저본과 번역의 양상

이육사는 「중국문학 오십년사」의 번역이 중단된 이후 만주 출신의 작가 구딩(古丁)의 단편소설 「골목안」을 번역해 1941년 6월호 『조광』에 발표했다. 그가 이 소설을 번역하는 데 저본으로 삼은 텍스트는 무엇일까? 구딩의 「골목안」은 1937년 7월 만주 신징에서 발행되던 잡지 『명명(明明)』 제1권 제5기에 처음 발표되었고, 이어 1938년 5월 월간만주사(月刊滿洲社)에서 출판한 구딩의 단편소설집 『분비(奮飛)』('날개 치며 날아오르다', '웅비하다'는 뜻)에 수록되었다. 만일 이육사가 구딩의 「골목안」의 중문 원작을 읽었다면, 바로 이 단편소설집 『분비』에 수록된 작품일 것이다.[46]

그런데 구딩의 「골목안」은 일본인 오우치 타카오(大內隆雄)에 의해 번역되어 1939년 9월 15일 도쿄에서 출판된 일역본 '만인작가소설집

46 1938년 5월에 출판된 구딩의 소설집 『奮飛』는 현재 서울대학교 중앙도서관 고문헌자료실에 소장되어 있다.

이육사가 번역한 구딩의 단편소설 「골목안」(『조광』 1941. 6)

(滿人作家小說集)' 『원야(原野)』에 구딩의 중편소설 「원야」와 함께 수록되었다는 데 주목하자. 이 일역본 『원야』는 초판이 발행된 직후인 동년 9월 20일에 재판이 발행될 정도로 독자들의 반응이 좋았다. 오우치 타카오는 이듬해인 1940년 7월 구딩의 단편소설 「변금(變金)」을 수록한 '만인작가소설집 제2집' 『푸궁잉(蒲公英)』을 번역 출판했고, 동년 8월에는 구딩의 장편소설 『평사(平沙)』도 번역 출판했다. 그러니까 이육사가 「골목안」을 번역하기 이전에 구딩의 작품, 즉 중편소설 「원야」, 단편소설 「골목안」과 「변금」 그리고 장편소설 『평사』는 일본어로 번역되어 나와 있었다. 이렇게 보면 이육사가 「골목안」을 번역하는 데 저본으로 삼았을 것으로 추정할 수 있는 단행본으로는 중문본 『분비』와 일역본 『원야』를 들 수 있다.

이육사의 「골목안」 번역문을 보면, 앞부분의 「소개(紹介)」라는 짧은 글에서 작가 구딩을 다음과 같이 소개했다.

> 이 작가의 경력에 대해서는 역자도 잘 알지 못한다. 다만 『평사(平沙)』를 써서 강덕(康德) 6년도에 민생부대신상(民生部大臣賞)을 획득하자 일세(一世)에 훤전(喧傳)된 것을 아는 사람은 아나 사실은 그 전에도 주의할 몇 개 작품을 썼다는 것은 『평사』 전에 나온 이 작가의 작품을 읽어보아서 알 수 있는 것이다. 그리고 이 사람의 작품집으로는 『분비』 외에 『일지반해집(一知半解集)』이란 잡문집(雜文集)이 있고 『부침(浮沉)』이라는 시집도 있는 줄 안다. 작품의 맨도리는 만주라는 특수한 풍속 속에서 주제를 고르는 데도 그러려니와 작품을 처리해나가는 데 묘(妙)를 얻은 것은 그 작품을 읽으면 어덴지 아쿠타가와 류노스케(芥川龍之介)의 작품을 읽는 듯한 느낌이 있는 것이다. 작가의 반생(半生)을 잘 알지는 못해도 지금은 신징서 발행되는 『예문지(藝文誌)』의 기획계 사무주임(企劃系司務主任)이라는 분주한 일을 보는 모양인데 창작 생활에 영향이 없기를 독자와 함께 빌어둔다.[47]

이육사의 구딩 「소개」가 쓰이기 전까지 출판된 구딩의 작품 및 작품집으로는 『분비(奮飛)』(1938), 『일지반해집(一知半解集)』(1938), 『부침(浮沉)』(1939), 『평사(平沙)』(1940)가 있는데, 이육사는 「소개」에서 이들을 모두 예거했다. 사실 이육사가 「골목안」을 번역하기 전에 구딩은 이미 1939년에 중편소설 「원야」로 성경문예상(盛京文藝賞)을 받았고, 1940년 3월에는 장편소설 『평사』로 민생부대신문예상(民生部大臣文藝賞)을 받

47 古丁, 「골목안(小巷)」, 陸史 譯, 『朝光』 1941. 6, 348-349쪽 참조.

아 만주 문단에서 주목받는 작가로 이름을 떨치고 있었다.[48] 이육사는 이러한 구딩의 작가적 명성을 고려해 그의 단편소설 「골목안」을 번역한 것으로 보인다.

구딩은 1937년 3월 창간된 잡지 『명명』의 편집에 참여하며 작품을 발표하기 시작해 이름을 알렸고, 이 잡지가 1938년 9월 정간되자 새로운 문학 진지를 구축하기 위해 1939년 6월 문예 잡지 『예문지(藝文志)』(1939년 12월에 제2집, 1940년 6월에 제3집 발행, 총 3집 발행)를 창간해 더욱 주목을 받았다. 『예문지』 창간과 더불어 구딩은 이 잡지의 기획계 사무주임을 맡았고, 구딩의 작품을 일본어로 번역 출판하게 될 오우치 타카오도 이 잡지의 발간에 참여했다. 1939년 12월에 발행된 『예문지』 제2집에는 '사무회역원(事務會役員)' 명단이 실려 있는데, 그 일부를 보면 다음과 같다. "감리장(監理長): 죠오지마 후네레(城島舟禮). 참여(參與): 스기무라 유우조우(杉村勇造), 당양저우(党痒周), 오우치 타카오(大內隆雄), 쑤정신(蘇正心). 기획계 사무주임: 구딩(古丁), ……"[49] 여기서 오우치 타카오는 '참여'자로, 구딩은 '기획계 사무주임'으로 등재되어 있는데, 오우치 타카오는 구딩과 함께 『예문지』 발간에 참여하고 있었으니 구딩의 작품에 주목했을 것이다. 그리하여 그는 이후 구딩의 주요 작품, 이를테면 성경문예상을 받은 중편소설 「원야」를 비롯해 단편소설 「골목안」과 「변금」, 그리고 민생부대신문예상을 받은 장편소설 『평사』를 일본어로 번역한 것이다. 구딩 작품의 일역본이 당시 한국에도 유입되었으니,[50] 이육사는 이들 일역본을 통해서도 구딩의 작품에 접근할 수 있

48 劉暘, 『古丁研究』(東北師範大學 博士學位論文, 2015), 48-49쪽 참조.

49 劉暘, 『古丁研究』, 112쪽.

50 오우치 타카오(大內隆雄)가 번역한 일역본 『原野』(滿人作家小說集, 東京: 三和書房, 1939), 『蒲公英』(滿人作家小說集 第二輯, 東京: 三和書房, 1940), 『平沙』(東京: 中央公論社, 1940)는 국립중앙도서관에 소장되어 있으며, 현재 디지털화된 자료로 볼 수 있다.

었을 것이다. 오우치 타카오가 번역한 '만인작가소설집'의 일역본은 모두 '조선총독부도서관'에 소장되어 있었으니, 일역본에 수록된 구딩의 작품은 일제의 검열을 비켜 갈 수 있는 작품이었다. 이육사가 일역본 중에서 구딩의 「골목안」을 골라 번역했다면, 그것이 일제의 검열을 비켜 갈 수 있는 데다가 중국(만주) 민중의 비참한 생활상을 묘사하고 있어 현실적 가치도 적지 않다고 판단했기 때문이 아니었을까? 일제는 1937년 중일전쟁을 일으킨 이후, 특히 1940년대에 들어서 사상 탄압과 검열을 더욱 강화했는데, 그런 시기에 중국 현대 문학 작품을 번역한다는 것 자체가 쉬운 일이 아니었다. 이육사의 「골목안」의 번역은 바로 이러한 시대적 배경 속에 놓고 그 의미를 해석해야 한다.

오우치 타카오는 일역본 『평사』의 말미에 짧은 「평사 후기」를 덧붙였다. "이 소설은 작년 12월 『예문지』 제2집에 등재 발표되었다. 나는 곧 구딩 씨의 허락을 받아 번역에 나섰지만, 다망(多忙)하여 겨우 이번 4월에야 번역을 마쳤다. 4월은 민생부대신문예상이 이 『평사』에 수여된 즈음이었다. 구딩 씨는 아마 만주국 제일이라고 말할 정도로 일본어에 능숙한 분이다. 나는 내 번역을 이미 구딩 씨에게 보여주었고, 많은 가필정정(加筆訂正)과 부주(附註)를 해주셨다. 사는 곳도 아주 가까워서, 나의 역문을 훌륭하게 만들어주신 것은 정말 감사하기 이를 데 없다. 이러한 협력을 할 수 있다는 사실이 진심으로 기쁘다."[51] 오우치 타카오는 구딩의 작품을 일본어로 번역하는 과정에서 번역 원고를 구딩에게 직접 보여주어 많은 수정을 거쳤음을 밝혔는데, 방언이 많이 섞여 있는[52] 구딩의 중문 원작을 번역한다는 것은 그만큼 어려운 일임을

여기에는 '조선총독부도서관(朝鮮總督府圖書館)'의 관인이 찍혀 있다.

51 大内隆雄, 「平沙後記」, 『平沙』(古丁 作, 大内隆雄 譯, 東京: 中央公論社, 1940), 261쪽.

52 劉暘, 『古丁研究』, 83쪽.

환기해준다. 만일 이육사가 구딩의 중문 원작에 의거해 번역했다면, 당시의 열악한 조건 속에서 서둘러 번역을 진행해야 했으므로 이는 더욱 어려운 일이었을 것이다.

이육사의 「골목안」의 번역문과 일역본의 번역문을 대조해보면, 이육사가 일역본을 참조했음을 알 수 있다. 일례를 들어보자.

이육사의 번역문

밤바람은 사람이 구역증이 날 만치 악취를 불어오고 거기다 거칠은 아귀성과 음탕한 욕질까지 섞여서 아편 모히바늘 노름 사창 이런 것들에 지친 인간들을 이 골목안으로 모여들게 하는 것이었다.[53]

일역본의 번역문

夜風は人に嘔吐さすやうな惡臭を吹きつけ、それには粗野な罵聲と淫らな話し聲が混つた。阿片、モヒの針、賭博、私娼などが疲れた人間達を集めている。[54]

(밤바람은 사람에게 구토를 일으키는 악취를 풍기고, 거기에다 거친 욕설과 음란한 말소리가 섞여 있다. 아편, 모히바늘, 도박, 사창 등이 지친 인간들을 모으고 있다.)

중국어 원문

夜風飄蕩着令人嘔吐的惡嗅, 夾雜着粗野的惡聲, 淫浪的話聲. 煙燈、嗎啡針、花會、野妓, 聚攏着疲乏了的人們.[55]

53 古丁, 「골목안(小巷)」, 陸史 譯, 『朝光』 1941. 6, 349쪽.
54 大内隆雄 譯, 『原野』, 128쪽.
55 李善燕 編, 『古丁作品選』(沈陽: 春風文藝出版社, 1995), 224쪽.

이 예문에서 이육사는 일역본을 참조해 구딩의 작품을 번역한 것으로 보이는데, 다음 예문에서처럼 일역본에서 발견되는 오역에 가까운 번역이 이육사의 번역문에도 그대로 나타나고 있다는 데서 더욱 분명해진다.

이육사의 번역문

금화는 그제야 마음을 가라앉히고 혼자말로 중얼거렸다.

「밤고양이가 집에 들어오면 아무 일도 없는 법이야 아아!……」(만주의 미신-역자주)

금화는 다시 자리 위에 누웠다. 조금 전의 따뜻한 기운이 금화의 기분을 얼마쯤은 따사롭게 할 수가 있었다.

「벌써 밤이 깊었는데 인제는 돌아올 때도 됐건만……」[56]

일역본의 번역문

彼女はほつと安堵して、獨り言を言つた。

「夜猫が家に入つて來りや、何事もないんだ……あ~あ!」

彼女はまた炕の上に横になつた。炕の微かな溫味は彼女の氣持を少ししか暖めなかつた。

「もう隨分經つのに、もう歸つて來さうなものなのに……」[57]

중국어 원문

她才一塊石頭落了地, 輕輕自語:

56 古丁, 「골목안(小巷)」, 陸史 譯, 『朝光』 1941. 6, 354쪽.

57 大內隆雄 譯, 『原野』, 139쪽.

"夜猫進宅, 無事不來!……喪氣!"

她復又躺在炕頭, 炕頭的微溫暖不過來她心頭的半截凉.

(擱往日, 早就該回來了……)[58]

중국어 원문 '夜猫進宅, 無事不來!……喪氣!(밤고양이가 집에 들면 심상치 않아!…… 불길해!)'를 일역본에서는 '夜猫が家に入つて來りや、何事もないんだ……あ~あ!(밤고양이가 집에 들어와서 아무 일도 없는 거야……아~아!)'로 번역했고, 이육사는 일역본에 의거해 '밤고양이가 집에 들어오면 아무 일도 없는 법이야 아아!……'라고 번역한 것이다. 원래 중국에서는 부엉이('夜猫子')가 밤에 집에 들면 불길한 일이 일어난다는 민간 속담이 있는데, 이것을 '夜猫子進宅, 無事不來(부엉이가 집에 들면 심상치 않다)'로 표현한다. 그런데 이 소설에서는 밤고양이('夜猫')가 집에 들어왔으므로 '夜猫進宅, 無事不來(밤고양이가 집에 들면 심상치 않아)'라고 표현하고 '喪氣(불길해)'라는 말을 덧붙인 것이다. 일역본에서는 중국어 원문의 의미와 반대되는 뜻으로 해석해 번역했는데, 이육사의 번역문도 일역본에 의거해 오역에 이른 것임을 알 수 있다. 또한 중국어 원문 '擱往日, 早就該回來了……'를 일역본에서는 'もう隨分經つのに、もう歸つて來さうなものなのに……(이미 한참이 지났으니 벌써 돌아와야 하는 것인데……)'로 번역했는데, 이육사는 일역본에 의거하되 가독성을 높이기 위해 일역본을 축자적으로 옮기지 않고 '벌써 밤이 깊었는데 인제는 돌아올 때도 됐건만……'이라고 번역한 것이다.

물론 이육사가 중국어 원문을 함께 참조했을 가능성도 배제할 수는 없다. 이를테면 '밤비가 보슬보슬 나렸다. 좀처럼 그칠 모양도 아니었

58 李善燕 編, 『古丁作品選』, 229쪽.

다. 방안은 어둡고 고요하기 무덤 같다'[59](일역본의 번역문: 細かな夜の雨がさらさらと降つていた。仲仲止みさうにもなかつた。部屋の中は暗く、靜かで寂しかつた。[60] 중국어 원문: 松的夜雨, 淅瀝淅瀝地落, 仿佛不會停歇. 屋裏黑黝黝, 靜寂, 死沉.[61])라는 번역문에서 '무덤 같다'라는 표현은 일역본에는 없다. 그것은 오히려 중국어 원문에 나오는 '死沉(죽음처럼 가라앉아 있다)'를 염두에 두고 번역한 것이 아닌가 한다. 또한 중국어 원문 '她才一塊石頭落了地'(중문 '一塊石頭落了地'는 마음을 내려놓다는 것을 비유한다)를 일역본에서는 '彼女はほつと安堵して(그녀는 그제야 안도하고)'라고 번역했는데, 이육사는 '금화는 그제야 마음을 가라앉히고'라고 번역했으니 중국어 원문도 함께 참조했을 가능성이 있다.

이육사가 「골목안」을 번역하는 데 일역본을 참조했다면, 작가 구딩을 소개하는 데도 일역본의 내용을 참조했다고 보아도 무리가 아닐 것이다. 일역본 『원야』에는 오우치 타카오가 쓴 「역자의 기억서(譯者の覺え書)」라는 머리말이 있는데, 여기에는 수록 작품의 개별 작가에 대한 소개가 나오지 않는다. 일역본 『푸궁잉』[62]의 말미에는 오우치 타카오가 쓴 「역자 후기」가 있는데, 여기에서는 수록 작품의 개별 작가를 간단히 소개하고 있다. 구딩에 대해서는 다음과 같이 소개했다. "구딩 씨는 본명이 쉬창지(徐長吉)이며, 베이징대학 국문계(國文系)를 나왔다. 국무원 통계처에서 근무하고 있다. 저작집에 『분비』, 『일지반해집』(잡문집), 『부침』(시집), 『심(心)』(역저譯著, 나쓰메 소세키夏目漱石 작)이 있다. 『예

---

59 古丁, 「골목안(小巷)」, 陸史 譯, 『朝光』 1941. 6, 354쪽.

60 大内隆雄 譯, 『原野』, 138쪽.

61 李善燕 編, 『古丁作品選』, 229쪽.

62 이 책에는 샤오쑹(小松)의 단편소설 「푸궁잉(蒲公英)」과 「스중(施忠)」, 구딩(古丁)의 단편소설 「변금(變金)」을 비롯해 스쥔(石軍), 이츠(疑遲), 이츠(夷馳), 톈빙(田兵), 바닝(巴寧), 우잉(吳瑛)의 단편소설이 수록되어 있다.

문지』 동인이다. 최근작 『평사』는 민생부대신문예상을 수상했다."[63] 그리고 앞에서도 일부 인용한 바 있듯이 일역본 『평사』의 말미에 붙어 있는 「평사 후기」에서는 『평사』가 '민생부대신문예상'을 받은 사실 등을 간단히 서술하고, 이어 구딩에 대해서는 다음과 같이 소개한다. "구딩 씨는 지린에서 태어났다. 베이징대학에서 배웠고, 지금 만주국 정부에서 근무하고 있다. 작품집에 『분비』, 시집에 『부돈(浮沌)』['沌(돈)'은 '沉(침)'의 오식誤植인 듯함-인용자], 수필집 『일지반해집』이 있고, 나쓰메 소세키의 『심(心)』의 역서가 있다. 사인주의(寫印主義)를 주장하며 만주 문학의 선두에 서서 분투하고 있다."[64]

오우치 타카오의 구딩에 대한 소개 내용과 앞서 살펴본 이육사의 「골목안」 번역문 앞에 있는 작가 '소개'의 내용을 비교해보면, 이육사가 참조한 자료가 일역본을 넘어서고 있다는 사실을 확인할 수 있다. 이육사는 구딩이 현재 '신징서 발행되는 『예문지』의 기획계 사무주임이라는 분주한 일을 보는 모양'이라고 말함으로써 일역본의 구딩에 대한 소개 내용보다 좀 더 구체적인 정황을 알려준다. 이육사가 말한 이러한 구체적인 정보는 앞서 언급한 『예문지』 제2집(1939년 12월 발행)에 실린 '사무회역원(事務會役員)'의 명단에 나오므로 이육사가 이를 참조한 것이 아닌가 한다. 『예문지』 제2집은 구딩의 장편소설 『평사』가 처음 발표된 지면이기도 한데, 이육사가 「골목안」의 작가 '소개'에서 『평사』를 중심에 두고 서술한 것도 『예문지』 제2집을 참조한 것임을 방증한다. 그렇다면 이육사는 『예문지』 제2집을 탐독했을 것으

---

63 大内隆雄, 「譯者後記」, 『蒲公英』, 362쪽. "古丁氏、本名徐長吉、北京大學國文系を出ている。國務院統計處に勤務している。著作集に「奮飛」「一知半解集」(雜文集)「浮沉」(詩集)「心」(譯著·夏目漱石作)がある。「藝文志」同人。近作「平沙」は民生部大臣文藝賞を與へられた。"

64 大内隆雄, 「平沙後記」, 『平沙』, 262쪽.

로 추정되며,[65] 이는 당시 이육사의 관심이 만주 문단에까지 미치고 있었음을 시사한다. 이육사는 구딩의 작품이 '만주라는 특수한 풍속 속에서 주제를 고른' 것이라고 말하고 '작품을 처리해나가는 데 묘(妙)를 얻은 것은 그 작품을 읽으면 어덴지 아쿠타가와 류노스케의 작품을 읽는 듯한 느낌이 있다'라고 비평했는데, 구딩 작품의 주제적 특징과 묘미를 비교 문학적 관점에서 집약적으로 평가했다. 이육사는 구딩의 작품을 탐독하면서 아쿠타가와 류노스케의 작품에 비견될 수 있는 묘미를 발견하고 일역본을 참조해 그중에서 만주의 비참한 현실을 '리얼'하게 묘사한 「골목안」을 골라 번역한 것이다.

더욱이 이육사의 「골목안」 번역은 등장인물의 성격 묘사에서 한국어의 묘미를 한껏 살린 표현을 구사하고 있다는 점이 특징적이다. 구딩은 농민, 중·노년, 하층 인물들의 묘사에서 토속적인 방언과 저속한 언어를 많이 사용한 데 특장이 있는데, 이육사는 「골목안」 번역에서 이러한 구딩의 언어적 특장을 적극적으로 되살려놓았다. 이를테면 주인공 금화와 남편의 대화 장면을 묘사한 대목의 번역문을 보자.

> 「얘, 오늘밤은 얼마야?」
>
> 거칠고 짧여뜯는 듯한 목소리에 금화도 깜짝 놀랐다.
>
> 「한푼도 없다니. 그래 나는 여태 암껏도 먹지도 못했는데 돈부터 받으러 오고 염치까진 연석!」
>
> 금화는 말대꾸를 총총 하고는 홱 돌아서섰다.
>
> 「요망할 계집, 또 모히침이나 맞고」

65 『藝文志』 第2輯(新京: 藝文志事務會, 1939. 12)은 현재 서울대학교 중앙도서관 고문헌 자료실에 소장되어 있다.

금화의 남편은 벌겋게 충혈된 눈으로 노려보며 손바닥에 불이나케 휘갈기는 것이였다.

「계집만 부려먹고 뻔뻔히 자빠져 노는 주제에……」

이 말을 다하기도 전에 누군지 옆을 스치며 지나갔다. 금화는 홱 돌아서며 힘없이

「……어데 가나? 보금자린 여기 두고」

그 사내는 입을 빗죽하고는 그냥 가버렸다.

「임자는 뻔둥뻔둥 놀구 술만 들이키면서 나는 그다지 쉽게 돈이 벌일듯해? 그래두 난 등이나 어깨뼈를 깍거가면서 돈을 벌랴고 애를 쓰는데」

하며 금화는 하품을 하고는

「못미덥거든 찾아보라니. 한푼도 없다니까」

「왜 이리 종알종알대는 거야! 내가 놀고만 있어? 난 그래도 매일 아침 일터를 찾아단이잖는가 말이다. 흠? 오년 전만 해두 내 몸이 튼튼할 땐 무엇 네 힘을 빌잖어도 넉넉히 했단다.」

그리고 금화의 남편은 손아귀에 힘이 있는 대로 금화의 뺨을 휘갈기는 것이였다. 금화는 눈시울에 불이 펀쩍 낫다. 비틀비틀 쓰러지면서 엉엉 울었다. 눈물과 코물이 흘러나렸다. 그래도 사내는 미칠 듯 부르짖었다.

「흠 요망할 년의 계집이 왜 앙앙 처울어?」

또 달려들어 두어 차례 갈겨댔다.[66]

금화와 남편의 대화는 언어가 유창하면서도 거칠고 생동적이다. 이

66 古丁,「골목안(小巷)」, 陸史 譯,『朝光』1941. 6, 350쪽.

대목의 중국어 원문은 방언이 자연스럽게 운용되고, 문장 구조와 어휘 배치가 인물의 성격에 딱 들어맞아 그들의 일상적 생활 단편을 진실하게 재현하고 있는데,[67] 이육사의 번역이 중국어 원문에 못지않게 등장인물의 실생활에서의 언어적 특징을 충분히 되살리는 데 성공한 것이라 할 만하다. 좀 더 실감나게 이해하기 위해 위 인용글의 밑줄 친 번역문과 이에 해당하는 일역본의 번역문과 중국어 원문을 대조해보자.

일역본의 번역문

彼女の男は一層怒り出し、彼女の顔に平手を喰はせた。彼女はくらくらつとした。顔はひりひりと痛かつた。そして、うーうーと泣き出した。鼻汁を出し、涙を流した。男は狂つたやうに叫んだ。「ふん、泣きやがつて、こいつめ!」又もパんパんと彼女に喰はせた。[68]

(그녀의 남자는 한층 더 화를 내며 손바닥으로 그녀의 얼굴을 때렸다. 그녀는 어질어질했다. 얼굴은 따끔따끔 아팠다. 그러고는 엉엉 울기 시작했다. 콧물을 흘리고 눈물을 흘렸다. 남자는 미친 듯이 소리쳤다. "흥, 울어, 이년이!" 또다시 팍팍 하고 그녀를 때렸다.)

중국어 원문

她的男人越說越上火, 照她臉上一個大嘴巴. 她猛覺一陣頭昏眼花, 臉上熱辣辣; 接着, 就嗚嗚哭起來, 一把鼻涕, 一巴眼淚. 男人發瘋似地喊叫: "你哭, 你哭, 打死你!" 又巴巴地打了她一頓.[69]

(그녀의 남자는 말을 하면 할수록 더욱 화가 나서 그녀의 뺨을 세

---

67 劉暘, 『古丁研究』, 83쪽 참조.
68 大内隆雄 譯, 『原野』, 131쪽.
69 李善燕 編, 『古丁作品選』, 226쪽.

차게 갈겼다. 그녀는 갑자기 머리가 아찔하고 눈앞이 캄캄해지고, 얼굴이 열에 확 달아올랐다. 이어서 엉엉 울며 콧물을 흘리고 눈물을 흘렸다. 남자는 미친 듯이 외쳤다. "울긴 왜 울어, 죽여버릴 거야!" 또 다시 한 차례 그녀를 후려갈겼다.)

일역본은 대체로 중국어 원문을 축자적으로 번역한 데 머물러 있는 듯하나 이육사의 번역문은 등장인물의 성격과 실제 상황을 고려해 더욱 생동적이고 거친 언어로 표현되었다. 이육사는 일역본을 참조했다고는 하나 중국어 원문도 참조한 듯하며, 구딩 소설의 언어적 특징을 잘 파악해 등장인물의 성격을 절실하게 전달하는 데 알맞은 한국어 표현을 구사함으로써 한국어의 묘미를 한껏 살린 번역문학을 완성했다.

5. '중국' 현대 문학 호명과 시대적 의의

일제의 전면적인 언론 통제로 말미암아 1940년 8월에 이르면 『조선일보』와 『동아일보』 등 한글 신문마저 폐간되기에 이른다. 이육사의 「중국문학 오십년사」의 1회 번역 원고가 게재된 1941년 신년호 『문장』도 「대동아공영권확립(大東亞共榮圈確立)의 신춘(新春)을 맞이하며」라는 권두언에서 일제가 강제한 대동아공영권 이념을 내세우지 않을 수 없었다. "다시금 동아공영권 건설의 제일보의 신춘벽두(新春劈頭)에 있어 반도(半島)의 지식층 신민(臣民)된 자 먼저 확호부동(確乎不動)한 제국 정신의 체득을 자각치 않어서는 안 될 것이다."[70] 또한 1941년 6월 이육

70 「大東亞共榮圈確立의 新春을 맞이하며」, 『文章』 1941. 1, 2-3쪽.

사의 「중국 현대시의 일단면」이 게재된 『춘추』는 1941년 3월에 창간되었는데, 창간호의 권두언인 「근봉하(謹奉賀) 신년」에서 다음과 같이 기술하고 있다. "제4년(第四年)의 건설적 단계에 들어간 지나사변(支那事變, 일제의 중국 침략으로 야기된 중일전쟁을 가리킴—인용자) 처리가 착착 완수되어 가고 있다. …… 돌이켜 조선 안을 보면, 지난해로 총독시정(總督施政) 30주년을 보내고 역시 새로운 출발의 단계에 들게 되었다. 국체명징(國體明徵), 서정쇄신(庶政刷新), 선만일여(鮮滿一如), 농공병진(農工竝進), 교학쇄신(教學刷新)의 모든 시책이 우수한 성과를 거두어 가고, 그중에서도 지원병 제도, 창씨개명의 획기적 사실 등은 모두가 내선일체의 구현 아님이 없다."[71] 1941년 전후 이육사의 중국 현대 문학 비평과 번역은 바로 '대동아공영권'과 '내선일체'를 전면적으로 내세우며 한국인들을 침략 전쟁에 총동원하고 민족 말살로 몰아가던 엄혹한 시대적 배경 속에 놓고 그 의미를 따져야 한다.

이 시기에 이육사는 시와 수필, 평문, 번역문을 잡지 『조광』을 비롯해 『삼천리』, 『문장』(1939년 2월 창간, 1941년 4월 폐간), 『인문평론』(1939년 10월 창간, 1941년 4월 폐간), 『춘추』(1941년 3월 창간, 1944년 10월 폐간)에 발표했는데, 이 중에서 『인문평론』은 당대 최고의 좌파 논객과 제도권 엘리트들을 동시에 필진에 포함하고 있었고 그런 만큼 그 위상과 파급력도 컸다.[72] 당시 이 잡지에는 중국 고전 문학과 현대 문학을 번역·비평한 글이 간간이 실렸으니, 정래동이 쓴 「지나신작가집 야초선(支那新作家集 夜哨線)」[73](창간호, 1939. 10), 상면(尙勉)이 번역한 후예핀(胡也頻)

71 「謹奉賀 新年」, 『春秋』 창간호, 1941. 3.

72 박필현, 「『인문평론』에 나타난 '지나(支那)': 자기화 된 만주와 제국의 '안의 밖' 지나」, 『한국문예비평연구』 제45집, 2014. 12, 301쪽 참조.

73 『야초선(夜哨線)』은 후루하마 슈이치(古濱修一)가 일본어로 번역 출판한 『(支那現代小說集) 夜哨線』(東京: 第一書房, 1938)을 가리킨다.

의 단편소설 「밀월여행(蜜月旅行)」(1939. 11), 배호(裵澔)가 쓴 「지나문학의 특질: 시와 소설의 발전」(1940. 6), 노부(魯夫, 즉 이명선李明善)가 번역한 라오서(老舍)의 단편소설 「개시대길(開市大吉)」(1940. 11), 윤영춘(尹永春)이 편역한 「현대지나시초(現代支那詩抄)」[74](1941. 1) 등이 그것이다. 그 밖에 『삼천리』 1940년 6월호에 '신지나문학특집(新支那文學特輯)'이라는 제목 아래 중국의 노래, 민요, 시, 수상, 수감, 소설 등이 번역·소개되었고,[75] 『문장』 1940년 9월호에 김진원(金鎭元)의 「지나시문학(支那詩文學)의 성격」이라는 글이 실렸다. 이 글들은 중국의 혁명 문학이나 항일 문학은 배제하고 주로 중국 고전 문학이나 초기의 중국 신문학을 비평·소개했다. 경성제국대학 중국어문학과를 졸업한 배호도 「지나문학의 특질」의 '결론'에서 다음과 같은 말로 끝을 맺고 있다. "현대 신문학운동은 국가의 재건과 함께 구문학을 완전히 탈기청산(脫棄淸算)하고 근대 구라파의 과학 정신과 문학을 이식하지 않으면 안 될 운명이 온 것이다. 혁명 후 금일까지 사반세기간, 국가의 지반이 항상 온전(溫全)치 못하고 현대 신정신과 신문학도 아직은 지나 민중의 혈육이 되지 못하나, 4대기서(四大奇書)의 웅대한 규모와 창작력을 가진 지나 민족이 장래 세계적 작품을 출산(出産)할 것은 오직 시간문제일 것이다. 그러나 그것은 꿈일는지도 모른다."[76] 배호는 구문학을 배격하고 일어난 중

74 「현대지나시초(現代支那詩抄)」에는 후스(胡適)의 「일소(一笑)」, 저우쭤런(周作人)의 「냇물(小河)」, 주쯔칭(朱自淸)의 「잠자라, 적은 사람아」, 왕두칭(王獨淸)의 「베니스(威尼市)」, 위핑보(兪平伯)의 「어리석은 바다」, 주샹(朱湘)의 「죽음(死)」, 예사오쥔(葉紹鈞)의 「밤(夜)」, 궈모뤄(郭沫若)의 「Reconvalescence」, 정전둬(鄭振鐸)의 「옌탕산의 꼭대기(雁蕩山之頂)」, 류옌링(劉延陵)의 「뱃사람(水手)」, 왕징즈(汪靜之)의 「나의 바램(我願)」, 쉬위눠(徐玉諾)의 「소시(小詩)」, 류다바이(劉大白)의 「사랑의 근(根)과 핵(核)」, 자오징선(趙景深)의 「범월(泛月)」, 셰빙신(謝氷心)의 「뭇별(繁星)」 등 15편의 작품이 실려 있다.

75 시 분야의 작품으로는 임학수(林學洙)가 번역한 빙신(冰心)의 「애사(哀詞)」, 궈모뤄(郭沫若)의 「황푸강 어귀(黃浦江口)」, 쉬즈모(徐志摩)의 「우연(偶然)」이 실려 있다.

76 裵澔, 「支那文學의 特質: 詩와 小說의 發展」, 『人文評論』 1940. 6, 24쪽.

국 신문학의 성과를 제한적으로 평가하고 중국의 장래 우수한 작품 생산의 가능성에 대해서도 상당히 유보적인 태도를 취한 것이다. 이러한 상황을 감안하면 이육사의 「오십년 동안 중국의 문학」의 번역, 중국 현대시의 비평과 쉬즈모 시의 번역, 「골목안」의 번역이 당시 허용된 범위 내에서 중국 현대 문학의 가치와 그것의 현실적 의의를 좀 더 적극적으로 현시(顯示)하고 있음을 이해할 수 있다.

더욱이 앞서 예거한 중국 문학을 소개한 글들이 대부분 중국을 '지나(支那)'로 호명하고 있는 것과 달리 이육사는 중국을 여전히 '중국(中國)'으로 호명하고 있다는 것도 주목할 만하다. 배호의 「지나문학의 특질」이든 윤영춘의 「현대지나시초」이든 모두 일제의 논리에 호응해 중국을 '지나'라는 말로 표상한 데 반해 이육사는 '중국문학 오십년사', '중국 현대시의 일단면'이라는 제목에서 보듯이 여전히 중국을 '중국'이라는 말로 표상한 것이다.[77] 이육사가 그 시기에 '지나'라는 말을 배제하고 '중국'이라는 말을 그대로 사용한 것은 그 자체만으로도 일제에 항거하는 의미를 지닌다. 이육사는 이 시기에 발표한 수필 「연륜(年輪)」(『조광』 1941. 6)에서 "지금 나와 같아서는 민어행(敏於行)도 못하고 눌어언(訥於言)만 한댓자 군자(君子)가 될상 싶지도 않고 또 군자를 원치도 않는 만큼 그것은 당분간 걱정이 없으나 결국 내 몸을 둘 곳이 어데이

77 이육사의 「중국 현대시의 일단면」이 실린 『춘추』 1941년 6월호에 이은 7월호에 배호는 「現代中國文學과 西洋文學」이라는 글을 발표했는데, 그가 '현대중국문학'을 표방한 것도 어쩌면 '중국 현대시'를 표방한 이육사의 글과 무관하지 않아 보인다. 그런데 배호는 '결론'에서 "외국유학생의 반수이상(半數以上)은 내지유학생(內地留學生)이다. 그러므로 자연적 문화일반(文化一般)에 있어서 내지(內地)의 영향을 받았다. 문학에 있어서도 번역된 것이 장단편평론(長短篇評論) 합계 오백편(五百篇)을 불하(不下)한다. 그 외에 외국문학을 국어(國語)에서 중역(重譯)하는 것이 주목할 만한 수효(數爻)이나 알 도리가 없다. 폐일언(蔽一言)하면 서양문학을 수입한 현대중국문학이 도달한 본질적 특징은 슬라브 민족문학과 약소민족문학을 흡취자각(吸取自覺)한 데 있다"라고 했는데, 일제의 논리에 호응해 '내지', '국어'(일본어)라는 말을 적극적으로 사용했다.

랴. 그래서 나는 요즘 '생각한다'는 데 머물러 보기로 한다. 생각도 그야 여러 가지겠지만은 이것은 나로서 공리적(功利的)이 아닐 수 없다"[78] 라고 했거니와 그의 '중국' 현대 문학 비평과 번역은 '생각한다'의 범주에서 수행된 '공리적'인 저항의 실천 행위였다.

또한 중국 현대 문학 번역에 있어서 이육사는 동시기 여타의 번역자보다 훨씬 뛰어난 문학적 성취를 이룩했다는 점도 지적하지 않을 수 없다. 단적인 예로, 윤영춘이 번역한 궈모뤄의 「Reconvalescence」(회복)와 이육사가 번역한 쉬즈모의 「재별강교」(케임브리지와 다시 이별하며)의 번역시를 비교해보면 바로 알 수 있다. 윤영춘은 중국어 원문을 앞세우고 그 뒤에 번역문을 실었는데, 그중의 일단을 보자.

我已經把我的遺囑告訴了我的女人,	나는 아마 나의 遺囑을 안해에게 말하여,
我的女人也已準備着把我化成骨灰.	나의 안해도 이미 내 죽엄에 대한 준비를 해두었다.
但是, 那死神終竟是避易了	그러나 死神은 끝끝내 避해갔기에
他沒有和我覿面, 我又生回.	그는 나를 대한적없이 나는 또 生還했다.
當我現在是已經復活了復活了.	나는 이미 다시 살다, 다시 살다.
復活在這混沌的但有希望的人寰.	이 혼돈하면서도 希望있는 人間에서 다시 살고 있다.[79]

78 李陸史, 「年輪」(『朝光』 1941. 6), 『이육사의 문학』, 215쪽.
79 郭沫若, 「Reconvalescence」, 「現代支那詩抄」, 尹永春 選譯, 『人文評論』 1941. 1, 70쪽.

궈모뤄의 원시(原詩)는 자유시이기는 하나 읽으면 매 구 4음보의 리듬을 느낄 수 있는데, 윤영춘의 번역시는 그런 율격을 전혀 고려하지 않았고, 시어가 원시의 뜻을 전달하는 축자적인 데 머물러 산문적 진술에 그치고 있어 시적 완성도가 크게 떨어진다. 이육사가 번역한 쉬즈모의 「재별강교」는 윤영춘의 번역시와 너무나 대조적이다. 그중의 일단을 보자. (괄호 속의 중국어 원문은 필자가 덧붙인 것이다.)

꿈을 찾으랴 높은 돛대나 메고(尋夢？ 撑一支長篙,)
물풀 푸른곳 따라 올라서 가면(向青草更青處漫溯;)
한배 가득히 어진 별들을 실어(滿載一船星輝,)
별들과 함께 아롱진 노래 부르리(在星輝斑斕裏放歌.)[80]

이육사는 원시의 리듬을 적극적으로 되살려 5음보의 율격을 맞추고 아름다운 시어로 읽을 때 소리의 해조까지 고려하고 있어 시적 완성도가 높은 번역시를 재창조한 것이다. 어쩌면 이육사는 『인문평론』에 실린 윤영춘의 번역을 보고 중국 현대시 번역의 전범을 마련해야 할 필요성을 느꼈는지도 모른다.

요컨대 이육사가 중국 현대 문학을 비평하고 번역하던 1941년을 전후한 시점은 일제의 사상 탄압과 검열이 극에 달해 표현의 자유가 극도로 위축되고 참고할 수 있는 서적도 극히 제한될 수밖에 없었다. 이육사는 이러한 열악한 현실 조건 속에서나마 그가 입수할 수 있었던 서적에 의거해 검열을 비켜 갈 수 있는 한정된 범위 내에서 중국 현대 문학을 비평하고 소개한 것이다. 그가 후스의 「오십년 동안 중국의 문

80 李陸史, 「中國現代詩의 一斷面」, 『春秋』 1941. 6, 193쪽.

학」을 번역하고, 중국 현대시를 비평·번역하고, 구딩의 「골목안」을 번역한 것은, 그 시기 여타의 중국 현대 문학의 비평 및 소개에 비해 폭과 깊이를 더한 현실적인 의의를 갖는 것이었다. 이육사는 중국의 근대적 문학사 저작의 하나인 후스의 저작을 번역함으로써 한국 독자들에게 중국 신문학 형성의 원류(源流)를 이해시키고 그 혁신적 정신을 고취하고자 했고, 중국 현대시의 비평과 번역을 통해 중국 신시(新詩)의 형성 과정 및 쉬즈모의 시가 지닌 '꿈을 찾으랴'는 아름다운 이상을 환기하고자 했으며, 구딩의 단편소설을 번역해 일제 지배하의 중국 민중의 비참한 현실을 폭로하고 이를 통해 '식민지' 현실을 우회적으로 깨닫도록 했다. 이육사는 많은 작품을 번역하지는 않았으나 높은 수준의 창조적 번역으로 문학 번역에서 탁월한 성취를 이루었다. 현대 중국어 및 문언 고문의 번역이 유려한 한국어로 표현되어 있거니와 중국의 한문시와 신시의 번역도 한국어의 묘미를 한껏 살린 생동적인 시어로 표현되고 음보율의 정형적 율격과 소리의 해조까지 구현하고 있어 시 문학 번역의 전범으로 보아도 손색이 없다. 일역본을 참조한 것이기는 하나 중국의 단편소설 번역도 등장인물의 실생활에서의 언어적 특징을 충분히 되살리는 소설적 표현을 사용하고 있어 성공적인 문학 번역으로 평가할 수 있다.

제4장 시 창작과 쉬즈모 시의 번역

이육사는 「중국 현대시의 일단면」(『춘추』 1941. 6)에서 시인 쉬즈모(徐志摩)에 대해 '중국의 현대시를 시로서 완벽에 가깝도록 쓴 사람'으로 '형식과 기교 방면'에 '역사적 공헌'을 이룩했다고 평하고,[1] 쉬즈모의 대표작 「배헌(拜獻)」(바치리)과 「재별강교(再別康橋)」(케임브리지와 다시 이별하며)를 번역했다. 이육사는 1941년 4월 25일 원산의 임해장에서 쉬즈모의 시 「배헌」과 「재별강교」를 번역한 후 여관을 옮겨 이튿날인 4월 26일 원산의 청도장에서 구딩의 소설 「골목안」을 번역했는데, 그가 창부 금화의 비극적인 죽음을 통해 민중의 비참한 삶을 사실적으로 그려낸 소설 「골목안」과, 서정적이고 낭만적인 쉬즈모의 시를 동시에 번

1 李陸史, 「中國 現代詩의 一斷面」, 『春秋』 1941. 6, 191-192쪽.

역한 것은 언뜻 보기에 모순적이지 않은가? 이육사는 소설과 시의 장르적 특성을 충분히 고려해 번역 대상을 달리 선택한 것으로 보인다. 그가 중국의 농촌 현실을 사실주의적으로 묘사한 루쉰의 소설 「고향」을 번역했듯이 서사적인 소설 장르에서는 어두운 현실의 사실주의적 묘사를 중시해 구딩의 「골목안」을 번역했고, 그의 창작시가 그러하듯이 서정적인 시 장르에서는 아름다운 형식미와 고결한 정신을 중시해 쉬즈모의 「배헌」과 「재별강교」를 번역한 것이다.

그동안 국내에서는 이육사가 번역한 쉬즈모의 시가 이육사의 시 창작에 지대한 영향을 미친 것으로 해석되어왔다.[2] 그런데 이육사가 쉬즈모의 시를 번역한 이후 자신의 창작시를 공식적으로 거의 발표하지 않았다는 점, 그리고 두 시인이 처음부터 시적 경향성 면에서 유미적이고 낭만적인 특질을 공유하고 있었다는 점 등을 상기할 때 그 영향 관계를 새롭게 조명할 필요가 있다. 이 장에서는 이육사의 쉬즈모 시 번역의 양상을 세밀하게 분석해 이육사의 번역시가 어떻게 시적 완결성을 이룩했는지, 그의 시 창작이 쉬즈모의 시를 번역하는 데 어떠한 영향을 끼쳤는지를 고찰하고자 한다. 이는 궁극적으로 시 문학(詩文學) 번역의 전범(典範)으로서 이육사의 번역시가 갖는 의의를 규명하는 일이 될 것이다.

---

2 심원섭(沈元燮)은 「이육사의 서지마(徐志摩) 시 수용 양상」(『우리文學研究』 제6·7집, 1988)에서 이육사의 창작시가 쉬즈모의 시 「배헌」과 「재별강교」로부터 지대한 영향을 받았다고 분석했다. 이시활(李時活)은 이러한 관점을 이어받은 듯, 「근대성의 궤적: 이육사의 중국문학 수용과 변용」(『동북아문화연구』 제30집, 2012)에서 이육사가 쉬즈모의 「배헌」으로부터 형식적·사상적 측면에서 강한 영향을 받았다는 입장을 취하고 있다.

1. 한국에서 쉬즈모 시의 소개

쉬즈모의 작품이 한국에 처음 소개된 것은 1929년 1월 개벽사(開闢社)에서 펴낸 『중국단편소설집』에 쉬즈모의 단편소설 「선상(船上)」이 수록되면서부터이다. 쉬즈모의 작품은 단편소설이 먼저 번역·소개되었으나, 이어 정래동이 1931년 12월 『동아일보』에 「중국 신시단(新詩壇)의 혜성 '쉬즈모'를 조(弔)함」을 발표함으로써 시인 쉬즈모의 면모가 다소 소개되었다. 정래동은 쉬즈모의 죽음을 애도하고 쉬즈모 시의 특질을 비평·소개하면서 그의 시 「사랑의 영감(愛的靈感)」의 일부를 번역해놓았는데,[3] 이것은 한국어로 번역된 최초의 쉬즈모 시가 아닌가 한다.

정래동은 예의 글에서 쉬즈모를 평해 "그의 중국 신시단(新詩壇)에 한 공헌은 참으로 크다고 할 것이다. …… 쉬즈모(徐志摩) 씨는 난숙(爛熟)한 정서를 화려한 신시어(新詩語, 백화白話)로 장식한 시가를 발표했었다. 아마 중국 문학혁명 후로 지금에 이르기까지 백화시(白話詩)를 씨(氏)와 같이 익숙하게 쓴 시인은 아직 나오지를 안 하였다고 하여서 과언이 아닌 것이다"[4]라고 했다. 그는 쉬즈모가 시도한, 시 형식에 대한

---

3 "지금 나는/ 참으로 참으로 죽겠소/ 당신이여 내가 갈 때까지/ 내가 다시 눈을 뜨지 안 할 때까지/ 내가 날고 날아서 창공으로 날아가/ 흩어져 모래가 되고 흩어져 빛이 되고 흩어져 바람이 될 때까지/ 이 같이 나를 안아 주소서/ 아－苦痛！그러나 苦痛은 짧고/ 暫時的이오 快樂은 永遠한 것이다/ 사랑은 죽지 않는 것이다/ 나는 나는 잠을 자야겠소"(現在我/ 眞, 眞可以死了, 我要你/ 這樣抱着我直到我去, / 直到我的眼再不睁開, / 直到我飛, 飛, 飛去太空, / 散成沙, 散成光, 散成風, / 啊苦痛, 但苦痛是短的, / 是暫時的; 快樂是長的, / 愛是不死的: / 我, 我要睡……). 丁來東, 「中國 新詩壇의 彗星 '徐志摩'를 弔함(上)」, 『東亞日報』 1931. 12. 2. 여기서 원문은 필자가 덧붙인 것인데, 이와 대조해보면 정래동의 번역이 원시의 형식미와 시적 이미지를 전혀 살리지 못한 산문적 언어로 된 것임을 알 수 있다.

4 丁來東, 「中國 新詩壇의 彗星 '徐志摩'를 弔함(中)」, 『東亞日報』 1931. 12. 3.

다양한 실험을 특서(特書)하고 일례로 "가장 찬사를 받는 「去罷」(가거라)의 제일절(第一節)을 원문대로 초(抄)한다"라고 하고, "去罷 人間 去罷!/ 我獨立在高山的峰上/ 去罷 人間 去罷!/ 我面對著無極的穹蒼"을 인용한 뒤, 1구와 3구가 동일하고, 2구와 4구가 자수(字數)가 같으며, 2구와 4구에서 '我'가 두운을 이루고, '上'과 '蒼'이 각운, 즉 압운을 이루는 형식미를 가지고 있다고 설명했다.[5] 정래동은 '난숙한 정서를 화려한 신시어(백화)로 장식한 시가'를 창작한 쉬즈모의 중국 신시단에서의 공헌을 대단히 높이 평가한 것이다. 또한 그는 1932년 『신동아』 2월호에 「가거라(去罷)」와 「묘소(渺小)」('보잘것없다'는 뜻)를 번역해 '쉬즈모의 시'라는 제목으로 발표했다. 그는 번역시 앞에 쉬즈모의 약력을 간단히 썼는데, "그의 시는 순 백화로 쓴 것으로써 유명하며, 백화시로 많은 새 시형(詩形)과 리듬을 발견했고, 시어를 잘 구사하는 것으로 중국 시단에서 제일위(第一位)에 간다. 중국 신시단에 있어서 그는 궈모뤄와 같이 이대시인(二大詩人)으로 아낌을 받는다"[6]라고 소개했다. 이 글에 실린 번역시 중 먼저 「가거라」의 전문(全文)을 보자. 번역시와 원시(原詩)를 비교하기 위해 원문을 함께 싣는다(이하 동일).

가거라, 사람아 가거라!	去罷, 人間, 去罷!
나는 혼자서 높은 산봉우리에 있겠다.	我獨立在高山的峰上;
가거라, 사람아 가거라!	去罷, 人間, 去罷!
나는 끝없는 창공을 바라보며 있겠다.	我面對著無極的穹蒼.

5 丁來東, 「中國 新詩壇의 彗星 '徐志摩'를 弔함(中)」, 『東亞日報』 1931. 12. 3.
6 丁來東, 「徐志摩의 詩」, 『丁來東全集(II)』(金剛出版社, 1971), 197쪽.

가거라, 청년아 가거라!	去罷, 青年, 去罷!
깊숙한 곳에 향초와 같이 파묻고	與幽谷的香草同埋;
가거라, 청년아 가거라!	去罷, 青年, 去罷!
슬픔일랑 저문 날 떼까마귀에게 주어버리고.	悲哀付與暮天的群鴉.
가거라, 꿈아 가거라!	去罷, 夢鄉, 去罷!
나는 幻影의 玉杯를 부숴버리겠다.	我把幻景的玉杯摔破;
가거라, 꿈아 가거라!	去罷, 夢鄉, 去罷!
나는 산바람, 바닷물결의 축하를 받겠다.	我笑受山風與海濤之賀.
가거라, 모두다 가거라!	去罷, 種種, 去罷!
앞에는 하늘을 찌른 높은 봉이 있구나.	當前有插天的高峰;
가거라, 모두다 가거라!	去罷, 一切, 去罷!
앞에는 무궁한 무궁이 있구나!	當前有無窮的無窮!

다음으로는 정래동이 번역한 시 「묘소」와 그 원시의 전문을 살펴보도록 하자.

산속에 푸른 솔을 바라보나	我仰望群山的蒼老,
그들은 한 마디 말도 없고	他們不說一句話.
햇볕이 나의 작은 것을 그려내며	陽光描出我的渺,
작은 풀이 나의 발밑에 있네.	小草在我的脚下.
나 혼자 길가에 멈춰 서서	我一人停在路隅,
빈 골에 소나무 소리를 듣자니	傾聽空谷的松籟;

푸른 하늘에는 흰 구름이 뭉쳤다가	青天裏有白雲盤踞——
또 어느새 없어졌네.	轉眼間忽又不在.

정래동은 쉬즈모 시의 특질을 설명해 '새 시형과 리듬의 발견', '시어의 능숙한 구사'라는 면에서 중국 시단의 최고 지위에 올랐다고 평했지만, 정작 번역시에서는 원시가 가지고 있는 그러한 특질을 제대로 살리지 못한 듯하다. 원시 「가거라(去罷)」가 정형(定型)의 율격적 특성을 갖고 있음은 한눈에 보아도 알 수 있는데, 정래동은 번역시에서 그러한 특성을 살리려고 노력한 듯하지만 원시가 가진 3음보의 리듬을 제대로 살리지 못했으며, 시구도 산문적 진술처럼 구성해 원시의 시적 이미지를 함축적으로 살리지 못했다. 특히 「묘소」의 경우 원시는 매 구 7자·8자의 자수와 3음보의 리듬을 갖고 있고, 1행 '老'와 3행 '渺', 2행 '話'와 4행 '下', 5행 '隅'와 7행 '踞', 6행 '籟'와 8행 '在'가 압운을 이루고 있는데, 정래동은 번역시에서 그러한 율격적 특성을 충분히 고려하지 못했을 뿐만 아니라 단련(鍛鍊)된 시어를 사용하지 않고 그저 의미 전달에 치중해 서술적 언어로 번역한 것이다. 2연의 마지막 행인 '轉眼間忽又不在'의 경우 '또 어느새 없어졌네'라고 번역했는데, '轉眼間'과 '忽'을 하나로 합쳐 '어느새'로 번역함으로써 번역시가 갖춰야 할 음보의 리듬을 무시했고, 시구도 서술적 언어로 번역해 원시의 운율과 시적 이미지를 전혀 살리지 못했다.

그 후 1940년 6월 잡지 『삼천리』의 「신지나문학특집: 지나 신시단」이라는 글에 임학수(林學洙)가 번역한 쉬즈모의 「우연(偶然)」이 실렸다.[7] 번역시 「우연」의 전문은 다음과 같다.

---

7 林學洙 譯, 「新支那文學特輯: 支那 新詩壇」, 『三千里』 1940. 6, 245-246쪽.

나는 하늘에 뜬 한조각 구름　　我是天空裏的一片雲,
때로 혹 너의 파심에 그림자를 던지나니-　　偶尔投影在你的波心——
의아하지마라　　你不必訝異,
기뻐할 것도 없다　　更無须歡喜——
그도 잠시, 이윽고 그림자는 사라지고 말으리.　　在轉瞬間消滅了踪影.

우리는 검은 밤바다 위에서 만났도다　　你我相逢在黑夜的海上,
그러나 너에게는 너의 나에게는 나의 갈 길이 있어-
　　你有你的, 我有我的, 方向;
나를 記憶하여도 좋다　　你記得也好,
잊어도 좋다　　最好你忘掉
다만 이 서로 만났을 때 잠시 빛을 던질 뿐.　　在這交會時互放的光亮!

원시는 1연과 2연이 동형(同型)의 정형적 율격 구조로 되어 있고, 1연의 1·2·5행은 9자의 3음보, 2연의 1·2·5행은 10자의 3음보, 1연과 2연의 3·4행은 5자의 2음보로 된 율격적 특성을 갖는다. 그렇지만 번역시는 원시의 자수와 음보의 율격적 특성을 전혀 고려하지 않은 채 의미 전달에만 치중한 번역으로 그치고 있다. 더욱이 2연의 3·4·5행은 오역이다. 원시의 '記得(기억하다)'와 '忘掉(잊어버리다)'의 목적어는 5행에 나오는 '光亮(밝은 빛)'인데, 번역시에서는 그 목적어를 '나'로 설정하고 5행을 독립적으로 해석하는 바람에 5행의 번역 시구가 무슨 뜻인지 알 수 없는 오역이 되고 말았다.

그런데 1941년 6월에 발표된 이육사의 「중국 현대시의 일단면」에 수록된 쉬즈모 시의 번역은 이전의 번역시와는 전혀 다른 번역의 경지를 보여주고 있어 주목된다. 이육사는 「중국 현대시의 일단면」에서 정래동과 마찬가지로 쉬즈모의 중국 신시단에서의 공헌을 높이 평가했다. "이 시기에 누가 중요하니 어떠니 해도 중국의 현대시를 시(詩)로서 완벽에 가깝도록 쓴 사람은 쉬즈모라고 한다. …… 그의 현대 중국 시단에의 위치는 누구나 부인치 못할 것이다. 따라서 그가 중국의 현대 시단에 남긴 것도 그 내용 방면보다는 또한 형식과 기교 방면에 있는 것이니 용운(用韻)이나 배열에 있어 신규율(新規律)을 창조한 헌(獻)만이라도 중국 시단 전체로 볼 때에는 실로 역사적 공헌이라고 아니 할 수 없는 것이다."[8] 또한 이육사는 이 글에서 개인주의적인 '유한시인(幽閒詩人)'으로서 쉬즈모의 사상 방면의 한계를 지적하면서도 시대적 성격과 문단 전체의 동향을 내재화한 쉬즈모의 휴머니즘 정신을 크게 인정하고자 했다. "사상 방면으로 보면 마침내 유한시인을 면치 못했다는 것은 그의 생활환경과 사회적 지위가 그로 하여금 한걸음도 실제 사회의 진실면(眞實面)에 부닥치게 못하고 개인주의의 고성(孤城) 속에 유한(幽閒)시키고 만 것이었다. 그러나 그의 작품을 보면 현실의 유대(紐帶)에 말리는 사람들을 위하여 왕왕(往往)히 동정과 연민을 볼 수 있다는 것은 단순히 이 시인의 환각만이 아니고 중국사회의 그 시대적 성격과 문단 전체의 동향을 짐작해 볼 때 이 시인의 휴머니티를 재여 볼 수 있는 것이다."[9]

이와 같이 이육사는 시 형식과 기교 방면에서 쉬즈모의 공헌을 높이 평가하고 그의 휴머니즘 정신을 강조한 뒤 그러한 특질을 가장 잘 보여주는 작품으로 「배헌」과 「재별강교」를 골라 번역했던 것이다. 이어 그는 "이 이상 더 즈모(志摩)를 역(譯)해본댔자 그것은 나의 정력의 허

---

8 李陸史, 「中國 現代詩의 一斷面」, 『春秋』 1941. 6, 191-192쪽.

9 李陸史, 「中國 現代詩의 一斷面」, 『春秋』 1941. 6, 192쪽.

비 외에 아무것도 아니다. 원래에 이 시인의 묘미가 백화를 구라파의 언어 사용법과 같이 부단히 단어를 전도(顚倒)했었는 데 있고 백화로 읽을 때에 운율(韻律)과 격조(格調)를 우리말로 이식하기는 여간 곤란한 것이 아니다. 이만하고 두기로 하며 본의(本意)로는 좀 더 많은 작품을 역해서 한 사람의 시를 완전히 이해토록 하고자 했으나 필자의 시간과 생활이 그다지 여유가 없는 것과 재능이 부족함을 심사(深謝)해두며 …… — 4월 25일 밤 원산 임해장에서"[10]라는 말로 끝을 맺었다. 이육사는 쉬즈모의 시를 한국어로 번역할 때 원시의 '운율과 격조'를 제대로 살리기 위해 대단히 고심했는데, 일제의 검속이 되풀이되던 열악한 현실 조건 아래 원산의 한 여관에서 이 번역을 마무리했음을 감안할 때 그의 고심은 더욱 빛을 발한다.[11]

이육사는 정래동이나 임학수에 의해 소개된 쉬즈모 시의 번역에 실망했는지도 모른다. 그것은 두 가지 측면에서 생각해볼 수 있다. 하나는 당시 한국에 소개된 번역시가 쉬즈모 시의 특질을 가장 잘 보여주는 대표작인가 하는 것이고, 다른 하나는 그 번역이 시적 완결성을 갖춘 훌륭한 번역인가 하는 것이다. 이육사가 번역·소개한 「배헌」과 「재별강교」는 쉬즈모 시의 사상적 특질과 형식적 특질을 가장 잘 보여주는 대표작이라는 점, 이육사의 번역이 이전의 번역 수준을 훨씬 뛰어넘는 시적 완결성을 추구하고 있다는 점에서 그에 대한 세밀한 검토가 요청된다.

---

10 李陸史, 「中國 現代詩의 一斷面」, 『春秋』 1941. 6, 193쪽.

11 이봉구(李鳳九)는 1947년에 발표한 「육사(陸史)와 나」(『문화창조』 제2집, 1947. 3. 1)라는 회고문에서 "육사는 어데까지 '베르렌'을 연상케 하는 서정 시인이었다. …… 그 지난날 살았을 동안의 모든 것을 통하여 볼 제 고초 속에 조금도 굽힘이 없이 더욱 아름다워지는 육사는 어데까지 순결하고 서정적 인간이었으니"라고 말했다(박현수, 『원전주해 이육사 시전집』, 예옥, 2008, 261쪽).

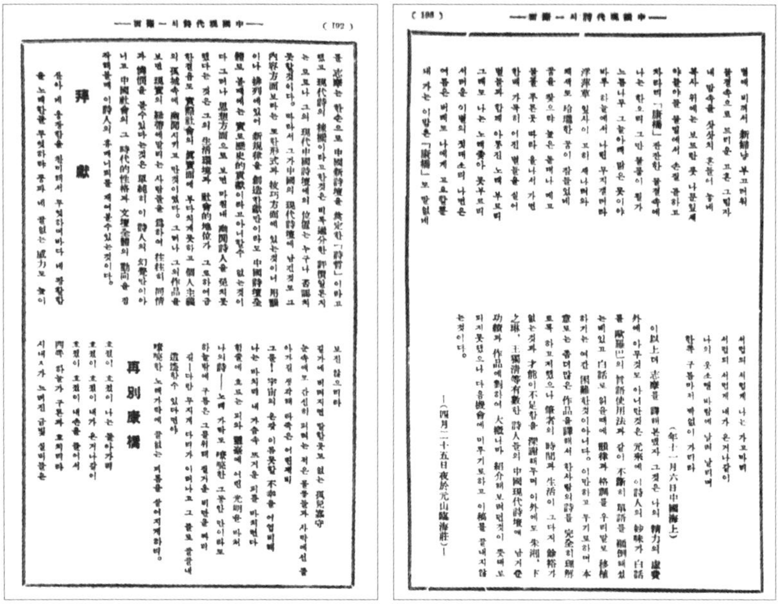

이육사가 번역한 쉬즈모의 시 「배헌」과 「재별강교」(『춘추』 1941. 6)

2. 쉬즈모 시 번역의 양상

시인 이육사의 창작시는 보통 과거와 현재를 고난과 시련의 시공간으로 설정하고 미래를 소망과 확신의 시공간으로 설정하는 이원화된 시적 세계로 구축되어 있다고 평가된다. 그래서 이육사의 창작시는 준열한 자기희생을 통해서 현실의 고난과 시련을 극복해 그것을 아름다움으로 승화시키는 세계를 열어놓았다. 이육사가 쉬즈모의 「배헌」과 「재별강교」를 번역한 것은 바로 이들이 그의 시 세계와 공명하고 있었기 때문이다. 이육사는 독립운동이라는 힘겨운 정치적 실천 속에서도 “온갖 고독이나 비애를 맛볼지라도 ‘시(詩) 한 편’만 부끄럽지 않게 쓰면 될 것을 그래 이것이 무에겠소"[12]라고 하며 시 창작의 진정성과 예술성에 대한 강한 믿음을 가지고 있었다. 그 믿음은 "나는 내 기백을 키우고 길러서 금강심(金剛心)에서 나오는 내 시를 쓸지언정 유언은 쓰지 않겠소"[13]라는 한 치의 흔들림도 없는 강인한 정신적 태도에서 비롯되었다. '시 한 편만 부끄럽지 않게 쓰면 된다'라고 말하는 이육사의 신념은 시의 힘에 대한 확신을 전제한다. 이육사가 쉬즈모를 평해 '유한 시인'이라고 말하면서도 그의 휴머니즘 정신을 높이 평가한 것은 「배헌」으로부터 그러한 정신을 발견했기 때문이다. 그러니까 「배헌」에서 '내 가슴속 뜨거운 피를 바치려다'라는 자기희생 정신과, '나의 시(詩)—노래 가락도 요량(嘹喨)한 그동안만이라도' 사람들에게 즐거움을 선사하고 무지개 다리를 놓아 영원한 소요(逍遙)를 꿈꾸며 잠시나마 괴로움을 잊게 하는 시의 힘을 발견한 것이다. 또한 「재별강교」에서 그는 아름다운 운율과 시적 이미지로 구성된 완벽한 형식미와, 이별의 슬픔을 아름다움으로 승화시키고 '별'로 상징되는 '꿈'을 찾아 나서는 그 고결한 정신에 공명한 것이다.

이제 이육사가 번역한 「배헌(拜獻)」(바치리)과 「재별강교(再別康橋)」(케임브리지와 다시 이별하며)를 구체적으로 검토해보자. 번역시 「배헌」의 전문은 다음과 같다.

산아 네 웅장함을 찬미해서 무엇하며	山, 我不贊美你的壯健,
바다 네 광활함을 노래한들 무엇하랴	海, 我不歌咏你的闊大,
풍파 네 끝없는 威力도 높이 보진 않으리라	風波, 我不頌揚你威力的無邊;

12 李陸史, 「季節의 五行」, 『李陸史全集』, 김용직 · 손병희 편저(깊은샘, 2008), 161쪽.

13 李陸史, 「季節의 五行」, 『李陸史全集』, 162쪽.

길가에 버려지면 말할 곳도 없는 孤兒寡守	但那在雪地裏掙扎的小草花,
눈속에도 간신히 피려는 적은 풀꽃들과	路旁冥盲中無告的孤寡,
사막에선 돌아가길 생각해 타죽은 어린제비	燒死在沙漠裏想歸去的雛燕——
그를! 宇宙의 온갖 이름못할 不幸을 어여삐해	給他們, 給宇宙間一切無名的不幸,
나는 바치리 내 가슴속 뜨거운 피를 바치련다	我拜獻, 拜獻我胸脇間的熱,
힘줄에 흐르는 피와 靈臺에 어린 光明을 바쳐	管中的血, 靈性裏的光明;
나의 詩—노래 가락도 嘹喨한 그동안만이라도	我的詩歌——在歌聲嘹亮的一俄顷,
하늘밖에 구름은 그를 위해 즐거운 비단을 짜리	天外的雲彩爲你們織造快樂,
길—다란 무지개 다리가 일어나고	起一座虹橋,
그들로 끝끝내 逍遙할 수 있다면야	指點着永恒的逍遙,
嘹喨한 노래 가락에 끝없는 괴롬을 사라지게 하리	在嘹亮的歌聲裏消納了無窮的苦厄!

이육사는 원시 「배헌」이 가지고 있는 음보의 리듬적 특성을 살리기 위해 번역시 매 구의 길이를 조절해 새로운 리듬을 만들어내고 있는데, 일례로 12행의 '起一座虹橋'를 번역할 때 '一座'('座'는 건축물이나 교량 등의 고정된 물체를 세는 데 사용하는 양사)를 '길-다란'이라는 형용사로 바꾸고 13행의 '指點着永恒的逍遙'를 번역할 때 '그들로'라는 말을 더한 것이다. 또한 이육사는 원시의 4행과 5행을 도치해 번역시에서 5행을 앞세우고 4행을 그다음에 배치했는데, 이는 번역시에서 '길가' → '눈

속' → '사막'으로, 가까운 곳에서 먼 곳으로 향하는 공간적 확대를 고려하고, '고아과수(孤兒寡守)' → '풀꽃' → '어린제비'로, 시적 화자와 관계상의 거리가 점차 멀어지는 순서를 고려한 것이다. 더욱이 이육사는 시어를 축자적으로 번역하지 않고 시인의 시상(詩想)을 중시해 그것을 번역하는 데 주력하고 있는데, 원시어(原詩語)를 사전적 의미로 번역하지 않고 부분적으로 변경해 한국어의 단련된 시어나 이미지로 바꿔놓았다. 구체적인 예를 들면 다음과 같다.

이육사의 번역문	원문(축자적 의미)
찬미해서 무엇하며	不贊美(찬미하지 않다)
노래한들 무엇하랴	不歌咏(노래하지 않다)
길가에 버려지면	路旁冥盲中(길가 어둠 속)
간신히 피려는	掙扎的(몸부림치는)
어여삐해	給(-에게)
힘줄에 흐르는 피	管中的血(혈관 속의 피)
靈臺에 어린	靈性裏的(영성 속의)
그동안만이라도	一俄顷(일순간)
즐거운 비단을 짜리	織造快樂(즐거움을 직조하다)

이육사는 '管中的血(혈관 속의 피)'를 '힘줄에 흐르는 피'로 번역해 '혈관'을 '힘줄'로 바꾸었고, '織造快樂(즐거움을 직조하다)'를 '즐거운 비단을 짜리'로 번역해 원문에 없는 '비단'이라는 말을 더했는데, 이는 오역의 결과인가? 그렇지 않다. 번역시 전체를 고려할 때 그것은 결코 오역이 아니라 시상의 전개에 따른 의도적인 번역으로 보아야 한다. '피'가 생명력을 의미한다고 할 때 '혈관 속의 피'보다는 '힘줄에 흐르는 피'가 더 강렬한 생명력의 이미지를 전달해줄 수 있다. 이육사는 쉬즈모의 시를 번역하기에 앞서 발표한 「서울」(『문장』 1941. 4)이라는 시에서 '피줄

같이 얼클여서'라는 시적 이미지를 사용한 바 있으므로 '혈관'을 '피줄'로 번역할 수도 있었겠으나 그렇게 하지 않고 '힘줄'로 번역했으니 상당히 의도적인 것으로 보아야 한다. 이는 '靈性裏的(영성 속의)'를 '영대(靈臺, '마음' 또는 '심령')에 어린'으로 번역한 것처럼 시인의 시상을 중시한 의도적인 번역이다. 또 '織造快樂'를 축자적으로 해석해 '즐거움을 직조하리'라고 번역하면 한국어에서는 그 이미지가 분명하게 다가오지 않는데, '織造'가 '베를 짜다'라는 뜻이 있고 '아름다운 구름'을 보통 '비단 같은 구름'이라고 표현하기도 하므로 '織造'를 '비단을 짜다'로 해석해 좀 더 형상적으로 '즐거운 비단을 짜리'라고 번역한 것이다.

다음으로 번역시 「재별강교」의 전문을 보자.

호젓이 호젓이 나는 돌아가리	輕輕的我走了,
호젓이 호젓이 내가 온거나같이	正如我輕輕的來;
호젓이 호젓이 내손을 들어서	我輕輕的招手,
西쪽 하늘가 구름과 흩치리라	作別西天的雲彩.
시냇가 늘어진 금빛 실버들은	那河畔的金柳,
별에 비껴서 新婦냥 부끄러워	是夕陽中的新娘;
물결속으로 드리운 고운 그림자	波光裏的艷影,
내 맘속을 샅샅이 흔들어 놓네	在我的心頭蕩漾.
복사[14] 위에는 보드란 풋 나뭇잎새	軟泥上的青荇,

14 원시어 '軟泥'는 물 밑에 부식물이 쌓여 만들어진 개흙을 가리키는데, 이육사가 '軟泥'를 물에 밀려 쌓인 모래밭을 가리키는 '복사(覆沙)'로 번역한 것은 시상을 놓치지 않으면서도 아름다운 시어를 선택하려는 고민의 결과라고 생각된다.

야들야들 물밑에서 손질 곧하고
차라리 '康橋' 잔잔한 물결속에
나는 한오리 그만 물풀이 될까

油油的在水底招搖;
在康河的柔波裏,
我甘心做一條水草!

느릅나무 그늘아래 맑은 못이야
바로 하늘에서 나린 무지갤러라
浮萍草 잎사이 고이 새나려와
채색도 玲瓏한 꿈이 잠들었네

那榆蔭下的一潭,
不是清泉, 是天上虹;
揉碎在浮藻間,
沈淀着彩虹似的夢.

꿈을 찾으랴 높은 돛대나 메고
물풀 푸른곳 따라 올라서 가면
한배 가득히 어진 별들을 실어
별들과 함께 아롱진 노래 부르리

尋夢? 撑一支長篙,
向青草更青處漫溯;
滿載一船星輝,
在星輝斑斕裏放歌.

그래도 나는 노래조차 못 부르리
서러운 이별의 젓대소리 나면은
여름은 벌레도 나에게 고요할 뿐
내 가는 이 밤은 '康橋'도 말없네

但我不能放歌,
悄悄是別離的笙簫;
夏蟲也爲我沈默,
沈默是今晚的康橋!

서럽디 서럽게 나는 가고마리
서럽디 서럽게 내가 온거나같이
나의 옷소맨 바람에 날려 날리며
한쪽 구름마저 짝없이 가리라

悄悄的我走了,
正如我悄悄的來;
我揮一揮衣袖,
不帶走一片雲彩.

「재별강교」는 아름다운 운율과 기발하고 청신한 이미지로 이별의 슬픔을 아름다움으로 승화시킨 쉬즈모의 대표작으로서 고결한 시적 상상력을 불러일으키는 작품이다. 이육사는 이 시의 이러한 특성을 고려해 감각적이고 생동적인 언어를 사용해 번역했는데, '백화로 읽을 때에 운율과 격조를 우리말로 이식하기는 여간 곤란한 것이 아니다'라고 했듯이 무엇보다 원시의 '운율과 격조'를 적극적으로 되살리기 위해 고심했다. 그는 「배헌」의 번역시처럼, 시구를 축자적으로 번역하지 않고 매 구에 담긴 시인의 시상을 정확하게 파악한 뒤 그것을 시적 이미지로 전환해 번역하는 방법을 취하고 있다. 원시의 운율을 적극적으로 되살리기 위해 번역시에서 매 행을 4음보의 리듬으로 구성하고 아름다운 시어와 이미지로 고도의 시적 상상력을 불러일으키는 의경(意境)을 창조해내고 있는데, 다음 페이지의 표는 몇 가지 예를 정리한 것이다.

이육사가 시의 운율을 얼마나 중시했는지는 먼저 '輕輕的('살며시' 또는 '가만가만')'를 '호젓이 호젓이'로 번역한 데서 확인할 수 있다. 이육사는 루쉰의 「고향」을 번역할 때 '輕輕地走去'를 '가만가만 가서'[15]라고 번역했는데, 「고향」은 소설이므로 리듬을 고려할 필요 없이 의미 전달에 치중해 '輕輕地'를 '가만가만'으로 번역한 것이다. 이와 달리 「재별강교」에서 '輕輕的'는 4음보 시구의 리듬과, 읽을 때 나는 부드러운 소리까지 고려해 2음보의 '호젓이 호젓이'로 번역한 것이다. 또 다른 일례로 '夏蟲'을 그냥 '여름 벌레'(1음보)로 번역하지 않고 '여름은 벌레도'(2음보)라고 번역한 것도 리듬을 맞추기 위함이다. '沈默是今晚的康橋'의 경우 '내 가는 이 밤은 康橋도 말없네'라고 번역해 '내 가는'이라는 말을 더했는데, 이것도 일차적으로 4음보 시구의 리듬을 맞추기 위

15 魯迅, 「故鄕」, 李陸史 譯, 『朝光』 1936. 12. 290쪽.

이육사의 번역문	원문(축자적 의미)
호젓이 호젓이	輕輕的(살며시)
볕에 비껴서 新婦냥 부끄러워	是夕陽中的新娘(석양 속의 신부이다)
손질 곧하고	招搖(나풀거리다)
하늘에서 나린 무지갤러라	是天上虹(하늘 위의 무지개)
고이 새나려와	揉碎(부스러지다)
꿈을 찾으랴 높은 돛대나 메고	尋夢？撑一支長篙(꿈을 찾을까? 긴 삿대를 저어)
물풀 푸른곳 따라	向青草更青處(청초 더욱 푸른 곳으로)
여름은 벌레도	夏蟲(여름 벌레)
내 가는 이 밤은 '康橋'도 말없네	沈默是今晚的康橋(침묵은 이 밤의 케임브리지)
서럽디 서럽게	悄悄的(조용히)
나의 옷소맨 바람에 날려 날리며	我揮一揮衣袖(나는 옷소매를 털어)

한 것으로 보아야 한다.

이육사가 원시의 시상에 의거해 번역한 사실은 '是夕陽中的新娘(석양 속의 신부이다)'를 '볕에 비껴서 신부(新婦)냥 부끄러워'라고 번역한 데서 두드러지게 드러난다. 기울어진 해가 비스듬히 비치는 가운데 서 있는 늘어진 버드나무의 형상이 마치 부끄러워하는 신부의 모습과 닮았다는 시상을 세심하게 포착한 뒤 그것을 4음보의 리듬에 맞추어 아름다운 시적 이미지로 번역한 것이다. 또 '나풀거리다'의 뜻인 '招搖'를 '손질 곧하고'라고 번역했는데, 물 밑에서 하늘거리는 '풋 나뭇잎새'의 시상을 상상해 그것을 '손질하다'(즉 '손짓하다', 1음보)로 해석하고 시구의 리듬을 맞추면서 글맛을 살리기 위해 '곧'이라는 말을 더해 '손질 곧하고'(2음보)로 번역한 것이다. 이때 '손질 곧하고'는 '손질곧 하고'로 읽히며, '곧'이 강조의 뜻을 나타내는 보조사로서 '~만'에 해당해 '손질만 하고'의 뜻으로 풀이할 수 있다. '부스러지다'의 뜻인 '揉碎'도 '부평초

잎 사이로 무지개가 내려 앉은 듯한 모습'의 시상을 상상해 '고이 새나려와'로 번역함으로써 아름다운 시어로 글맛을 살리면서 시구의 리듬을 맞추고 있다. 이때 '새'는 '새롭게', 즉 '산뜻하게'의 뜻을 내포하고 있는 듯한데, 원시에 없는 '새'를 더한 것은 시구의 리듬뿐만 아니라 읽을 때 나는 소리의 아름다움까지 고려한 것으로 보인다. 또한 '那榆蔭下的一潭,/ 不是清泉, 是天上虹'의 두 행을 해체한 뒤 재배치해 '느릅나무 그늘아래 맑은 못이야/ 바로 하늘에서 나린 무지갤러라'라고 번역한 것도 시상과 리듬을 동시에 중시한 결과이다. 즉, '느릅나무 그늘아래 연못은 맑은 샘물이 아니라 오히려 하늘의 무지개이다'라는 시상에 의거해 첫 행의 '一潭(연못)'과 둘째 행의 '清泉(맑은 샘물)'을 하나로 합쳐 첫 행의 '맑은 못이야'로 통합하고 '不是~是~(~가 아니라 ~이다)'를 '바로'라는 말로 그 의미를 담아내면서 각 행의 4음보 리듬을 만들고 있다.

게다가 간과할 수 없는 것은 이육사가 '운율과 격조'를 대단히 중시한 까닭에 원시의 읽는 소리까지 번역하려는 노력을 기울였다는 점이다. 이를테면 '向青草更青處'를 '물풀 푸른곳 따라'라고 번역했는데, '青草'-'青處'의 '青(qing)' 소리의 중첩을 고려해 '물풀'-'푸른'의 '풀-푸' 소리의 중첩으로 표현한 것으로 보아야 한다. 또한 '揮一揮'를 '바람에 날려 날리며'로 번역했는데, '揮'가 원래 '흔들다' 또는 '털어내다'의 뜻이지만 '걸을 때 옷소매가 바람에 가볍게 날리는 모습'의 시상을 상상하고 그것을 '바람에 날리다'로 해석한 뒤 4음보의 리듬을 맞추면서 '揮一揮'의 '揮(hui)' 소리의 중첩을 의식해 '날려 날리며'로 '날' 소리를 중첩해 표현한 것으로 보아야 한다.

역자의 정서가 번역시에 적극적으로 결합되어 있다는 점도 이육사의 쉬즈모 시 번역의 두드러진 특징이다. '輕輕的'를 '호젓이 호젓이'로 번역한 것은 일차적으로 리듬과 소리를 고려한 결과이지만, 그것은 이별을 읊은 이 시의 쓸쓸하고 외로운 분위기를 고조시키는 효과를 낳는다. '悄悄的'를 '서럽디 서럽게'로 번역한 것은 그러한 분위기를 더 한층 고조시킨다. '悄悄'는 현대 중국어의 사전적 의미로 '조용히' 또는 '몰래'의 뜻인데, 이육사는 이를 '서럽다'로 번역했으니 오역인가? 그렇지 않다. 전통 한시에서 '悄悄'는 '슬프고 근심스러운 모양(憂傷貌)'을 나타내므로 '서럽다'의 의미로 해석할 수 있다. 이를테면 "憂心悄悄, 慍於群小(근심은 가슴을 덮고, 하찮은 무리들의 원망만 사네)"(「시경·패풍·백주詩經·邶風·柏舟」), "漠漠秋雲起, 悄悄夜寒生(가을 구름 어둡고 아득히 일고, 밤의 찬 기운 외롭고 처량하게 스며드네)"(백거이白居易, 「미우야행微雨夜行」), "悄悄深夜寒, 蕭蕭秋葉落(근심스러운 깊은 밤 찬 바람 스미고, 쓸쓸히 가을 잎 지네)"(허난설헌, 「기하곡寄荷谷」) 등에서 '悄悄'는 바로 그런 뜻이다. 어려서부터 한시를 공부했던 이육사는 '悄悄'를 '슬프고 근심스러운 모양'으로 보아 '서럽다'로 번역한 것이다.

그렇지만 또 다른 측면도 고려해야 한다. 이육사는 「재별강교」가 이별을 읊은 시이기에 이별의 '서러운' 정서를 강조할 필요가 있었거니와 그러한 정서는 번역에 임하는 역자 본인의 내면 정서이기도 했다. 이육사는 「편복(蝙蝠)」(1940년 1월 이전에 창작)에서 "서러운 주문(呪文) 일사 못 외일 고민의 이빨을 갈며"라고 읊었고, 「반묘(斑猫)」(『인문평론』 1940. 3)에서 "어느 사막의 나라 유폐된 후궁(后宮)의 넋이기에/ 몸과 마음도 아롱져 근심스러워라.// 칠색(七色) 바다를 건너서와도 그냥 눈동자에/ 고향의 황혼(黃昏)을 간직해 서럽지 않뇨"라고 읊었다. '근심스럽고' '서러운' 정서가 이육사의 창작시에 가득하며, 그것은 외롭고 슬픈 시인의 내면 정서를 반영한다. 그렇다면 이육사가 '悄悄的'를 '서럽디 서럽게'로 번역한 것은 전통 한시의 뜻풀이에 근거하고 있다고 하더라도 역자의 내면 정서가 적극적으로 반영된 결과로 보아야 한다. 이육사가 현대 중국어 '悄悄'의 뜻을 몰랐다기보다 자신의 외롭고 슬픈 정서를 반영하면서 이별의 정서를 한층 고조시키기 위해 그 단어를 전통 한시의 뜻풀이에 따라 '서럽다'의 의미로 해석한 것이다. 이때 '서러운' 정서는 일차적으로 역자 본인의 내면 정서를 반영한 것이지만, 당시 일제 치하 한국인의 보편적 정서를 대변하기에 '서럽디 서럽게'라는 시구는 한국 독자들에게 더 큰 정서적 공명을 불러일으키게 되는 것이다.

요컨대 이육사가 쉬즈모의 시를 번역한 것은 그것이 아름다운 운율과 시어로써 청신하고 기발한 시상을 표현하고, 자기희생적이고 꿈을 찾아 나서는 고결한 정신과, 슬픔을 아름다움으로 승화시키는 서정적 분위기를 담고 있기 때문이었다. 이육사의 번역시는 소리 내어 읽으면 아름다운 시어와 운율로 인해 원시에 못지않은 빼어난 형식미와 짙은 서정적 분위기를 느낄 수 있는데, 쉬즈모의 시가 한국어로 재탄생된 것이다. 희랍의 소시(小詩)를 중국어로 번역한 적이 있는 저우쭤런이 1930년대 초 그를 방문한 정래동에게 "시가(詩歌)의 번역은 거의 불가능한 것"[16]이라고 말한 바 있듯이 시를 다른 나라 언어로 번역한다는 것은 대단히 어려운 일이다. 그럼에도 불구하고 이육사는 「배헌」과 「재별강교」의 번역시에서 원시의 '운율과 격조'를 적극적으로 되살리며 시적 완결성을 이룩했으니, 이는 중국 현대시 번역의 전범으로 보아도 손색이 없다.

16 丁來東, 「中國 文人 印象記(四): 精密 · 堅忍 · 謙讓하고 終始一如한 周作人氏」, 『東亞日報』 1935. 5. 4.

3. 시 창작이 쉬즈모 시 번역에 미친 영향

1980년대에 이육사의 번역시를 중심으로 쉬즈모의 시와 이육사의 시의 영향 관계를 세밀하게 분석한 심원섭(沈元燮)은 이육사의 「황혼(黃昏)」(『신조선』 1935. 12)과 「강(江) 건너간 노래」(『비판』 1938. 7)가 세계관적인 측면에서 낭만적이고 감상적인 성향을 띤다는 점, 유사한 시적 상상력을 지니고 있다는 점에서 쉬즈모의 「배헌」으로부터 크게 영향을 받았다고 지적했다. 특히 「배헌」의 6행 '燒死在沙漠裏想歸去的雛燕(사막에선 돌아가길 생각해 타죽은 어린제비)'은 '어린제비'나 그것이 사막에서 타서 죽는다는 모티프와 더불어 「강 건너간 노래」의 내용 전체에 걸쳐서 지배적인 영향을 미치고 있다고 단정했다.[17] 나아가 그는 "육사의 마지막 작품이라 추정되는 「꽃」에서 즈모(志摩)의 「배헌」과 유사한 부분이 더 폭넓게 드러나고 있다는 사실은, 육사의 시적 상상력 속에 자리 잡은 즈모 시의 영향이 얼마나 확고한 것인가를 입증해주는 뚜렷한 예가 된다고 할 수 있을 것이다"[18]라고 지적했다. 그런데 감상성이나 시적 상상력 면에서 유사한 측면이 있다고 해서 이를 근거로 이육사의 시가 쉬즈모의 시로부터 직접적인 영향을 받았다고 단정하는 것은 이육사의 창작시와 번역시 사이의 시간적 선후 관계를 충분히 고려하지 않은 데서 유래한 판단으로 생각된다. 이육사는 1941년 4월에 쉬즈모의 시를 번역했는데, 이육사의 주요 창작시가 대부분 그 이전에 발표되었음을 상기할 때 오히려 이육사가 이전의 창작시에서 즐겨 사용해온 시상과 시어를 활용해 쉬즈모의 시를 번역했다고 볼 수도 있다. 말하

17 심원섭, 「이육사의 서지마(徐志摩) 시 수용 양상」, 『우리文學研究』 제6·7집, 341쪽.
18 심원섭, 「이육사의 서지마(徐志摩) 시 수용 양상」, 『우리文學研究』 제6·7집, 343쪽.

자면 이육사의 시 창작이 도리어 쉬즈모의 시를 번역하는 데 직접적인 영향을 미쳤다고 보아야 하지 않을까?

이육사는 1936년 루쉰이 사망한 직후 루쉰 문학을 비평하고 루쉰의 「고향」을 번역한 바 있으니 그 무렵부터 중국 현대시에 관심을 가지고 쉬즈모의 시를 읽었을 것이라고 가정해볼 수도 있지만, 이를 뒷받침할 만한 뚜렷한 증거는 없다. 이육사는 번역시가 실린 「중국 현대시의 일단면」을 1941년 6월에 발표한 이후 창작시로는 「파초(芭蕉)」(『인문평론』 1941. 12) 이외에 공식적인 지면에 작품을 발표하지 않았다. 그는 쉬즈모의 시를 번역한 후 얼마 지나지 않아 그해 여름부터 폐병을 앓게 되어 9월에 입원하고 이듬해인 1942년 2월에 퇴원해 경주 기계리에서 요양하게 되는데, 그 후 수필 「고란(皐蘭)」의 발표를 끝으로 사실상 문필 활동을 종식하게 된다. 이육사의 대표작 중 하나인 「광야」와 「꽃」도 1942-1943년에 쓰인 것으로 추정되는 유고시(遺稿詩)이다. 이육사는 쉬즈모의 시를 번역하기 직전에 후스의 「오십년 동안 중국의 문학」을 초역한 「중국문학 오십년사」(『문장』 1941. 1 · 4)를 소개하기도 했는데, 이 시기에 비로소 루쉰 문학 이외에 중국 현대 문학 영역으로 관심을 넓혀갔고 그 연장선에서 중국 현대 시단을 조망하면서 쉬즈모의 시를 번역하게 된 것은 아닐까.[19] 사실 이육사는 1940년 1월 『시학(詩學)』에 발표한 「『시학』 앙케에트에 대한 대답」에서 "내가 사숙하는

19 이육사가 쉬즈모의 시를 오랫동안 감상하고 검토했다고 생각해볼 수도 있겠으나, 그렇게 생각하기 어려운 점이 있다. 「중국 현대시의 일단면」을 찬찬히 읽어보면 이육사가 중국 현대 시단을 조망하는 가운데 쉬즈모의 시에 주목하게 되었음을 알 수 있으며, 또한 시인 주쯔칭(朱自淸)에 대해 후일에 구체적인 글을 써보겠다고 말한다든지 시인 주샹(朱湘), 볜즈린(卞之琳), 왕두칭(王獨淸)의 공적과 작품에 대해서도 다음 기회에 소개하고 싶다고 말하고 있으니 이 시기에 이르러 쉬즈모를 비롯한 중국 현대 시인에 대해 주목하고 있었음을 알 수 있다.

시인: 내가 사숙(私淑)까지 했던 사람은 없습니다"[20]라고 답한 바 있으니, 특정한 어느 한 시인을 사숙하지는 않았다. 또한 그는 수필 「계절의 표정」에서도 밝히고 있듯이 베를렌, 구르몽, 키츠, 예이츠, 니체, 예세닌 등 유럽 시인들의 시집을 즐겨 읽고 『시경(詩經)』의 작품도 번역했으므로[21] 서양 현대시와 중국 고전시로부터 시적 자양분을 두루 섭취했다.

그런데 이육사의 시 「강 건너간 노래」에 나오는 '어린제비가 모래불(사막)에 떨어져 타서 죽는다'[22]는 시적 모티프는 쉬즈모의 시 「배헌」의 6행과 상당히 유사한데 이를 어떻게 해석할 것인가? 이 대목에서 먼저 지적하지 않을 수 없는 것은, 제비가 '강남으로 날아간다'고 생각하는 한국인이나 중국인에게는 '제비가 사막에 떨어져 타서 죽는다'라는 시적 모티프의 설정이 경험적으로 불가능하다는 점이다. 제비가 사막을 가로질러 가다가 지쳐 사막에 떨어져 죽는다는 모티프는 유럽에서나 가능한 일이다. 왜냐하면 유럽의 제비는 새봄에 유럽으로 찾아온 뒤 여름이 저물 즈음 바다나 사막을 가로질러 남아프리카로 날아가기 때문이다. 주지하듯이 쉬즈모가 영국의 낭만파 시인의 영향을 크게 받았고 유럽의 상징파와 인상파 시의 특징을 흡수했으며 이육사도 그들로부터 적지 않은 영향을 받았다고 할 때, 어린제비가 사막에 떨어져 타서 죽는다는 시적 모티프의 설정은 유럽 시인들의 시적 상상력으로부터 영향을 받았다고 할 수도 있을 것이다.

더욱이 '제비'의 시적 이미지는 근대 시기 한국의 대표적인 서정시

---

20 李陸史, 「『詩學』 앙케에트에 대한 대답」, 『李陸史全集』, 379쪽.

21 李陸史, 「季節의 表情」, 『李陸史全集』, 193-194쪽 참조.

22 "강 건너 하늘 끝에 사막도 닿은 곳/ 내 노래는 제비같이 날러서 갔소(2연)// 못 잊을 계집애 집조차 없다기에/ 가기는 갔지만 어린 날개 지치면/ 그만 어느 모래불에 떨어져 타 죽겠죠(3연)"

인 김소월의 시에서도 종종 등장한다. 1925년에 출판된 김소월의 시집 『진달래꽃』에 수록된 「제비」(『개벽』 1922. 1)는 "하늘로 날아다니는 제비의 몸으로도/ 일정(一定)한 깃(보금자리—인용자)을 두고 돌아오거든!/ 어찌 설지 않으랴, 집도 없는 몸이야!"[23]라는 시구로 되어 있고, 「삭주구성(朔州龜城)」(『개벽』 1923. 10)에는 "물 맞아 함빡히 젖은 제비도/ 가다가 비에 걸려 오노랍니다"[24]라는 시구가 나온다. 이들 작품은 각각 제비에 견주어 집조차 없는 시적 화자의 서러운 처지와, 제비조차 날아 재를 넘다가 구름비에 젖어 되돌아올 수밖에 없는 먼 고향길의 험난함을 읊은 것이다. 1939년에 출판된 김소월의 시집 『소월시초(素月詩抄)』에 수록된 「제비」(『개벽』 1922.7)에도 '강남의 더운 나라 고향으로 날아가는 제비'가 시적 모티프가 되고 있다. "오늘아침 먼동 틀 때/ 강남(江南)의 더운 나라로/ 제비가 울고불며 떠났습니다.// …… 어이(짐승의 어미—인용자)를 이별하고/ 떠난 고향의/ 하늘을 바라보던 제비이지요.// 길가에서 떠도는 몸이길래,/ 살살 부는 새벽의/ 바람이 부는데도 떠났습니다."[25] 김소월의 세 작품을 함께 놓고 읽으면, 이육사의 시에 등장하는 '제비'의 시적 이미지는 이들과 상당한 연관이 있음을 깨닫게 된다. 이를테면 「강 건너간 노래」에 나오는 '못 잊을 계집애 집조차 없다기에'라는 시구는 김소월의 「제비」에 나오는 "어찌 설지 않으랴, 집도 없는 몸이야!"라는 시구를 연상시킨다. 특히 이육사의 유고시 「잃어진 고향」의 "제비야/ 너도 고향이 있느냐// 그래도 강남을 간다니/ 저 높은 재 우에 흰구름 한조각// 네 깃에 묻으면/ 두 날개가 촉촉이 젖겠구나//

23 김소월, 「제비」, 『김소월전집』, 김용직 편저(서울대학교출판부, 1996), 51쪽.
24 김소월, 「朔州龜城」, 『김소월전집』, 168쪽.
25 김소월, 「제비」, 『김소월전집』, 221쪽.

…… 불행히 사막에 떨어져 타죽어도/ 아이서려야 않겠지"[26]라는 시구는 김소월의 세 작품 전체와 연관되어 있음을 깨닫게 된다. 시적 화자의 집 없는 서러움, 고향으로 돌아가는 제비, 재를 넘다 구름비에 날개 젖는 제비, 험난한 귀향길 등의 시적 이미지를 공유하고 있는 것이다. 다만 '강남'으로 돌아가는 제비가 '사막'에 떨어져 타서 죽는다는 시적 이미지는 김소월의 시에는 등장하지 않는다. 굳이 이것이 쉬즈모의 시 「배헌」의 6행과 연관이 있다고 한다면, 이는 험난한 귀향길을 더욱 형상적으로 표현하기 위한 소재적(素材的) 차용에 지나지 않는다.

심원섭도 이육사의 시가 쉬즈모의 시로부터 받은 영향을 최종적으로 정리하면서 모순적인 태도를 은연중에 드러내고 있다. "우리가 이러한 작품 「꽃」을 앞에 두었을 때, 육사가 「황혼」이나 「강 건너간 노래」에서 그랬던 것처럼 쉬즈모의 「배헌」이 갖고 있었던 감상성과 낭만성을 그대로 수용하고 있다고는 말할 수 없게 됨을 느끼게 된다. 물론, 이 「꽃」 속에서, 낭만주의의 한 특성이라고 할 수 있을 '공간의 확대 성향', '갈등의 순간적인 해결을 꿈꾸는 감상성' 등을 지적해낼 수 없는 것은 아니다. 그러나 이 작품이 담고 있는 튼튼한 사상적 토대－민족적 고난의 타개라는 차원에까지 그 감동의 폭을 넓힐 수 있게 하는－와 그것의 형상적 기반인 짧고 정형적인 리듬, 화려하고도 장엄한 이미지의 구축, 강력한 남성적 어조 등은, 이 작품이 「배헌」·「황혼」의 소박한 낙관주의가 보여주는 감상성과 낭만적 특질은 물론, 「강 건너간 노래」가 보여주는 애상의 세계와도 이미 먼 거리에 와 있음을 알게 해주는 것이다. 이렇게 보면 결국 육사의 「꽃」에 포함되어 있는 즈모(志摩) 시 「배헌」의 영향이라는 것은, 비록 적극적인 번역문의 차용이라는 예

26 李陸史, 「잃어진 故鄕」, 『주간 서울』 1949. 4. 4.

외가 있긴 하지만, 전반적으로 겨우 소재상의 일치 정도에 머무르고 있을 뿐이라는 점을 확인할 수 있다고 하겠다."[27] 심원섭은 쉬즈모의 시를 번역하기 이전에 창작된 이육사의 「황혼」과 「강 건너간 노래」가 쉬즈모의 시로부터 더 큰 영향을 받았으며, 번역시 이후에 창작된 유고시 「꽃」이 오히려 소재 면에 한정되어 쉬즈모의 시로부터 영향을 받았을 뿐이라고 정리하고 있는데, 번역시 이전의 창작시가 번역시 이후의 창작시보다 쉬즈모의 시로부터 더 많은 영향을 받았다고 주장하는 것은 상식적으로 보아 납득하기 어려운 일이다. 이육사의 '초기·중기' 창작시가 지니고 있는 감상성과 낭만성의 경향은 쉬즈모의 시와 공통된 특질일 뿐인데, 이를 근거로 이육사가 쉬즈모의 시로부터 직접적인 영향을 받았다고 단정하는 것은 온당치 않다. 오히려 감상성과 낭만성의 공통된 특질 때문에 이육사가 쉬즈모의 시에 공명해 이를 한국어로 번역했다고 보는 것이 옳다. 쉬즈모가 영국의 낭만파 시인과 유럽의 상징파 및 인상파 시인으로부터 많은 영향을 받았으며 이육사도 그들로부터 적지 않은 영향을 받았다고 할 때, 이육사와 쉬즈모의 시적 경향성이 유사한 특질을 갖게 된 것은 당연하다. 말하자면 이육사의 '초기·중기'의 창작시가 감상성과 낭만성의 특질 면에서 쉬즈모의 시와 유사한 경향을 지녔다는 점, 이육사의 창작시에 표현된 운율과 시어가 오히려 쉬즈모의 시를 번역하는 데 직접적인 영향을 미쳤다는 점, 그래서 「꽃」은 이육사가 시 창작의 자기 발전의 경로를 밟아 도달한 완숙한 경지라는 점을 염두에 두어야 할 것이다.

심원섭은 쉬즈모의 시가 이육사의 시 창작에 절대적인 영향을 미쳤

27 심원섭, 「이육사의 서지마(徐志摩) 시 수용 양상」, 『우리文學硏究』 제6·7집, 345-346쪽.

다는 관점을 선험적인 인식으로 가지고 있었고, 쉬즈모 시의 감상성이나 시상의 전개를 원시에 의거해 충분히 검토하지 않은 채 이육사의 '번역시'에만 의존해 그것과 이육사의 창작시를 비교 분석한 것으로 보인다. 단적인 예로 「재별강교」의 마지막 두 행에 대한 그의 분석을 보자. 원시 (가) '我揮一揮衣袖, 不帶走一片雲彩'에 대한, 하정옥(河正玉)의 번역 (나) '나는 옷소매를 훌훌 털어, 한조각 구름도 지니잖고 떠나간다'와, 이육사의 번역 (다) '나의 옷소맨 바람에 날려 날리며, 한쪽 구름마저 짝없이 가리라'를 다음과 같이 비평했다. "(나)의 화자가 절제된 감정과 담담한 어조를 통해, 이별의 슬픔이 지닌 여운을 오히려 효과적으로 드러내고 있는 것과 달리, (다)의 육사는 '호젓함·서러움' 등의 감정적 색채를 노출시키면서, 화자가 지닌 이별의 서러움을 절제 없이 쏟아냈기 때문에, 독자에게 느껴지는 이별의 슬픔의 정도는, 오히려 (나)의 하정옥의 그것보다 열등한 것에 떨어지고 있는 것처럼 생각되는 것이다. 이를 두고서, 만약 (나)의 시를 지적 절제에 의한 정서적 균형을 획득하고 있는 것이라고 한다면, (다)의 시는 감정의 과잉 노출로 인한 감상성을 드러내고 있다고 할 수 있을 것이다."[28] 심원섭은 번역 (다)가 지적 절제 없이 화자의 감정을 과잉 노출하고 있어 번역 (나)보다 열등한 것이라고 평했는데, 누가 보아도 번역 (나)는 의미 전달에 치중한 축자적인 번역으로 시적 리듬감이 없고 시어도 단련되지 않은 설명조의 산문적 언어에 머무르고 있는 반면, 번역 (다)는 원시의 리듬과 소리까지 되살린 아름다운 형식미로 시적 상상력을 자극하는 재창조의 번역에 이르고 있음을 알아차릴 수 있다.

더욱이 심원섭은 원시 「배헌」의 원문을 인용하면서 '추연(雛燕)'을

28 심원섭, 「이육사의 서지마(徐志摩) 시 수용 양상」, 『우리文學研究』 제6·7집, 329쪽.

'조연(雕燕)'으로 오기한 후 이육사가 제대로 번역한 '어린제비(雛燕)'를 '독수리와 제비(雕燕)'로 번역해야 옳다고 주장했는데, 만일 「배헌」이 현대 백화시라는 점을 염두에 두었다면 오기라고 하더라도 '조연(雕燕)'이라는 단어를 한시에서처럼 '조(雕)'와 '연(燕)'으로 분리해 '독수리와 제비'로 옮기는 잘못을 범하지는 않았을 것이다. 그 결과 심원섭은 자신이 오기한 '조연'을 이육사가 '독수리와 제비'로 옮기지 않고 '어린제비'로 옮긴 데 대해 "강인한 이미지를 풍기는 독수리(雕)를 빼고 대신 '어린'이라는 어휘를 사용한 것으로 추측할 수가 있는 것이다. 이처럼 세심한 의도 아래에서 대담한 변형을 가하는 번역상의 특성은 「재별강교」의 번역에서도 다시 확인할 수 있다"[29]라고 설명하기에 이른다. 또 다른 일례를 보자. 이육사가 번역한 「배헌」의 번역시는 처음 『춘추』에 실렸을 때 조판상 첫 세 행이 하나로 연결되어 "산아 네 웅장함을 찬미해서 무엇하며바다 네 광활함을 노래한들 무엇하랴 풍파 네 끝없는 위력(威力)도 높이 보진 않으리라"로 인쇄되어 있었는데, 심원섭은 이를 두고 "이육사의 고의적인 행 배열의 결과"[30]라고 판단했다. 그런데 그는 「재별강교」의 각 연 4행씩 총 7연으로 된 원시가 번역시에서 연의 구분 없이 총 28행으로 연결되어 있는 것에 대해서는 "부분적 변형이나 재창조라고 하기에는 너무나 엄청난 파격이라고 할 수밖에 없다. …… 이것은 육사의 고의적인 변형이 아니라, 이 번역시를 수록한 『춘추』지 측의 조판상의 오식(誤植)일 가능성이 매우 높다고 생각되는 것이다"[31]라고 하며 이중적인 태도를 취했다. 사실 『춘추』에 실린 「배헌」

29 심원섭, 「이육사의 서지마(徐志摩) 시 수용 양상」, 『우리文學研究』 제6·7집, 324쪽.
30 심원섭, 「이육사의 서지마(徐志摩) 시 수용 양상」, 『우리文學研究』 제6·7집, 322쪽.
31 심원섭, 「이육사의 서지마(徐志摩) 시 수용 양상」, 『우리文學研究』 제6·7집, 326-327쪽.

번역시의 첫 행을 자세히 살펴보면 그것 역시 조판상의 오식임을 알 수 있다. 즉 '무엇하며 바다'로 띄어 써야 하는데 '무엇하며바다'로 연결해놓았으니, 식자공이 이육사의 육필 원고를 잘못 해독하고 식자하는 과정에서 행 구분 없이 붙여 쓴 것이다.[32] 심원섭은 이육사의 번역시의 특질을 세밀하게 분석하고 있지만, 일부 인용의 오류나 조판상의 오식을 근거로 분석하는 등 상당히 자의적이어서 충분한 객관성을 확보하고 있다고 보기 어렵다.

이제 이육사의 시 창작이 쉬즈모의 시를 번역하는 데 어떠한 영향을 미쳤는지 구체적인 사례를 통해 살펴보도록 하자. 「배헌」과 「재별강교」의 번역시가 나오기 이전에 발표된 이육사의 창작시와 번역시를 일부 비교해보면 그 영향 관계가 뚜렷하게 드러난다. 이육사는 「재별강교」에서 '尋夢? 撑一支長篙(꿈을 찾을까? 긴 삿대를 저어)'라는 구절을 '꿈을 찾으랴 높은 돛대나 메고'라고 번역했는데, 원시의 '長篙(긴 삿대)'를 '높은 돛대'로 옮겼으니 원시를 제대로 독해하지 못한 오역인가? 이육사는 왜 '긴 삿대'를 '높은 돛대'로 번역했을까? 그 점은 그가 「재별강교」를 번역하기 이전의 창작시에서 '돛대'라는 이미지를 자주 사용해왔다는 사실을 상기하면 곧바로 알 수 있다. 이육사는 "봄바다 바람 실은 돛대처럼 오라"(「아편」, 『비판』 1938. 11), "흰 돛단배가 곱게 밀려서 오면"(「청포도」, 『문장』 1939. 8), "귀향가는 손의 돛대도 불어주고"(「서풍」, 『삼천리』 1940. 10), "돛대보다 높다란 어깨"(「독백」, 『인문평론』 1941. 1), "연기는 돛대처럼 날려 항구에 들고"(「자야곡」, 『문장』 1941. 4) 등의 시구에

---

32 조판상의 오식은 「재별강교」의 번역시 말미에 "(年十一月六日中國海上)"라는 말이 부기되어 있는 데서도 확인이 된다. 원시에는 '年'이 없이 '十一月六日中國海上'이라는 말만 부기되어 있는데, 이육사도 원문에 의거해 당연히 '年'을 넣지 않았을 것이나 식자 과정에서 '年'이 첨가된 것으로 보인다.

서 보듯이 쉬즈모의 시를 번역하기 이전에 '돛대'라는 이미지를 즐겨 사용했다. 「독백」에서는 아예 '높은 돛대'의 이미지가 그대로 나온다. 그렇다면 이육사는 원시의 '긴 삿대'라는 시어를 이전에 즐겨 사용해온 '높은 돛대'라는 시어로 바꿔놓았는데, '배를 몰고 가다'라는 원시의 시상에 변화를 주지 않고 4음보의 리듬과 읽을 때의 부드러운 소리를 고려하면서 꿈을 찾아 나서는 시적 화자의 행위를 형상적으로 부각하기 위해 '메고'라는 동사를 연결해 '높은 돛대나 메고'라고 번역한 것이다. 또 다른 일례를 보자. 이육사는 「재별강교」의 '悄悄是別離的笙簫(고요함은 이별의 피리소리)'를 '서러운 이별의 젓대소리 나면은'으로 번역했는데, '서러운'과 '젓대소리'는 이육사가 이전의 창작시에서 자주 사용해 온 시어들이다. 이를테면 「아미(娥眉): 구름의 백작부인」(『문장』 1941. 4)의 "꽃다발 향기조차 기억만 서러워라/ 찬 젓대 소리에다 옷끈을 흘려보내고"라는 시구에서 보듯이 '서러운'과 '젓대소리'는 이육사의 창작시에서 서로 호응하는 주요한 시어로 등장한다. 이육사는 '悄悄'를 '서럽다'의 뜻으로 해석하고, 입으로 부는 피리의 일종인 '笙簫'를 '젓대소리'로 옮겨 둘을 연결함으로써 이별의 정서를 강화하는, 감각적이고 생동적인 시적 이미지를 부여했다. 서러움과 젓대소리를 하나로 연결하는 시상은 이육사가 창작시에서 이미 사용한 바 있으므로 이를 활용해 쉬즈모의 시를 번역한 것이다.

창작시의 리듬과 시어가 번역시에 그대로 반복되는 경우는 그 영향이 더욱 두드러진다. 이육사의 창작시 「황혼」(『신조선』 1935. 12)에 나오는 "황혼(黃昏)아 네 부드러운 품안에 안기는 동안이라도/ 지구(地球)의 반쪽만을 나의 타는 입술에 맡겨다오"라는 구절과, 창작시 「일식(日蝕)」(『문장』 1940. 5)에 나오는 "날과 땅이 한줄 위에 돈다는 그순간만이라도/ 차라리 헛말이기를 밤마다 정영 빌어도 보았다"라는 구절은 5음보의 동형적 리듬 구조를 갖는데, 이것은 번역시 「배헌」에서 "나의 시(詩)—노래 가락도 요량(嘹喨)한 그동안만이라도/ 하늘밖에 구름은 그를 위해 즐거운 비단을 짜리"라는 구절로 재현된다. 여기서 '동안이라도' → '그순간만이라도' → '그동안만이라도'라는 시어에서 보듯이 유사한 시어가 그대로 반복된다. 이는 이육사가 창작시에서 사용한 시구의 리듬과 시어를 번역시에 적극적으로 활용하고 있음을 보여준다. 결국 이육사는 자신의 창작시에서 사용한 '운율과 격조'와 시적 이미지를 활용해 쉬즈모의 시를 번역함으로써 원시의 시상에 큰 변화를 주지 않으면서도 번역시에 새로운 '운율과 격조'와 시적 이미지를 부여한 것이다. 이는 이육사의 시 창작이 쉬즈모 시의 번역에 직접적인 영향을 미쳤음을 의미한다.

4. 시상(詩想)의 번역과 시적 완결성의 추구

만일 우리가 원시를 축자적으로 번역한다면 단순히 시구의 의미를 전달하는 데 그쳐, 원시의 '운율과 격조'를 제대로 살릴 수 없을 뿐만 아니라 원시의 완결된 시적 체계 속의 언어가 갖는 시적 울림을 제대로 재현할 수 없다. 그러므로 우리는 원시의 시상 전개를 중시하되 원시의 시적 울림을 재현할 수 있는 번역시의 새로운 시적 언어와 '운율과 격조'를 재창조해야 한다. 이는 번역시의 시적 완결성을 이룩하기 위한 것인바, 번역시가 '시(詩)'로서 성립하지 못한다면 그 번역은 실패한 것이기 때문이다. 1920년대에 서양의 시를 번역해 여러 권의 번역시집을 펴내기도 한 시인 김억(金億)은 번역시집 『잃어진 진주(眞珠)』(1924)의 서문에서 "시가(詩歌)는 옮길 수 있는 것이 아니라 하면 시가의 번역은 더욱 창작이상(創作以上)의 힘드는 일이라 하지 아니할 수가 없습니다"[33]라고 말했다. 그는 역시(譯詩)의 경험을 바탕으로 1931년 『동광(東光)』(1931. 5·6)에 「역시론(譯詩論)」을 발표해 "시가의 무어라 말할 수 없는 묘미(妙美)는 언어 그 자신의 어미(語美)와 어의(語意)와 어음(語音)과 어향(語響)을 돌아보지 아니하고는 맛볼 수 없는 것이외다"[34]라고 전제하고, '시가의 형식이니, 음조(音調)니, 어미(語美)니, 어수(語數)니 하는 것을 전적(全的)으로 옮겨 놓은 것'이라야 '진정한 역시'라고 할 수 있는데, 그것은 언어의 성질상 절대로 불가능한 것이기 때문에 결국 '창작적 노력으로만 시가의 번역을 할 수 있다'라고 강조했다.[35]

이육사 역시 시가의 번역이 등가(等價)로 이루어질 수 없다는 점을 누구보다 예민하게 의식하고 있었다. 그는 김억의 '역시론'의 관점에서서 시구의 단어적 의미 차원의 번역에 머물지 않고 시상의 전개 차원에서 번역을 시도함으로써 번역시 체계 내에서 새로운 시적 언어와 '운율과 격조'를 재창조해 원시의 시적 울림을 재현하고자 노력했다. 이육사는 '시 한 편만 부끄럽지 않게 쓰면 될 것'을 다짐하고, '우수한 작품'의 생산을 위해 "시나리오 문학은 아무런 데로 구애될 것이 없이 예술적으로 독립해야 할 것"[36]을 역설했듯이 그에게 문학 창작의 선결조건은 예술로서의 완결성을 추구하는 것이었다. 이육사가 쉬즈모의 원시로부터 옮기고자 고심한 '운율과 격조'의 형식미와 시적 이미지도, 김억의 지적처럼 원시와 번역시의 서로 다른 언어의 구조적 차이로 인해 모방적 재현이 본질적으로 불가능하므로 번역시의 언어 체계 내에

33 김억, 『김억 평론선집』, 김진희 편(지식을만드는지식, 2015), 204쪽.
34 김억, 『김억 평론선집』, 150쪽.
35 김억, 『김억 평론선집』, 151-152쪽 참조.
36 李陸史, 「藝術形式의 變遷과 映畫의 集團性」, 『李陸史全集』, 242쪽.

서 재창조되어야 한다. 이육사가 자신의 창작시에서 사용한 '운율과 격조'와 시적 이미지를 쉬즈모 시의 번역에 적극적으로 활용하게 된 이유도 바로 여기에 있다.

요컨대 이육사는 쉬즈모의 시를 번역할 때, 축자적인 번역에 머물지 않고 매 시구의 시상 전개를 중시해 그것에 의거해서 번역하되 번역시가 시로서 성립할 수 있는 새로운 시적 언어와 '운율과 격조'를 재창조해냈다. 시상 전개에 의거한 이육사의 쉬즈모 시 번역은 재창조의 과정을 거쳐 번역시의 시적 완결성을 추구한 시 문학 번역의 전범으로 보아도 손색이 없다. 심원섭은 이육사의 번역시의 특징으로 원시의 독특한 효과의 보존과 대담한 의역, 원시에 대한 형태적·내용적 개작의 시도, 감상성으로 인한 감정의 과잉 노출을 들었지만[37] 이육사의 쉬즈모 시 번역은 '의역'이나 '개작'이라는 말로 범주화할 수 없는, 시상의 전개 차원에서 이루어진 높은 수준의 시적 재창조의 실천을 보여준다. 더욱이 그것은 '감정의 과잉 노출'이라는 말로 개괄할 수 없는, 당시 역자의 내면 정서와 시대적 정서를 결합해 원시에 내포된 고결한 정신과 풍부한 서정성을 더욱 강화해주고 있는 것이다.

37 심원섭, 「이육사의 서지마(徐志摩) 시 수용 양상」, 『우리文學硏究』 제6·7집, 330쪽.

제 2 부

한중 문예 교류와 상호 문화 인식

제 5 장
루쉰의 초상 이미지와 작품 텍스트의 유전(流傳)

루쉰(魯迅)이여
이런 밤이면 그대가 생각난다
온― 세계가 눈물에 젖어있는 밤
상하이(上海) 후마루(胡馬路) 어느 뒷골목에서
쓸쓸히 앉아 지키던 등불
등불이 나에게 속삭거린다
여기 하나의 상심(傷心)한 사람이 있다
여기 하나의 굳세게 살아온 인생이 있다

― 김광균, 「루쉰(魯迅)」[1]

---

1 金光均, 「魯迅」, 『新天地』 제2권 제3호, 1947, 129쪽. 김광균은 근대 시기 한국 시단의

1. 루쉰의 작가적 명성과 대중적 이미지 형성

중국 현대 문학을 대표하는 작가 루쉰이 「광인일기(狂人日記)」(1918)와 「아Q정전(阿Q正傳)」(1921-1922)을 발표해 작가로서 명성을 얻기 시작한 이래 근대 시기 한국인들에게 루쉰의 이름은 어떻게 알려졌으며 그의 작품은 어떻게 읽혔을까? 그 과정에서 루쉰의 대중적 이미지는 어떻게 구축되었을까?

근대 초기에 중국 문학 연구자로 이름을 알린 양백화(梁白華)는 잡지 『개벽』의 1920년 11·12월호 및 1921년 1·2월호에 일본인 아오키 마사루(青木正兒)가 쓴 「후스 씨를 중심으로 한 중국의 문학혁명(胡適を中心にてわる文學革命)」이라는 글을 번역해 연재했다. 이 글의 말미에서 중국 신문학의 창작 성과로 루쉰의 「광인일기」를 소개했는데, "소설로 루쉰은 미래가 있는 작가이니 그 「광인일기」와 같은 것은 한 박해광(迫害狂)의 경포적(驚怖的) 환각을 묘사해 지금까지 중국 소설가가 이르지 못한 경지에 들어섰다"[2]라고 설명했다. 루쉰의 이름이 처음 한국에 알려지게 되는 순간이었다. 또한 양백화는 『개벽』 1924년 2월호에 발표한 「반신문학(反新文學)의 출판물이 유행하는 중국 문단의 기현상」이라는 글에서 당시 중국 문단의 현상을 설명하면서 '저우수런 형제(周樹人兄弟, 루쉰의 본명이 저우수런, 그의 동생이 저우쭤런)'의 창작을 제외하면 '위신문학(僞新文學)'이 우후죽순처럼 쏟아져 나오고 있다고 말하고 '저우수런 형제'의 창작을 높이 평가했다. "중국의 소위 창작이라는 것을 저우수런 형제 몇 사람의 작품을 제(除)하고 갖다가 보아라. 그들 작품 중

대표적인 모더니즘 시인이다. 인용한 부분은 시 「루쉰(魯迅)」의 후반부에 해당한다.

2 梁白華, 「胡適氏를 中心으로 한 中國의 文學革命」, 『開闢』 1921. 2, 122쪽.

에 과연 몇 편이나 참으로 자기의 철학이 있고, 시류를 좇지 아니한 문학적 작품이 있는지."[3] 양백화의 소개로 루쉰은 '루쉰' 또는 '저우수런 형제'로 알려지기 시작한 것이다.

'루쉰'의 이름이 한국인들에게 각인되기 시작한 것은 잡지 『동광』 1927년 8월호에 류수인(柳樹人)이 번역한 루쉰의 「광인일기」가 게재되면서부터라고 보아야 할 것이다. 류수인은 「광인일기」를 번역해 『동광』에 발표할 때 원작자로 '중국 루쉰(中國 魯迅)'이라고 밝혀놓았다.[4] 그런데도 이 잡지의 목차에서는 '광인일기(소설) ― 저우쭤런(周作人)'[5]이라고 해서 「광인일기」를 저우쭤런의 작품으로 표기했고, 이 잡지의 「사고(社告)」에서도 "소설 「광인일기」는 현대 국민 작가로 유명한 저우쭤런 씨의 작품이니 이는 재래 전통적 인습을 깨트리는 사회풍자소설로 유명한 것입니다"[6]라고 해서 역시 「광인일기」를 저우쭤런의 작품으로 소개했다. 『동광』 잡지의 편집자는 「광인일기」의 작자를 착각했는데,[7] 이는 그때까지만 해도 한국인들에게 루쉰이 '저우씨(周氏) 형제'로 알려져 있어 저우수런(周樹人, 즉 루쉰)과 저우쭤런(周作人)을 구별하지 못했음을 뜻한다. 그러니까 류수인에 의해 루쉰의 「광인일기」가 번역·소개된 이후에야 '재래 전통적 인습을 깨트리는 사회풍자소설'의 작가로서 '루쉰'의 이름이 점차 한국인들에게 각인되기 시작한 것이다.

그 후 루쉰과 그의 작품에 대한 관심은 점차 확대되어갔다. 이를테

---

3 梁白華, 「反新文學의 出版物이 流行하는 中國文壇의 奇現象」, 『開闢』 1924. 2.

4 靑園(柳樹人) 譯, 「狂人日記」, 『東光』 1927. 8, 52쪽.

5 「目次」, 『東光』 1927. 8, 1쪽.

6 「社告」, 『東光』 1927. 8, 1쪽.

7 1926년 량서첸(梁社乾)이 영문으로 번역한 루쉰의 「아Q정전」이 중국의 상무인서관(商務印書館)에서 출판되었는데, 이 책에서도 루쉰(魯迅)을 저우쭤런(周作人)의 필명인 것으로 잘못 소개했다. 西諦(鄭振鐸), 「『吶喊』」, 『說不盡的阿Q: 無處不在的魂靈』, 陳漱渝 主編(北京: 中國文聯出版公司, 1997), 253쪽 참조.

면 1928년 7월 2일 자 『중외일보』에는 「문단 제가(諸家)의 견해(8)」라는 글이 실려 있는데, '문단 제가'의 한 사람으로 참여한 정병순(鄭昞淳)은 '추천 서적'으로 중국 현대 문학 작품을 예시하면서 루쉰의 작품집 『외침(吶喊)』과 『무덤(墳)』도 들었다.[8] 루쉰의 소설집 『외침』(1923년 8월 출판)과 잡문집 『무덤』(1927년 3월 출판)이 처음으로 한국에 알려진 것이다. 또한 중국 옌징대학(燕京大學)에 재학하고 있던 박노철(朴魯哲)은 1928년 11월 28일 『조선일보』에 발표한 「중국신문학간고(2)」에서 후스의 「오십년 동안 중국의 문학(五十年來中國之文學)」을 참고해 백화문학으로서 단편소설의 창작 성과를 간단히 소개했다. "1921년 이래로 상하이 상무인서관(商務印書館)의 『소설월보(小說月報)』라는 것이 중국 창작소설을 제창하기에 가장 중요한 기관으로 얼마든지 우수한 창작품이 실려 있다. 그중에 루쉰이라는 소설가가 우수한 모양이다. 한 5년 전의 「광인일기」로부터 근래의 「아Q정전」에 이르기까지 별로 졸작이랄 것이 없다. 그리고 전기(前期)의 루쉰은 중국의 소설작가 중에서 매우 유력한 젊은 작가이다."[9] 박노철은 루쉰을 「광인일기」와 「아Q정전」을 창작한 소설가로서 전도가 유망한 우수한 작가로 평가한 것이다.

「광인일기」에 이어 한국에서 두 번째로 번역·소개된 루쉰의 작품은 「두발 이야기(頭髮的故事)」이다. 「두발 이야기」는 1929년 1월 개벽사에서 펴낸 『중국단편소설집(中國短篇小說集)』의 첫 작품으로 수록되었는데, 이 작품집의 목차 및 본문에서 모두 그 작자를 '저우루쉰(周魯迅)'이

8 「文壇諸家의 見解(8)」, 『中外日報』 1928. 7. 2. 정병순은 '추천 서적'으로 루쉰의 작품집 이외에 『기령집(奇零集)』(郁達夫 作), 『여도(旅途)』(張聞天 作), 『진영(塵影)』(黎錦明 作)도 들었다.

9 朴魯哲 鈔, 「中國新文學簡考(二): 白話文學主張」, 『朝鮮日報』 1928. 11. 28.

라고 표기했다. 루쉰이 '저우씨 형제'로 알려져 있었기에 루쉰의 성을 '저우(周)'로 보아 '저우루쉰'으로 표기한 것으로 보인다. 『중국단편소설집』은 당시 호평을 받으며 베스트셀러의 하나로 널리 읽혔으니, 「두 발 이야기」가 이 소설집의 첫 작품인 만큼 루쉰의 이름이 크게 주목받았을 것이다. 그리하여 1년 뒤인 1930년 1-2월 양백화는 「아Q정전」을 번역해 『조선일보』(1930. 1. 4-2. 16)에 연재했고, 또 그다음 해인 1931년 1월 정래동은 루쉰 문학을 비평한 장문의 평론인 「루쉰과 그의 작품」을 써서 『조선일보』(1931. 1. 4-30)에 연재했다. 양백화가 번역한 「아Q정전」은 일본인 이노우에 코바이(井上紅梅)가 「아Q정전」을 번역해 1929년 11월 일본 잡지 『그로테스크(グロテスク)』[10]에 「지나혁명기인전(支那革命畸人傳)」이라는 제목으로 연재한 것을 저본으로 삼아 중국어 원문을 참조하며 번역한 것이었다. 정래동의 「루쉰과 그의 작품」은 그가 베이징에 유학하면서 루쉰 문학을 깊이 있게 탐구한 후 쓴 것으로, 루쉰의 소설집 『외침』과 『방황』에 수록된 개별 작품을 분석 비평하고 두 작품집의 특징을 상호 비교하며, 산문시집 『야초(野草)』의 창작 의미와 루쉰 문학에서의 위상, 그리고 루쉰 문학의 문체적 특징 등을 종합적으로 고찰한 평론이다.[11] 루쉰의 대표작 「아Q정전」이 번역되고 루쉰 문학에 대한 체계적인 평론이 발표됨으로써 루쉰은 '저우씨 형제'라는 병칭(幷稱)에서 벗어나 단독으로 확고부동한 중국의 대표 작가로 자리매김하게 된 것이다. 시인 황석우(黃錫禹)가 1932년 4월호 『삼천리』에 발표한 「나의 8인관(八人觀)」에서 춘원 이광수를 루쉰에 비견될 수 있는 문호

10 필자는 일본의 담기관서국(談奇館書局)에서 간행된 잡지 『그로테스크(グロテスク)』를 졸저 『루쉰과 근대 한국: 동아시아 공존을 위한 상상』(이화여자대학교출판문화원, 2017)에서 『기담(奇譚)』으로 표기했는데, 이 책에서 바로잡는다.

11 양백화의 「아Q정전」 번역과 정래동의 루쉰 문학 비평에 대해서는 졸저 『루쉰과 근대 한국: 동아시아 공존을 위한 상상』의 제3장과 제4장을 참조하라.

로 대우해야 한다는 의견을 개진한 것도 그러한 사정을 반영한 것이리라. "이(李) 군 한 사람쯤은 조선의 문호로서도 내세워놓아도 좋을 만한 시기가 왔다. 중국 루쉰 군이 그 호(號)를 갖는 표집(標集)상으로 보아서도 군(君)에게 그만한 문단적 대우를 하여 주는 것이 당연한 일일까 한다."[12] 황석우의 언급에서 보듯이 이 시기에 이르러 한국인들에게 루쉰은 이제 중국을 대표하는 문호로 자리 잡은 것이다.

양백화가 「아Q정전」을 번역한 이후 정래동이 연이어 루쉰의 「애인의 죽음(傷逝)」(『중외일보』 1930. 3), 「과객(過客)」(『삼천리』 1932. 9), 「쿵이지(孔乙己)」(『형상(形象)』 1934. 2)를 번역해 소개하고, 김광주(金光洲)가 루쉰의 「술집에서(在酒樓上)」(『제일선(第一線)』 1933. 1), 「행복된 가정(幸福的家庭)」(『조선일보』 1933. 1)을 번역해 소개함으로써 한국인들도 루쉰의 다양한 작품을 접할 수 있게 되었다. 이러한 배경 속에서 1933년 5월 『동아일보』의 상하이 특파원이었던 신언준(申彥俊)은 취재차 루쉰을 직접 방문해 그와 대담을 나누고 「중국의 대문호 루쉰 방문기」(이하 「루쉰 방문기」로 줄임)를 써서 『신동아』 1934년 4월호에 발표한다. 신언준은 루쉰을 "중국이 낳은 '동양의 대문호'"로 호명하고, "마치 메스를 들고 만나는 사람마다(물론 그 사람들은 모두가 환자) 마취약도 바르지 않고 그들의 환부를 해부하는 괴의생(怪醫生)같이 보였다. …… 그의 해부는 냉혹무정(冷酷無情)하지만 그의 메스의 예첨(銳尖)이 찌르는 곳은 아프면서도 통쾌를 느끼게 하는 것이라고 알았다"[13]라고 소개했다. 중국을 대표하는 작가를 넘어 세계적인 작가로서 루쉰의 명성에 주목하게 된 것도 이 무렵이다. 주요한은 1934년 5월 15일 삼천리사가 주최한 '문학문제

12 黃錫禹, 「나의 八人觀」, 『三千里』 1932. 4, 30쪽.
13 申彥俊, 「中國의 大文豪 魯迅訪問記」, 『新東亞』 1934. 4, 150쪽.

평론회'의 대담에서 이렇게 언급했다. "중국서도 루쉰의 「아Q정전」이 중국인의 성격적 약점과 추악한 사회의 진상(眞相)을 너무도 적나라하게 그리었으니까 대번에 '로망·롤랑' 같은 큰 비평가도 격찬하여 마침내 30여 개 국어로 번역되어 루쉰 문명(文名)이 천하를 떨치고 있지 않아요."[14] 「아Q정전」의 문학적 성취와 그로 인해 얻게 된 루쉰의 세계적 명성이 주요한에 의해 강조된 것이다.

이에 호응이라도 하듯이 이광수는 아예 '아Q'의 인물 형상을 모티프로 해서 '박선달'이라는 인물을 묘사하기도 했다. 그는 『삼천리』 1936년 1월호에 발표한 「성조기(成造記)」라는 글에서 삼지동(三池洞)의 새 집 짓는 '역사(役事)에서 일하던 사람 중에 특색 있는' 석수 '박선달'을 상당히 긴 편폭을 할애해 형상화했다.

> 그(박선달－인용자)는 금년에 환갑을 지낸 이다. 키가 크고 누구나 젊은 사람을 보면 언필칭(言必稱) 이놈이오, 막걸리를 좋아하고 떠들기와 욕지거리를 좋아하고 뽐내고, 그러나 뒤가 무르고 늙었지마는 아직도 기운이 장사여서 항상 젊은이들의 무기력한 것을 통매(痛罵)하였다. ……
>
> 박선달은 돌을 깨트리다 말고 허리를 펴면서 뽐내었다.
>
> 그러나 박선달은 자칭하는 바와 같은 일류 석수는 아니었다. ……
>
> 이 동네에서는 상당히 유명한 이야기가 있는 사람이다. 젊은 사람들이 그 소리를 하고 놀려먹으면 박선달은 고소(苦笑)하였다.
>
> "선달님 정말 그랬어요?" 하고 누가 물으면,

---

14 「三千里社主催 文學問題評論會」, 『三千里』 1934. 6. 이 대담은 1934년 5월 15일에 진행되었는데, 참석자는 박영희(朴英熙), 주요한(朱耀翰), 현빙허(玄憑虛), 양백화(梁白華), 김동인(金東仁), 김안서(金岸曙), 김동환(金東煥)이었다.

"그랬어 그랬어, 빨리만 하리니깡." 하고 자복(自服)하였다. ……

그러나 박선달에게는 큰 비애가 있다. 그것은 일생에 십수차(十數次) 마누라를 얻었지마는 그 마누라들이 모두 다 사흘만이면 달아났다는 것이다. ……

"이 놈이 처가속이 있어요? 자식이 있어요? 돈도 귀찮고 집도 다 귀찮지요."

하거니와 그는 과연 방 윗목에 쌀가마가 놓인 동안은 일을 가려고 애를 쓰지도 아니한다.

"이 놈이 얼굴이 못 낫습니까. 기운이 남만 못합니까. 전주 통량(경상남도 통영에서 만든 갓의 양태—인용자)에 감투 받쳐 쓰고 한 번 나설레니 보시랍시오. 천하 계집의 눈이 다 내게로 모였지요. 그렇지마는 하룻밤만 지나면 달아난단 말씀이야."

하고 그는 정말 비창(悲愴)한 표정을 지었다. 그에게는 생리적 결함(缺陷)이 있었다. ……

박선달의 일생은 루쉰의 아Q와 비슷한 점이 있어서 인생의 한 표본으로 썩 재미있는 인물이다.[15]

이광수는 「아Q정전」을 세밀하게 읽고 '아Q'의 인물 형상을 정확하게 파악해 이를 모티프로 해서 '박선달'이라는 인물을 '아Q'처럼 그려낸 것이다. 그는 '아Q'의 인물 형상을 중국인의 성격을 대변하는 것을 넘어 인간의 보편적인 유형의 하나로 보아 그것을 한국인 속에서도 발견했다. 또한 이광수는 1936년 1월 6일 자의 『조선일보』에 발표한 「전쟁기의 작가적 태도」라는 글에서도 루쉰이 창조한 인물 형상에 대해

15 春園(李光洙), 「成造記(感想)」, 『三千里』 1936. 1, 244-246쪽.

다음과 같이 비평하기도 했다. "호머의 일리아드는 희랍인의 용기와 의기(義氣)와 힘의 사진(寫眞)이요 요리(料理)이다. 루쉰의 '아Q'와 '쿵이지'는 루쉰의 소설가적 재분(才分)의 표현으로는 영광일는지 모르나 그 꽃을 피게 한 흙인 중국을 위하여서는 수치요 치욕이다. 금일의 중국에는 아킬레스가 없고 아Q만이 있는 것이다. 관우, 장비는 아Q와 쿵이지로 퇴화해버린 것이다."[16] 「아Q정전」과 「쿵이지」가 이미 한국어로 번역되어 있었으므로 그 주인공인 '아Q'와 '쿵이지'는 한국인들에게도 익숙한 인물 형상이었다. 이에 이광수는 '아Q'와 '쿵이지'를 나약한 중국인의 전형적인 인물 형상으로 상정하고 그러한 인물을 낳은 토양으로 중국의 비극적 현실을 풍자적으로 비평하면서 한국인들에게 계몽적 메시지를 전하고자 했다. 루쉰 문학을 매개로 중국 현실과 한국 현실의 유사성을 발견하고 계몽적 메시지를 전하고자 했던 이광수의 노력은, 당시 그의 문단적 지위로 말미암아[17] 루쉰의 이미지를 대중적으로 확산하는 데 적지 않은 공헌을 했을 것이다. 이러한 배경에서 1936년 7월 28일 자 『동아일보』에 루쉰의 폐결핵 투병 상황을 알리는 기사가 실렸고,[18] 1936년 10월 19일 루쉰이 사망하자 그 이튿날 『매일신보』에 루쉰의 죽음을 알리는 기사가 실렸으며,[19] 곧이어 『조선일보』에 장문의 「루쉰 추도문」이 연재되었던 것이다.[20]

16 李光洙, 「戰爭期의 作家的 態度: 嚴肅 · 勇壯한 題材를 取하라」, 『朝鮮日報』 1936. 1. 6.

17 「성조기(成造記)」의 첫머리에 있는 '작가점묘(作家點描)'에서 이광수를 소개해 "신문학운동의 선구자(先驅者)로 불멸(不滅)할 공적(功績)을 끼치고 있는 씨(氏)는 오늘까지 약 20년 동안 꾸준히 창작의 붓을 날려 명편가작(名篇佳作)을 많이 낳고 있다"라고 했다(春園(李光洙), 「成造記(感想)」, 『三千里』 1936. 1, 240쪽).

18 「魯迅氏來日?」, 『東亞日報』 1936. 7. 28. 이 기사에서 루쉰의 폐결핵 투병 상황과 일본으로의 전지 요양 계획을 보도했는데, 실제로 루쉰은 치료를 위해 일본에 가지 않았다.

19 「中國文壇의 巨星 魯迅氏逝去」, 『每日申報』 1936. 10. 20.

20 李陸史, 「魯迅追悼文」, 『朝鮮日報』 1936. 10. 23 · 24 · 25 · 27 · 29.

2. 루쉰의 초상 이미지의 유전

루쉰의 문학적 성취와 작가적 명성이 널리 알려지면서 그의 실물 이미지를 확인하고자 하는 대중적 욕구도 점차 생겨났다. 루쉰 문학에 대한 번역과 비평이 본격화된 1930년대에 접어들어 루쉰의 초상(肖像)도 한국의 대중 매체에 실리게 되는데, 이는 루쉰의 작가적 이미지를 시각적으로 실체화해 대중적으로 확산하는 데 크게 기여했을 것이다. 근대 시기 한국에서 유전(流傳)된 루쉰의 초상 이미지는 그림 초상과 사진 초상으로 구분해 고찰할 필요가 있다. 앞으로 살펴보겠지만 루쉰의 그림 초상은 한국인이 직접 입수했거나 그린 것으로 추정되고, 사진 초상은 일본에서 출판된 일본어 텍스트에서 적출해 전재(轉載)한 것으로 추정되기 때문이다.

루쉰의 그림 초상

1931년 1월 정래동이 『조선일보』에 연재한 「루쉰과 그의 작품(2)」에서 루쉰의 초상이 처음으로 등장한다. 이 초상은 화질이 좋지 않아 루쉰의 이미지를 뚜렷하게 보여주는 것은 아니지만, 가장 이른 시기에 한국에 소개된 루쉰의 초상이라는 점에서 의의가 있다. 자세히 살펴보면 그것은 사진 초상이 아니라 루쉰의 저·역서 표지를 디자인한 바 있는 타오위안칭(陶元慶)이 1926년 루쉰에게 그려준 반신상 초상화의 얼굴 부분임을 알 수 있다.

한국에 소개된 가장 온전한 형태의 루쉰의 그림 초상은 신언준의 「루쉰 방문기」에 처음 등장한다. 신언준은 1933년 5월 22일 루쉰의 '비밀 장서실(藏書室)'에서 루쉰과 마주 앉아 대화를 나누었고[21] 그 대담

中國短篇小說家

魯迅과그의作品 (二)

—그의時代는지냇는가

丁來東

한글紀念歌

選外佳作 李山

「루쉰과 그의 작품(2)」(1931)에 실린 루쉰의 초상화

타오위안칭이 그린 루쉰의 초상화(1926)

내용을 「루쉰 방문기」에 담아 『신동아』에 보냈는데, 그것은 1년 뒤인 1934년 4월호 『신동아』에 게재되었다. 이 「루쉰 방문기」에 타오위안칭이 그린 루쉰의 초상화가 실렸다.

당시 신언준은 『동아일보』의 상하이 특파원으로 근무하면서 루쉰을 직접 방문해 인터뷰를 진행했으므로 타오위안칭이 그린 루쉰의 초상화를 상하이에서 입수할 수 있었을 것이다. 어쩌면 신언준이 루쉰에게 초상 이미지를 요청했을 때 루쉰이 직접 이 초상화를 사용할 것을 제안했을 수도 있다. 물론 신언준이 타오위안칭이 그린 루쉰의 초상화가 수록된 어떤 출판물에서 채용(採用)한 것일 수도 있다.[22]

타오위안칭은 루쉰의 저·역서 『고민의 상징(苦悶的象徵)』, 『방황(彷

21 졸저 『루쉰과 근대 한국: 동아시아 공존을 위한 상상』, 178쪽 참조.

22 1930년 4월 상하이 북신서국(北新書局)에서 출간된 리허린(李何林) 편 『루쉰론(魯迅論)』에는 타오위안칭이 그린 루쉰의 이 초상화가 실려 있다.

신언준의 「루쉰 방문기」(1934)에 실린
루쉰의 초상화

徨)』, 『아침 꽃 저녁에 줍다(朝花夕拾)』, 『무덤(墳)』 등의 책 표지를 디자인하기도 했는데, 그가 그린 루쉰의 초상화는 루쉰이 직접 부탁한 것으로 중국에서 가장 이른 시기에 제작된 것이다. 루쉰은 타오위안칭이 우편으로 보내온 초상화 소묘를 1926년 5월 3일에 받게 되며, 그 뒤 베이징의 시싼탸오(西三條) 21호의 집 응접실에 걸어둘 정도로 만족해했다고 한다. 루쉰이 이 초상화를 받은 후 1926년 5월 11일에 타오위안칭에게 보낸 편지를 보자. "아주 잘 그렸다고 생각합니다. 정말 감사합니다. 그 양철통이 세 조각으로 부러져 있었는데, 바깥의 천 때문에 어쨌거나 연결되어 있기는 했지만 납작해져 있었습니다. 지금은 상자로 며칠 눌러두었더니 평평하게 펴졌지만, 그림 표면에 약간 허옇게 마모된 곳이 있습니다. 사진을 찍어 축소하면 알아채지 못할 것 같습니다. 그림 표면에 아교가 있는데 유리 액자에 넣으면 습기가 찰 때 들러붙지 않겠는지요? 어떻게 걸어야 좋을지 편할 때 알려주시기를 부탁합니다."[23] 루쉰은 타오위안칭이 보내온 그 초상화를 사진

23 魯迅, 「致陶元慶」, 『魯迅全集(11)』(北京: 人民文學出版社, 2005), 526쪽. "璇卿兄: 給我畫的像, 這幾天才寄到, 去取來了. 我覺得畫得很好. 我很感謝. 那洋鐵筒已經斷作三段, 因爲外面有布, 所以總算還相連, 但都擠得很扁. 現在在箱下壓了幾天, 平直了, 不過畫面

으로 찍을 생각이 있었으므로 신언준에게 그 초상화의 사진 복제본을 건네주었던 것은 아닐까.

신언준은 「루쉰 방문기」에서 루쉰을 평범한 프롤레타리아 작가로 묘사했는데, 루쉰의 이미지를 '전투를 주장하는 인도주의자'로서 '순전(純全)한 향촌 노농인(老農人)'으로 그렸다. "그의 침상도 질박한 중국식이다. 덮는 이불과 장자(帳子, 침상에 드리우는 휘장—인용자)까지 모두 목면이다. 그의 쓰는 그릇까지도 중국 하층민의 생활 그대로이고 돈길 갈만한 값있는 것은 하나도 보이지 않는다. 그의 생활은 전부가 프롤레타리아의 모형이다. 그는 입으로 붓으로만 무산계급을 부르짖지 아니하고 그의 몸 그의 생활이 무산계급과 같은 양식을 가지고 있다."[24] 신언준은 루쉰의 외모뿐만 아니라 그의 생활 방식도 프롤레타리아의 모습으로 묘사했는데, 타오위안칭이 그린 루쉰의 초상화에서도 그러한 평범하고 소박한 프롤레타리아 작가로서 루쉰의 이미지를 발견한 것이다.

더욱 흥미로운 것은 정래동이 1935년 5월 3일 『동아일보』에 연재한 「중국 문인 인상기(3): 고독과 풍자의 상징인, 지금은 좌경(左傾)한 루쉰 씨」에 루쉰의 필적과 함께 그의 그림 초상이 실려 있다는 사실이다. 이 루쉰의 그림 초상은 누가 그렸는지 현재로서는 확인할 길이 없지만, 당시 동아일보사에서 삽화를 담당하던 화가 또는 만화가가 그렸을 가능성이 크다. 그렇게 본다면 이 그림은 한국인이 그린 루쉰의 초상화라는 점에서 중요한 의미를 갖는다. 이 초상화는 간결한 선묘(線描) 형식으로 그렸지만 당시 한국인의 시선으로 바라본 루쉰의 이미지를 대변

上略有磨損的地方, 微微發白, 如果用照相縮小, 或者看不出來. 畫面上有胶, 嵌在玻璃框上, 不知道泛潮時要粘住否? 應該如何懸挂才好, 便中請示知."

24 申彦俊, 「中國의 大文豪 魯迅訪問記」, 『新東亞』 1934. 4, 150쪽.

中國文人印象記
孤獨과諷刺의象徵인 지금은左傾한魯迅氏
(三) 丁來東
新刊紹介

「중국 문인 인상기(3)」(1935)에 실린 루쉰의 초상화

한다고도 할 수 있다.

그러면 이 초상화는 루쉰의 실제 어떤 사진을 기초로 해서 만들어진 것일까? 1928년 3월 16일 상하이 징윈리(景雲里)의 집에서 찍은 루쉰의 사진과 비교해보자.[25] 상하이에서 발행되던 『양우(良友)』 화보 1928년 4월호에는 루쉰의 사진 한 장과 쓰투챠오(司徒喬)가 그린 루쉰의 초상화 한 폭이 동시에 게재되었는데,[26] 이 사진이 바로 징윈리의 집에서 찍은 것이다. 이 사진은 『양우』 화보의 편집자 겸 사진 기사였던 량더쒀(梁得所)가 루쉰을 방문해 찍었다. 루쉰의 사진이 중국의 대중 매체에 실린 경우는 매우 드문데, 『양우』에 실린 것이 최초의 사진

25 北京魯迅博物館 編輯, 「59 在景雲里寓所中之二」, 『魯迅 1881-1936』(北京: 文物出版社, 1976).

26 『良友』 第25期, 1928. 4, 23쪽.

상하이 징윈리의 집에서 찍은 루쉰의 사진(1928)

이라고 한다.[27] 『양우』에 실린 사진의 좌우 방향을 바꿔보면 정래동의 글에 실린 루쉰의 초상화가 그 사진을 모델로 삼아 그린 것임을 알 수 있다.[28]

정래동은 1929년 5월 베이징에서 루쉰의 강연을 듣고 그때의 루쉰에 대한 인상을 「중국 문인 인상기(3)」에서 이렇게 묘사했다. "루쉰의

27 黃喬生, 『魯迅像傳』(貴陽: 貴州出版集團 · 貴州人民出版社, 2013), 198쪽 참조. 루쉰은 1928년 3월 16일 자 일기에서 "저녁에 량더쒀(梁得所)가 와서 두 차례 사진을 찍고 『양우(良友)』를 증정해주었다"라고 했고, 또 3월 21일 자 일기에서 "저녁에 량더쒀의 편지와 사진 세 장을 받았다"라고 했다.

28 홍성한(洪性翰)은 1936년 상하이의 내산서점에서 우연히 루쉰을 만난 경험을 서술하면서 루쉰의 '역문전집(譯文全集)'에 삽입된 루쉰의 사진을 보고 그 인상을 다음과 같이 기술했다. "뚜렷하게 두 관골(顴骨)이 돌출하였고, 컴컴한 두 눈과 높고도 평평한 코, 그 첨단(尖端)에 연접(連接)한 까맣고도 조(粗)한 수염, 그에다 모양 없이 번번한 이마, '아- 이이가 소위 중국 제일류(第一流) 작가라니…….'" "그의 눈동자만은 정신(精神) 있고 광휘(光輝)가 나고 항상 그 무엇임을 생각하는 듯이 우수(憂愁)의 유상(幽想) 속에 잠기어 있는 듯이 보인다"(洪性翰, 「魯迅印象記」, 『四海公論』 1936. 4). 홍성한이 본 루쉰의 사진은 1928년 상하이 징윈리의 집에서 찍은 사진이 아니었을까 한다.

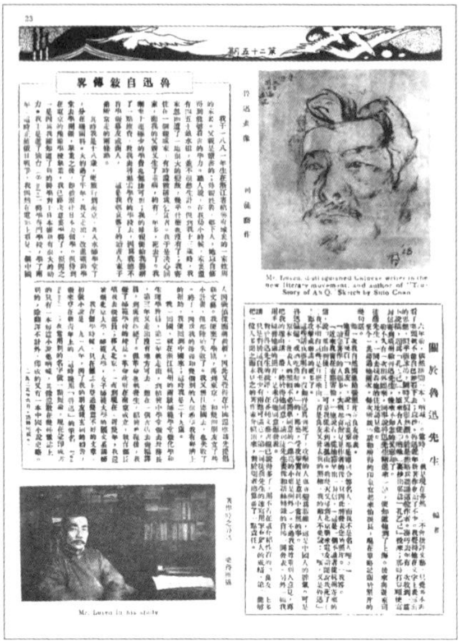

『양우(良友)』(1928)에 실린
루쉰의 사진과 초상화

작품을 본 사람은 누구나 그가 회억적(回憶的)이요, 고독을 느끼는 사람이요, 부끄럼도 탈 것같이 생각할 것이다. 과연 그는 그러한 일면이 있는 동시에 견고한 결심이 있는 사람이다. 그의 풍자는 입가에서 나오는 천박한 것이 아니요, 어디까지든지 그가 체험하고 경험하고 통감한 데서 우러난 것이다. …… 단(壇) 위에 서 있는 루쉰은 나무껍질같이 큰 주름살이 얽히어져 있다. …… 그 다문 입이라든지, 주름살 잡힌 이마, 양쪽 광대뼈에는 견결(堅決)한 내심이 나타나 보여서 설중(雪中)의 고청(孤淸)한 매화 등걸과 비슷하였다."[29] 정래동은 루쉰의 모습을 '양쪽 광대뼈에는 견결한 내심이 나타나 보여서 설중의 고청한 매화 등걸과 비슷하였다'라고 묘사했는데, 루쉰의 지사적 풍모를 유감없이 표현하고 있다. 「중국 문인 인상기(3)」에 실려 있는 루쉰의 초상화를 보면, 간결한 선묘 형식의 그림임에도 불구하고 정래동이 묘사하고자 한 루쉰의 이미지를 잘 표현해준다. 정래동은 자신이 드러내고자 한 루쉰의 이미지를 표현하는 데는 사진보다 그림이 더 적절하

29 丁來東, 「中國 文人 印象記(三): 孤獨과 諷刺의 象徵인, 지금은 左傾한 魯迅氏」, 『東亞日報』 1935. 5. 3.

다고 생각했던 듯하다.

「중국 문인 인상기」는 정래동이 1934년 5월 베이징 유학을 마치고 귀국해 동아일보사에 근무하면서 연재한 것인데, 여기에는 루쉰을 비롯해 후스, 저우쭤런, 류푸(劉復), 정전둬(鄭振鐸)의 초상 이미지도 실려 있었다. 그런데 후스, 류푸, 정전둬의 경우는 실물 사진이 실렸고, 저우쭤런과 루쉰의 경우는 실물 사진을 모델로 삼아 그린 그림이 실렸다. 정래동은 베이징 유학 시기에 직접 대면한 적이 있는 중국 문인을 대상으로 그때의 인상을 소개했는데, 베이징 체류 기간 동안 입수한 출판물에서 사진을 적출할 수 있었을 것이다. 그런데 루쉰과 저우쭤런의 경우 그들의 사진을 그대로 싣지 않고 굳이 그림으로 그려 초상화를 실은 이유는 무엇일까? 정래동은 루쉰과 저우쭤런이 중국을 대표하는 작가인 만큼 실물 사진보다는 그림으로 그려 특징적 이미지를 보여주는

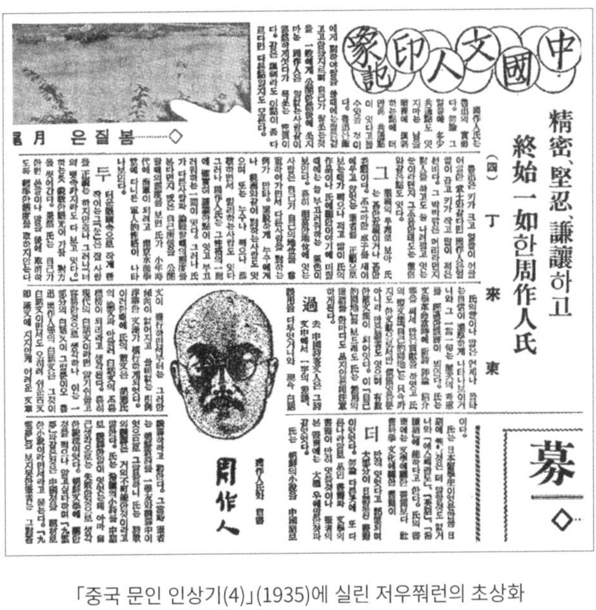
中國文人印象記
精密、堅忍、謙讓하고 終始一如한周作人氏
(四) 丁來東
周作人

「중국 문인 인상기(4)」(1935)에 실린 저우쭤런의 초상화

것이 그들의 풍모를 더 잘 드러낼 수 있다고 판단했을 것이다. 「중국 문인 인상기」를 쓰기 이전에 정래동은 이미 장문의 평론인 「루쉰과 그의 작품」 및 「저우쭤런과 중국의 신문학」(『조선중앙일보』 1934. 9 · 10)이라는 글을 발표한 바 있어 루쉰과 저우쭤런을 더욱 중시할 필요가 있었다. 또한 정래동은 당시 동아일보사에 입사해 서무부와 학예부에서 근무하고 있었으므로[30] 루쉰과 저우쭤런의 이미지를 그림으로 그려줄 것을 누군가에게 의뢰할 수 있는 위치에 있었을 것이다.

이 시기에 한 · 중 · 일에서 각기 그려진 루쉰의 초상화를 비교해보자. 먼저 중국의 경우 1926년에 타오위안칭이 그린 루쉰 초상화와 1928년에 쓰투챠오가 그린 루쉰 초상화를 들 수 있다. 타오위안칭의 루쉰 초상화는 루쉰의 수수한 얼굴과 굳건한 내면세계를 잘 표현했다고 평가할 수 있지만, 쓰투챠오의 루쉰 초상화는 루쉰의 얼굴 특징을 제대로 살리지 못한 듯하며 그의 성격을 충분히 표현했다고 보기 어렵다. 일본의 경우 만화가 호리오 준이치(堀尾純一)가 1936년 1월 13일 상하이의 내산서점(內山書店)에서 그린 '루쉰 선생'이라는 초상화를 들 수 있다. 이 그림의 뒷면에는 "기골로써 한 시대를 일관한 사람, 의기와 정심(奇骨以って一代を貫か人 意氣と情心)"이라는 문구가 쓰여 있다. 루쉰은 그날의 일기에서 "오후에 내산서점에 갔다가 호리오 준이치 군을 만나 만화 초상 한 폭을 그리게 했고, 그 값은 2원이었다"[31]라고 기록했다. 호리오 준이치는 루쉰을 '기골로써 한 시대를 일관한 사람'이라고 표현했

30 丁來東, 「著者年譜(自敍)」, 『丁來東全集(I)』(金剛出版社, 1971), 426쪽 참조. 「저자연보」에 정래동은 "1932년 5월 귀국하여 동아일보사에 입사"라고 기록되어 있으나, 실제로 그가 베이징 유학을 마치고 귀국한 것은 1934년 5월이었다. 그렇다면 그가 동아일보사에 입사한 것은 1934년 5월 이후인 셈이다.

31 魯迅, 『日記』, 『魯迅全集(16)』, 586쪽. "午後往內山書店, 遇堀尾純一君, 爲作漫畵肖像一枚, 其值二元."

는데, 그의 그림은 고집스러운 루쉰의 성격을 과장된 필치로 익살스럽게 잘 묘사한 듯하다. 그런데 이 초상화를 보면 루쉰의 모습을 일본풍으로 그렸다는 느낌을 지울 수 없다. 정래동의 글에 실린 루쉰의 초상화는 간결한 선묘에 지나지 않지만, 루쉰의 얼굴 특징을 제대로 살렸고 그의 고집스러운 성격과 '견결한 내심'의 정신적 특징을 잘 표현한 그림으로 보아 손색이 없다.

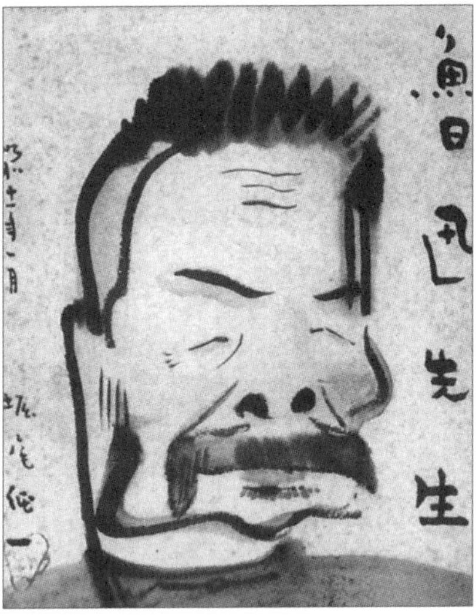

호리오 준이치가 그린 '루쉰 선생' 초상화(1936)

8·15 해방 이후에도 루쉰의 그림 초상이 한국의 신문에 실렸는데, 1947년 10월 19일 자 『한성일보(漢城日報)』에 발표된 송지영(宋志英)의 「루쉰과 중국: 그의 11주기를 기념하야」라는 글에서 루쉰의 초상화를 발견할 수 있다. 이 초상화는 글의 말미에 '만화(漫畵)는 루쉰'이라는 설명이 있는 것으로 보아 『한성일보』 측에서 그린 그림임을 알 수 있다. 송지

魯迅과 中國

＝그의十一周忌를記念하야＝

宋 志 英

송지영의 「루쉰과 중국」(1947)에 실린 루쉰의 초상화

셰하이뤄의 판화 작품 '루쉰상'(1936)

영은 당시 『한성일보』의 편집부장으로 재직하고 있었으므로 루쉰의 초상화를 의뢰할 수 있는 위치에 있었다. 그는 중국 난징의 중앙대학(中央大學) 3학년에 재학 중이던 1943년 일본 경찰에 구속되었고 다음 해 '치안유지법' 위반으로 징역 2년을 선고받아 수감되었으며 1945년 8·15 해방 후에 출소해 언론인 겸 소설가로 활동했다. 이러한 이력을 고려하면 그는 중앙대학 재학 시기에 루쉰 문학을 접할 수 있었고 루쉰과 관련된 자료도 입수할 수 있었을 것이다.

송지영의 「루쉰과 중국」에 실린 루쉰의 초상화는 무엇을 모델로 해서 그린 것일까? 그 이전에 제작된 판화 작품 루쉰상(魯迅像)을 조사해 보면 그 출처를 대략 짐작할 수 있다. 이를테면 1936년에 제작된 셰하이뤄(謝海若)의 판화 작품 '루쉰상(魯迅像)'과 비교하면,[32] '만화 루쉰'이 셰하이뤄의 작품을 모델로 해서 그린 것이 분명해 보인다.

송지영은 「루쉰과 중국」에서 "루쉰이 어쩔 수 없는 비분통곡(悲憤痛哭)으로서 노대중국(老大中國)의 '아Q'상('阿Q'相)을, 세상을 떠나는 그날까지 책매(責罵)하면서도 그래도 쓰다듬어 어여삐 여김이 뼈와 살이 되

32 中國版畫年鑑編輯委員會 編, 『中國版畫年鑑 1985』(沈陽: 遼寧美術出版社, 1986), 191쪽 도판 참조.

어 그가 간 지 열이요 또 한 해, 조금도 변함없이 청년 중국(靑年中國)의 빛나는 등탑이 되어온 것이다"라고 강조하고, "정의와 진리를 위하여" "굴강(倔强)하며 고집된 성격"으로 "중화민족의 본보기"가 된 루쉰의 "정신과 역량의 위대(偉大)는 민족의 일대 시련기인 항전의 전날 밤 수많은 젊은 가슴의 피를 고무시킨 것이었다"라고 하며 루쉰의 정신을 높이 기렸다.[33] 셰하이뤄의 '루쉰상'은 1936년 10월 8일 '제2회 전국목각유동전람회(全國木刻流動展覽會)'에서 찍은 루쉰의 사진[34]을 모델로 했는데, 이 사진은 투병 중이던 루쉰의 마지막 모습을 담은 것이었다.[35] 송지영은 서거 11주기를 맞이한 루쉰의 고난에 찬 삶과 불굴의 정신을 기리는 데 이마에 주름이 잡힌 루쉰의 마지막 모습이 더욱 효과적이라고 판단했을 것이다.

'제2회 전국목각유동전람회'에서 찍은 루쉰의 사진(1936)

---

33 宋志英, 「魯迅과 中國: 그의 十一周忌를 記念하야」, 『漢城日報』 1947. 10. 19.

34 北京魯迅博物館 編輯, 「106 在第二回全國木刻流動展覽會上所攝之一」, 『魯迅 1881-1936』.

35 한국에서 발행되던 일본어 신문인 『경성일보(京城日報)』 1937년 2월 19일 자의 광고 지면에도 루쉰의 초상화가 실려 있다(이 책 230쪽 사진 참조). 이 초상화는 가이조샤(改造社)판 『대루쉰전집(大魯迅全集)』의 출판 광고에 포함되어 있는데, 1936년에 제작된 리화(李樺)의 판화 작품 '루쉰선생 목각상(魯迅先生木刻像)'의 일부를 수정한 것이었다. 하타야마 야스유키(畑山康幸), 「『경성일보(京城日報)』에 게재된 李樺의 판화 <魯迅先生木刻像>」, 『근대서지』 제19호, 2019. 6 참조.

일본어 신문 『경성일보』(1937)의 광고 지면에 실린 루쉰의 초상화

송지영이 기리고자 한 루쉰의 정신은 그의 초상 이미지와 더불어 해방 공간의 한국인들에게 더욱 호소력 있게 다가왔을 것이다.

요컨대 근대 시기 한국의 대중 매체에 공개된 루쉰의 초상화는 세 종류로 요약된다. 타오위안칭이 1926년에 그린 초상화, 정래동의 「중국 문인 인상기(3)」에 실린 초상화, 송지영의 「루쉰과 중국」에 실린 초상화가 그것이다. 신언준의 「루쉰 방문기」에 실린 타오위안칭의 루쉰 초상화는 글과 함께 대중들에게 수수하고 소박한 루쉰의 이미지를 형성하는 데 크게 공헌했을 것이다. 정래동의 「중국 문인 인상기(3)」에 실린 루쉰 초상화는 『양우(良友)』 화보에 실린 그의 사진을 모델로 한 것으로 한국인이 그린 최초의 루쉰의 초상이라는 점에서 중요한 의의를 지니며, 글과 함께 '견결한 내심'을 소유한 루쉰의 이미지를 형성하는 데 일정한 공헌을 했다. 또한 송지영의 「루쉰과 중국」에 실린 루쉰의 초상화는 셰하이뤄의 판화 작품을 모델로 해서 그린 것으로 당시 해방 공간에서 '청년 중국의 빛나는 등탑'이 되어 '항일(抗日)'을 고무시켜온 루쉰의 정신의 위대함을 전하는 데 호소력을 더해주었을 것이다.

루쉰의 사진 초상

루쉰의 사진 초상이 한국의 대중 매체에 최초로 공개된 것은 우산학인(牛山學人)이 『동방평론(東方評論)』 1932년 5월호에 발표한 「중국 신흥문학의 '아Q'시대와 루쉰」이라는 글에서이다.[36] 우산학인은 어떤 경로로 이 사진을 입수할 수 있었을까? 그의 글이 발표되기 한 달 전에 발간된 일본 잡지 『가이조(改造)』 1932년 4월호에도 동일한 루쉰의 사진이 실려 있다는 사실에 착안해보자. 이 『가이조』에 마스다 와타루(增田涉)가 쓴 「루쉰전(魯迅傳)」이 게재되었는데, 바로 이 글에 '최근의 루쉰'이라는 설명과 함께 루쉰의 사진 초상이 실린 것이다. 우산학인이 쓴 글의 내용을 검토해보면 이 글이 마스다 와타루의 「루쉰전」을 참

94 —東方評論—

中國新興文學의「阿Q」時代와魯迅

牛山學人

中國의新興文學運動은 一千九百十五六年부터 始作되야 胡適 陳獨秀等이 白話文學을主唱하야 大衆化한民衆文學運動을이르키든 中國의 르내싼스運動의發興이 곳今日新文學의 黎明期엇섯다。이 르내싼스運動은 中國의五四運動後 急激하게 全國的으로 展開된運動이다。當時 陳獨秀는 一九一五年에『新青年』을創刊하엿고 이를 前後하야 郭沫若의『創造』와 魯迅의『吶喊』等이 續出하야서 封建思想에對한 文學上 鬪爭이 展開되얏섯다。

中國의文學革命과 五四運動은 直接關聯이되야잇는것만큼 注意하야볼바이다。五四運動의 前哨戰으로서 文學上에 革命的이때을보기를 主張하게된것이 新興文學의生長을 意味하는것이엇다。

辛亥革命이 一九一一年에 이러나 淸朝의專制政府가倒壞되고 中華民國이되야 共和政府를取하게되자 政治的支配權은 所謂「軍閥」의手中에 들어가고마랏다。그리하야 北京政府는 政權獲得競爭의 巢窟이되얏섯다。그리고 各帝國主義列强은 各軍閥을利用하야 中國內의經濟的利益을 謀策하얏는것이다。

如斯히 外國資本의侵入은 中國의近代的工業을 發興케하얏고工業의發達은 中國民族的부르조아지의出現을 可能케하얏다 世界大戰으로因하야 外國資本의活動이 中斷된期間에는 土着資本의活躍으로 더욱 民族的부르조아지의發達할機會를

우산학인의 「중국 신흥문학의 '아Q'시대와 루쉰」(1932)에 실린 루쉰의 사진

36 牛山學人, 「中國新興文學의 '阿Q'時代와 魯迅」, 『東方評論』 1932. 5, 94쪽.

(2) ——魯迅傳——

た。何故かといふと、一昨年末、その頃益々白色テロ化した國民黨政府から、言論、出版、結社等の自由を奪ひ取らうといふ「自由大同盟」なるものが結成され、反政府的な大運動を起したが魯迅はこの自由大同盟の宣言文の署名者の、第二位に名が掲げられてゐた。國民黨政府はこの大同盟に勿論直ちに彈壓を下した。そのメンバーに對して逮捕令を發した。逮捕の密令には魯迅の名が第一位に掲げられてゐた。當時また左翼作家聯盟なる革命的團體が結成されてゐて、魯迅はその首領と目されてゐたが、左翼作家たちにも逮捕の手が下された。左翼作家聯盟の若い青年は五人捕へられ、そのまゝ銃殺された。或は銃殺を、或は生埋めを。支那では他の文明國みたいに丁寧に逮捕して保護したり、紳士的に裁判したりなど面倒くさいことはやらず、すぐ銃殺だ。その頃、魯迅も捕へられたといふ新聞があつた。いやまだ捕らないといふ新聞もあつた。果ては新聞同志で喧嘩をやり出した。また或る新聞では彼がロシヤからループルを貰つてゐるなどゝ書き立て、彼の身邊を故意に危險にするものもあつた。彼の首に三萬元の懸賞金がかゝつてゐると、まことしやかに吹聽する新聞もあつた。魯迅は、だが、たうとう捕らなかつた。人違ひの魯迅がつかまつて殺されたか。

「あなたの首に三萬元かゝつてゐたさうですね」

さう言つて私が、その後、彼に聞いてみたら、

「うそですよ、文學者なんかにそんなに出すもんですか。軍隊をもつてゐる人間の首でなければそんなに高く賣れませんよ。たとひ僕にかけるとしても千元か二千元でせう——」

「殺されちやつまらんですね」

私は魯迅が殺されなかつたことに祝福の意を含ませてかう云つた。

「さうですよ。僕は軍閥や政府を攻撃する代りに、自分の生命には氣をつけますよ。若し氣をつけなかつたら、僕は夙くに殺されてゐた筈です。だから僕を攻撃する小兒病の批評家たちが言ひます、魯迅は本當の

近影の魯迅

마스다 와타루의 「루쉰전」(1932)에
실린 루쉰의 사진

루쉰이 50세 생일을 기념하기 위해
찍은 사진(1930)

고해 작성된 것임을 알 수 있는데, 우산학인은 「루쉰전」에 실린 루쉰의 사진을 전재한 것으로 짐작된다.

「루쉰전」에 실린 사진은 루쉰이 1930년 9월 25일 50세 생일을 기념하기 위해 찍은 것이다.[37] 다만 사진집 『루쉰(魯迅) 1881-1936』에 수록된 루쉰의 그 사진과 「루쉰전」에 실린 사진을 비교해보면, 사진 위에 적힌 루쉰의 서명이 서로 다르다는 것을 확인할 수 있다. 마스다 와타루는 루쉰의 저작 『중국소설사략(中國小說史略)』을 일본어로 번역하기 위해 1931년 약 4개월 동안이나 루쉰의 집을 드나들며 루쉰으로부터 직접 가르침을 받았다. 「루쉰전」에 실린 루쉰의 사진에는 '魯迅'이라고

37 北京魯迅博物館 編輯, 「65 五十歲生辰」, 『魯迅 1881-1936』.

쓴 그의 서명이 있는데, 이 사진은 마스다 와타루가 루쉰의 가르침을 받고 떠날 때 루쉰이 그에게 준 것으로 생각된다. 그러니까 마스다 와타루는 「루쉰전」을 잡지 『가이조』에 발표할 때 그 사진을 실었고, 우산학인은 「루쉰전」을 토대로 「중국 신흥문학의 '아Q'시대와 루쉰」을 작성하면서 거기에 실린 루쉰 사진도 함께 채용한 것이다.

우산학인이 마스다 와타루의 「루쉰전」을 참고할 수 있었던 당시의 정황을 좀 더 자세하게 살펴보자. 앞서 1장에서 언급했듯이 1932년 3월 29일 자 『조선일보』에는 시인 이육사가 쓴 「신진작가 장혁주 군 방문기: 가이조샤 입선 「아귀도」 작가」라는 글이 실려 있다. 이것은 이육사가 당시 일본 가이조샤(改造社)의 현상 공모에 단편소설 「아귀도」로 입선한 장혁주를 인터뷰한 글이다. 일본 잡지 『가이조』 1932년 4월호는 대구 지역에서 날개 돋친 듯 팔려나갔는데, 이는 당시 대구에 살고 있던 신진작가 장혁주의 「아귀도」가 거기에 실려 있었기 때문이다. 이육사가 장혁주를 인터뷰하게 된 것도 바로 이 「아귀도」 때문임은 두말할 필요가 없다. 일본 잡지 『가이조』는 당시 한국의 지방 도시에서도 배포되어 팔리고 있었으며, 특히 1932년 4월호는 의외의 판매 부수를 올렸다. 그런데 공교롭게도 장혁주의 입선작 「아귀도」가 실려 절품이 될 정도로 판매 부수를 올린 1932년 4월호 『가이조』에 마스다 와타루의 「루쉰전」이 함께 게재된 것이다. 그러니까 우산학인은 한국에서 유통되던 일본 잡지 『가이조』에 실린 마스다 와타루의 「루쉰전」을 읽고 그 내용을 토대로 「중국 신흥문학의 '아Q'시대와 루쉰」을 작성하고 루쉰의 사진도 전재한 것이다. 이육사는 나중에 루쉰의 죽음을 애도하는 「루쉰 추도문」(1936)을 쓰게 되는데, 장혁주의 「아귀도」와 함께 실린 마스다 와타루의 「루쉰전」에도 주목했을 것으로 짐작된다.

그 후 루쉰의 사진 초상이 한국의 대중 매체에 공개된 것은 루쉰이 사망한 직후이다. 루쉰은 지병인 폐결핵으로 1936년 10월 19일 숨을 거두었고, 중국을 대표하는 문호로서 세계적인 명성을 얻고 있던 그의 죽음은 한국인들의 주목을 끌기에 충분했다. 그래서 한국에서도 루쉰의 서거 소식이 그 이튿날인 10월 20일 자 『매일신보』에 신속하게 보도되었는데, 「중국 문단의 거성 루쉰 씨 서거」라는 제목으로 루쉰의 서거 소식을 전하는 기사가 실리고 거기에 루쉰의 사진도 함께 실린다. 루쉰의 서거 소식을 알리는 기사의 전반부 내용을 옮기면 다음과 같다.

> 지나(支那) 유일의 문호 루쉰 씨는 19일 오후(원래는 새벽임－인용자) 5시 25분 상하이 스가오타(施高塔) 신춘(新邨) 9호의 자택에서 심장병과 천식이 악화하여 드디어 서거하였다. 향년 56.
>
> 루쉰 씨는 '지나의 고리키'라 이름 듣는 지나 문단의 최고봉으로 일본 문단과의 인연도 깊을 뿐 아니라 구라파·러시아·독일 문학을 지나에 이식한 공적만이라도 실로 큰 바 있다.
>
> 최근 지나 문단은 국방문학(國防文學) 제창으로 통일적 항[일]전선(抗×戰線)의 중국문예가협회가 설립되었으나 루쉰 씨는 이에도 참가치 않고 일당(一黨)을 위하여 별개의 민족[혁명]전쟁의 대중문학(民族××戰爭的大衆文學)을 제창, 국민당이 결성시킨 문예가협회와 대항하여 왔다. 따라서 병약(病弱)의 루쉰 씨에게 대한 국민당의 압박은 의연(依然) 계속되어 최후의 병상도 쓸쓸하기 짝이 없었다.[38]

『매일신보』가 일제 식민 당국이 발행하던 신문임을 감안하면 한국에서 루쉰의 사망 소식을 가장 먼저 보도한 것은 당연해 보인다. 루쉰은

38 「中國文壇의 巨星 魯迅氏逝去」, 『每日申報』 1936. 10. 20.

1936년 10월 19일 새벽 5시 25분에 숨을 거두었고, 바로 그날 외국인으로서 가장 빠르게 조전(弔電)을 보낸 사람이 서울의 경성제국대학 중국어문학과 교수 카라시마 타케시(辛島驍)였다.[39] 카라시마 타케시가 루쉰의 부음 소식에 발 빠르게 반응할 수 있었던 것은 10월 19일 새벽 루쉰의 임종을 지켜본 사람 중에 내산서점의 주인 우치야마 간조(內山完造)가 있었기 때문이다. 우치야마 간조는 루쉰이 숨을 거두자 곧바로 상하이에서 발행되던 일본어 조간신문에 루쉰의 죽음을 알렸다. 이것이 신문에 보도된 가장 이른 루쉰의 사망 소식이었다.[40] 루쉰의 죽음이 일본어 신문을 발행하던 신문사에 가장 먼저 전해졌으니, 『매일신보』도 그 소식을 신속하게 보도할 수 있었던 것이다.

巨星墜地！

中國文壇의巨匠

魯迅氏逝去

魯迅略傳

『매일신보』(1936)의 루쉰 서거 기사에 실린 루쉰의 사진

여기에 실린 루쉰의 사진 초상은 루쉰이 1933년 5월 26일에 찍은 것이다.[41] 이 사진은 에드거 스노(Edgar Snow, 埃德加·斯诺)가 루쉰의 소설을 번역한 후 중국단편소설집 『살아 있는 중국(活的中國)』에 수록할

39 魯迅先生紀念委員會 編, 『函電』, 『魯迅先生紀念集』(上海: 上海書店復印, 1979), 1쪽 참조.

40 졸저 『루쉰과 근대 한국: 동아시아 공존을 위한 상상』, 189쪽 참조.

41 北京魯迅博物館 編輯, 「90 爲斯諾編譯『活的中國』所攝之二」, 『魯迅 1881-1936』.

『살아 있는 중국』을 위해 찍은 루쉰의 사진 (1933)

목적으로 야오커(姚克)를 통해 루쉰에게 요청해 찍은 것이었다. 이 사진은 에드거 스노가 쓴 「루쉰평전(魯迅評傳)」과 함께 1935년 1월에 출판된 미국의 『아시아(Asia)』 잡지에 최초로 게재되었고, 이후 1936년 말 영국 런던에서 출판된 『살아 있는 중국』의 속표지에 실렸다고 한다.[42] 또한 상하이의 만국빈의관(萬國殯儀館)에 마련된 루쉰의 빈소에서 영정 사진으로 사용되기도 했다.

한국의 신문과 잡지도 루쉰의 서거 소식에 즉각 반응해 『조선일보』에서는 1936년 10월 23일부터 29일까지 5회에 걸쳐 이육사가 쓴 「루쉰 추도문」을 연재했고, 잡지 『조광』에서도 1936년 12월호에 이육사가 번역한 루쉰의 단편소설 「고향」을 실었다. 이육사는 「루쉰 추도문」에서 1933년 6월 상하이에서 루쉰을 만났을 때의 감격을 서술하고, 루쉰의 문학적 성취를 세밀하게 분석하면서 '예술과 정치'의 관계에 대한 루쉰의 입장과 리얼리즘 작가로서 루쉰의 '창작 모랄'을 고평(高評)하고, 나아가 루쉰을 '문화전사(文化戰士)'로서 '위대한 중국 문학가'로 호명하고자 했다. 여기서 특기할 것은 이 「루쉰 추도문」과 「고향」 번역문에도 영정 사진으로 사용된 루쉰의 사진이 실려 있다는 점이다. 이육사는 루쉰이 서거한 지 나흘 만에

42 黃喬生, 『魯迅像傳』, 274쪽 참조.

「루쉰 추도문」을 기고하기 시작했고, 또한 『조광』 12월호가 11월 중순 무렵에 이미 서점에 배포되었을 것을 감안할 때 이육사는 10월 말 「루쉰 추도문」을 탈고한 직후 「고향」 번역에 착수해 적어도 11월 중순 이전까지는 번역 원고를 『조광』에 보냈을 것이다. 그렇다면 이육사는 매우 짧은 기간 내에 「루쉰 추도문」을 쓰고 루쉰의 「고향」을 번역한 것이다.

그러면 「루쉰 추도문」과 「고향」 번역문에 실린 루쉰의 사진은 어떤 경로로 실릴 수 있었을까? 루쉰의 이 사진은 1935년 6월 일본의 이와나미서점(岩波書店)이 문고판으로 출판한 사토 하루오(佐藤春夫)·마스다 와타루(增田涉) 공역의 『루쉰선집(魯迅選集)』에도 실려 있다는 사실에 착안해보자. 『루쉰선집』의 속표지에 루쉰의 사진이 실리고 그 뒷면에 다음과 같은 글이 쓰여 있다. "루쉰 선생의 초상은 본국(중국을 가리킴—인용자)에서도 진귀한 것으로 알려져 있다. 정치적 박해의 손을 피하기

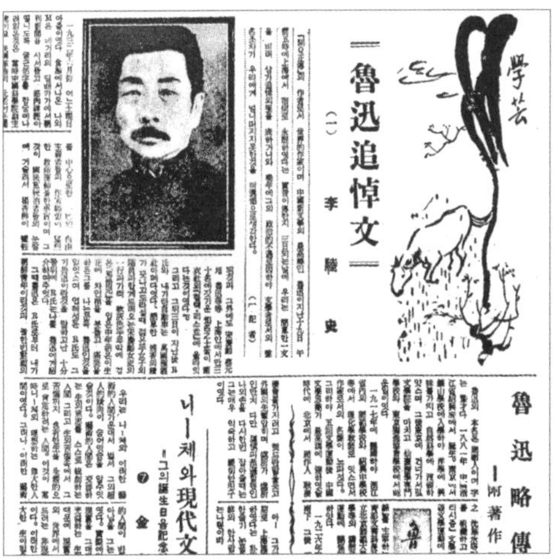
學藝

魯迅追悼文 (一)

李陸史

魯迅略傳

니ー체와 現代文

「루쉰 추도문」(1936)에 실린 루쉰의 사진

魯迅略傳

故鄕

魯迅 作

李陸史 譯

「고향」 번역문(1936)에 실린 루쉰의 사진

위해서는 초상이 유포되지 않는 쪽이 편리하기 때문이라고 한다. 여기에 실린 것은 역자 등이 최근의 것을 부탁해서 특별히 받은 것이지만, …… 하루오(春夫)."[43]

『루쉰선집』(1935)에 실린 루쉰의 사진

루쉰의 사진은 당시 중국에서도 구하기 어려웠는데, 역자인 사토 하루오가 루쉰과 교류한 바 있어 루쉰에게 직접 부탁해 그 사진을 얻은 것이었다. 이 『루쉰선집』은 당시 한국에서도 유전(流傳)되고 있었으니, 『매일신보』의 루쉰 서거 소식 기사나 『조선일보』의 「루쉰 추도문」 및 『조광』의 「고향」 번역문에 실린 루쉰의 사진 초상은 모두 이 『루쉰선집』으로부터 전재한 것으로 짐작된다. 이육사가 「루쉰 추도문」을 쓸 때 『루쉰선집』의 부록으로 수록된 마스다 와타루의 「루쉰전」(『가이조』 1932년 4월호에 실린 「루쉰전」과 동일한 원고임)을 참고해 루쉰에 대한 전기적(傳記的) 사실이나 개별 작품에 대한 비평적 관점을 적극 차용했고, 또 「고향」을 번역할 때 『루쉰선집』에 수록된 「고향」을 저본으로 삼았음을 감안하면, 이육사의 글에 실린 루쉰 사진의 출처가 모두 『루쉰선집』임을 단정할 수 있을 것이다.

그런데 루쉰이 사망한 직후 매우 짧은 기간 내에 이육사가 「루쉰 추도문」을 쓰고 「고향」을 번역하고 또 거기에 동일한 루쉰의 사진을 실

43 佐藤春夫·增田涉 共譯, 『魯迅選集』(東京: 岩波書店, 1935) 참조.

은 것으로 보아 누군가의 기획이 있었음을 생각하지 않을 수 없다. 「루쉰 추도문」이 『조선일보』에 실릴 때 그 앞에 다음과 같은 '일기자(一記者)'의 말이 덧붙어 있는데, 「루쉰 추도문」이 이육사 개인의 자유 기고문이 아니라 일종의 기획된 글임을 암시한다. "「아Q정전」의 작자로서 세계적 작가이며 중국 신문학의 최고봉인 루쉰이 지난 19일 오전 5시에 상하이에서 숙아(宿疴)로 영면하였다는 부음이 전한 지 3일되는 날에 우리는 간단한 일문(一文)을 빌려 삼가 추도의 뜻을 표하거니와 만년에 그의 정치적 불우(不遇)로 인하여 문학자로서의 성명(聲名)조차가 우리에게 널리 퍼지지 못한 것을 더 유감으로 생각한다[일기자(一記者)]."[44] 이 '일기자'가 바로 기획자가 아닐까? 제1장에서 설명했듯이 '일기자'는 조선일보 외보부장이던 홍양명일 가능성이 크며, 그의 기획과 의뢰로 이육사는 「루쉰 추도문」을 집필하고 「고향」을 번역한 것으로 보인다. 「루쉰 추도문」과 「고향」 번역이 모두 루쉰의 죽음을 추도하기 위한 것이므로 기획자로서 '일기자'는 『루쉰선집』에 수록된 루쉰의 사진도 적출해 함께 실은 것이다.

『삼천리』 1936년 12월호에 게재된 「나의 유언장」이라는 글에는 루쉰의 또 다른 사진 초상이 실려 있다. 「나의 유언장」은 루쉰의 「죽음(死)」이라는 글을 문장 순서를 바꾸거나 일부 내용을 생략해 번역한 것으로 역자가 밝혀져 있지 않은데, 『삼천리』 편집진에서 번역한 것으로 보인다. 여기에 실린 루쉰의 사진은 1930년 9월 17일 상하이의 좌익 문화 단체가 루쉰의 50세 생일 축하연을 열었을 때 미국 기자 아그네스 스메들리(Agnes Smedley, 史沫特萊)가 찍은 사진과 동일하다.[45]

---

44 李陸史, 「魯迅追悼文(1)」, 『朝鮮日報』 1936. 10. 23.
45 北京魯迅博物館 編輯, 「66 在白色恐怖下"左聯"秘密爲魯迅作"五十歲紀念"時所攝之一」, 『魯迅 1881-1936』.

나의 遺言狀

魯迅

—(220)—

「나의 유언장」(1936)에 실린 루쉰의 사진　　아그네스 스메들리가 찍은 루쉰의 사진(1930)

「루쉰 추도문」, 「고향」, 「나의 유언장」이 거의 동일한 시기에 발표되었고 또 각각 루쉰의 사진 초상을 실었는데, 모두 루쉰의 죽음을 추도하기 위한 일련의 기획에 의해 구성된 것으로 생각된다. 만일 『조선일보』의 '일기자'가 홍양명이라면 그는 당시 『삼천리』의 필진으로도 참여하고 있었으니, 「나의 유언장」의 기획에도 홍양명의 손이 미쳤을 수 있다. 다만 「나의 유언장」에는 역자의 이름이 없으므로 『삼천리』 편집진이 외국(일본일 가능성이 크다)에서 번역·소개된 「나의 유언장」을 중역(重譯)하고 거기에 실린 루쉰의 사진도 적출해 전재한 것으로 추정된다.

요컨대 근대 시기 한국의 대중 매체에 공개된 루쉰의 사진은 세 종류로 요약된다. 루쉰이 스스로 50세 생일을 기념하기 위해 1930년에 찍은 반신상 사진, 루쉰의 50세 생일을 기념하기 위해 아그네스 스메

들리가 1930년에 찍은 전신상 사진, 에드거 스노가 편역한 중국단편 소설집 『살아 있는 중국』을 위해 1933년에 찍은 반신상 사진이 그것이다. 이 사진들은 각기 마스다 와타루의 「루쉰전」과 사토 하루오·마스다 와타루 공역의 『루쉰선집』 등 일본어 텍스트로부터 전재한 것인데, 루쉰의 사진 초상은 중국에서도 구하기 어려웠던 만큼 한국인들이 직접 입수하기는 쉽지 않았을 것이다. 『매일신보』, 『조선일보』, 『조광』, 『삼천리』가 당시 한국의 대표적인 언론 매체였다는 사실을 고려하면, 루쉰 서거 직후 공개된 루쉰의 사진은 루쉰의 죽음이 불러온 충격을 반영하는바, 그의 이미지를 대중적으로 각인시키는 데 크게 공헌했을 것으로 생각된다.

3. 루쉰의 작품 텍스트와 루쉰 이미지의 재구축

한국의 대중 매체를 통해 루쉰의 문학적 성취가 널리 소개되고 그의 초상 이미지가 유전됨으로써 루쉰은 한국인들에게 대중적 이미지로 널리 자리 잡게 되었다. 그 결과 1938년 2월에 한국 최초로 루쉰의 「아Q정전」이 연극으로 상연된다. 조선흥예사(朝鮮興藝社)가 극단 화랑원을 창립하고 서울의 부민관에서 창립 기념 제1회 공연을 개최했는데, 그 공연 내용이 "지나 대문호 루쉰 원작, 톈한(田漢) 각색, 김건(金健) 역안(譯案)의 「아Q정전」 5막과 김건 작 「금향애사(琴香哀史)」 4막"[46]이었다. 이 공연은 영화 「아리랑 고개」(1935)의 각본을 쓰고 연출을 맡았던 유명한 홍개명(洪開明)이 직접 연출했다. 당시 연극 공연의 상업성을

46 「魯迅作 '阿Q正傳'을 上演」, 『東亞日報』 1938. 1. 20.

고려할 때 루쉰의 「아Q정전」이 연극으로 상연되었다는 것은 그만큼 루쉰과 그의 대표작 「아Q성전」이 대중적으로 각인되어 있었음을 뜻한다. 다만 일제의 검열에도 불구하고 이 공연이 허용된 것으로 보아 '아Q'의 인물 형상이 중국인의 나약한 국민성을 풍자적으로 묘사한 것이므로 당시 중국 침략을 정당화하는 데 선전적인 효과가 있다고 판단한 일제가 묵인했을 가능성이 있다.

루쉰의 대중적 이미지 구축과 관련해 근대 시기 한국에서 유전된 루쉰의 작품 텍스트도 검토하지 않을 수 없다. 경성제국대학 중국어문학과를 졸업한 김태준(金台俊)은 1931년 여름 베이징대학 교수이던 저우쭤런을 방문하고 함께 배석한 웨이젠궁(魏建功)과 더불어 "조선과 중국의 문학적 제휴라는 의미에서 조선에서의 중국 연구 단체를 흥왕(興旺)하게 하는 동시에 조선에도 중국 백화 서적(白話書籍)을 판매하는 곳이 있었서야 할 것"[47]에 대해 의견을 교환했다. 1930년대 초 단편적이나마 한중 지식인 사이에 한국에서의 중국 연구의 활성화와 중국 서적 판매소의 필요성이 대두한 것이다. 그 후 한국에서도 중국에서 출판된 현대 중국어 서적을 수입해 판매하는 서점이 생겨나서 중국 서적이 유통되고 있었다. 그런데 1937년 일제가 중국 침략을 감행한 이후 한국인의 민족의식과 저항을 잠재우고 전쟁에 협력하도록 강요하기 위해 가혹한 사상 통제를 실시했는데, 이때 중국에서 유입된 루쉰의 작품집마저 금서 목록에 올렸다. 1938년 일제가 발금(發禁) 처분을 내린 루쉰의 작품집은 다음과 같다.[48]

---

47 短舌(金台俊), '魯迅(周樹人)의 동생 周作人을 보고', 「北平紀行: 멍텅구리 遊燕草」, 『新興』 제6호, 1932. 1, 200쪽.

48 「日政下發禁圖書目錄」, 『日政下의 禁書 33卷』(『新東亞』 1977년 1월호 별책부록, 東亞日報社, 1977), 270쪽, 272쪽 참조. 루쉰의 작품집 이외에 중국 현대 문학 작품으로는 1935년 상하이에서 출판된 『(奴隸叢書之二)八月的鄉村』이 1936년에 발금 도서 목록에

저서명	저·역·편자	발행 연월일	발행 장소	처분 연월일	처분 이유
루쉰 선집(魯迅選集)	루쉰 (魯迅)	1937	상하이 (上海)	1938. 3. 6	치안
루쉰 문집(魯迅文集)	루쉰	1937	상하이	1938. 3. 6	치안
루쉰 유저(魯迅遺著)	루쉰	1937	상하이	1938. 3. 6	치안
루쉰 최후 유서(魯迅最後遺書)		1936 (민국 25·11, 초판)	상하이	1938	치안
루쉰 습유집(魯迅拾遺集)		1937 (민국 26, 삼판)	상하이	1938	치안
루쉰 산문집(魯迅散文集)		1937 (민국 26·3, 재판)	상하이	1938	치안

일제는 금서를 지정할 때 치안을 방해하는 도서, 풍속을 교란하는 도서, 비밀 출판된 도서로 구분했고 외국에서 출판되어 한국에 이·수입(移輸入)된 도서도 발금 처분을 내렸는데, 루쉰 작품집도 치안을 방해한다는 이유로 발금 처분을 내린 것이다. 중국에서 출판된 루쉰의 작품집이 한국에서 금서로 지정되었다는 것은 그의 작품집이 한국에서도 유통되고 있었음을 뜻한다.

이렇게 본다면 일제의 패망으로 1945년 8월 15일 해방을 맞이하기까지 한국에서 유전된 루쉰의 작품 텍스트는 한국어 번역 텍스트, 일본어 번역 텍스트, 중국어 원문 텍스트로 구분할 수 있다. 일반 한국인들은 한국어 번역 텍스트를 통해 루쉰 문학에 접근할 수 있었겠지만, 일제 식민지라는 특수한 사정으로 인해 일본어를 독해할 수 있는 일부 지식인들은 일본어 번역 텍스트를 통해서도 루쉰 문학에 접근할 수 있었을 것이다. 또한 중국어 원문을 독해할 수 있는 일부 연구자들은 당

올랐고, 1937년 상하이에서 출판된 『現代小說集』(小侯)과 『戲劇』(施公英), 『現代小說集』 第一輯, 『中國新文學叢刊書信』, 『現代通用白話書信集』, 『中國新文學叢刊戲劇』 등이 1938년에 발금 도서 목록에 올랐다.

연히 중국어 원문 텍스트를 통해 접근할 수 있었을 것이다. 루쉰 작품의 한국어 번역 텍스트는 그 시기의 열악한 출판 조건으로 인해 단행본으로 출판되지 못하고 주로 신문·잡지에 실린 원고 형태로 읽혔고, 일본어 번역 텍스트는 이와나미서점의 『루쉰선집』이 일정한 영향을 끼쳤던 듯하다. 『루쉰선집』은 이육사의 경우에도 드러나듯이 한국의 일부 지식인들에게 루쉰 문학에 접근할 수 있는 또 다른 작품 텍스트의 하나로 읽힌 것이다. 그리고 한국에서 발행되던 일본어 신문 『경성일보』의 1937년 2월 19일 자의 광고 지면에 가이조샤가 펴낸 일역본 『대루쉰전집(大魯迅全集)』 제1권의 출판 광고가 실려 있는데,[49] 이 책도 일부 한국인들에게 루쉰 문학에 접근할 수 있는 작품 텍스트의 하나로 활용되었을 가능성이 있다.

그런데 중일전쟁이 발발한 이후 일제에 의해 전면적인 사상 통제가 실시되면서 1938년부터는 루쉰 작품집마저 금서로 지정되어 한국인들이 루쉰 문학에 접근할 수 있는 길이 원천적으로 가로막히게 된다. 이육사가 1936년 12월 루쉰의 「고향」을 번역해서 발표한 이후부터 배호(裵澔)가 「고향」을 번역해 1946년 4월 『상아탑』에 발표하고 이명선(李明善) 역시 이 작품을 번역해 동년 6월 『중국현대단편소설선집』에 수록하기까지 10년 동안 루쉰의 작품은 한국어로 번역되지 않았다. 그 시기에 루쉰의 초상 이미지도 더 이상 유전되지 않았다.

그러나 8·15 해방과 더불어 루쉰이 다시 소환되기 시작해 루쉰 문학의 번역과 연구가 활성화된다. 배호와 이명선이 번역한 루쉰의 「고향」에 이어 균향호(均鄕浩)가 번역한 루쉰의 「혁명시대의 문학(革命時代

49 하타야마 야스유키(畑山康幸), 「『경성일보(京城日報)』에 게재된 李樺의 판화 <魯迅先生木刻像>」, 『근대서지』 제19호, 2019. 6 참조.

的文學)」과 「현대사(現代史)」가 『신천지』 1946년 7월호에 실렸고, 작품집으로는 김광주(金光洲)·이용규(李容珪)가 공역한 『루쉰단편소설집(魯迅短篇小說集)』 제1·2집이 각각 1946년 8월과 11월에 출판되었다. 또한 1949년 이명선이 편역한 『루쉰잡감문선집(魯迅雜感文選集)』(1950년 한국전쟁의 발발로 미간행)이 출간을 앞두고 있었다. 특히 루쉰의 주요 소설 작품을 망라한 『루쉰단편소설집』 제1·2집은 『동아일보』의 「신간소개」란에 소개되고[50] 『자유신문(自由新聞)』의 「신간소개」란에도 소개되었는데,[51] 이 책들은 한국인들이 체계적으로 루쉰 문학에 접근할 수 있는 길을 열어놓았다.

고려대학교의 연극부 극예술연구회가 1946년 12월 서울의 중앙극장에서 「아Q정전」을 연극으로 상연하게 된 것도 그러한 사정을 반영한 것이리라. 「아Q정전」의 상연을 알리는 신문 기사에서 "중국의 대문호 루쉰 선생의 「아Q정전」을 공연하리라 하는 데 대하여 극단(劇壇)은 물론 일반사회에서도 많은 기대를 가지고 있다 한다"[52]라고 소개했다. 그리고 공연극 「아Q정전」 4막에 대해 '원작 루쉰, 번역 윤세중(尹世重), 연출 안영일(安英一)'이라고 설명하고, 배역표에는 루쉰의 「아Q정전」에 나오는 인물들 이외에 「풍파」의 '치진(七斤)', 「고향」의 '룬투(閏土)', 「쿵이지」의 '쿵이지', 「내일」의 '산쓰 아주머니(單四嫂)'의 배역도 소개해놓았다. 그렇다면 이 연극은 루쉰의 원작 「아Q정전」의 내용을 중심으로 하되 루쉰의 여타 작품 속 등장인물도 함께 배치해 새로 각색한 창작극임을 알 수 있다. 해방 공간에서 루쉰의 「아Q정전」의 공연은 남다른 의미를 갖는 것이었다. 우선 「아Q정전」이 "형식을 떠나서 내용적으로

50 「新刊紹介」, 『東亞日報』 1946. 11. 20.
51 「新刊紹介」, 『自由新聞』 1946. 12. 27.
52 「學生劇運動의 新烽火 魯迅先生의 阿Q正傳 上演」, 『藝術通信』 1946. 12. 7.

충실한 신중국(新中國)을 건설하기 위한 고민으로 일생을 일관했고 인성 및 국민성을 추구하여 마지않아 인간으로서의 불행 속에 일생을 마친 실로 중국이 세계에 자랑한 대문호 루쉰의 역작"[53]이라는 데 큰 의미가 있었다. 더욱이 당시 한국의 현실이 1910년대의 중국과 흡사해 「아Q정전」이 "시사(示唆)와 자기반성의 기회를 주는, 우리로 하여금 심각한 명상에 잠기지 않을 수 없게 하는 작품"[54]이라는 데도 큰 의미가 있었다. 해방 공간에서 루쉰의 삶의 역정과 문학 정신이 계몽적 메시지로 강력히 요청된 것이다.

송지영은 루쉰 서거 11주기를 기념해서 「루쉰과 중국」(『한성일보』 1947. 10. 19)을 발표해 '위대한' 루쉰 정신을 기렸거니와, 이보다 하루 앞서 1947년 10월 18일 서울대학교 문리과대학에서는 정래동의 주최로 루쉰 서거 11주기 기념 강연회도 열렸다. 정래동은 『동아일보』에 기고한 「위대한 중국 작가 루쉰의 회억(상): 그의 기념 강연회를 열면서」에서 "중국 신문학운동 이후로 처음 난 위대한 작가요 현대 세계 작가 중에서도 가장 이채(異彩)가 있는 작가의 일인(一人)인 루쉰이 서거(1936년 10월 19일)한 지 벌써 11주년이 된다. 서울대학 문리과대학 내에 있는 중국문학연구회에서 금월 18일 오후 2시에 루쉰을 기념하는 강연회를 개최하는데 제(際)하여 다시금 씨(氏)의 경력·작품을 일고(一考)할까 한다"[55]라고 했다. 해방 공간에서 루쉰 문학의 한국어 번역 텍스트가 온전히 갖춰지면서 루쉰 문학의 계몽주의적 가치가 새롭게 조명되어 루쉰은 '대문호', '위대한 작가'로 다시 호명된 것이다. 그리하여 일

53 「魯迅先生原作 阿Q正傳의 解題」, 『藝術通信』 1946. 12. 14.
54 「魯迅先生原作 阿Q正傳의 解題」, 『藝術通信』 1946. 12. 14.
55 丁來東, 「偉大한 中國作家 魯迅의 回憶(上): 그의 紀念講演會를 열면서」, 『東亞日報』 1947. 10. 21.

반 대중을 상대로 그의 작품이 연극으로 각색되고 그의 서거를 기념하는 대중 강연회가 열리게 된 것이다.[56]

4. 루쉰 문학에의 체계적인 접근

루쉰은 「광인일기」와 「아Q정전」을 발표한 이래 근대 시기 한국의 대중 매체를 통해 그의 문학적 성취가 적극적으로 소개되면서 중국 현대 문학 작가 중에서 대중적인 지명도가 가장 높았다. 류수인이 번역한 「광인일기」가 1927년 『동광』에 실리고, 양백화가 번역한 「아Q정전」이 1930년 『조선일보』에 연재되고, 루쉰 문학에 대한 체계적인 평론인 정래동의 「루쉰과 그의 작품」이 1931년 『조선일보』에 발표됨으로써 루쉰은 '저우씨(周氏) 형제'라는 병칭에서 벗어나서 단독으로 중국을 대표하는 작가로 자리매김하게 되었다. 이후 루쉰의 다양한 작품이 번역됨으로써 한국 문단에서는 그를 '중국의 문호', '세계적인 작가' 등으로 호명하며 루쉰 문학을 중시했고, 이광수는 아예 '아Q'를 모티프로 해서 '박선달'이라는 인물을 '아Q'처럼 묘사하기도 했다. '재래 전통적 인습을 깨트리는 사회풍자소설'과 '중국인의 성격적 약점과 추악한 사회의 진상(眞相)을 적나라하게 그린' 작품을 창작한 루쉰의 작가적 명성이 널리 알려지면서 한국과 중국의 유사한 시대적 상황 속에서 루쉰의 삶과 문학적 주제가 한국인들에게 크게 공감을 불러일으켰다. 대중 매체의 발달과 더불어 루쉰의 실물 이미지를 확인하려는 사람들의 욕구

---

56 다만 1950년에 한국전쟁이 발발하고 이후 남북한이 대치하는 이념 대립의 냉전 체제가 구축되어 상당 기간 동안 한국에서 루쉰 문학의 번역과 연구는 소강상태에 놓여 있었다.

도 생겨나서 1930년대에 한국의 주요 언론 매체인 『신동아』, 『동아일보』, 『조선일보』, 『매일신보』, 『조광』, 『삼천리』 등에서 지속적으로 루쉰의 초상화 및 사진을 실었다. 이들은 작가 루쉰을 시각적인 이미지로 실체화함으로써 루쉰과 그의 문학에 대한 대중적인 이미지를 구축하는 데 크게 기여했다.

근대 시기 한국의 대중 매체에 공개된 루쉰의 그림 초상은 1934년 『신동아』에 발표된 신언준의 「루쉰 방문기」에 실린 타오위안칭의 루쉰 초상화, 1935년 『동아일보』에 발표된 정래동의 「중국 문인 인상기(3)」에 실린 루쉰 초상화, 1947년 『한성일보』에 발표된 송지영의 「루쉰과 중국」에 실린 루쉰 초상화가 그것이다. 이 그림들은 각기 해당 글에서 묘사된 루쉰의 작가적 이미지를 시각적 이미지로 전환해주는 역할을 하고 있다. 신언준의 글에 실린 초상화는 수수하고 소박한 프롤레타리아 작가로서의 루쉰 이미지를, 정래동의 글에 실린 초상화는 '견결한 내심'을 소유한 지사적 풍모의 루쉰 이미지를, 송지영의 글에 실린 초상화는 불굴의 정신으로 정의와 진리를 위해 분투함으로써 '항일'을 고무시켜온 루쉰 이미지를 시각적으로 부각하고 있다. 또한 루쉰의 사진 초상은 1932년 『동방평론』에 발표된 우산학인의 「중국 신흥문학의 '아Q'시대와 루쉰」에 실린 사진, 1936년 『매일신보』에 게재된 루쉰 서거 기사 및 같은 해 『조선일보』와 『조광』에 각각 발표된 이육사의 「루쉰 추도문」과 「고향」 번역문에 실린 사진, 1936년 『삼천리』에 게재된 「나의 유언장」 번역문에 실린 사진이 그것이다. 이 사진들은 대부분 일본어 텍스트로부터 전재한 것인데, 루쉰 서거 직후에 공개된 루쉰의 사진 초상은 그의 죽음을 추도하기 위해 실린 것인 만큼 루쉰의 죽음이 불러온 충격을 반영하며 루쉰을 대중적인 이미지로 각인시키는 데 크게 공헌했다.

한편 한국의 주요 언론 매체를 통해 루쉰의 작품과 작가적 명성이 널리 알려지고 그의 초상 이미지가 유전(流傳)됨으로써 마침내 1938년 2월 극단 화랑원이 「아Q정전」을 연극으로 상연하게 된다. 당시 연극 공연의 상업성을 고려할 때 「아Q정전」 공연은 루쉰과 그의 작품이 대중적으로 각인되어 있었음을 의미한다. 그런데 일제의 전면적인 사상 통제로 인해 1938년 3월부터 루쉰의 작품집이 금서로 지정되면서 한국인들이 루쉰 문학에 접근할 수 있는 길이 가로막혔다. 1945년 8·15 해방과 동시에 루쉰의 삶의 역정과 문학 정신이 계몽적 메시지로 강력히 요청되면서 루쉰이 다시 소환되어 루쉰 문학의 번역과 연구가 활성화되었다. 특히 루쉰의 주요 소설 작품을 망라한, 김광주·이용규 공역의 『루쉰단편소설집』(제1·2집)이 1946년에 출간됨으로써 한국인들도 이제 체계적으로 루쉰 문학에 접근할 수 있게 되었다. 그리하여 해방 공간에서 루쉰 문학의 계몽주의적 가치가 새롭게 조명되고 루쉰이 '대문호', '위대한 작가'로 다시 호명되면서 일반 대중을 상대로 1946년 12월에는 루쉰의 「아Q정전」을 각색한 창작극이 공연되고 1947년 10월에는 루쉰 서거 11주기를 기념하기 위한 대중 강연회도 열린 것이다.

제 6 장

후스와 김현구 그리고 김구경:
한글 자모의 이해와 중국 선종사(禪宗史) 연구

1. 후스와 한국인의 교류 및 동시기 한국의 후스 비평

주지하듯이 후스(胡適, 1891-1962)는 중국의 신문화운동 시기에 문학혁명(文學革命)을 제창하며 백화문운동(白話文運動)을 주도했고, 이후 근대적인 학문 연구 방법으로 수많은 학문적 업적을 이룩해 중국 학술사상계에 지대한 영향을 끼친 인물이다. 그런데 그는 근대 시기 중국 지식인으로서 누구보다 일찍부터 한국인과 교류하며 학문적 영향을 주고받았으며 한국 문화를 이해하고 한국의 독립을 적극적으로 지지했다는 데 주목할 필요가 있다.

이를테면 후스는 중국 상하이에서 미국으로 유학을 떠나던 도중인 1910년 8월 29일 일본의 요코하마에 잠시 정박한 배의 선상에서 한일 합방 소식에 열광하는 일본인들을 목격하고 망국의 '고려'(조선)를 애석해하기도 했다.[1] 그는 미국의 코넬대학에 유학하던 1914-1915년에 한국의 독립운동가로 활동하게 될 김현구(金鉉九)와 교유하며 한글 자모(字母)를 익혔고, 김현구가 학비 부족으로 학업을 중단했을 때 진심 어린 동정을 표하기도 했다. 또한 그는 1920년 4월 1일 『동아일보』 창간에 즈음해 베이징 특파원으로 파견된 김동성(金東成)의 내방을 받고 그에게 창간 축사를 써주기도 했다.[2] 『동아일보』 창간호에는 쑨원(孫文), 차이위안페이(蔡元培), 량치차오(梁啓超) 등의 친필 축사가 게재되었는데,[3] 김동성이 요청한 후스의 축사는 실제로 게재되지 않았지만 당시 후스가 쑨원, 차이위안페이, 량치차오와 같은 주요 인사로 받아들여지고 있었음을 보여준다. 중국 문학을 번역·소개해오던 양백화도 1920년 12월에 개벽사의 요청으로 후스와 교류하기 위해 그에게 직접 서신을 보냈고, 후스는 이에 응해 답신[4]과 함께 "개벽의 발전을 축하합니다

1 胡頌平, 『胡適之先生晚年談話錄』(北京: 中國友誼出版公司, 1993), 169-170쪽 참조. 후스는 1961년 5월 16일 후숭핑(胡頌平)과의 대화에서 다음과 같이 말했다. "1910년 선통(宣統) 2년 8월에 나는 처음으로 출국했는데, 우리 70여 명의 학생들은 몇천 톤에 지나지 않는 작은 배에 동승했다. 그날(8월 29일) 배가 요코하마(橫濱)에 도착해 육지 쪽을 보니 일본인들이 미친 듯이 소리를 지르고 있었을 뿐만 아니라 도처에 국기가 가득 걸려 있었다. 수천수만의 사람들이 미친 듯이 기뻐한 것은 고려(高麗)가 일본 본국의 일부분으로 병합되었다고 선포되었기 때문이다. 바로 고려가 정식으로 나라를 잃은 날이었던 것이다. 제1차 중일전쟁 후에 일본이 고려의 통치권을 얻었지만 고려의 국왕을 그대로 두었으나 이날부터 고려의 국왕도 없어지고 고려가 정식으로 나라를 잃은 것이다. 배에 있던 일부 학생들은 육지에 올라 구경했으나 나는 육지에 오르지 않았다."

2 金東成, 「내가 본 胡適 博士」, 『東亞日報』 1962. 2. 28.

3 『東亞日報』 창간호, 1920. 4. 1 참조. 창간호의 2면에 쑨원의 친필 축사 "祝東亞日報出版 天下爲公"가 게재되었고, 5면에 차이위안페이의 친필 축사 "宣傳人道 東亞日報"가, 7면에는 량치차오의 친필 축사 "明夷艱貞"이 게재되었다.

4 후스가 보내온 답신의 내용은 다음과 같다. "마침 귀사의 잡지를 펼쳐보고 귀사의 잡지가 동방문학계의 스타라는 것을 알았습니다. 이에 몇 글자를 올려 귀사 잡지의 축필(祝筆)로 삼으니 게재된다면 감사하겠습니다. 각별히 귀사가 날로 발전하기를 삼가 바랍니다. 저의 동료인 베이징대학 교수 가오이한(高一涵) 군의 축사도 함께 올리니 받아

(祝開闢的發展)”라는 축사를 보내왔으며, 그것은 『개벽』 제7호(1921. 1. 1)에 게재되었다. 한편 1931년 베이징대학 강사로 재직하고 있던 김구경(金九經)은 후스를 방문해서 중국의 선종(禪宗) 연구와 관련해 대화를 나누었고, 이후 후스는 김구경과 서신을 주고받으며 중국의 초기 선종 문헌인 둔황본(敦煌本) 『능가사자기(楞伽師資記)』의 교감(校勘)을 둘러싸고 학문적 교류를 이어갔다. 베이징에서 유학하며 중국 신문학을 연구하던 정래동도 1931년 11월에 후스를 방문해 대화를 나누었는데, 이때 후스는 한글 자모음과 한문자(漢文字)의 한국어 발음에 대해 상세하게 물었을 뿐만 아니라 한국의 신문학 상황에 대해서도 알고자 했다.[5] 이후 주미 중국 대사로 취임하게 된 후스는 1938년 6월 미국에서 유미고려학생연회(留美高麗學生年會) 회식 모임에 초대되어 한국 유학생에게 강연을 했고, 상하이 임시 정부 초대 대통령을 역임한 이승만과 여러 차례 회동을 갖고 그에게 충칭에 있던 한국 임시 정부 지도자 김구와 연락할 수 있도록 주선해주기도 했다.[6] 1942년 1월 3일 자 후스의 일기를 보면, “고려 독립의 지도자 이승만이 그의 부인과 함께 와서 이야기를 나누었다. 그는 내가 31일 연설사(演說辭)에서 고려는 반드시 광복해야 한다고 말한 데 대해 특별히 나에게 감사하기 위해 내방한 것이다”[7]

주시길 바랍니다(適批閱貴誌, 方知貴誌爲東方文學界之明星, 玆將數字奉呈, 以爲貴誌之祝筆, 代登爲感. 專此敬請貴社日益發展. 同呈敝同事北京大學教授高一涵君祝詞, 幷乞收納).” 후스가 동봉한 가오이한의 축사 “개벽, 권위의 경쟁 상대(開闢, 威權之敵)”도 후스의 축사와 함께 게재되었다.

5 丁來東, 「中國 文人 印象記(二): 才氣와 精力이 橫溢한 文人 또 學者인 胡適氏」, 『東亞日報』 1935. 5. 2.

6 金哲·莊慶濤, 「후스의 식민지 조선 인식과 교류 양상 연구」, 『中國語文學誌』 제73집, 2020. 12, 133-134쪽 참조. 후스와 동시기 한국의 문인·지식인과의 교류에 관해서는 金哲·莊慶濤의 이 논문이 다양한 실증적 자료를 토대로 상세하게 논하고 있어 참고하면 좋을 것이다.

7 曹伯言 整理, 『胡適日記全編(7)』(合肥: 安徽教育出版社, 2001), 462쪽. “高麗獨立領袖李

라고 했듯이 그는 일제 강점기 한국의 독립을 적극적으로 지지했다.

그 시기 국내에서도 중국 신문학운동의 선도자로서 후스를 소개하려는 움직임이 크게 일었다. 양백화는 가장 이른 시기에 후스를 소개했는데, 『개벽』 1920년 11월호부터 1921년 2월호에 걸쳐 후스의 문학혁명운동에 관한 아오키 마사루(青木正兒)의 저작을 번역해 「후스 씨를 중심으로 한 중국의 문학혁명」이라는 제목으로 연재했다. 북여동곡(北旅東谷)은 1922년 『개벽』 제30호에 「현 중국의 구사상·구문화의 개혁으로부터 신동양문화의 수립에」를 발표해 중국의 문학혁명의 내용을 소개하면서 백화문운동의 성격, 후스의 「문학개량추의(文學改良芻議)」와 천두슈(陳獨秀)의 「문학혁명론(文學革命論)」 등을 비평·소개했다. 북여동곡은 "현하(現下) 양지(兩地)의 신문화운동이 일(日)로 격렬한 이때에 그에 대한 여하(如何)의 보도는 어느 점에서 확실히 우리의 문화운동에 다소의 자극과 참고를 주리라고 사(思)하나이다"[8]라고 하며 중국 신문화운동 소개의 필요성을 강조했다. 이윤재(李允宰)는 1923년 4월 잡지 『동명(東明)』에 문학혁명론의 실질적인 내용을 담고 있는 후스의 「건설적 문학혁명론(建設的文學革命論)」을 번역해 게재했고, 그 해제에서 후스의 문학혁명론이 세상에 나오자 전국에 일시 풍미해 2천여 년의 미몽을 깨뜨렸음을 지적하고, 진부하고 부패한 죽은 문학을 숭상하던 '조선인'들에게 깊은 자극이 될 것이라고 말했다.[9] 이렇게 문학혁명을 제창하며 중국 신문학운동의 전위에서 활약하던 후스는 1920년대 국내에서 상당한 관심을 불러일으켰고, 그 영향 또한 만만치 않았다. 1924년

承晩同他的夫人來談, 他因爲我卅一日演說辭提出高麗應復國一條, 所以特來謝我."

8 北旅東谷, 「現中國의 舊思想·舊文化의 改革으로부터 新東洋文化의 樹立에: 他山의 石으로 現中國의 新文學建設運動을 이야기함」, 『開闢』 제30호, 1922. 12, 23쪽.

9 李允宰, 「建設的 文學革命論」, 『東明』 제2권 제16호, 1923. 4. 15 참조.

부터 10년 동안 베이징에 유학하며 당시 중국 신문학을 비평·소개하는 데 크게 공헌한 정래동은 다음과 같이 회고했다. "필자가 중국에 유학한 것은 우리나라 3·1운동 후요, 중국의 5·4운동 후이다. 따라서 우리나라에서는 어문일치(語文一致)의 운동이 상당한 성과를 거두고 있었으며, 중국에서는 5·4운동에서 문학혁명으로 방향을 돌려서 백화문운동으로 발전하던 시기이었다. 따라서 우리나라 신문학의 발전과 중국의 백화 문학의 진도는 비슷한 점이 많았다. 그런 만큼 피차의 관심은 컸으며, 필자의 중국 문학 소개문 같은 것도 우리나라 지(紙)·지(誌)에서는 우대하여 주었었다."[10] 이렇게 보면 1920년대 국내에서는 중국 신문화운동에 대한 관심이 고조되어 후스에 대한 비평·소개가 주로 그의 문학혁명론 또는 그가 주도한 백화문운동에 집중되어 있었음을 알 수 있다.

그런데 1929년 10월 『조선일보』에 정병순(鄭昞淳)이 후스의 글을 번역한 「굴원(屈原)과 초사(楚辭): 후스즈(胡適之)의 독초사(讀楚辭)」가 게재되었고, 1931년 1월 잡지 『동광』에는 후스의 「태평양 문제(太平洋問題)」라는 글을 전역(轉譯)한 「중국의 진로는 무엇: 중국 사상가 후스」가 게재되었다. 이때부터 후스는 문학혁명을 제창한 신문화운동가로부터 점차 학술사상가로 소개되기 시작했다. 1931년 6월에서 7월에 『조선일보』에는 후스의 「나의 사상을 소개함(介紹我自己的思想)」을 정래동이 번역한 글인 「후스의 자기 사상 소개」가 총 9회에 걸쳐 연재되었는데, 정래동은 이 글의 「역자기(譯者記)」에서 다음과 같이 서술했다.

> 후스는 중국 학자로서 세계에 치명(馳名)한 것은 더 말할 것도 없거

10 丁來東, 「序」, 『丁來東全集(Ⅰ)』(金剛出版社, 1971), 1쪽.

니와, 근일(近日) 미국에서는 '파더 오브 르네상스(中國文藝復興의 父)'라는 찬사를 붙인다 한다. 근일에 와서는 국민당에 호감을 가지지 못하고, 또 일부 신흥 학자들에게는 벌써 노후했다는 평을 받기도 하지마는, 하여간 과거의 공적은 지울 수가 없으며, 현금(現今)에도 중국의 철학과 문학에 다대한 공헌을 하고 있는 것은 감출 수 없는 사실이다. 역자(譯者)는 사상상(思想上)으로 물론 후스 씨와 공통점은 없으나, 역시 우리 사상계에 소개할 필요를 느껴서 이 간약(簡約)하고 정확한 단문(短文)을 역출(譯出)하기로 한다.[11]

후스의 「나의 사상을 소개함」은 원래 1930년 12월 20일부터 『베이핑신보(北平晨報)』에 연재되었는데, 정래동이 "최근에 『신월(新月)』 잡지에 실리고 『후스문선(胡適文選)』의 서문으로 된 일편(一篇)이다"[12]라고 했으니, 중국에서 발표된 지 얼마 지나지 않아 곧바로 번역되어 국내에 소개된 것이다. 이에 호응이라도 하듯이 당시 『동아일보』 상하이 특파원이었던 신언준은 1931년 8월 『동광』에 「실험주의 철학자 후스」라는 글을 발표했다. 이 글은 상당히 긴 편폭으로 후스의 학술과 사상을 비평·소개했는데, '일관된 실험주의', '문학혁명', '문제와 주의', '과학 문명의 옹호', '비개인주의적 신생활', '자유주의적 정치론' 등의 소절(小節)로 구성되어 있다. 신언준은 이 글에서 "후스(胡適) 씨는 천두슈(陳獨秀) 씨와 같이 안후이(安徽)의 2대 사상가로 근대 중국의 역사 위에 찬란한 인물이다"[13]라고 고평하며 사상가로서 후스의 위상을 강조했다. 특히 후스의 실험주의적 사상 방법을 중시해 "요컨대 그의 기본 사상

11 丁來東 譯, 「胡適의 自己思想紹介-原名 「介紹我自己的思想」」, 『朝鮮日報』 1931. 6. 14.
12 丁來東 譯, 「胡適의 自己思想紹介-原名 「介紹我自己的思想」」, 『朝鮮日報』 1931. 6. 14.
13 민두기 편, 『신언준 현대 중국 관계 논설선』(문학과지성사, 2000), 160쪽.

은 '증거와 사실 주중(注重)'이란 한마디로 요약할 수 있다. 그의 문예나 정론이 모두 그 실험주의의 응용이라고 그는 누누이 자술했으며, 그가 다반으로 쓰는 말은 '실험실적 태도'니 '증거 내놓고'의 두 마디다. 이 두 마디는 바로 그의 학문적 정신을 대표한 표어다"[14]라고 소개했다. 신언준은 후스를 두고 "중국의 학술계, 사상계에 있어 그가 생산한 문화재는 중국 민족 만대의 보배가 될 것이다"[15]라고 평가하는 말로 글을 맺었다.

정래동은 1934년 11월 『동아일보』에 총 8회에 걸쳐 「중국의 국고정리(國故整理)에 대한 제설(諸說)」을 발표해 후스, 저우쭤런, 정전둬, 구제강(顧頡剛), 궈모뤄, 청팡우(成仿吾) 등 6인의 관점을 중심으로 중국의 국학(國學) 정리와 연구 상황을 비평·소개했다. 이 글은 실제로 후스의 '국고정리운동'을 중심으로 중국의 학술운동을 소개하는 데 주안점을 두었다. 이를테면 정래동은 '연구·정리의 방법'에 대해 후스의 관점을 적극 차용해 "그 정리하는 방법에 있어 과학적 방법을 채용(採用)하여야 할 것이다. 이 정리 방법에 참고가 될 것으로는 이하에 기술할 후스의 '사적(史的)', '분류적' 정리법을 주의할 필요가 많다고 생각한다"[16]라고 했거니와, 중국 국고정리의 선언문이라 할 후스의 「국학계간발간선언(國學季刊發刊宣言)」의 내용을 토대로 '후스의 역사적 정리론'을 가장 상세하게 소개했다.[17] 또한 홍성한(洪性翰)은 1936년 8월 『신동아』에

---

14 민두기 편, 『신언준 현대 중국 관계 논설선』, 163쪽.

15 민두기 편, 『신언준 현대 중국 관계 논설선』, 170쪽.

16 丁來東, 「中國의 國故整理에 대한 諸說(1)」, 『東亞日報』 1934. 11. 2.

17 물론 정래동은 후스의 관점 이외에 저우쭤런, 정전둬, 구제강의 관점도 소개했고, 이들과 대립했던 궈모뤄와 청팡우의 관점도 소개했다. 이를테면 "정리(整理)의 사업은 기껏해야 그저 일종의 보고(報告)이고, 일종 구가치(舊價値)를 중신(重新)으로 평가한 것이며, 결코 신가치(新價値)의 새로운 창조가 아니니, 그것은 한 시대의 문화의 진전상(進展上) 공헌이 너무나 미소(微少)한 것이다"(「中國의 國故整理에 대한 諸說(7)」, 『東亞

후스의 「장자 시대의 생물진화론(莊子時代的生物進化論)」[18]을 번역 게재했고, 이육사는 1941년 『문장』 1월호와 4월호에 후스의 대표적인 문학사 저작인 「오십년 동안 중국의 문학(五十年來中國之文學)」을 초역한 「중국문학 오십년사」를 게재했다. 김구경은 1931년 후스로부터 중국의 초기 선종 문헌인 『능가사자기』를 빌려와 정밀하게 교감해 1932년에 그 교간본(校刊本)을 발간했으며, 해방기인 1947년에는 후스가 구상한 「학술독립십년계획안(學術獨立十年計劃案)」을 번역해 소개하기도 했다. 이렇게 보면 1930년대 이후 국내의 후스에 대한 비평·소개는 주로 그의 학술과 사상에 집중되어 있었음을 알 수 있다.

요컨대 근대 한국에서 후스에 대한 비평·소개는 1920년대에는 주로 중국 신문학운동의 선도자로서 그의 문학혁명론과 백화문운동이 위주였고, 1930년대에는 학술사상가로서 그의 학술과 사상이 위주였다. 그 시기에 후스도 다양한 분야의 한국인과 폭넓게 교류하며 한국의 문화적 정체성을 깊이 인식할 수 있었고, 이를 바탕으로 한국의 독립을 적극적으로 지지할 수 있었다. 이 장에서는 후스가 한국인과 어떻게 교류했는지, 그가 한국의 문화적 정체성을 어떻게 인식하고 있었는지를 심층적으로 이해하기 위해 김현구와 김구경과의 교류 및 그 의의를 집중적으로 조명하고자 한다. 그러니까 후스가 미국 코넬대학에 유학할 때 김현구와 교유하며 한글 자모를 익혔던 사실과 그것이 그가 구상한

日報』 1934. 11. 11)라는 궈모뤄의 관점을 소개했을 뿐만 아니라, "그네들의 차종(此種) 운동의 신수(神髓)는 가석(可惜)하나마 사회중(死灰中)에서 화신(火燼)을 찾아내어 가지고 그네들의 '안락하던 옛날'의 이야기로서 만족을 하며 그네들은 맹목(盲目)한 애국적 심리를 이용하여 그네들의 도행역시(倒行逆施)하는 광망(狂妄)을 실행하려고 한다"(「中國의 國故整理에 대한 諸說(完)」, 『東亞日報』 1934. 11. 13)라는 청팡우의 관점도 소개했다.

18 胡適, 「莊子 時代의 生物進化論」, 洪性翰 譯, 『新東亞』 제6권 제8호, 1936. 8, 143-148쪽.

문학혁명론과 어떠한 연관이 있는지를 고찰하고, 나아가 1930년대에 중국 선종사(禪宗史) 연구를 둘러싸고 진행된 후스와 김구경의 학문적 교류의 양상을 실증적으로 규명해 그 학술적 의의를 검토하고자 한다.

2. 후스와 김현구의 교유와 한글 자모

후스는 1910년 미국으로 유학을 떠나 코넬대학에서 농학을 전공했고, 졸업 후 컬럼비아대학으로 옮겨 다시 철학을 전공했다. 주지하듯이 후스는 미국 유학 시기에 중국의 문자를 개혁해야 할 필요성을 절감하고 '문학혁명'을 구상하게 되는데, 그 발단은 무엇이었을까? 후스는 미국 유학 시기에 다양한 독서 찰기를 일기로 남겼는데, 흥미롭게도 코넬대학 재학 시기인 1914년 9월 15일 일기에 '조선문 자모(朝鮮文字母)'라는 표제어 아래 한글 자모를 표로 정리해놓았다. 그는 한글 자모를 '성모(聲母, 즉 자음)', '운모(韻母, 즉 모음)', '병음례(拼音例, 발음의 예)'로 구분해 예시하고, 그 아래에 자신의 단상을 기록했다.

> 나의 친구 한국인 김현구(金鉉九) 군은 "조선에는 본래 이러한 문자(한글 자모를 가리킴—인용자)가 있었는데, 그 기원이 아주 오래되었다. 한문(漢文)이 수입되자 그 말(語)이 마침내 쇠퇴하였고, 500년 전에 이르러서야 비로소 누군가가 그것을 회복했다. 지금 전국적으로 보급하고 있지만, 중상류 사회에서는 여전히 한문과 한어(漢語)를 사용하고 있다"라고 말했다. 이러한 자모는 어떤 말에서 근원하는가? 우리나라 고대에 상형 문자가 있기 이전에 자모가 먼저 있었는가? 만약 있었다면 고구(考求)할 수 있는가? 만약 없었다면 창힐(倉頡) 이전에 우리나

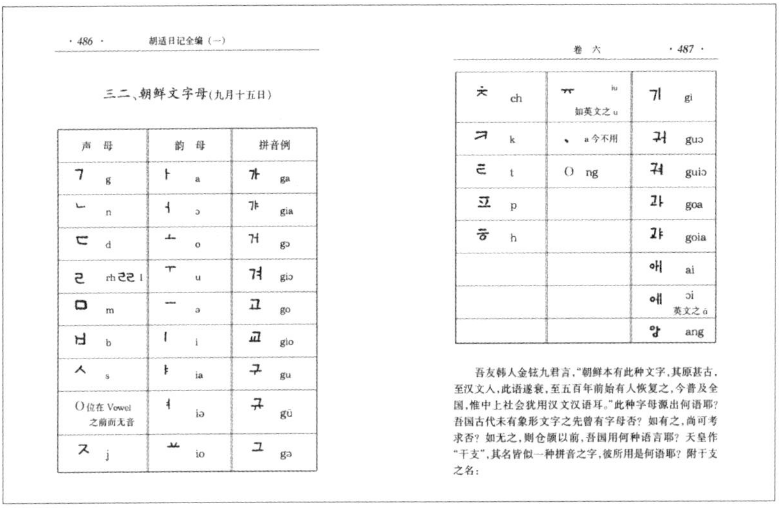

· 486 · 胡适日记全编（一）

三二、朝鲜文字母(九月十五日)

声 母	韵 母	拼音例
ㄱ g	ㅏ a	가 ga
ㄴ n	ㅓ ɔ	갸 gia
ㄷ d	ㅗ o	거 gɔ
ㄹ rh ㄹㄹ l	ㅜ u	겨 giɔ
ㅁ m	ㅡ ə	고 go
ㅂ b	ㅣ i	교 gio
ㅅ s	ㅑ ia	구 gu
○ 位在 Vowel 之前而无音	ㅕ iɔ	규 gü
ㅈ j	ㅛ io	그 gə

卷 六 · 487 ·

ㅊ ch	ㅠ iu 如英文之 u	기 gi
ㅋ k	ㆍ a 今不用	궈 guɔ
ㅌ t	○ ng	겪 guiɔ
ㅍ p		과 goa
ㅎ h		갸 goia
		애 ai
		에 ɔi 英文之 á
		앙 ang

吾友韩人金铉九君言，"朝鲜本有此种文字，其原甚古，至汉文人，此语遂衰，至五百年前始有人恢复之，今普及全国，惟中上社会犹用汉文汉语耳。"此种字母源出何语耶？吾国古代未有象形文字之先曾有字母否？如有之，尚可考求否？如无之，则仓颉以前，吾国用何种语言耶？天皇作"干支"，其名皆似一种拼音之字，彼所用是何语耶？附干支之名：

후스가 일기에 기록한 한글 자모표(1914. 9. 15)

라는 어떤 종류의 언어를 사용했는가? 천황이 '간지(干支)'를 만들었고, 그 명칭은 모두 일종의 병음(拼音)의 글자와 비슷한데, 그때 사용한 것은 어떤 말인가? 간지의 명칭을 덧붙인다. ……

이러한 명칭은 어떻게 후세에 전해졌을까? 그것을 기록한 사람은 무엇에 바탕을 둔 것인가?[19]

위 인용문에 등장하는 김현구도 당시 코넬대학에 학적을 두고 있었다. 김현구는 1913년 미국의 헤이스팅스 고등학교를 졸업하고 1914년

19 曹伯言 整理, 『胡適日記全編(1)』, 486-488쪽. "吾友韓人金鉉九君言, '朝鮮本有此種文字, 其原甚古, 至漢文入, 此語遂衰, 至五百年前始有人恢復之, 今普及全國, 惟中上社會猶用漢文漢語耳.' 此種字母源出何語耶? 吾國古代未有象形文字之先曾有字母否? 如有之, 尚可考求否? 如無之, 則倉頡以前, 吾國用何種言語耶? 天皇作'干支', 其名皆似一種拼音之字, 彼所用是何語耶? 附干支之名: (略) 此種名如何傳至後世耶? 記之者何所本耶?"

에 코넬대학에 입학했는데, 그는 자서전에서 "코넬대학에서 장학금을 받은 나는 대학으로 가는 길에 뉴욕에서 여름을 보냈다. 나는 코넬에서 1년 6개월을 공부했지만, 과도한 외부 일과 외로움, 가족 갈등(즉 여동생의 실종)으로 인해 학업 성적이 미끄러져서 학교를 그만두고 일하러 가야만 했다"[20]라고 기술했다. 코넬대학 재학 시기에 '세계학생회'에 적극 참여했던 후스는 '세계학생회'를 통해 김현구와 교유했을 것이고, 이를 계기로 한글 자모를 익히게 된 것으로 보인다.

후스가 한글 자모에 관심을 가졌던 것과 그의 중국 문자 개혁의 필요성에 대한 자각 사이에 어떤 연관성은 없을까? 후스는 1915년부터 중국 문자의 문제를 적극적으로 사고하기 시작하는데, 이보다 앞서 1914년 9월에 한글 자모를 익히며 '병음'의 문자적 특성에 관심을 가졌으니 자모로 구성된 한글의 표음 체계가 후스로 하여금 중국 문자의 문제를 고민하도록 이끌었을 것이 분명하다. 문자의 '병음화(拼音化)'(즉 자모화)에 대한 후스의 인식은 '조선문 자모'에서 처음으로 드러나기 때문이다.

후스의 일기를 좀 더 면밀하게 검토해보자. 후스는 1914년 1월 25일에 쓴 '내가 관심을 갖고 있는 문제(我所關心之問題)'라는 표제어의 일기에서 "근래에 내가 관심을 갖고 있는 문제는 다음에 열거한 것과 같다. (1) 태서(泰西, 즉 서양—인용자)의 고고학, (2) 치용철학(致用哲學, 즉 실용철학—인용자), (3) 천부인권설(天賦人權說)의 연혁. 모두 그 피상적인 것을 얻었을 뿐으로 정말 얕은 지식이라 할 수 있다"[21]라고 했으니, 이

20 Dae-Sook Suh (Edited and Translated, with an Introduction), *The Writings of Henry Cu Kim: Autobiography with Commentaries on Syngman Rhee, Pak Yong-man, and Chon Sun-man* (Hawaii: University of Hawaii Press, 1987), 113쪽.

21 曹伯言 整理, 『胡適日記全編(1)』, 223쪽. "近來所關心之問題, 如下所例: (一)泰西之考古學, (二)致用哲學, (三)天賦人權說之沿革, 皆得其皮毛而止, 眞可謂膚淺矣."

시기 그의 관심은 주로 학문 방법과 철학의 문제에 집중되어 있었다. 그런데 그가 중국 문자가 가지고 있는 문제와 마주치게 된 것은 한자를 타자할 수 있는 타자기를 만들 수 있는가 하는 데서 출발했다. 후스는 1914년 9월 13일에 쓴 일기에서 "우리나라 학생 중에 분별없는 사람은 한문을 폐지하고 영문을 사용하거나 혹은 간자(簡字)를 사용해야 한다는 주장을 펼쳤다. 그것은 '한문은 타자기에 적합하지 않아 불편하다'는 이유 때문이었다. 무릇 타자기는 문자를 위해 만들어진 것이지 문자가 타자기를 위해 만들어진 것은 아니다. 타자기를 만들 수 없다는 이유로 한자를 폐지하려 한다면, 그 어리석음은 진실로 발가락을 잘라 신발에 맞추는 것보다 수천만 배가 더 될 것이며, 더욱이 우리나라 문자가 타자기에 맞지 않다고 말할 수 있는가?"[22]라고 했다. 후스는 현대 사회생활에서 한문, 즉 한자가 불편할 수 있지만, 그 때문에 한자를 폐지해서는 안 된다고 생각했다. 그는 미국의 중국 유학생 사회에서 거론된 한자 폐지의 문제와 관련해 한자는 폐지할 수 없다는 입장을 고수했다. 후스는 타자기 제작의 문제로 촉발된 한자 폐지 여부에 대한 자신의 생각을 피력한 날로부터 바로 이틀 뒤인 9월 15일에 한글 자모를 예시하고 그와 관련된 단상을 기록했으니, 한글 자모에 대한 그의 관심도 한자 폐지 여부 문제와 관련된 것임이 분명하다.

앞서 후스가 김현구의 말을 인용한 대목을 좀 더 세밀하게 분석해 보자. 후스는 한국에 '한문(漢文)'이 수입되자 그 말(語)이 쇠퇴했고 500년 전에 이르러서야 그것을 회복했다고 했는데, 사실 그 '말'은 쇠퇴하지 않았고 세종 때 '말'을 기록하는 문자, 즉 한글을 창제(회복)한 것뿐이다. 또한 한글이 전국적으로 보급되고 있지만, 한국의 중상류 사회

22 曹伯言 整理, 『胡適日記全編(1)』, 449쪽.

에서는 여전히 '한문'과 '한어(漢語)'를 사용하고 있다고 말했는데, 당시 한국의 일부 지식인들은 문어의 한문을 사용하기는 했지만 구어의 한어를 사용하지는 않았다. 그렇다면 후스가 언급한 '말'은 구어의 말이 아니라 문어의 말인 한문을 가리키는 것으로 보아야 한다. 후스는 한글 자모에 대한 인식으로부터 곧바로 상형 문자인 한자가 만들어지기 이전에 중국에도 '자모가 있었는가'라는 질문을 던지고, 과거 중국에서 사용한 '간지(干支)'의 명칭이 '병음(拼音)의 글자'(표음자)와 비슷하다고 여겼는데, 이는 한글 자모가 자극이 되어 중국 문자의 문제 및 병음(표음)의 문제를 진지하게 사유하기 시작한 것임을 시사한다.

후스가 김현구의 말에 따라 한국의 중상류층에서는 여전히 '한문'과 '한어'를 사용하고 있다고 이해한 데는 나름의 근거가 있었던 듯하다. 후스는 김현구의 실례를 통해 그렇게 생각했을 수 있는데, 사실 김현구는 상당한 한문 실력이 있어 순한문으로 편지를 쓰기도 했다. 그가 미국 워싱턴에 체류하던 시기인 1927년 1월부터 1928년 7월 사이에 하와이에 있던 이승만에게 보낸 순한문 편지가 남아 있다. 이를테면 김현구가 1927년 11월 18일에 이승만에게 보낸 편지의 일부를 보자.

> 且下生修學十餘年 尙未得學位 豈非可耻者耶 向者數次往赴 Baltimore 一往歸三事 一爲問醫 二爲求役 三爲訪學校也 醫士之所言 亦添心慮 後處尙未如意 而至於學校 則Johns Hopkins大學 似可得學費免除 入學后若受試及第得學位後補之名 則似可得校助Fellowship 是一可幸處也 然尙未可確言矣 日後更達伏計耳 故近間爲釋心慮 亦爲實效 得法德文書籍 日讀數頁矣.
>
> (또 저는 수학한 지 10여 년이 넘도록 아직 학위도 얻지 못했으니 어찌 부끄러운 일이 아니겠습니까? 저번에 두어 차례 볼티모어에 간

일이 있는데, 한번 갈 때 세 가지 일을 처리하려 했습니다. 즉 첫째는 의사를 찾아서, 둘째는 구직을 위해서, 셋째는 학교를 방문하기 위해서였습니다. 의사의 말은 마음의 걱정만 더했을 뿐 뒤처리도 아직 뜻대로 해보지 못했습니다. 학교에 있어서는 존스홉킨스대학이 학비 면제를 받을 수 있을 것 같습니다. 입학 후에 시험을 보아 합격하고 학위 후보의 이름을 얻으면 장학금도 받을 수 있어서 다행한 일입니다. 그러나 아직 확언을 드릴 수 없으므로 이후에 다시 말씀 올리겠습니다. 그 때문에 근간에는 시름도 덜고 실효도 얻기 위해 불란서와 독일 서적을 구하여 날마다 몇 쪽씩 읽고 있습니다.)[23]

김현구는 자서전에서 "나는 열두 살 때 남들의 권유를 받지 않고 나 자신의 의지로, 겨울에 『맹자』, 『장자』, 『사기』, 『시경』, 『주역』 등 한문 고전을 읽는 데 전념했다"[24]라고 서술했다. 그리고 "나는 아주 즐겁게 많은 책을 읽었다. 이를테면 『사기평림(史記評林)』, 『성탄비평팔대가문선(聖嘆批評八大家文選)』, 『맹자』, 『예기』 그리고 『좌전』이 그것이다"[25]라고 했거니와, 보성중학교 시절에 "나는 중국의 고전, 작문, 지리, 역사를 공부했다"[26]라고 했으니 한문 고전을 해독할 수 있는 깊은 소양을 갖추고 있었다. 또한 그는 미국에서 항일 활동으로 인해 일본인들로부터 의심을 받았던 점을 서술해 "게다가 미국에 와서도 계속 한국어, 영어, 중국어(한문을 가리킬 것이다–인용자)로 항일 기사를 썼기 때문에 의심을 받았다. 그리고 코넬대학에서 공부하면서 쿠사노(Kusano) 선생님

23 柳永益·宋炳基·李明來·吳瑛燮 編, 『李承晩 東文 書翰集(中)』(연세대학교출판부, 2009), 183쪽.
24 Dae-Sook Suh (ed. and trans.), *The Writings of Henry Cu Kim*, 55쪽.
25 Dae-Sook Suh (ed. and trans.), *The Writings of Henry Cu Kim*, 64쪽.
26 Dae-Sook Suh (ed. and trans.), *The Writings of Henry Cu Kim*, 77쪽.

과 같은 일본 지도자들과 한국에 대한 일본의 정책에 관해서 열띤 논쟁을 벌였기 때문에 의심을 받았다"[27]라고 했는데 '중국어(한문)'로 항일 기사를 썼다는 것도 특기할 만하다.

김현구는 이승만에게 보낸 서신에서 "저는 수학한 지 10여 년이 넘도록 아직 학위도 얻지 못했으니 어찌 부끄러운 일이 아니겠습니까?"라고 했는데, 10여 년 동안 아직 대학을 졸업하지 못했다는 언급은 그가 1915년에 코넬대학을 중퇴한 사실과 관련이 있다. 후스는 1915년 3월 7일 자 일기에서 한글 자모를 가르쳐준 김현구에 대한 다음과 같은 기록을 남겼다. "나의 친구인 김현구 군은 미국 서부에서 와서 자급(自給)을 하려고 애를 썼으나 도저히 버티지 못하고, 결국 잠시 학업을 그만두게 되었다. 그는 일을 좀 해서 저축이 있게 되면 그 후 다시 학업을 이어가려 한다는 것이었다. 오늘 밤 와서 작별을 고했고, 손을 잡고 몹시 아쉬워했다. 한국인들은 우리나라에 바라는 바가 매우 간절한데, 지금 나는 자신을 돌볼 겨를도 없어 한국인을 저버리고 있다."[28] 김현구는 학비 문제로 인해 1915년 3월 이후 코넬대학을 중퇴하게 되는데, 후스는 그런 김현구를 안타까워하며 도와주지 못하는 자신의 처지를 부끄러워하고 있어 김현구와 친밀한 교유 관계를 유지하고 있었음을 짐작게 한다. 이런 상황으로 미루어본다면, 후스는 김현구의 도움으로

---

27 Dae-Sook Suh (ed. and trans.), *The Writings of Henry Cu Kim*, 135쪽.

28 曹伯言 整理, 『胡適日記全編(2)』, 82쪽. "吾友韓人金鉉九君自西美來此, 力作自給, 卒不能撑持, 遂决計暫時輟學, 他往工作, 俟有所積蓄, 然後重理學業, 今夜來告別, 執手黯然. 韓人對於吾國期望甚切, 今我自顧且不暇, 負韓人矣." 또한 후스는 그날 일기에서 곧이어 다음과 같이 기록했다. "내 눈에 가장 경애로운 사람은 바로 일하면서 공부하는 이 나라(한국을 가리킴—인용자)의 학생들이다. 그 사람들은 모두 싫은 기색 없이 배움을 좋아하는 지식인인데, 한 학교의 기둥이요 한 나라의 생명줄이다. 우리가 그들에 대해 어찌 경애의 마음을 품지 않을 수 있으며, 더욱 스스로 격려하지 않을 수 있겠는가?(眼中最可敬愛之人, 乃此邦之半工半讀之學生. 其人皆好學不厭之士, 乃一校之砥柱, 一國之命脈. 吾輩對之焉敢不生敬愛之心而益自激勵乎?)"

한글 자모를 익히며 그 과정에서 김현구의 한문 글쓰기 능력도 어느 정도 파악할 수 있었을 것이다. 특히 김현구의 한문 글쓰기는 문어의 '한어'에 해당하는 만큼 후스가 김현구의 예로써 한국의 중상류층은 여전히 중국의 글인 한문, 즉 문어의 '한어'를 사용하고 있다고 생각한 것이다.

중국의 '한문'을 사용해온 한국에서는 500년 전부터 자모의 한글이 창제되어 이제 전국적으로 보급되었고, 그 결과 말과 글이 동일한 언문일치의 표음 체계를 갖추었다는 사실을 깨닫는 순간 후스는 중국 문자의 문제를 좀 더 적극적으로 고민하게 되었을 것이다. 그런데 한자, 즉 '한문'을 폐기해서는 안 된다는 입장을 고수하고 있었기에 후스는 '한문'을 어떻게 하면 잘 가르칠 것인가 하는 한문 교육 방법을 연구하는 데로 나아갈 수밖에 없었을 것이다. 그는 1915년 8월 26일 「어떻게 우리나라 문언을 쉽게 가르칠 것인가(如何可使吾國文言易於教授)」라는 글을 발표하는데, 이것이 중국 문자의 문제를 다룬 그의 첫 번째 공식적인 글이다. 이 글은 미국의 중국 유학생 모임인 '동미학생회(東美學生會)' 연회(年會)에서 발표된 영문 논문이었다. 이 글에 따르면 당시 중(鍾) 모(某) 등이 '한문'을 비방하며 자모의 채용을 극력 주장하면서 교육의 보급을 위해서는 자모가 없으면 안 된다고 했는데, 후스는 이 문제가 지극히 중대한 만큼 의기(意氣)에 의거해 일을 처리해서는 안 되며 침착하고 세심하게 그것을 연구해야 한다고 보고 '국문(國文)'(중국의 문자—인용자)을 당해 연도 연회의 토론 주제로 건의했다는 것이다. 그리고 '국문을 논함'과 '국어를 논함', 두 가지 주제로 나누어 자신과 자오위안런(趙元任)이 각각 맡기로 하고, 자오위안런은 중국의 국어가 자모제(字母制)를 채용할 수 있는지 여부와 그 진행 방법을 논하고, 자신은 문언(文言)을 쉽게 가르치는 방법을 논하게 되었

다고 했다.[29]

후스는 자신이 맡은 주제에 따라 네 가지 주요 논점을 구체화해 제시했다. 첫 번째 논점으로는 "우리나라 말을 자모의 말로 바꿀 수 있는지 여부와 상관없이 이 자모제가 이루어지기 전에 지금의 문언은 결국 폐지할 수 없다. 그것을 각 성(省)이 소통할 수 있는 유일한 매개물로 삼아야 하며, 교육을 주고받을 수 있는 유일한 도구로 삼아야 한다"[30]라고 했다. 그리고 두 번째 논점으로는 '한문이 교육을 전수할 수 있는 이기(利器)가 될 수 있는가 하는 이 문제'가 한문의 중심 문제라고 말하고, 세 번째 논점으로는 '한문의 보급이 쉽지 않은 원인은 한문 자체에 있지 않고 그것을 가르치는 기술의 불완전함에 있다'라고 했다. 그리고 네 번째 논점으로는 '구법(舊法)의 폐단'을 다시 네 가지로 설명했다. 첫 번째 폐단으로는 "한문은 반사지문자(半死之文字)이며 활문자(活文字)를 가르치는 방법으로 가르칠 수 없다(활문자라는 것은 일상으로 사용하는 언어의 문자인데, 영문과 불문이 그것이며 우리나라의 백화가 그것이다)"[31]라고 했다. 두 번째 폐단으로는 "한문은 시관(視官)의 문자이며, 청관(聽官)의 문자가 아니다. 무릇 상형회의(象形會意)의 문자는 시관의 문자이며, 자모해성(字母諧聲)의 문자는 모두 청관의 문자이다. 무릇 한 글자에는 두 가지 요소가 있다. 하나는 소리이고, 하나는 뜻이다. 어떤 종류의 문자라도 이 두 가지 요소를 동시에 전달할 수는 없다. 자모의 문자는 소리를 전달할 수 있고 뜻을 전달할 수 없다. 상형회의의 문자는 뜻을 전달할 수 있으나 소리를 전달할 수 없다. …… 따라서 절운지어(切

29 胡適, 「如何可使吾國文言易於教授」, 『胡適學術文集: 語言文字研究』(北京: 中華書局, 1993), 78쪽.

30 胡適, 「如何可使吾國文言易於教授」, 『胡適學術文集: 語言文字研究』, 78쪽.

31 胡適, 「如何可使吾國文言易於教授」, 『胡適學術文集: 語言文字研究』, 79쪽.

韻之語)와 회의지어(會意之語)는 각기 장점도 있고 단점도 있다.[32] 오늘날의 한문은 이미 상형(象形), 회의(會意), 지사(指事)의 장점을 잃어버렸으며, 가르치는 사람들도 더 이상 『설문(說文)』학을 알지 못한다. …… 배우는 사람은 억지로 자음(字音)을 기억해야 할 뿐만 아니라 자의(字意)도 억지로 기억해야 하니, 이것이 노력을 많이 들여도 성과가 적은 이유이다"[33]라고 했다. 그리고 세 번째 폐단으로는 문법을 가르치지 않은 것, 네 번째 폐단으로는 문장 부호를 사용하지 않은 것을 지적했다. 후스는 이 시기에 이르러 중국 문자의 문제 및 자모의 문제 등을 이론적으로 탐색하면서 문언의 한문이 '반사지문자'라고 하더라도 각 성(省)별로 말이 다른 중국의 현실을 고려해 유일한 소통 수단인 한문을 폐지할 수 없는 만큼 단시일에 중국 문자를 자모제로 바꾸기 어렵다고 판단했다. 그래서 그는 문언의 한문을 교육하는 방법을 적극적으로 모색하고자 한 것이다.

그런데 후스는 일종의 자전적 글인 「양산으로 쫓겨 오르다(逼上梁山)」에서 밝히고 있듯이 1916년 2월과 3월 사이에 근본적인 새로운 깨달음을 얻게 된다. 그는 "중국문학사라는 것은 문자 형식(도구)의 신진대사의 역사이며, '활문학(活文學)'이 시대에 따라 일어나서 '사문학(死文學)'을 대체해온 역사일 뿐이다. 문학의 생명은 오로지 한 시대의 살아 있는 도구를 사용해서 한 시대의 정감과 사상을 표현할 수 있느냐에 달려 있다. 도구가 굳어져 버리면 반드시 새로운 살아 있는 도구로

---

32 절운(切韻)이란 원래 한자 두 글자의 음을 반씩 딴 후 합쳐 한 소리로 만드는 방법을 가리키는데, 여기서 '절운지어(切韻之語)'는 소리를 합쳐 글자를 만드는 언어, 즉 표음의 언어를 의미한다. 회의(會意)란 원래 한자를 만드는 방법의 하나로 두 글자를 합쳐 하나의 뜻글자를 만드는 것을 가리키는데, 여기서 '회의지어(會意之語)'는 뜻글자의 언어를 의미한다.

33 胡適, 「如何可使吾國文言易於敎授」, 『胡適學術文集: 語言文字硏究』, 79-80쪽.

바꾸어야 하는데, 이것이 바로 '문학혁명'이다"[34]라고 했다. 원래 문언의 한문을 폐지할 수 없다고 보았던 후스는 이때에 이르러 문자의 문제에서 문학의 문제로 옮아와 '활문학'이라는 개념을 정립함으로써 문언을 버리고 '활문자'인 백화문으로 대체하려는 문학혁명론을 구상하게 된 것이다. 그렇다면 한글 자모로부터 일정한 자극을 받은 이후 중국 문자의 문제 및 문언의 한문 교육 방법에 관한 문제를 연구하는 과정에서 중국 문자의 자모화(字母化)가 단시일에 달성될 수 없는 현실적 상황을 고려해 도달한 최종 결론이 바로 백화문을 전용(專用)하자는 '문학혁명론'이었다. 마침내 후스는 문학혁명의 도화선이 된 「문학개량추의(文學改良芻議)」라는 글을 1917년 1월 『신청년(新青年)』에 발표함으로써 백화문운동을 본격적으로 전개하게 되는 것이다.

후스가 전개한 백화문운동은 문자의 문제로부터 문학의 문제로 옮아와 언문일치의 새로운 문학 언어의 확립을 통해 '표준 국어'를 수립하는 것이 목표였는데, 그렇다고 그가 한어의 자모화 문제를 완전히 방기한 것은 아니었다. 백화문운동을 본격적으로 전개하던 1918년 4월 『신청년』에 발표한 후스의 다음 글을 통해 한어의 자모화 문제에 대한 그의 생각을 가늠해볼 수 있다.

> 두슈(獨秀) 선생이 질문을 던진 "중국 문자를 폐지할 것인가 아니면 중국 말을 폐지할 것인가" 하는 문제는 실로 근본적인 문제이다.

---

34 胡適, 「逼上梁山」, 『胡適自傳』(合肥: 黃山書社, 1986), 111쪽. 후스는 1916년 4월 5일의 일기에 「우리나라 역사상의 문학혁명(吾國歷史上的文學革命)」이라는 글을 썼으며, 4월 13일의 일기에 써놓은 사(詞) 「《심원춘》 서시(《沁園春》誓詩)」에는 "대 중화(中華)를 위해 신문학을 만들어야 하는데, 이 과업을 우리가 누구에게 양보할 것인가(爲大中華, 造新文學. 此業吾曹欲讓誰)?"라는 구절이 나온다(曹伯言 整理, 『胡適日記全編(2)』, 352쪽, 372쪽 참조).

두슈 선생은 "먼저 한문을 폐지하고 한어는 보존하되 로마자 자모로 바꾸어 글을 쓰는" 방법을 주장했는데, 나도 지극히 찬성한다. 모든 일에는 진행 순서가 있다. 나는 중국이 장래에 반드시 병음의 문자를 가져야 한다고 생각한다. 그러나 문언 중에 단음(單音)이 너무 많아서 결코 병음의 문자로 변환시킬 수 없다. 그래서 우선 백화의 문자로써 문언의 문자를 대신하고, 그런 다음 백화의 문자를 병음의 문자로 변환시켜야 한다. 장래 중국의 병음 자모는 로마자 자모를 사용할 것인가 말 것인가에 대한 것은 또 다른 문제인데, 나는 언어학의 문외한이라서 말할 자격이 없다.[35]

당시 후스는 백화문운동을 전개하는 과정에서 먼저 중국 문언의 문자를 백화의 문자로 전환하고 그 이후 백화의 문자를 '병음화'(자모화) 해야 한다고 생각했다. 다만 그는 병음화를 로마자 자모로 할 것인가 하는 문제에 대해서는 유보적인 태도를 취했다. 중국 문자의 '병음화'에 대한 후스의 이러한 생각은 영어, 불어 등 서양의 언어 현실이 압도적으로 영향을 미쳤겠지만, 그 발단으로 한글 자모에 대한 이해도 그에게 일정한 영향을 끼쳤던 것으로 보아야 한다. 그러니까 한국에서는 '한문'을 사용해오다가 500년 전에 한글 자모를 창제했고, 이제 널리 보급되어 사용되고 있는 선례가 있으므로 이것이 향후 중국 문자의 '병음화' 방안을 모색하는 데 참조가 될 수 있는 것이었다. 1931년 11월 하순 정래동이 후스를 방문했을 때, 후스는 "한글의 자모음에 관하여 상세한 것을 물어보며, 한국의 신문학에 관한 상황도 묻고, 한국

35 胡適, 「《中國今後之文字問題》的附識」, 『胡適文集(10)』(北京: 北京大學出版社, 1998), 721쪽.

의 한문자(漢文字) 발음은 어떻게 하는지를 질문"[36]하기도 했는데, 한글 자모가 후스에게 깊은 인상을 남겼음을 짐작게 한다.

요컨대 1914년 9월 김현구의 도움으로 한글 자모를 익히게 된 후스는 그로부터 일정한 자극을 받았으니, 이후 1915년부터 중국 문자 개혁의 문제를 사유하며 문언의 한문 교육 방법을 모색했고, 이어 문자 문제에서 문학 문제로 방향을 전환한 이후 '반사지문자'인 문언을 버리고 '활문자'인 백화문을 전용하자는 문학혁명론을 구상하고 백화문운동을 전개한 것이다. 그는 백화문운동을 본격적으로 전개하던 1918년까지도, '한문' 사용으로부터 자모화의 '한글' 사용으로 전환한 한국의 선례가 있는 만큼 '백화문'의 사용은 중국 문자의 '병음화'(자모화) 이전 단계에서 취해야 할 단계적 방안으로 생각하고 있었던 것이다.

3. 후스와 김구경의 학문적 교류와 중국 선종사 연구

김구경과 베이징대학 교수들

김구경은 루쉰의 『일기』에도 등장하고, 베이징대학 교수였던 저우쭤런의 『일기』에도 자주 나온다. 상하이에 거주하던 루쉰이 1929년 베이징의 미명사(未名社)에 들렀다가 그곳에서 잠시 기거하고 있던 김구경을 만나 밤늦도록 대화를 나눈 일화는 유명하다.[37] 저우쭤런은 1929

36 丁來東, 「中國 文人 印象記(二): 才氣와 精力이 橫溢한 文人 또 學者인 胡適氏」, 『東亞日報』 1935. 5. 2.

37 루쉰의 『일기』에 나오는 김구경에 대한 기록, 루쉰과 김구경의 만남 등에 관해서는 졸고 「루쉰(魯迅)과 그 제자들 그리고 '조선' 인식」(『中國語文學誌』 제47집, 2014. 6)을 참조하라.

년 5월 24일의 일기에서 "젠궁이 김구경을 데리고 와서 처음 만나다"[38] 라고 했는데, 김구경이 웨이젠궁(魏建功)과 함께 처음 저우쭤런의 자택을 방문한 이후 '김구경(金九經)' 또는 그의 별자인 '명상(明常)'이라는 이름이 저우쭤런의 일기에 자주 등장한다. 또한 김구경은 1929년부터 1931년까지 베이징대학에서 강사 신분으로 강의하는 동안 후스와 학문적으로 교류했고, 중국 음성학자 류반눙(劉半農)과도 교유했다.

김구경은 1921년 일본 교토의 오타니대학에 유학해 문학부의 중국문학과(支那文學科)를 졸업했고, 당시 일본의 선종(禪宗) 학자 스즈키 다이세츠(鈴木大拙) 및 중국어문학 연구자 쿠라이시 타케시로(倉石武四郞)를 사사했다.[39] 그는 1927년 대학 졸업 직후에 귀국해 서울의 경성제국대학 도서관 직원으로 근무했다. 한편 웨이젠궁은 베이징대학 중문과를 졸업한 이후 1927년 4월부터 1928년 8월까지 세 학기 동안 서울의 경성제국대학 중국어 강사를 역임했는데, 웨이젠궁이 경성제국대학에 부임하던 때에 김구경은 이 대학의 도서관 직원으로 재직하고 있었다. 웨이젠궁은 서울 생활을 시작하면서 중국어를 구사할 수 있었던 김구경으로부터 한국어와 일본어를 배웠으며, 한국의 한문 서적을 구입하는 데 김구경의 도움을 받았다. 웨이젠궁은 서울에 체류하는 동안 중국 경사대학교(京師大學校, 즉 베이징대학) 국학연구관—이전의 베이징대학 연구소국학문(研究所國學門)—의 특약 통신원이었으며, 또한 국립베이징도서관 관장인 위안퉁리(袁同禮)의 요청으로 그 도서관에 소장할 한국의 한문 서적을 구입할 책임도 맡고 있었다.[40] 웨이젠궁이

38 鲁迅博物館 藏, 『周作人日記(中)』(鄭州: 大象出版社, 1996), 645쪽. "建功招金九經君來一見."

39 孫知慧, 「忘れられた近代の知識人「金九経」に関する調査」, 『大谷學報』 94-2, 2015. 3, 93쪽 참조.

40 馬嘶, 『一代宗師 魏建功』(北京: 文化藝術出版社, 2007), 79쪽 참조.

『열하일기(熱河日記)』, 『향사일록(香槎日錄)』, 『별록(別錄)』, 『황명유민전(皇明遺民傳)』, 『경교사료(景教史料)』 등 한국의 한문 서적 200부 이상을 구입할 수 있었던 데에는 김구경의 도움이 컸다. 이러한 인연으로 인해 김구경이 1928년 말(또는 1929년 초)에 베이징에 갔을 때, 귀국해 있던 웨이젠궁이 그에게 출판사인 미명사에 임시 거처를 마련해준 것이다.[41]

김구경이 베이징에 가게 된 것은 베이징대학의 동방문학계(東方文學系)의 설립과 관련된 것으로 웨이젠궁으로부터 사전에 베이징대학 강사 자리를 제안받았을 것으로 짐작된다. 저우쭤런의 회고에 따르면 베이징대학에는 외국어문학과로 영문계, 불문계, 독문계, 노문계가 이미 있었으나 일문학을 가르치는 동방문학계는 없었는데, 저우쭤런의 적극적인 노력으로 1925년 동방문학계가 설립되었고 우선 예과(預科)가 열려 저우쭤런, 장펑쥐(張鳳擧), 쉬야오천(徐耀辰)이 강의를 맡았다. 그런데 1927년 펑톈(奉天) 군벌 장쭤린(張作霖)이 베이징을 점령한 뒤 베이징대학을 '경사대학교(京師大學校)'로 고치고 이전의 학제를 폐지함으로써 동방문학계도 폐지되었다. 1년 후 장쭤린이 베이징에서 물러가자 국민당 정부가 '경사대학교'를 다시 베이핑대학(北平大學, 즉 베이징대학北京大學)으로 개명하고 이전의 학제를 회복했는데, 1929년 가을 학기부터 일문예과(日文預科)도 회복되어 수업이 재개되었다고 한다.[42] 이러한 사

---

41 졸고 「루쉰(魯迅)과 그 제자들 그리고 '조선' 인식」, 『中國語文學誌』 제47집, 2014. 6, 265쪽 참조. 경성제국대학의 1927년 9월 15일 자 「서임 및 사령(敍任及辭令)」 문건에 따르면, "도서관 직원 김구경이 의원면직하다"(『京城帝國大學學報』 7號, 1927. 10. 5)라고 했는데, 김구경은 1927년 9월 경성제국대학 도서관 직원을 사임한 후 베이징에 가기 전에 개성의 송도고등보통학교 교사로 근무한 것으로 추정된다. 孫知慧, 「忘れられた近代の知識人「金九経」に関する調査」, 『大谷學報』 94-2, 2015. 3, 93쪽 참조.

42 周作人, 『周作人散文』 第四集, 張明高·范橋 編(北京: 中國廣播電視出版社, 1992), 313쪽 참조.

정을 고려하면 베이징대학에서는 '일문예과'의 일본어를 담당할 교원이 필요했고, 이를 담당할 강사로 김구경을 초빙한 듯하다. 김구경이 1929년 5월 웨이젠궁의 소개로 저우쭤런을 처음 만났고, 1930년 5월에 발표된 「국립 베이징대학 직원록(國立北京大學職員錄)」에서 김구경을 '동방문학계 일문 강사'로 기록하고 있는[43] 점을 저우쭤런의 회고와 겹쳐놓고 보면, 김구경은 웨이젠궁의 추천으로 1929년 가을 학기부터 동방문학계에서 강사 신분으로 강의를 시작한 것으로 짐작된다.

게다가 김구경은 베이징대학 동방문학계(일문예과)의 강의뿐만 아니라 중국문학계의 강의도 담당했다. 1931-1932년도 베이징대학의 각 전공별 개설 교과목과 담당 교수를 보면, 중국문학계의 개설 교과목 중에는 '어음학 실험(語音學實驗)'(류푸劉復, 즉 류반눙劉半農－인용자), '고음계 연구(古音系硏究)'(웨이젠궁), '중일한 자음 연혁 비교 연구(中日韓字音沿革比較硏究)'(김구경), '근대 산문(近代散文)'(저우쭤런), '중국 고대 문학 비평: 문학 강연(中國古代文學批評: 文學講演)'(후스, 저우쭤런, 쉬즈모), '신문예 시작, 산문 포함(新文藝試作包括散文)'(후스, 저우쭤런, 위핑보兪平伯) 등이 있었고,[44] 외국문학계의 일문조(日文組) 개설 교과목 중에는 '회화 및 작문(會話及作文)'(김구경), '소설(小說)'(저우쭤런) 등이 있었다.[45] 김구경은 동방문학계 강사 신분으로 일문조에서 '회화 및 작문'을 강의한 이외에 중국문학계에서 웨이젠궁, 후스, 저우쭤런과 나란히 교과목을 맡아 '중일한 자음 연혁 비교 연구'를 강의한 것이다.

---

43 王學珍·郭建榮 主編, 『北京大學史料(第二卷·一, 1912-1937)』(北京: 北京大學出版社, 2000), 365쪽 참조. 이 '직원록'에 따르면, 저우쭤런은 당시 베이징대학의 '동방문학계 교수이자 주임 겸 연구소국학문 지도교수(東方文學系敎授兼主任兼硏究所國學門導師)'로 있었다.

44 蕭超然等 編, 『北京大学校史(1898-1949)』(北京: 北京大學出版社, 1988), 286쪽.

45 蕭超然等 編, 『北京大学校史(1898-1949)』, 287쪽.

김구경이 베이징대학 중국문학계(국문계)에서 '중일한 자음 연혁 비교 연구'를 강의한 사실은, 그가 1934년 '강원총서(薑園叢書)'의 하나로 발간한 『교간유씨언문지(校刊柳氏諺文志)』의 서문에서도 확인된다.

> 유(柳) 씨의 이 책은 만일 고운(古韻)을 연구하는 데 이용한다면 대단히 큰 도움이 될 것이다. 대개 한자음은 고금의 차이가 있는데, 중국에서는 또 남북의 구별이 있으며, 일본과 조선에서의 독음 역시 각기 다르므로 동일한 한자가 7, 8종의 다른 음이 존재하는 것이다. 만약 각 음을 종합하고 그 이동(異同)의 관계를 비교하여 그 변전(變轉)의 계통을 연구한다면 고음(古音)의 연혁을 밝혀낼 수 있을지도 모르겠다. 경오(庚午, 1930년—인용자)·신미(辛未, 1931년—인용자) 2년 동안 나는 베이징대학 국문계에서 중일한 자음 연혁의 비교 연구를 강의하면서 그 상호 관계를 구명하고자 했다. 하지만 끝내 재료가 미비하여 결론을 내리기가 어려웠다. 그때 나의 친구 웨이젠궁 군은, 수운(收韻)을 갖지 않는 것은 음성(陰聲)이고 수운을 갖는 것은 삼양(三陽)과 삼입(三入)으로 나누어진다는 음양입삼성설(陰陽入三聲說)[46]을 창안하였는데, 그의 주장은 자못 이치에 맞는 것이었다. 지금 보면, 유 씨의 종성삼평삼입설(終聲三平三入說)과 실로 서로 부합하니, 기이한 일이다. …… 갑술년(1934년—인용자) 7월 계림(雞林) 김구경이 선양의 무소득거(無所得居)에서 쓰다.[47]

46 여기서 '수운(收韻)'은 한 글자의 발음의 마지막 소리, 즉 종성을 뜻하는데, 수운이 없으면 음성(陰聲)이고 수운이 있으면 양성(陽聲)이다. 수운이 없는 음성은 [-u], [-i], [-ø]의 세 개의 음으로 끝난다. 그리고 수운이 있는 양성 중에서 '삼양(三陽)'은 [-m], [-n], [-ŋ]의 세 개의 음으로 끝나는 것을 가리키고, '삼입(三入)'은 [-p], [-t], [-k]의 세 개의 음으로 끝나는 것을 가리킨다.

47 金九經, 「校刊柳氏諺文志序」, 『校刊柳氏諺文志』, 金九經 校刊(薑園叢書, 1934, 서울대

『유씨언문지』는 조선 후기의 학자 유희(柳僖, 1773-1837)가 쓴, 언문(諺文), 즉 한글의 음운학 연구서인데, 김구경이 『유씨언문지』를 교간(校刊)한[48] 것은 그가 베이징대학에서 '중일한 자음 연혁 비교 연구' 교과목을 맡아 강의하면서 '자음(字音)' 연구를 진행한 것과 관련된 학술적 성과라고 할 수 있다. 김구경은 웨이젠궁을 '나의 친구 웨이젠궁 군'으로 부르고 있거니와 웨이젠궁과 학문적으로 상당히 긴밀한 관계를 유지하고 있었던 것으로 보인다. 베이징대학 중국문학계에서 '중일한 자음 연혁 비교 연구' 교과목을 개설하고 김구경에게 그것을 맡긴 데에는, '고음계 연구' 교과목을 담당하고 있던 웨이젠궁의 역할이 컸을 것으로 짐작된다. 웨이젠궁은 1930년에 「음양입삼성고(陰陽入三聲考)」라는 논문을 발표했고 1935년에는 『고음계 연구』라는 유명한 저서

校刊柳氏諺文志序
諺文者朝鮮之國文也係李朝第四代世宗大王二十四年癸亥御纂二十八年丙寅（西歷一四四六）以訓民正音之名頒布于中外者也其御製序曰國之語音異乎中國與文字不相流通故愚民有所欲言而終不得伸其情者多矣予爲此憫然新制二十八字欲使人人易習便於日用耳由此可知創制諺文之原來目的極爲單純其綴字法取用反切之制故亦名反切諺文則其俗稱耳但漢字之反切法則只用二字取上字之子音及下字之母音或收韻合之以得新音諺文則分初中終三聲子音曰初聲母音曰中聲收韻曰終聲不帶收韻者只合

김구경이 교간한 『교간유씨언문지』의 서문(1934)

학교 중앙도서관 소장본), 3-4쪽. "柳氏此書若能用以研究古韻俾益必大. 蓋漢字音有古今之異在中國又有南北之別, 在日本及朝鮮讀音亦各不同, 故同一漢字可得七八種之異音者. 若綜合各音比較其同異之關係, 研究其變轉之系統則古音之沿革或可得明. 庚午辛未兩年余在北京大學國文系講中日韓字音沿革之比較研究, 卽欲究明其互相之關係, 但終以材料未備結論難覔. 時有友人魏君建功創論陰陽入三聲說, 不帶收韻者爲陰聲, 帶收韻者分三陽三入, 其說頗合於理, 卽今觀之與柳氏終聲三平三入說實相符合亦一奇也. (略) 歲甲戌七月雞林金九經識於瀋陽無所得居."

48 김구경은 이 책의 교간본을 간행하면서 중국에서 한글 활자를 구하지 못해 직접 돌에 글자를 새겨 만든 활자를 사용했다고 한다.

를 출간하게 되는데, 중국 한자의 '고음(古音)' 연구자로서 한일의 자음 연혁에도 관심이 많았을 것이며, 이를 김구경에게 연구하게 해서 학문적 영향을 주고받고자 했던 것으로 보인다. 앞의 인용문에서 김구경이 언급한 바와 같이 웨이젠궁이 창안한 음양입삼성설이 유희가 『유씨언문지』에서 제기한 종성삼평삼입설과 서로 부합한다는 것은 한중 한자음의 비교 연구가 대단히 중요하다는 점을 입증한다. 김구경이 '기이한 일이다'라고 말하고 있거니와 어쩌면 웨이젠궁은 중국 한자의 고음을 연구하는 데 유희의 저술을 참조했는지도 모른다.

중국문학계의 '어음학 실험' 교과목을 맡고 있던 류반눙이 중역본 『조선민간고사(朝鮮民間故事)』의 출판을 앞두고 음역(音譯)할 고유 명사에 알맞은 한자를 선택하는 데 김구경에게 자문을 구한 것도 한중 학자 간의 교류를 예증한다. 류반눙은 『조선민간고사』의 「교감 후기(校後語)」(1931. 10. 24)에서 다음과 같이 언급했다. "음역한 고유 명사도 러시아어·프랑스어의 두 가지 번역 과정을 거쳤기 때문에 읽으면 전혀 조선 음 같지 않았다. 이 점에 대해서는 다행히도 중국 국적의 조선 친구 김구경 군이 대신 연구해주어 하나하나 적당한 한자를 찾을 수 있었다. 물론 그중에는 그다지 알맞지 않은 데도 있을 것이나 잠시 그대로 둘 수밖에 없었다. 김 군에 따르면 이들 이야기는 모두 조선에서 유명하다고 하며, 그중에서 「심청」이라는 이야기는 대형의 소설과 희극으로 창작되어 있다고 한다."[49] 앞서 언급한 「국립 베이징대학 직원록」은 김구경의 '별자(別字)'가 '명상(明常)'이고 '적관(籍貫)'이 '베이핑(北平)'인 것

49 劉半農, 「校後語」, 『朝鮮民間故事』, 『中國現代文學與韓國(7): 飜譯編·民間故事 童話 神話傳說卷』, 金柄珉·李存光 主編(延吉: 延邊大學出版社, 2014), 112쪽. 류반눙은 「교감 후기」의 말미에 "민국 20년 10월 24일, 즉 왜구가 요(遼)를 침략한 지 36일째(民國二十年十月二十四日卽倭寇犯遼之第三十六日)"라고 기록했다.

으로 기록하고 있는데, 이 시기에 김구경은 '명상'이라는 별자를 사용하고 있었으며, 류반농의 「교감 후기」에서 언급하고 있듯이 국적을 중국으로 바꾸었기에 적관을 '베이핑'으로 기록한 것으로 짐작된다. 일제강점기에 김구경의 공식적인 국적이 '일본'이었을 것임을 감안하면, 그가 베이징대학 강사 신분을 얻으면서 중국 국적으로 바꾼 것은 당연한 일이었을 것이다.

후스와 김구경의 학문적 교류

더욱이 흥미로운 것은 이 시기에 김구경이 중국 선종(禪宗) 연구와 관련해 당시 학술적 권위를 가진 후스와 학문적으로 교류했다는 사실이다. 김구경은 서울대학교 교수로 재직하고 있던 1947년 12월 잡지 『조선교육(朝鮮教育)』에 「후스 씨의 학술독립십년계획안」을 발표했는데, 여기서 과거 후스와의 교류를 간단히 언급했다. 이 글은 1947년 9월 28일 중국의 난징에서 발행되던 『중앙일보(中央日報)』에 게재된 후스의 「학술독립십년계획안(學術獨立十年計劃案)」을 초역해 전재(轉載)한 것으로 김구경은 그 서두에서 이렇게 말하고 있다. "만주사변 직후에 베이징서 작별한 후 이내 만나지 못한 씨(氏, 후스를 가리킴—인용자)

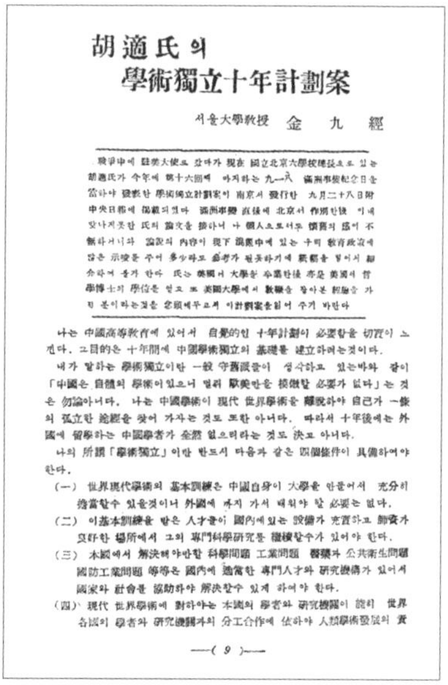

김구경이 소개한 「후스 씨의 학술독립십년계획안」(『조선교육』 1947. 12)

의 논문을 접하니 나 개인으로서도 회구(懷舊)의 감(感)이 불무(不無)하거니와 논설의 내용이 현하(現下) 혼란중에 있는 우리 교육정책에 많은 시사(示唆)를 주어 다소라도 참고가 될 듯하기에 지폭(紙幅)을 빌려서 소개하여 볼까 한다."[50] 김구경은 1932년 베이징대학의 강사직을 사임하고 선양(瀋陽)으로 가게 되는데, 후스와 작별하고 베이징을 떠난 시점을 '만주사변' 직후로 술회한 것이다. 사실 만주사변은 1931년 9월 18일에 일어났는데, 저우쭤런의 『일기』와 김구경이 쓴 「중간삼학사전서(重刊三學士傳序)」에 의거하면, 김구경이 베이징을 떠난 것은 대략 1932년 4월 말로 추정된다.[51] 김구경이 표현한 '회구의 감'이란 후스와의 학문적 교류를 염두에 둔 것임은 자명하다. 그가 이 시기에 후스로부터 둔황(敦煌) 필사본 『능가사자기』를 빌려와서 교감하고 1932년 3월 베

---

50 金九經, 「胡適氏의 學術獨立十年計劃案」, 『朝鮮教育』 1947. 12.

51 저우쭤런의 1932년 3월 및 4월의 일기 중에 김구경의 이름이 등장하는 기록을 보자. "3월 20일: 김구경이 왔으나 만나지 못했는데, 『능가사자기』 1책을 남겨놓았다(金九經來未見, 留下楞伽師資記一冊)." "3월 21일: 김구경에게 편지 발송(發信-金九經)." "3월 26일: 김구경으로부터 편지 수신(受信-金九經)." "4월 23일: 김구경으로부터 편지 수신(受信-金九經)."(『周作人日記(下)』, 210쪽, 211쪽, 214쪽, 230쪽). 김구경은 3월 20일 저우쭤런을 만나러 갔으나 부재중이라 만나지 못하고 『능가사자기』(待曙堂 校刊本)를 남겨두었으며, 그 이튿날 저우쭤런은 김구경에게 편지를 보낸 것으로 보인다. 그리고 저우쭤런은 며칠 지난 3월 26일에 김구경이 보낸 답신을 받았으며, 4월 23일에 저우쭤런은 김구경이 다시 그에게 보낸 편지를 받은 것이다. 그 후 김구경의 이름은 저우쭤런의 일기에 등장하지 않는데, 저우쭤런이 4월 23일에 받은 김구경의 편지는 그가 베이징을 떠나면서 보낸 마지막 편지였을 것이다. 이는 김구경이 1935년 『중간삼학사전』을 위해 쓴 서문에서 확인할 수 있다. "임신년(壬申年, 1932년-인용자) 봄에 나는 베이징에서 선(瀋)으로 와서 오두환(吳斗煥) 영사의 관사에서 10여 일 머물렀고, …… 이해 5월 선양(瀋陽)으로 이거(移居)하여 국립도서관(만주국 국립도서관, 즉 펑톈도서관奉天圖書館을 가리킴-인용자) 직원이 되었다(壬申春, 余自北京來瀋, 留吳領事斗煥官舍十餘日. (略) 是歲五月移居瀋陽, 供職國立圖書館)"(金九經, 「重刊三學士傳序」, 『重刊三學士傳』, 宋時烈 撰, 1935, 서울대학교 중앙도서관 소장본, 1쪽). 저우쭤런의 일기 기록과 김구경의 서문에서의 언급을 종합하면, 김구경은 4월 말에 베이징을 떠나 선양 지역에 도착해 오두환 영사의 관사에서 10여 일 머물고 5월 초에 만주국의 '펑톈도서관' 직원이 되어 새 거처를 마련해 선양으로 옮긴 것이다.

이징에서 교간본(校刊本)을 발간하면서 후스에게 서문을 요청해 그것을 함께 수록하고 있기 때문이다. 그가 1933년 선양에서 교간본 『능가사자기』를 '강원총서'의 첫 권으로 『교간당사본능가사자기(校刊唐寫本楞伽師資記)』라는 제목으로 다시 발간할 때 후스의 서문뿐만 아니라 후스가 그에게 보낸 서신까지도 수록했는데, 이는 후스와의 학문적 교류를 대단히 중시하고 있었음을 보여준다.

김구경과 후스의 학문적 교류에 대해 좀 더 세밀하게 검토해보자. 김구경이 베이징대학 중국문학계의 '중일한 자음 연혁 비교 연구'를 강의하고 있을 때, 마침 후스가 베이징대학 교수로 부임한다. 후스는 1931년 1월 9일 베이징대학의 문학원 원장 겸 중국문학계 주임 교수로 임명되는데,[52] 부임에 앞서 1930년 11월 28일 상하이에서 베이징으로 이사한다. 김구경은 후스가 베이징에 오자 곧 그를 방문해 일본인 스승인 스즈키 다이세츠의 저작 「능가연구(楞伽研究)」에 대해 비평을 청했고, 후스는 며칠 뒤인 1931년 1월 2일 자로 김구경에게 그 저작에 대한 비평을 담은 서신을 보냈다. 그 서신이 '강원총서'의 하나로 발간된 『교간당사본능가사자기』에 「부록 후스즈 선생의 원서신(附胡適之先生原信)」이라는 제목으로 수록되어 있다.

> 구경 선생
>
> 스즈키(鈴木, 즉 스즈키 다이세츠-인용자) 선생의 「능가연구(楞伽研究)」는 그 일부를 이미 읽었습니다. 그의 작업은 아주 존경할 만합니

52 曹伯言 · 季維龍 編著, 『胡適年譜』(合肥: 安徽教育出版社, 1986), 390쪽 참조. 후스는 베이징대학 교수로 재직하다가 1928년 4월 상하이중국공학(上海中國公學) 교장 겸 문리학원(文理學院) 원장으로 취임한 후 1930년 5월까지 이 직책을 수행했으며, 1931년 1월 다시 베이징대학 교수로 부임한 것이다.

다. 일부 견해는 그와 내가 아주 비슷합니다. 그러나 어떤 부분에서는 나는 완전히 동의할 수 없습니다. 그는 선종(禪宗)의 옛 역사를 과신해서 결국 능가(楞伽)의 후대 역사를 이해할 수 없었던 것 같아요.

능가종(楞伽宗)은 스스로 일파를 이루었으며 그 전법계통(傳法系統)은 도선(道宣)의 『법충전(法沖傳)』에 기록되어 있는데, 스즈키 선생은 이미 알고 있어요. 그러나 그는 둔황(敦煌) 석실에 보존된 『능가사자기(楞伽師資記)』를 아직 보지 못했어요. 이 책은 정각(淨覺)이 편찬한 것으로 파리본(本)과 런던본이 있으며, 나는 모두 영인본을 가지고 있습니다. 이것은 능가라는 종파의 역사를 기술하고 있는데, 이를 통해 우리는 능가종이 후세에서 말하는 '북종(北宗)'의 신수(神秀) 일지파(一支派)이며 북종정통(北宗正統)이라는 것을 알 수 있어요. 나중에 생긴 '남종(南宗)'은 일지파 혁명군에 해당하는데, 스스로 달마(達摩)에 부속되어 있지만 실은 능가종이 아닙니다.

저는 본래 「능가종고(楞伽宗考)」를 지을 생각이었으나 아직까지 완성하지 못했어요. 거처가 안정된 후 이 책을 지속해서 완성하면 스즈키 선생에게 지정(指正)을 부탁드리고자 합니다.

내가 가지고 있던 영문으로 된 「선종소사(禪宗小史)」라는 글 한 편을 영국인 Saunders로 하여금 스즈키 선생에게 전해주게 했는데, 스즈키 선생은 그에 대해 어떻게 평가할지 모르겠군요. 오늘 나의 『신회화상(神會和尙)』 책 한 권을 함께 동봉하니 그에게 가르침을 부탁드려요.

스즈키 선생의 원서는 다른 날 직접 만나면 드리도록 하지요. 새해를 경축합니다.

후스, 20년(민국 20년, 즉 1931년—인용자) 1월 2일[53]

김구경과 후스의 학문 교류는 김구경이 중국 선종사 연구를 둘러싼 후스와 스즈키 다이세츠의 학문 교류를 매개하는 데서 출발했다. 김구경은 자신이 매개한, 후스와 스즈키 다이세츠의 학문 교류를 『교간당사본능가사자기』의 「자서(自序)」(1933. 9)에서 다음과 같이 구체적으로 밝혔다.

> 나의 스승 스즈키 다이세츠(鈴木大拙) 선생은 …… 소화(昭和) 5년(1930년-인용자) 영문으로 「능가연구」라는 책을 저술했는데, 출판되어 나오자마자 곧 멀리 교토에서 나에게 부쳐주었다. 내가 베이핑에 있을 때 후스즈(胡適之, 즉 후스-인용자) 선생이 마침 남쪽에서 와서 베이징대학에서 철학을 강의하며 선종교리사(禪宗教理史)를 고구하고 있었다. 나의 스승의 새 저작을 내놓고 그에 대한 비평을 청했는데, 나는 사적으로 중일(中日) 학자가 서로 소통하기를 기대하는 마음이 있었다. 며칠 안 되어 스즈(適之) 선생이 과연 서찰로 토론해주었는데, 그 의미가 자못 간절하고 진지하여 너무나 감격스러웠다. 즉시 서신의 대의를 나의 스승에게 알렸고, 나의 스승은 스즈 선생이 『사자기(師資記)』 영인본을 가지고 있다는 것을 알고 나에게 서신을 보내 빌려 필사할 수 있는지를 상의하라고 부탁했다. 스즈 선생의 『사자기』는 런던본과 파리본, 두 판본이 있었는데, 필사할 때 두 판본을 서로 비교해보니 두 판본의 출입(出入)이 자못 많았다. 이를테면 런던본은 권미(卷尾)가 결락되어 있었고, 파리본은 권수(卷首)가 결락되어 있었다. 분명하지 않은 부분은 교정하며 필사하여 정본(定本)으로 만들었다. 잘

53 金九經 校刊, 「附胡適之先生原信」, 『校刊唐寫本楞伽師資記』(薑園叢書, 1933, 동국대학교 중앙도서관 소장본), 2쪽.

해독되지 않는 부분은 스즈와 다이세츠, 두 선생과 상의했고, 3개월 동안 강의 이외의 시간에 완성할 수 있었다. 필사를 마친 후 민국(民國) 20년 6월 문람이(文嵐簃)의 방송연자(仿宋鉛字)를 사용하여 인쇄에 부쳤다. 인쇄 작업이 너무 더뎌서 반년이 지나도 끝나지 않았다. 또한 펑톈사변(奉天事變)이 일어나 북중(北中)이 불안하여 이듬해 3월에야 완성을 보게 되었다. 보잘것없는 작은 책이었으나 전후로 거의 1년이 경과했고, 또 교정이 정밀하지 않고 교감한 데가 너무 많아 지금까지 양심의 가책을 느끼고 있었다. 지금 다행히도 생활이 다소 안정이 되어 남는 시간에 몇 가지 소품을 교감 인쇄하기로 마음먹고 '강원총서(薑園叢書)'라는 이름을 붙였다. 드디어 『사자기』를 다시 교감하여 인쇄에 부치고 '강원총서'의 첫 권으로 삼고 이전의 죄를 씻으려 했다. 원래 타이허(太虛) 법사의 서문이 있었으나 지금 그것을 삭제하고, 스즈 선생의 서문은 책과 관련된 고증이 있어 예전대로 보존했다. 작업이 끝났으므로 몇 마디 기록하여 이 책의 성립 과정을 밝혀둔다. 계유(癸酉, 1933년—인용자) 9월, 계림 김구경이 선양의 무소득거에서 쓰다.[54]

54 金九經 校刊, 「自序」, 『校刊唐寫本楞伽師資記』, 1쪽. "吾師鈴木大拙先生故圓覺寺方丈釋宗演和尙之高足也. 世稱現時維摩. 在日本京都大谷大學. 任宗教學及禪宗教理講座. 並主編英文雜誌東方佛教徒. 日英文著述. 蓋不下數十種. 昭和五年以英文著楞伽研究一書. 出版之始. 卽遠自京都. 寄余北平時胡適之先生適自南來. 講哲學於北京大學. 正考究禪宗教理史. 遂出吾師新著. 請其批評. 私意欲期中日學者之互相溝通也. 不數日. 適之先生果以書札討論. 意頗懇篤. 感佩之餘. 卽以書中大旨. 轉告吾師. 吾師知適之先生有師資記有影本也. 函囑余商借抄寫. 適之先生師資記. 有倫敦巴黎二本. 抄寫之時. 以二本相較. 見兩本出入頗多. 且倫敦本缺卷尾. 而巴黎本則缺卷首. 不詳爲校對. 寫成定本. 不易研讀. 遂商之適之大拙兩先生. 以三個月課餘之時成之. 寫定後. 於民國二十年六月用文嵐簃仿宋鉛字付印. 而印工遲緩. 半年未竣. 兼値奉天事變. 北中不安. 越年三月. 始爲告成. 區區小冊. 前後幾經一年. 而校對不精. 勘誤太多. 心疚至今. 今幸生活小安. 欲以餘晷. 校印小品數種. 以薑園叢書名之. 遂以師資記重校付印. 以爲之冠. 並贖前愆. 原有太虛法師一序. 今故删去. 適之先生序文. 則以有關考證. 仍爲保留. 工旣竣.

앞서 인용한 후스가 김구경에게 보낸 서신은 현재 베이징대학출판사에서 펴낸 『후스서신집(胡適書信集)』(1996)에도 수록되어 있는데,[55] 그 책에서는 「김구경에게 주는 답신(復金九經)」이라는 제목이 붙어 있다. 그렇지만 사실 이 서신은 후스가 김구경에게 주는 답신이라고 말하기는 곤란하다. 위 인용문에 의거할 때 김구경은 스즈키 다이세츠의 영문 저작 「능가연구」를 후스에게 내놓고 비평을 청했다고 했고, 또 "며칠 안 되어 스즈 선생이 과연 서찰로 토론해주었는데"라고 했으므로 김구경은 후스를 직접 방문해 「능가연구」를 내놓고 비평을 청했고, 며칠 뒤 후스는 그에 대한 비평을 담은 서신을 김구경에게 보낸 것이다. 앞서 인용한 후스의 서신에서 "스즈키 선생의 원서는 다른 날 직접 만나면 드리도록 하지요"라는 대목에서 '원서'란 스즈키 다이세츠의 영문 저작 「능가연구」를 가리킬 것이다. 후스는 「능가연구」를 읽고 난 후 비평을 담은 서신을 김구경에게 보내면서 나중에 다시 직접 만나게 되면 이 책을 주겠다는 의사를 밝힌 것이다. 그러니까 이 서신은 김구경의 서신에 대한 후스의 답신이 아니라 후스가 「능가연구」에 대한 자신의 비평을 담아 김구경에게 보낸 서신이니 「김구경에게 주는 편지(致金九經)」라고 표현해야 옳다.

김구경은 스즈키 다이세츠로부터 「능가연구」라는 저작을 받게 되자, 마침 베이징대학에 부임해 선종교리사를 연구하고 있던 후스를 직접 방문해 중일 학자의 학문적 소통을 주선한 것이다. 김구경은 후스가 베이징대학에 부임하기 이전부터 이 대학의 강사 신분으로 '중일한 자음 연혁 비교 연구'를 강의하고 있었으므로 상당히 주동적으로 후스

爰聊記數言. 以明此書之原委云. 歲癸酉九月. 鷄林金九經識於瀋陽無所得居."

55 胡適, 『胡適書信集(上)』(北京: 北京大學出版社, 1996), 528쪽 참조.

와 스즈키 다이세츠의 학문 교류를 주선할 수 있었다. 스즈키 다이세츠가 1934년 6월 9일 후스를 직접 방문하게 된 것도 이러한 김구경의 노력 덕분이었음은 두말할 필요도 없을 것이다. 후스는 스즈키 다이세츠가 방문한 그날 일기에서 스즈키가 둔황본(敦煌本) 『신회어록(神會語錄)』, 둔황본 『단경(壇經)』, 흥성사(興盛寺) 『단경(壇經)』, 「불광국사연표탑명(佛光國師年表塔銘)」, *Essays in Zen Buddhism*(Third Series)[『선종논문집禪宗論文集(제삼종第三種)』]을 증정했다고 기록하고, 스즈키 다이세츠로부터 받은 둔황본 『신회어록』에 대해 다음과 같이 평했다. "둔황본 『신회어록』의 일본(一本)이 일본에 흘러 들어갔고 이시이 미츠오(石井光雄)가 영인(影印)했으며, 이번에 다시 스즈키가 교정하고 구두점을 찍어 배인(排印)한 것이다. 이 본(本)은 대체로 내가 교정하여 인쇄한 『신회장권(神會長卷)』과 같았는데, 다만 앞부분이 나의 것보다 적었고 끝부분이 나의 것보다 많았다. 그 많은 쪽 부분은 연구하는 데 도움이 될 것이다. …… 스즈키의 이 본은 '후스본(胡適本)'을 이용하여 교정 대조한 것이며, 공력이 대단히 훌륭하지만 여전히 교정해야 할 잘못이 있었다. 나는 다시 일본(一本)을 교정해야 하겠다."[56]

우리가 여기서 주목할 것은 김구경이 중일 학자 간 교류의 중재자 역할에 그치지 않고 『능가사자기』를 직접 교감해 교간본을 발간하는 학문적 업적을 이룩했다는 점이다. 그는 후스로부터 둔황 필사본 『능가사자기』의 런던본과 파리본을 빌려와[57] 곧바로 그 둘을 교감하는 작

56 曹伯言 整理, 『胡適日記全編(6)』, 395-396쪽.

57 둔황에서 발견된 『능가사자기』는 모두 필사본으로 현재 7종을 확인할 수 있는데, 김구경이 후스로부터 빌려 교감한 것은 이 중에서 파리본인 'Pelio 3436본'(서문의 앞부분이 결락되어 있음)과 런던본인 'Stein 2054본'(서문의 중간부터 제5 도신장(道信章)의 말미 가까운 부분까지만 있고 나머지는 결락되어 있음)이었다. 정각(淨覺), 『능가사자기』, 박건주 역주(운주사, 2011), 53쪽 참조.

업에 착수했고, 일부 독해가 곤란한 부분은 후스 및 스즈키 다이세츠와 상의해 정본(定本)을 완성해나갔다. 그가 후스로부터 『능가사자기』의 필사본을 빌려올 수 있었던 것은 후스가 스즈키 다이세츠와의 학문적 교류를 중시했기 때문이기도 하겠지만, 당시 베이징대학 중국문학계에서 '중일한 자음 연혁 비교 연구'를 강의하고 있던 김구경의 학문적 역량을 신뢰했기 때문이기도 하다.

김구경이 교감한 『능가사자기』는 1932년 3월 베이징 대서당(待曙堂)[58]에서 정식으로 간행되었는데, 이 대서당 교간본은 현재 동국대학교 중앙도서관 및 서울대학교 중앙도서관에 소장되어 있다.[59] 이 교간본의 속표지 다음에 '민국 20년(1931년－인용자) 9월, 베이핑 대서당 교간(民國二十年九月, 北平待曙堂校刊)'이라는 문구가 인쇄되어 있고, 타이허(太虛) 법사의 서문인 「능가사자기서(楞伽師資記序)」를 비롯해 이와 동일한 제목으로 후스의 서문인 「능가사자기서」가 수록되어 있다. 타이허의 서문은 '민국 20년 9월 4일'에, 후스의 서문은 '민국 20년 11월 15일 밤'에 쓴 것으로 밝혀져 있다. 그렇다면 이 책이 발간된 시점을 표시한 '민국 20년(1931년) 9월'이라는 날짜가 이 책에 수록된 후스의 서문이 쓰인 '1931년 11월 15일'의 날짜보다 앞서고 있으니 시간상 모순이

---

58 '대서당(待曙堂)'은 교간본의 실제 간행처가 아니다. 김구경은 '대서당'을 별호(別號)로 사용하기도 했으므로(金時俊, 「魯迅이 만난 韓國人」, 『中國現代文學』 제13호, 1997. 12, 152쪽 참조) 교간본 『능가사자기』를 발간할 때 자신의 호로 사용하던 '대서당'을 발행처로 밝힌 것이다. 이것은 1935년 9월 그가 교감한 『중정만주제신제천전례(重訂滿洲祭神祭天典禮)』를 간행할 때 간행처를 '강원정사(薑園精舍)'라고 밝힌 것과 마찬가지이다. 이는 김구경이 자비로 이들 교간본을 발간한 것임을 짐작게 하는데, 그의 학문적 열정을 엿볼 수 있다.

59 서울대학교 중앙도서관에 소장되어 있는 김구경의 대서당 교간본 『능가사자기』에는 펜글씨로 '京城帝國大學圖書館 惠存'이라는 글이 쓰여 있고, '담설구경(擔雪九經)'이라는 인장이 찍혀 있다. 글씨는 김구경의 친필로 보이며, 그가 대서당 교간본 『능가사자기』를 정식으로 발간한 후 이 책을 경성제국대학 도서관에 기증한 것으로 짐작된다.

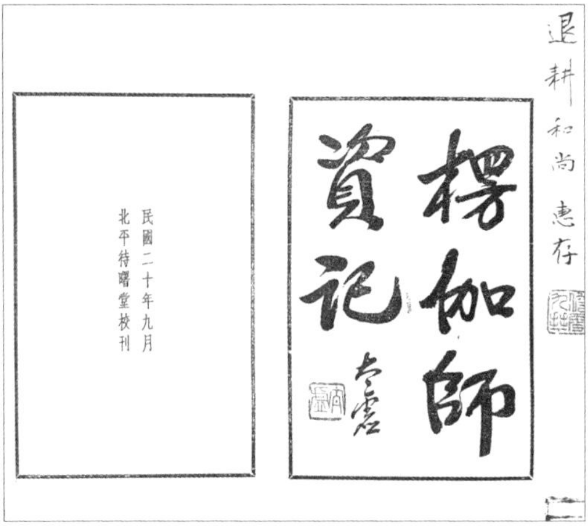

김구경이 교간한 대서당 『능가사자기』
(동국대학교 중앙도서관 소장)

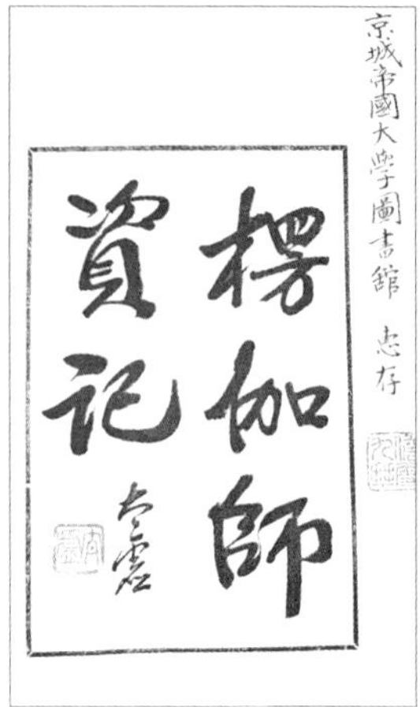

김구경이 교간한 대서당 『능가사자기』(서울대학교 중앙도서관 소장)

다. 그런데 앞서 인용된 김구경의 「자서」에서 언급한, 『능가사자기』의 교간본 간행 경위를 세밀하게 읽어보면 시간상 모순을 납득할 수 있다. 그러니까 원래 타이허 법사의 서문을 붙여 1931년 9월에 발간할 예정이었으나 1931년 9월 18일 '펑톈사변', 즉 '만주사변'이 일어나 정식 간행이 지연되었고, 그 후 후스의 서문을 얻어 이를 더해 이듬해인 1932년 3월에야 간행할 수 있었던 것이다. 애초에 판각되어 있던 '민국 20년 9월, 베이핑 대서당 교간'이라는 문구를 그대로 두고, 간행의 지연으로 나중에 후스의 서문을 얻게 되자 그것을 포함해 1932년 3월에 교간본을 정식으로 간행한 것이다. 김구경이 1932년 3월 20일 저우쭤런을 방문했으나 부재중이라 남겨놓은 '『능가사자기』'는 바로 그 무렵에 정식으로 간행한 대서당 교간본일 것이다.[60] 이후 김구경은 베이징대학

60 鲁迅博物館 藏, 『周作人日記(下)』, 210쪽. "1932년 3월 20일: 김구경이 왔으나 만나지

의 강사직을 사임하고 선양으로 가게 되는데, 그곳에서 이전의 교간본을 다시 교정해 '강원총서'의 하나로 재간행한다. 이 책이 바로 현재 동국대학교 중앙도서관과 국립중앙도서관에 소장되어 있는 『교간당사본능가사자기』이다.

김구경의 『능가사자기』 교간과 후스의 선종사 연구

후스는 김구경의 요청으로 『능가사자기』의 교간본을 위해 장문의 서문을 썼는데, 이 서문은 『능가사자기』의 저자 정각(淨覺)의 생졸 연대, 저작 시기, 이 책의 사료적 가치 등을 분석한 학술 논문에 해당한다. 김구경은 후스가 쓴 서문 「능가사자기서(楞伽師資記序)」를 대서당 교간본 『능가사자기』에 수록했고, 이후 1933년 '강원총서'의 하나로 간행한 『교간당사본능가사자기』에도 수록했다. 후스는 이 서문의 서두에서 저간의 사정을 간단히 설명했다.

> 민국 15년(1926) 9월 8일 나는 파리 국립도서관에서 둔황 필사본 『능가사자기』를 읽었고, 당시 이것이 중요한 사료라는 것을 알았다. 얼마 후 나는 런던으로 돌아왔고, 대영박물관에서 또 그것의 다른 판본을 읽었다. 이 두 종류의 판본을 나는 다른 사람에게 부탁하여 영인(影印)해서 가지고 돌아왔다. 5년 동안 나는 늘 이 책을 정리해서 인쇄에 부치고자 했으나 끝내 뜻을 이루지 못했다. 금년에 조선의 김구경 선생이 나의 파리본과 런던본 2종의 필사본을 빌려 가서 교감(校勘)하고 필사해서 정본(定本)으로 만들고 활자로 인쇄하고자 했다. 활자본

못했는데, 『능가사자기』 1책을 남겨놓았다(金九經來未見, 留下楞伽師資記一冊)."

이 완성된 후 김 선생은 나에게 한 차례 교감을 부탁했고, 또 나에게 서문을 써달라고 요청했다. 내가 오랫동안 하고 싶었던 작업을 김 선생이 할 수 있어 감사하게 생각하며, 그가 서문을 써달라는 요청을 감히 거절할 수가 없었다. ……

후스, 민국(民國) 20년 11월 15일 밤[61]

이 서문에 따를 때, 김구경은 1931년 9월 『능가사자기』의 활자본을 완성한 후 정식으로 간행하기 전에 이를 후스에게 보내 교감을 부탁하고 서문도 요청했던 것으로 보인다. 후스는 자신이 하고 싶었던 『능가사자기』의 교감 작업을 김구경이 대신해 완성해주었으니 감사하다는 말도 잊지 않았는데, 김구경의 교감 작업을 상당히 신뢰한 것이 분명하다. 『능가사자기』에 수록된 타이허 법사의 서문 「능가사자기서」에서 "담설행자(擔雪行者) 김구경 군은 여러 가지 언어 문자에 정통하고 선종을 무척 좋아하여 이 『능가사자기』를 얻게 되자 선종의 연원을 탐구할 충분한 자질을 바탕으로 정밀하게 교감했는데, 간행에 즈음하여 나에게 서문을 부탁했다"[62]라고 한 데서도 김구경의 학문적 역량을 가늠할 수 있다. 김구경이 교감한 『능가사자기』는 이후 스즈키 다이세츠뿐만 아니라 후스가 선종을 연구하는 데 중요한 기초 자료로 활용되었거니와 1934년 완성된 일본의 『대정신수대장경(大正新修大藏經)』(전 88

61 金九經 校刊, 「楞伽師資記序」, 『楞伽師資記』(待曙堂, 1932, 동국대학교 중앙도서관 소장본), 1쪽. '강원총서(薑園叢書)' 교간본인 『교간당사본능가사자기(校刊唐寫本楞伽師資記)』에 수록된 후스의 서문 「능가사자기서(楞伽師資記序)」에는 '민국 21년 11월 15일(民國二十一年十一月十五日)'로 표기되어 있는데, 이것은 '민국 20년'을 '민국 21년'으로 잘못 인쇄한 것으로 보인다.

62 金九經 校刊, 「楞伽師資記序」(許序), 『楞伽師資記』(동국대학교 중앙도서관 소장본), 1쪽. "擔雪行者金君九經. 通種種語言文字. 而意樂禪宗. 得茲記. 以其足資禪源之探究. 乃精校刊行. 並索予爲序之."

권)에도 수록되었으니 신뢰할 만한 학술적 성과라고 할 수 있다.[63] 후스는 1931년 1월 김구경에게 보낸 서신에서 "「능가종고(楞伽宗考)」를 지을 생각이었으나 아직까지 완성하지 못했어요"[64]라고 말했던 그 저작을 결국 1935년 4월 장편의 학술 논문으로 완성해 동년 12월 『중앙연구원역사어언연구소집간(中央硏究院歷史語言硏究所集刊)』 제5본 제3책에 발표하게 되는데, 이 글은 그 시기 중국 선종사 연구를 둘러싼 한·중·일 학자 간의 학문적 교류를 실증하는 것이기에 의미심장하다.

후스와 김구경의 학문적 교류의 실상을 좀 더 구체적으로 들여다보자. 후스가 1935년 4월 12일에 탈고한 「능가종고」는 능가종(楞伽宗)의 역사적 연원과 사승(師承) 관계를 세밀하게 고증한 장편의 학술 논문인데, 후스는 이 글에서 선종과 관련된 많은 서적을 일차 자료로 인용하고 있으며 『능가사자기』의 원문도 자주 인용하고 있다. 후스와 김구경의 학문적 교류의 실상을 파악하기 위해 후스가 「능가종고」에 인용한 『능가사자기』의 원문과 김구경이 후스에게 보낸 대서당 교간본 『능가사자기』의 문장들을 대조해볼 필요가 있다.

---

63 김구경이 중국 선양에서 교감해 발간한 '강원총서(薑園叢書)'는 『校刊唐寫本楞伽師資記』(淨覺(唐), 1933), 『校刊柳氏諺文志』(柳僖(朝鮮), 1934), 『校刊安心寺本達摩大師觀心論』(普提達摩(梁), 1934), 『校刊大乘開心顯性頓悟眞宗論』, 『校刊歷代法寶記』(1935)를 포함한다. 이 책들은 현재 동국대학교 중앙도서관에 소장되어 있다. 이 중에서 『교간당사본능가사자기(校刊唐寫本楞伽師資記)』, 『교간안심사본달마대사관심론(校刊安心寺本達摩大師觀心論)』, 『교간대승개심현성돈오진종론(校刊大乘開心顯性頓悟眞宗論)』은 둔황(敦煌) 문서를 교정해 발간한 것으로 1934년 완성된 일본의 『대정신수대장경(大正新修大藏經)』(전 88권)에도 수록되었다. 그리고 김구경은 '강원총서'에 넣지는 않았지만 조선시대 송시열이 쓴, 병자호란 때 청에 끝까지 항거하다 중국 선양에서 순절한 홍익한(洪翼漢)·윤집(尹集)·오달제(吳達濟), 즉 삼학사(三學士)의 전기 『삼학사전(三學士傳)』을 교감한 『중간삼학사전(重刊三學士傳)』을 비롯해 만주족의 제신제천(祭神祭天)에 관한 문헌을 교감한 『중정만주제신제천전례(重訂滿洲祭神祭天典禮)』도 발간했다.

64 金九經 校刊, 「附胡適之先生原信」, 『校刊唐寫本楞伽師資記』, 2쪽.

일례를 들어보자. 후스는 「능가종고」에서 『능가사자기』가 8세기 전반기에 성립되었다고 고증하고, 『능가사자기』에 나오는 홍인(弘忍)에 관한 일전(一傳)은 현색(玄賾)의 『능가인법지(楞伽人法志)』에서 가져왔는데, 이는 저작 시기가 빠른 것이라 가장 믿을 만한 사료라고 하며 다음과 같이 인용해놓았다.

> 大師俗姓周, 其先尋陽人, 寬黃梅縣也。父早棄背, 養母孝鄣(彰?), 七歲奉事道信禪師, 自出家處幽居寺, 住度弘愍, 懷抱貞純; 緘口於是非之場, 融心於色空之境; 役力以申供養, 法侶資其(具?)足焉。調心唯務渾儀, 師獨明其觀照。四議皆是道場, 三業咸爲佛事。蓋靜亂之無二, 乃語嘿之恒一。時四方請益, 九衆師■; 虛待實歸, 月逾千計。生不矚文而義符玄旨。時荊州神秀禪師伏膺高軌, 親受付囑。玄賾(『楞伽人法志』的作者自稱)以咸亨元年(六七O)至雙峰山, 恭承教誨, 敢奉驅馳。首尾五年, 往還三覲。道俗齊會, 仂身供養, 蒙示『楞伽』義, 云: "此經唯心證了知, 非文疏能解。" 咸亨五年(六七四)二月, 命玄賾等起塔, 與門人運天然方石, 累構嚴麗。月十四日, 問塔成未, 奉答已了。便云, "不可同佛涅槃之日。" 乃將宅爲寺。又曰: "如吾一生, 教人無數, 好者並亡。後傳吾道者, 只可十耳。我與神秀論『楞伽經』, 云(玄?)理通快, 必多利益。[65]

김구경의 대서당 교간본 『능가사자기』에 나오는, 위 인용문에 해당하는 문장들은 다음과 같다.

65 胡適, 「楞伽宗考」, 『胡適論學近著』 第一集(影印本, 北京: 朝華出版社, 2018), 227쪽.

大師俗姓周。其先尋陽人。寬黃梅縣也。父早棄背。養母孝鄣。七歲奉事道信禪師。自出家處幽居寺。住度弘愍。懷抱貞純。緘口於是非之場。融心於色空之境。役力以申供養。法侶資其足焉。調心唯務渾儀。師獨明其觀照。四(多一四字)議皆是道場。三業咸僞佛事。蓋靜亂之無二。乃語嘿之恒一。時四方請益。九衆師横。虛往實歸。月兪千計。生不矚文。而義符玄旨。時荊州神秀禪師。伏膺高軌。親受付囑。玄賾以咸亨元年。至雙峰山。恭承教誨。敢奉驅馳。首尾五年。往還三觀。道俗齊會。仂身供養。蒙示楞伽義云。此經唯心證了知。非文疏能解。咸亨五年二月。命玄賾等起塔。與門人運天然方石。累構嚴麗。月十四日。問。塔成未。奉答已了。便云。不可同佛涅槃之日。乃將宅爲寺。又曰。如吾一生。教人無數。好者並亡。後傳吾道者。只可十耳。我與神秀。論楞伽經。玄(作云)理通快。必多利益。[66]

(홍인) 대사의 속성(俗姓)은 주(周)이며, 그 선조는 심양(尋陽)인이고, 본관은 황매현(黃梅縣)이다. 일찍이 부친을 여의고 모친을 부양하여 효자로 표창되었다. 7세에 도신(道神) 선사를 받들어 모시고 스스로 출가하여 유거사(幽居寺)에서 지냈다. 널리 연민하며 정순(貞順)한 마음으로 지냈으며, 시비하는 곳에서는 입을 다물었고, 색(色, 물질)이 공(空)한 경계에 마음을 융회(融會)했다. 친히 노역하여 공양하니 법우들의 생활비가 충족되었다. 오직 모든 행동거지에 힘써 조심(調心)했으며, 사(師)께서는 오직 행동거지 하나하나를 놓치지 아니하고 밝게 관조하셨으니, 사의(思議, 즉 四儀: 수행자의 네 가지 몸가짐, 곧 行·住·坐·臥—인용자)가 모두 도량이었고, 삼업(三業, 몸과 말과 생각으로 짓는 세 가

66 金九經 校刊, 『楞伽師資記』(동국대학교 중앙도서관 소장본), 24쪽.

지 행위, 곧 身業, 口業, 意業－인용자)이 모두 불사(佛事)가 되었다. 고요함과 산란함이 둘이 아니어서 말함과 묵묵히 있는 것이 항상 여일(如一)했다. 때에 사방에서 법문을 청함이 갈수록 더해가고, 구중(九衆)이 스승으로 모시고 따르며, 빈 채로 왔다가 가득 채워 가지고 돌아가는 도중들이 매달 천 명을 넘었다. 본래 글을 짓지 않으셨으나 의(義)는 현지(玄旨)에 합치했다. 때에 형주(荊州)의 신수(神秀) 선사가 스승의 가르침을 따름에 가장 뛰어나고 모범을 보여 친히 부촉(付囑)을 받았다.

나 현색(玄賾)은 함형(咸亨) 원년(670)에 쌍봉산에 이르러 공경히 가르침을 받고 감히 분주히 받들어 모시길 전후 5년 동안 왕래하며 참근(參覲)했다. 도속(道俗)이 함께 모여 힘써 공양했다. 『능가경』의 의(義)에 대해 가르침을 받았는데 이르길, "이 경은 오직 마음으로 증득하여 깨달아 아는 것이어서 문장의 해설로써 능히 이해할 수 있는 것이 아니다"고 하셨다. 함형 5년 2월, 현색 등에게 명하여 탑을 세우게 했다. 문인(門人)과 함께 천연의 방석(方石)을 운반하여 장엄하고 수려하게 쌓아 올렸다. 그달 14일에 (홍인 선사께서) 물었다. "탑이 다 되었는가?" 봉답했다. "다 되었습니다." (홍인 선사께서) 바로 말씀하셨다. "부처님 열반하신 날(2월 15일)과 같은 날에 열반할 수는 없다. 그리고 나의 생가의 집을 사찰로 하라." 또 말씀하셨다. "내 일생 동안 수많은 사람을 가르쳤으나 뛰어난 이들은 모두 죽고, 나의 도를 후대에 전할 사람은 단지 열 명이 될 뿐이다. 내가 신수(神秀)와 더불어 『능가경』에 대해 논했는데 이(理)를 말함이 통쾌하여 반드시 많은 이익을 얻었음을 알 수 있다."[67]

67 이 번역문은 정각 저·박건주 역주의 『능가사자기』(운주사, 2011), 158-161쪽을 참조한 것이다.

위의 두 인용문을 서로 비교해보면 문장의 끊어 읽는 부분이 완전히 일치한다는 사실을 알 수 있으며[68] 몇 군데 글자의 차이도 발견할 수 있다. 글자의 차이를 보이는 구절을 정리하면 다음과 같다.

	김구경의 대서당 교간본	후스의 「능가종고」	비고
①	養母孝郭	養母孝郭(彰?)	'孝郭'은 문맥상 '孝彰'으로 해석해야 뜻이 통함.
②	法侶資其足焉	法侶資其(具?)足焉	'其'를 그대로 두고 해석해도 뜻이 통함.
③	四(多一四字)議皆是道場	四議皆是道場	김구경은 원문에 '四'가 하나 더 있음을 주해로 밝히고, 하나를 삭제함.
④	三業咸僞佛事	三業咸爲佛事	'僞'는 '爲'로 해석해야 뜻이 통함.
⑤	九衆師横	九衆師■	원문에서는 '師横'이지만, 뜻이 통하지 않아 '師模'로 고쳐 해석해야 함.
⑥	虚往實歸. 月兪千計	虚待實歸, 月逾千計	원문의 '往'이 맞음. 원문의 '兪'는 '逾'로 고쳐 해석해야 뜻이 통함.
⑦	此經唯心證了知. 非文疏能解	此經唯心證了知, 非文疏能解	원문의 '疏'는 '疏'와 같은 글자임.
⑧	玄(作云)理通快	云(玄?)理通快	김구경은 원문의 '云'을 문맥상 '玄'이 맞다고 보아 '玄'으로 고치고, 주해로 원문에서는 '云' 임을 밝혀놓았음.

이 표를 보면 후스가 「능가종고」에서 『능가사자기』로부터 인용한 문장은 김구경의 대서당 교간본 『능가사자기』를 참조하고 다시 몇 군데 교감을 거친 후 현대적인 문장 부호를 더한 것임을 알 수 있다. ①에서 후스는 '郭'이 '彰'의 오자일 것임을 명시했고, ②에서는 '其'가 '具'의 오자일 것임을 명시했다. ③에서 김구경은 원문에 '四가 하나 더 있음'을 주해로 표시했는데, 후스는 김구경의 교감에 따라 '四' 자 하나

68 후스가 『능가사자기』로부터 인용한 다른 문장들도 김구경의 대서당 교간본의 해당 문장들과 비교해보면, 끊어 읽기가 완전히 일치한다.

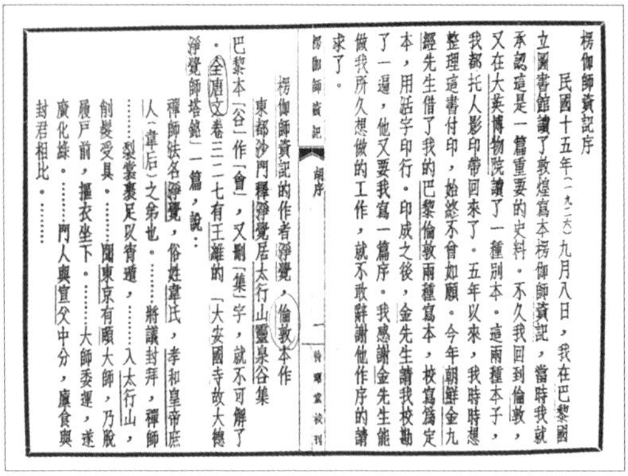

楞伽師資記序

民國十五年(一九二六)九月八日，我在巴黎國立圖書館讀了敦煌寫本楞伽師資記，當時我就承認這是一篇重要的史料。不久我回到倫敦，又在大英博物院讀了一種別本。這兩種本子，我都托人影印帶回來了。五年以來，我時時想整理這書付印，始終不曾如願。今年朝鮮金九經先生借了我的巴黎倫敦兩種寫本，用活字印行。印成之後，金先生請我校勘了一遍，他又要我寫一篇序。我感謝金先生能做我所久想做的工作，就不敢辭謝他作序的請求了。

楞伽師資記　胡序　一

楞伽師資記的作者淨覺，倫敦本作

東都沙門釋淨覺居太行山靈泉谷集

巴黎本「谷」作「會」，又刪「集」字，就不可解了。全唐文卷三二七有王維的「大安國寺故大德淨覺師塔銘」一篇，說：

禪師法名淨覺，俗姓韋氏，孝和皇帝庶人(韋后)之弟也。……將議封拜，禪師……裂裳裹足以宵遁，……入太行山，削髮受具。……聞東京有頤大師，乃脫履戶前，摳衣坐下。……大師委運，遂廣化緣。……門人與宣父中分，廪食與封君相比。……

후스의 「능가사자기서」
(김구경의 대서당 교간본 『능가사자기』)

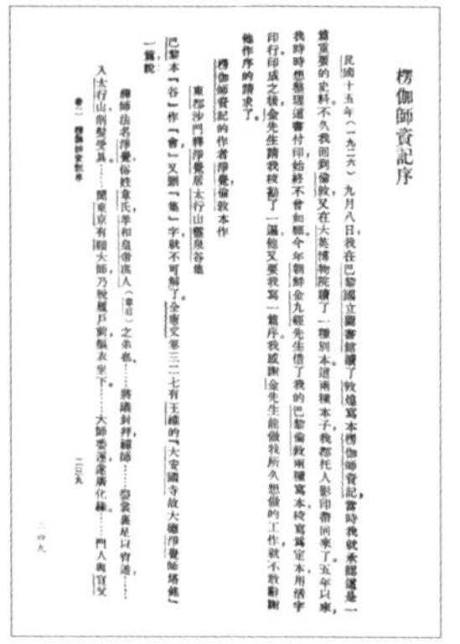

후스의 「능가사자기서」
(『후스논학근저』)

만 사용했고, ⑤에서 김구경이 '横'으로 읽은 글자를 후스는 알아볼 수 없는 글자로 표시했다. ⑧에서 김구경은 원문이 '云' 자임을 주해로 밝히고 그것을 '玄'으로 교감해놓았는데, 후스는 원문대로 '云'으로 쓰되 그것이 '玄'의 오자일 것임을 명시했다. 이렇게 보면 김구경은 가능한 한 원문의 글자를 유지하는 방식으로 교감했고, 후스는 이를 토대로 좀 더 뜻이 통하도록 보충적으로 교감해 인용한 것이다.

앞서 언급한 바와 같이 후스는 1931년 11월 15일에 교간본 『능가사자기』를 위해 서문을 썼고, 그것은 「능가사자기서(楞伽師資記序)」라는 제목으로 김구경이 1932년 3월에 간행한 대서당 교간본에 최초로 수록되었다. 후스는 이 서문을 동일한 제목으로 1932년 4월 15일 『해조음(海潮音)』 제13권 제4기에 발표했으며, 이후 1935년 12월 상무인서관(商務印書館)에서 출판한 『후스논학근저(胡適論學近著)』에도 수록했다.[69] 이러한 정황으로 보건대, 김구경은 대서당 교간본 『능가사자기』를

69 季維龍 編, 『胡適著譯系年目錄』(合肥: 安徽教育出版社, 1995), 105쪽 참조.

1932년 3월에 정식으로 발간한 후—저우쭤런의 1932년 3월 20일 일기에 기록되어 있듯이 김구경은 그날 저우쭤런을 찾아갔으나 만나지 못하고 대서당 교간본 『능가사자기』를 남겨놓았는데, 이를 방증으로 삼을 수 있을 것이다—이 책을 후스에게 전달했고 후스는 거기에 수록된 자신의 「능가사자기서」를 곧바로 『해조음』에 발표하고, 이후 『후스논학근저』에도 수록한 것이다. 『후스논학근저』에 수록된 「능가사자기서」와 대서당 교간본에 수록된 「능가사자기서」를 대조해보면 두 글의 문장이 완전히 일치한다는 사실을 확인할 수 있다. 이로써 우리는 후스가 「능가종고」를 집필하는 데 김구경의 대서당 교간본 『능가사자기』를 적극적으로 활용했음을 알 수 있다. 후스와 김구경은 당시 중국 선종사 연구를 둘러싸고 서로 학문적 영향을 주고받았으니, 중국 선종사 연구를 위한 학술 성과의 공유는 그 시기 한중의 학문적 교류의 측면에서 의미심장한 일이 아닐 수 없다.

4. 한국의 문화적 정체성에 대한 심화된 인식

후스는 근대 한국에서 중국을 대표하는 지성의 한 사람으로 인식되었는데, 1920년대에는 중국 신문학운동의 선구자로서 그의 문학혁명론과 백화문운동을 중심으로 비평·소개되었고, 1930년대에는 학술사상가로서 그의 학술과 사상을 중심으로 비평·소개되었다. 후스도 당시 문화계, 학계, 정치계의 다양한 한국 지식인들과 접촉하며 교류했고, 그 과정에서 한국의 문화적 정체성을 깊이 인식할 수 있었다.

후스는 미국 유학 시기인 1914년 9월 김현구의 도움으로 한글 자모를 익히고 그로부터 일정한 자극을 받아 중국 문자의 '자모화' 문제를 사고하며 중국 문자 개혁의 필요성을 자각했다. 그는 문언의 한문을 폐지하기 어려운 당시 중국의 현실을 고려해 1915년에는 한문 교육 방법을 모색했고, 1916년부터는 문자의 문제에서 문학의 문제로 방향을 전환해 '활문학(活文學)' 개념을 정립하고, 곧이어 문학혁명을 주창하며 언문일치의 백화문을 전용(專用)하자는 백화문운동을 전개한 것이다. 그는 백화문운동을 본격적으로 전개하던 1918년까지도 '백화문'의 사용은 중국 문자의 '병음화'(즉 자모화) 단계 이전에 거쳐야 하는 일종의 과도적 방안으로 생각하고 있었으니, '한문' 사용으로부터 자모화의 '한글' 사용으로 전환한 한국의 선례가 그에게 하나의 범례가 될 수 있었다. 후스의 백화문운동은 짧은 기간 내에 전국적인 호응을 얻어 언문일치의 현대 중국어를 탄생시키게 된다. 백화문운동은 후스가 미국 유학 시기에 체험한 서양의 언어 현실로부터 직접적인 영향을 받았다고 하더라도, 한글을 창제해 이를 널리 사용하고 있던 당시 한국의 언어 현실도 참조 체계로서 백화문운동에 일정한 영향을 미쳤다고 보아야 한다.

김구경은 경성제국대학 중국어 강사를 역임한 바 있는 웨이젠궁의 도움으로 베이징대학 강사로 임용되어 중국문학계에서 '중일한 자음 연혁 비교 연구' 교과목을 담당하며 베이징대학 교수들과 교류했다. 이때 김구경은 웨이젠궁과 긴밀한 학문적 관계를 유지하며 웨이젠궁이 중국의 한자 고음(古音)을 연구하는 데 일정한 도움을 주었던 것으로 짐작된다. 더욱이 김구경은 그 시기에 베이징대학 중국문학계 교수로 새로 부임한 후스와 학문적 교류를 시작해 중국의 초기 선종(禪宗) 문헌인 둔황본 『능가사자기』를 교감하고 끊어 읽기 표점을 붙여 대서당 교간본을 간행했다. 이 대서당 교간본은 이후 후스가 중국의 선종사(禪宗史) 연구 방면의 개척적인 논문인 「능가종고」를 집필하는 데 기초 자료로 활용되었으니, 당시 일제 강점기 한국의 열악한 학문적 조건을 감안할 때 그 시기 한중 학자 간의 학문적 교류와 학술 성과의 공유는 중요한 의미를 갖는다.

후스는 새로 발굴된 『신회어록』이나 『단경』을 비롯한 둔황 문헌 등을 토대로 문헌 고증과 실증적인 연구 방법으로 중국 선종사 연구에서 많은 개척적인 관점을 제시했는데, 그는 당시 통용되고 있던 선종사 지식이 북송(北宋) 시대 이후 개작되고 위조된 문헌에 근거해서 구성되었다고 보았다. 후스는 1930년에 발표한 「하택대사신회전(荷澤大師神會傳)」에서 남종(南宗) 선(禪)의 전통을 확립한 사람은 신회(神會)였음을 밝혔고, 1935년에 발표한 「능가종고」에서 중국의 초기 선종사는 『능가경(楞伽經)』을 중심으로 한 능가종이 주류였으며 보리달마(菩提達摩)와 혜가(慧可)라는 중국 선종의 초조와 제2조의 이론적 계승이 『능가경』이었음을 밝혔다.[70] 특히 후스는 「능가종고」에서 보리달마에서 신수(神秀)에 이르는 초기 선종사를 능가종의 흐름으로 파악하고, 혜능(慧能)과 신회에 이르러 오로지 '돈오(頓悟)'를 제창하며 『금강경』으로 『능가경』을 대체했다고 논증했다. 그리고 혜능과 신회의 혁명은 남종이 북종의 명을 끊어놓은 것이 아니라 『금강경』의 반야종(般若宗)이 능가종의 명을 끊어놓은 것이라고 결론지었다.[71] 그가 이러한 결론을 내리는 데 『능가사자기』가 주요한 논거의 하나가 되었음은 물론이다. 이렇게 보면 후스는 새로 발굴된 문헌 자료에 근거해 실증적인 연구 방법으로 중국 선종을 학술적으로 연구함으로써 중국 선종사를 재구성할 수 있었는데, 김구경의 교간본 『능가사자기』가 주요한 논거의 하나로 활용되었던 만

70 김영진, 「후스(胡適)의 선종사연구와 과학방법론」, 『佛教研究』 제41집, 2014, 184-188쪽 참조.

71 曹伯言·季維龍 編著, 『胡適年譜』, 476쪽 참조.

큼 김구경의 학술 성과가 중국 선종사의 재구성에 일조한 것이다. 더욱이 김구경은 후스와의 학문적 교류를 계기로 이후 학술적인 교감 작업을 지속해 '강원총서(薑園叢書)'라는 이름으로 『교간당사본능가사자기(校刊唐寫本楞伽師資記)』, 『교간유씨언문지(校刊柳氏諺文志)』, 『교간안심사본달마대사관심론(校刊安心寺本達摩大師觀心論)』, 『교간대승개심현성돈오진종론(校刊大乘開心顯性頓悟眞宗論)』, 『교간역대법보기(校刊歷代法寶記)』를 교감해 발간했다. 또한 조선시대 송시열이 쓴 『삼학사전(三學士傳)』을 비롯해 만주족의 제신제천(祭神祭天)에 관한 문헌인 『중정만주제신제천전례(重訂滿洲祭神祭天典禮)』라는 책도 교감해 발간했다. 이 중에서 중국 선종 관련 둔황 문서를 교감한 『교간당사본능가사자기』, 『교간안심사본달마대사관심론』, 『교간대승개심현성돈오진종론』은 1934년 완성된 일본의 『대정신수대장경(大正新修大藏經)』(전 88권)에도 수록되었으니, 그의 학술 성과가 일본에서도 크게 인정받은 것이다. 이러한 사실은 당시 중국 선종 연구를 둘러싸고 전개된 한·중·일 동아시아 학자 간의 학문적 교류와 학술 성과의 공유를 실체적으로 입증해준다.

결국 후스가 주미 대사로 재직하던 1930년대 말 이후 한국의 독립을 적극적으로 지지할 수 있었던 것도 김현구와의 교유를 통한 한글 자모에 대한 이해, 중국 선종 연구를 둘러싸고 이어진 김구경과의 학문적 교류 등에서 비롯된 한국인과의 유대 관계 및 한국의 문화적 정체성에 대한 심화된 인식이 바탕이 되었을 것이다.

제 7 장

한중 문예 교류의 확대와 저우쭤런 문예의 비평

1. 한중 문예 교류의 확대

저우쭤런(周作人, 1885-1967)은 중국의 신문화운동 시기에 「인간의 문학(人的文學)」(1918. 12), 「평민문학(平民文學)」(1919. 3), 「신문학의 요구(新文學的要求)」(1920. 1) 등의 글을 발표해 내용 면에서 중국 신문학이 나아갈 방향을 제시했다. 또한 그는 미문(美文)의 산문, 즉 소품문(小品文)의 창작으로 중국 현대 산문의 길을 개척했으며, 베이징대학 교수로서 유럽 문학과 일본 문학에 정통해 많은 작품을 번역했고, 문화인류학 또는 민속학적 입장에서 신화와 전설, 가요, 민간 고사를 수집하고 연구하는 데도 크게 공헌했다. 더욱이 그는 1920-1940년대에 한국의 문인·지식인과 지속적으로 접촉하고 교류하며 중국 문학가 중에서 누구보다 한국 문화에 많은 관심을 가졌다. 이에 당시 한국인들도 중국 신문학의 주요 작가로 저우쭤런의 문예 활동과 사상적 태도에 관심을 가지고 그를 비평·소개하는 데 적극적으로 나섰다.

저우쭤런은 1920년대 초반에 베이징세계어학회(北京世界語學會)의 창립 과정에서 「아시아의 마지막 밤 풍경」과 「아시아의 여명」이라는 시로 유명한 시인 오상순(吳相淳)과 교류했고, 베이징대학 재학생으로 베이징세계어전문학교(北京世界語專門學校) 설립에 관여한 아나키스트요 독립운동가인 이우관(李又觀)과 자주 접촉했다. 또한 1930년대에는 베이징대학에서 조선어와 일본어, '중일한 자음 연혁 비교 연구'를 강의한 김구경, 중국의 민국대학(民國大學)을 졸업한 후 베이징대학에서 청강하며 중국 현대 문학을 연구한 정래동, 경성제국대학 중국어문학과를 졸업하고 『조선소설사』와 『조선한문학사』 서술에 매진해온 김태준의 내방으로 그들과 대화를 나누었다. 이때 저우쭤런은 김태준에게 "조선 문학, 가요, 문단 현세(現勢)를 물었고",[1] 정래동에게는 "조선 문학에 관한 것을 퍽으나 알고 싶다"[2]라고 말했다. 1942년에는 『매일신보』의 특파원으로 베이징에 체류하고 있던 문학비평가 백철(白鐵)의 내방을 받고 대화를 나누기도 했다. 당시 외부 인사와의 접촉을 피해왔던 저우쭤런은 백철에게 "신문기자로서가 아니고 조선의 문학자로서 면담을 한다는 것이었으니까, 그래서 나로서도 조선의 문학 이야기도 궁금하고 해서 이렇게 만나 뵙도록 한 것입니다"[3]라고 면담을 수락한 이유를 설명했다. 그리고 "조선의 신문학운동에 대하여 알고 싶다", "요

---

1 短舌(金台俊), '魯迅(周樹人)의 동생 周作人을 보고', 「北平紀行: 멍텅구리 遊燕草」, 『新興』 제6호, 1932. 1, 60쪽.

2 丁來東, 「中國 文人 印象記(四): 精密·堅忍·謙讓하고 終始一如한 周作人氏」, 『東亞日報』 1935. 5. 4.

3 白鐵, 「北京 여름의 夜話」, 『세대』 제11권 제11호, 1973. 11, 362쪽.

즘 나오는 조선 문학 작품이 읽어보고 싶군요"라고 말하며 '조선'의 신문학에 대한 관심을 표출했다.[4]

한편 1930-1940년대 한국의 신문과 잡지에 저우쭤런을 비평·소개하는 글들도 종종 실렸다. 김태준은 1931년 1월 『매일신보』에 「신흥 중국 문단에 활약하는 중요 작가(4): 사오싱(紹興) 저우(周) 씨 형제」를 발표했다. 정래동은 1934년 9·10월 『조선중앙일보』에 10회에 걸쳐 「저우쭤런과 중국의 신문학」을 연재하고, 1935년 5월 『동아일보』에 「중국 문인 인상기(4): 정밀(精密)·견인(堅忍)·겸양(謙讓)하고 종시일여(終始一如)한 저우쭤런 씨」를 게재했다. 이명선은 1940년 8월 '이노부(李魯夫)'라는 필명으로 『인문평론』에 「저우쭤런론(周作人論)」을 발표했고, 윤태영(尹泰榮)은 1949년 2월 『새교육』에 수필 「저우쭤런의 방법」을 발표했다. 다만 저우쭤런 생전에 그의 작품이 번역되어 한국에서 발표된 경우는 매우 드물었는데, 1941년 1월 윤영춘(尹永春)이 저우쭤런의 백화시 「냇물(小河)」을 번역해 『인문평론』(「현대지나시초現代支那詩抄」)에 실었을 뿐이다.

이 중에서 정래동의 「저우쭤런과 중국의 신문학」과 이명선의 「저우쭤런론」은 저우쭤런에 관한 전문 평론이라는 점에서 주목할 만하다. 중국에서 저우쭤런을 본격적으로 비평한 글은 1930년대 중반부터 등장하기 시작했다. 이를테면 좌익 비평가 쉬제(許杰)의 「저우쭤런론(周作人論)」이 1934년 7월 『문학(文學)』에 발표되었고, 저우쭤런의 제자 페이밍(廢名)의 「즈탕 선생(知堂先生)」과 「파별에 관해서(關於派別)」가 각각 1934년 10월과 1935년 4월 『인간세(人間世)』에 발표되었으며, 자유주의 비평가 쑤쉐린(蘇雪林)의 「저우쭤런 선생 연구(周作人先生研究)」가

4 白鐵, 「北京 여름의 夜話」, 『세대』 제11권 제11호, 1973. 11, 362쪽.

1934년 12월 『청년계(青年界)』에 발표되었다.[5] 이렇게 보면, 1934년 9·10월에 발표된 정래동의 저우쭤런 평론은 중국의 그것과 거의 동시기에 쓰인 것이라 의미심장하다.

그동안 국내에서는 한국 문인과 저우쭤런의 교류 및 저우쭤런에 대한 비평의 양상을 전면적으로 고찰한 연구는 거의 진행되지 않았다. 저우쭤런이 그의 형 루쉰의 명성에 가려져 상대적으로 주목을 덜 받았기 때문이기도 하지만, 그가 1930년대 들어 현실과 거리를 두고 주로 '한적(閑寂)'과 '유머(幽黙)'의 산문을 창작했다는 점, 1940년대에 친일 협력의 길로 나아가 '한간(漢奸)'이라는 오명을 얻게 되었다는 점 등으로 인해 근대 시기 저우쭤런과 한국의 관계를 깊이 있게 논의할 여유를 갖지 못했기 때문일 것이다. 그렇지만 저우쭤런은 중국의 신문화운동 시기에 문예 이론가와 비평가로 활약하면서 내용적인 측면에서 중국 신문학의 방향을 제시했고 산문 작가로서 중국 현대 산문의 길을 개척했으며, 더욱이 한국인들과 적극적으로 교류하며 중국 문학가 중에서 누구보다 한국 문화에 많은 관심을 가지고 한국의 독립을 적극적으로 지지했다는 점에서 근대 시기 저우쭤런과 한국의 관계를 새롭게 조명할 필요가 있다.

이 장에서는 근대 시기 한국의 문인·지식인과 저우쭤런의 교류 및 그 시기 한국에서의 저우쭤런에 대한 비평의 양상을 실증적으로 고찰하고 그 의의를 규명하고자 한다. 구체적으로는 당시 중국 현대 문학 연구자의 신분으로 저우쭤런을 비평·소개하는 데 적극적으로 나섰던 정래동, 김태준, 이명선을 중심으로 그들과 저우쭤런의 교류 및 그들의 저우쭤런 비평의 양상을 세밀하게 논의할 것이다. 그동안 잘 알려

---

5 黃開發, 『周作人研究: 歷史與現狀』(沈陽: 遼寧人民出版社, 2015), 12쪽 참조.

지지 않았거나 새로 발굴한 자료에 의거해서 그들의 교류를 실증적으로 고찰하고 저우쭤런에 대한 비평의 양상을 계보학적으로 분석해 한국 및 동아시아의 중국 현대 문학 연구사에서 그 의의를 검증하고자 한다.

2. 정래동과 저우쭤런의 교류

우리는 저우쭤런의 일기를 통해서 그를 방문한 한국인이 누구인지를 대강 확인할 수 있다. 저우쭤런의 일기는 현재 베이징의 루쉰박물관이 소장하고 있는 수기본(手記本)을 영인한 『저우쭤런 일기(周作人日記)』(상 · 중 · 하, 1996)라는 책으로 나와 있다. 저우쭤런은 1898년 2월 18일부터 일기를 쓰기 시작해 1966년 8월 23일까지 장장 68년 동안 일기를 썼는데, 『저우쭤런 일기』는 1898년부터 1934년까지의 일기를 수록하고 있다. 다만 1906년부터 1911년까지의 일기 및 1928년도와 1931년도의 일기는 결락되어 있다. 『저우쭤런 일기』에는 『폐허』의 동인인 시인 공초(空超) 오상순, 독립운동가로 활동한 아나키스트 이우관, 베이징에서 신채호의 『천고(天鼓)』 발간에 일조한 유림(柳林), 베이징의 민국대학을 졸업한 후 베이징대학에서 중국 현대 문학을 연구한 정래동, 베이징대학에서 조선어와 일본어를 강의한 김구경의 이름이 등장한다. 또한 저우쭤런을 방문해 대화를 나누고 나중에 회고를 통해 그 사실을 밝힌 이들도 있다. 정래동은 1935년 5월 『동아일보』에 연재한 「중국 문인 인상기(4)」에서 저우쭤런을 방문해 나눈 대화 내용을 구체적으로 서술했고, 김태준은 1932년 1월 잡지 『신흥』에 발표한 「베이핑 기행(北平紀行): 멍텅구리 유연초(遊燕草)」에서 저우쭤런에 대한 인상과 대화 내용을 매우 생동적으로 묘사했으며, 백철은 1973년 11월 『세대』에 발표한 「베이징(北京) 여름의 야화(夜話)」에서 1940년대 초 저우쭤런을 방문하게 된 경위와 그와 나눈 대화를 간략하게 술회했다.[6]

이 중에서 「저우쭤런과 중국의 신문학」이라는 평론을 발표한 정래동과 저우쭤런의 교류는 그동안 실증적으로 고찰된 바가 없으므로 이에 대한 검토가 요청된다. 『저우쭤런 일기』를 조사해보면, 1929년 8월 23일 자의 '수신(受信)'란에 '정래동(丁來東)'이라는 이름이 처음 등장한다.[7] 정래동은 중국 현대 문학을 체계적으로 국내에 소개한 「중국 현 문단 개관(中國現文壇概觀)」을 1929년 7월 26일부터 8월 11일까지 『조선일보』에 연재했으므로 그 글을 마무리한 다음 저우쭤런에게 서신을 보낸 것으로 짐작된다. 정래동은 중국 현대 문학 연구자로서 당시 베이징대학 교수이자 중국 신문학운동의 주요 인물인 저우쭤런과 인연을 맺고자 저우쭤런에게 서신을 보낸 것이 아닐까. 또한 1933년 7월 1일 자 저우쭤런의 일기에서도 정래동으로 추정되는 인물이 등장한다. "오후, …… 치우(啓无)가 정(丁) 군과 함께 내방하여 10시에 가다."[8] 그 무렵 『저우쭤런 일기』에 등장하는 인물 중에 정(丁)씨 성을 가진 사람은 정래동뿐이므로 여기서 '정 군'은 정래동으로 보아도 무방할 것이다. 이 기록은 정래동이 저우쭤런과 직접 만나 교류했음을 밝혀주는 중요한 증거이다. 실제로 정래동은 1935년 5월 4일 『동아일보』에 발표한 「중국 문인 인상기(4)」에서 저우쭤런을 만난 사실을 구체적으로 서술했다.

---

6 白鐵, 「北京 여름의 夜話」, 『세대』 제11권 제11호, 1973. 11.

7 魯迅博物館 藏, 『周作人日記(中)』(鄭州: 大象出版社, 1996), 691쪽. "1929年 8月 23日: 受信一丁來東."

8 魯迅博物館 藏, 『周作人日記(下)』, 450쪽. "1933年 7月 1日: 下午, 啓无同丁君來訪十時去."

> 조그마한 탁자를 사이에 두고 앉은 필자를 정안(正眼)으로 보는 때가 퍽으나 적고, 말이 씨(저우쭤런—인용자)의 작품이나 씨에 관한 이야기에 미칠 때에는 늘 부끄러워하는 기색이 보인다. …… 씨는 일본 유학생이었던 만큼 일어에 능한 것은 더 말할 것도 없거니와 '에스페란토', '영어', '희랍어'에 능하다고 한다. 씨의 서재에는 문학에 관한 서적보다 사회과학문화에 관한 서적이 더 많이 있었다고 기억되며 대부분이 일어로 된 서적이었었다. 물론 다른 곳에 또 다른 나라말로 쓰인 서적과 문학의 서적이 많이 있을 것이나 필자의 본 서재에는 대개 위에 말한 것과 같았었다. 씨는 조선의 소설을 중국어로 번역하라고 권한다. 그 당시 필자는 조선 신시(新詩)를 일학우(一學友)와 번역 중이었으므로 그 말을 하니 씨는 시가(詩歌)의 번역은 거의 불가능한 것이라고 말한다. 씨는 희랍의 소시(小詩)를 중어로 번역한 일이 있었는데, 아마 자기 생각으로는 실패한 것으로 생각한 모양이었다. 조선 문학에 관한 것을 퍽으나 알고 싶다 하며 『구운몽(九雲夢)』과 같은 것은 중국 것을 제재(題材)로 한 소설이라면서라고 묻는다. 『구운몽』을 보지 못한 필자는 그 대답에 곤란했었다. 그 후 필자는 수산(水山)의 『광한루기(廣寒樓記)』를 일본(一本) 갖다가 일람하라고 맡기고는 그 평을 오랫동안 듣지 못한 채 귀향하게 되었었다.[9]

위 인용문에 따를 때 정래동은 저우쭤런을 두 차례 방문한 것이 된다. 정래동은 첫 번째 방문에서 중국 현대 문학 연구자답게 '조그마한 탁자를 사이에 두고 앉아' 저우쭤런 본인 및 그의 작품에 관해 이야기

---

9 丁來東, 「中國 文人 印象記(四): 精密、堅忍、謙讓하고 終始一如한 周作人氏」, 『東亞日報』 1935. 5. 4.

를 나누었고, '조선 문학'에 관심이 많았던 저우쭤런이 정래동에게 '조선의 소설'을 중국어로 번역할 것을 권하는 한편 『구운몽』의 제재에 대해서도 질문을 던졌다. 이때 정래동이 저우쭤런의 질문에 답을 주지 못하자 나중에 재차 저우쭤런을 방문해 수산의 『광한루기』를 증정한 것이다.

그러면 정래동은 언제 처음으로 저우쭤런을 방문했을까? 그 시점과 관련해 위 인용문은 중요한 정보를 제공해준다. 정래동은 저우쭤런을 방문했던 그 무렵에 일학우(一學友)와 함께 '조선 신시를 번역하는 중이었다.' 정래동이 일학우와 번역하고 있던 '조선 신시'는 무엇이었을까? 『삼천리』 역문잡지(譯文雜誌) 1932년 신년호에는 황석우(黃錫禹)의 시 「북풍래(北風來)!」를 천균(天均) · 정래동이 합역(合譯)한 중문시 「北風來了!」가 실렸다.[10] 그렇다면 정래동이 저우쭤런을 처음 만났을 무렵 번역 중이던 '조선 신시'는 황석우의 「북풍래!」일 것이다. 주지하듯이 황석우는 오상순, 남궁벽, 김억, 변영로 등과 함께 『폐허』를 창간해 활동한 시인이다. 천균과 정래동이 합역한 중문시 「北風來了!」는 1945년 12월 『중한문화(中韓文化)』[11] 제1권 제1기에 다시 게재되는데, 거기에 다음과 같은 '역자부주(譯者附注)'가 붙어 있다. "「北風來了!」는 『삼천리』 역문잡지 1932년 신년호에 게재되었다. 이 잡지는 출판될 때 정부의 검열을 받아 이 시의 절반이 종이로 단단히 가려져 있었다. 사실 이

10 金柄珉 · 李存光 主編, 『中國現代文學與韓國(6): 飜譯編 · 小說 詩歌 散文 劇本卷』(延吉: 延邊大學出版社, 2014), 290-291쪽 참조.

11 『중한문화(中韓文化)』는 1945년 중국 상하이에서 발행된 월간 잡지로 류수인(柳樹人)이 주편(主編)을 맡았다. 한중의 정치 · 경제 · 문화에 관한 종합지로 많은 편폭을 할애해서 한국의 문학 작품을 번역해 게재했다. 현재 『중한문화』 제1권 제1기(창간호)와 제1권 제2기의 합정본(合訂本)이 중국국가도서관(中國國家圖書館)에 소장되어 있는데, 이 잡지가 언제 정간되었는지는 미상이다.

시는 전혀 '과격(過激)'한 것이 아니었는데도 결국 허리가 잘렸으니 제국주의의 말발굽 아래서 압박받는 민족에게 말할 자유가 없었다는 것을 알 수 있다. 그러나 그 검열관의 수단이 빼어나지 않아 한 차례 물로 가볍게 씻어내어 달라붙은 종이를 떼 내니 시 전체가 고스란히 드러났다. 이 역시(譯詩)는 완벽한 그대로였다."[12] 이 해설에 따르면 황석우의 시 「북풍래」를 중국어로 번역한 「北風來了!」가 『삼천리』 역문잡지 1932년 신년호에 실렸을 때 절반이 가려져 있었으나 1945년 12월 『중한문화』에는 그 전문이 게재된 것이다.

「北風來了!」의 전문은 다음과 같다.

> 北風的亂舞, 北風的高叫, 北風的突喊!
> 北風是在進軍, 北風吹落嘹亮的喇叭在進軍!
> 呵! 北風吹! 呵! 北風來! 呵! 北風的總襲來!
> 呵! 北風是在動員了.
> 北風的隊伍, 北風的行列, 連及連亘萬里.
> 北風好像那流轉着的海上洪濤, 一齊的奔進來了.
> 呵! 北風好像脫離了密林的猛虎隊, 好像赤身的"巴爾痴山"底突擊隊, 好像騎士團, 好像義勇軍團, 又好像伏兵的野戰兵, 一氣的奔進來了.
> 北風好像蒼天底盛大的怒氣叫喊着奔進來了.
> 北風好像那些在廣大的廢墟上建設起一個新世界的創造隊底勇士一樣, 歡跳着, 任意着奔跑來了.
> 北風是在進軍, 北風是在進軍.

12 金柄珉·李存光 主編, 『中國現代文學與韓國(6): 飜譯編·小說 詩歌 散文 劇本卷』, 290-291쪽 참조.

北風好像在白晝的街上, 高擧着叛旗, 蜂擁起來, 一致擧亂的, 激怒着的群衆, 叫喊着, 排山倒海的擁進來了.

北風跳着, 喊着, 冲着天, 踏着地, 奔進來了.

在北風叱咤之下, 廣闊的天上雲片, 像鼠隊一樣的慌忙地被驅逐而逃跑.

在國風呼喊而來的地方沒有敵人了.

在北風跟前, 一切都是落葉.

北風跑來了, 狂怒的北風叫喊着跑來了.

呵, 北風負着什麼使命到什麼地方的鬪士隊呵!?

그런데 흥미로운 점은 황석우의 「북풍래!」가 공식적으로 게재된 것이 『삼천리』 1932년 12월호에서라는 사실이다. 한국어 작품이 중문 번역시보다 시기적으로 뒤늦게 게재되었다고 할 수 있는데, 『삼천리』 1932년 12월호에 게재된 「북풍래!」의 전문은 다음과 같다.

北風의 亂舞! 北風의 高喊! 北風의 突喊!

北風은 進軍한다. 北風은 嚠喨한 喇叭을 불며 進軍한다.

오-北風吹! 오-北風來! 오-북풍의 總襲來! 오-북풍은 動員하였다.

北風의 隊列, 北風의 陳列은 萬里에 連하였다.

北風은 바다를 휘마는 洪濤같이 쏟아 몰려온다.

오-北風은 密林을 벗어난 猛虎隊같이 발가벗은 '빨치산'의 突擊隊같이 騎士團같이 義勇軍團같이 또는 伏兵하였던 野戰兵같이 一氣에 쏟아져 몰려온다.

北風은 하늘의 偉大한 怒氣같이 소리치며 쏟아져 몰려온다.[13]

---

13 黃錫禹, 「北風來!」, 『三千里』 1932. 12.

한국어로 공식 발표된 황석우의 「북풍래!」는 중문 번역시의 전반부 내용으로만 구성되어 있는데, 한국어로 발표될 때 검열을 의식해 후반부를 삭제한 것으로 보인다. 사실 황석우는 「북풍래!」를 창작할 무렵 인간의 일상적 삶과 체험을 소재로 빈곤과 사회악을 고발하기 위해서 생활시나 사상시를 표방해 그 변화를 시도했고,[14] 「북풍래!」는 바로 그 변화를 시도한 사상시 계열에 속한다고 할 수 있다. 그러니까 사상성이 강한 황석우의 「북풍래!」는 중문 번역시로 먼저 발표되었고, 일제 식민 당국으로부터 검열을 받게 되자 한국어로 발표될 때는 검열에서 비켜 간 그 절반만 실리게 된 것이다. 현재 국내에 출판된 『황석우 전집』에 수록된 「북풍래!」는 『삼천리』 1932년 12월호에 게재된 「북풍래!」에 의거하고 있는데,[15] 그것은 원시의 절반에 해당하므로 중문 번역시에 의거해 원시의 전모를 다시 복원할 필요가 있다. 더욱이 이 「북풍래!」를 "일제 강점기, 곧 식민시대를 살아가는 우리들의 삶과 그 위에 물밀 듯 들어오는 서구 문물과의 갈등적 상황 의식을 이렇게 표현한 것이다. 세차게 밀고 들어와 난무하는 외세에 대한 거부반응이기도 하다"[16]라고 해석하는 경우도 있으나, 「북풍래!」를 중문 번역시의 후반부까지 포함해 읽으면 '북풍'은 일제에 대한 강렬한 저항 의식을 드러내는 사상적 힘을 은유하는 것으로 해석할 수 있다. 정래동이 황석우의 시 「북풍래!」를 천균과 함께 중국어로 번역한 이유도 바로 여기에 있을 것이다.

그렇다면 정래동이 저우쭤런을 처음 방문한 시점은 그가 천균과 함께 황석우의 시 「북풍래!」를 중국어로 번역하고 있던, 그러니까 그 번

14 김학동, 『황석우 평전』(서강대학교출판부, 2016), 169쪽 참조.
15 김학동 · 오윤정 편저, 『황석우 전집』(국학자료원, 2016), 316쪽 참조.
16 김학동, 『황석우 평전』, 169쪽.

역시가 게재된 1932년 신년(新年) 이전인 1931년 후반기였을 것이다. 1931년도의 저우쭤런 일기가 결락되어 있어 그 기록을 찾을 수는 없지만, 정황상 정래동이 저우쭤런을 처음 방문한 시점은 1931년이었을 것이다. 그 후 정래동은 저우쭤런에게 수산의 『광한루기』를 일람하라고 가져다주었다고 했으니, 1933년 7월 1일 치우(啓无)와 함께 방문한 '정 군'을 정래동으로 보아도 무리가 없을 것이다. 저우쭤런은 정래동이 재차 방문했으므로 그냥 '정 군'이라고 표현한 것이다.

정래동과 함께 저우쭤런을 방문한 치우는 누구인가? 치우는 위핑보(俞平伯), 페이밍(廢名), 장사오위안(江紹原)과 더불어 저우쭤런의 4대 제자로 불리는 선치우(沈啓无)로 1930년대에 저우쭤런의 자택을 빈번하게 드나들던 인물이다. 그는 1928년 베이징의 옌징대학(燕京大學)을 졸업했고 1932년부터 1936년 사이에 베이핑대학 여자문리학원 문사계(文史系) 교수 및 베이징대학과 옌징대학 중문계(中文系) 강사를 역임했다. 정래동은 1930년에 베이징의 민국대학 영문과를 졸업한 이후 베이징대학에서 청강하며 중국 현대 문학을 연구하고 있었으니, 당시 베이징대학에 출강하고 있던 선치우와 관계를 맺고 이를 계기로 1933년 7월 1일 저우쭤런을 재차 방문하게 된 것으로 추정된다. 정래동은 저우쭤런을 처음 방문했을 때 『구운몽』에 대한 질문에 답을 주지 못한 것이 마음에 걸려 '중국 것'을 제재로 하지 않은, 조선적 특징을 가장 잘 보여주는 한문본 춘향전 『광한루기』를 저우쭤런에게 증정한 것이다. 정래동의 서술처럼 저우쭤런이 『광한루기』를 어떻게 읽었는지는 확인할 길이 없지만, 정래동이 『광한루기』를 저우쭤런에게 증정한 의도는 충분히 짐작할 수 있다.

3. 정래동의 「저우쭤런과 중국의 신문학」

정래동은 1928년 민국대학 재학 시기에 중국 문단에 관한 최초의 시평(時評)인 「현대 중국문학의 신방향(新方向)」이라는 글을 발표했다. 이 글은 단평(短評)으로 중국의 정치적·경제적 혼란 상태로 말미암아 중국의 문학도 흑암무명(黑暗無明)하다고 평가하고, 취미파(趣味派)·유미파(唯美派)의 몰락과 더불어 1928년 봄부터 혁명 문학, 즉 무산계급 문학이 대두해 중국 문학의 주조를 이루고 있다고 했다. 그런데 이 무산계급 문학은 일계급(一階級)의 욕구만을 만족시킬 뿐이므로 곧 말살될 것이고, 중국 문학의 신방향은 개인이나 한 계급의 것이 아닌 민중 문학이 되어야 한다고 역설했다.

정래동은 '민중 문학'을 내세우는 아나키즘 문예 이론에 의거한 것으로 보이는데, 이론적인 주장과 함께 당시 중국의 창작과 문예 비평 면에서의 특징도 간단히 언급했다. "근(近) 몇 해 간에 창작에 성공한 사람은 소수에 불과하다. 예를 들면 루쉰의 소설, 페이량(培良)의 극, 저우쭤런과 광표사(狂飈社) 몇 사람의 산문이 그 내용이나 외형에 있어 상당한 성공을 했다. …… 문예 비평에 이르러서는 근본적으로 없다고 해도 과언이 아니다. 저우쭤런의 『자기의 원지(自己的園地)』는 한 한화(閒話)에 불과하고 『창조주보(創造周報)』의 평론은 자기의 주의주장과 다름만을 배척할 뿐이요 문학 본신(本身)의 평은 조금도 없다."[17] 정래동은 혁명 문학이 주조를 이루고 있는 당시 중국 문단의 현상(現狀)을 비판적으로 바라보아 창작과 비평의 성과를 모두 부정적으로 평가하고, 다만 소설 방면의 루쉰, 희극 방면의 샹페이량(向培良), 산문 방면의

---

17 丁東(丁來東), 「現代中國文學의 新方向」, 『新民』 제5권 제42호, 1928, 75쪽.

周作人과 中國의 新文學 (一)

—初期엔 에쎄이스트로 一人者—

丁來東

정래동의 「저우쭤런과 중국의 신문학」(『조선중앙일보』 1934. 9·10)

저우쭤런과 광표사의 성원을 긍정적으로 평가했을 뿐이다. 정래동은 이 글을 쓸 때 광표사의 성원이기도 했던 샹페이량과 교류하고 있었으므로 샹페이량의 중국 문단 이해를 반영한 것으로 보인다. 정래동은 중국 현대 문학에 대한 최초의 그의 인식을 보여주는 이 글에서 광표사의 성원 이외에 루쉰, 저우쭤런에 주목했는데, 이는 이후 그의 중국 현대 문학 비평의 근저를 이루게 된다. 그가 「외국문학 전공의 변(9)」에서 중국 현대 작가의 작품 중에서 "저우쭤런, 루쉰의 것을 많이 읽었습니다"[18]라고 했거니와 1931년에 장편의 「루쉰과 그의 작품」을 발표하고 1934년에 「저우쭤런과 중국의 신문학」을 발표한 것은 우연이 아니다.

그 후 정래동은 국내의 신문과 잡지에 중국 현대 문학을 집중적으

18 丁來東, 「外國文學專攻의 辯(9)」, 『東亞日報』 1939. 11. 16.

로 비평·소개했다.[19] 그는 중국의 신문학 작가 중에서 루쉰과 저우쭤런을 중시한 만큼 어사파(語絲派)의 문학 주장에 공감을 표시했다. 1929년 7·8월 『조선일보』에 연재한 「중국 현 문단 개관」이라는 글에서 "어사파라 하면 루쉰과 저우쭤런이 이 파의 대표일 것이다. 이 파는 문학의 자연발생을 주장하며, 문학과 혁명은 비교적 거리가 먼 것을 주장한다"[20]라고 말한 뒤 루쉰의 「혁명시대의 문학(革命時代的文學)」이라는 글을 직접 인용해 어사파의 문학론을 구체적으로 설명했다. 그는 이 글의 '결론'에서 신시·소설·신극·소품의 창작 및 번역을 평하면서 특히 "소품은 전 문단을 통틀어 놓고 저우쭤런이 독보를 하고 있는데, 『소설월보(小說月報)』, 기타 신문·잡지 등에 소품과 수필이 많이 시험되며, 다른 부문과 동등(同等)의 보조(步調)에까지 이르게 되어 간다. …… 번역

---

19 정래동이 베이징 유학 시기부터 귀국 직후인 1935년까지 발표한, 중국 문단과 중국 신문학을 비평·소개한 글은 다음과 같다. 「現代中國文學의 新方向」(『新民』 제5권 제42호, 1928), 「中國現文壇概觀」(『朝鮮日報』 1929. 7. 26-8. 11), 「中國 新詩 概觀」(『朝鮮日報』 1930. 1. 1-25), 「『阿Q正傳』을 읽고」(『朝鮮日報』 1930. 4. 9-12), 「魯迅과 그의 作品」(『朝鮮日報』 1931. 1. 4-30), 「中國 映畵의 新傾向」(『朝鮮日報』 1931. 2. 8-10), 「現代 中國 戱劇」(『東亞日報』 1931. 3. 31-4. 14), 「胡適의 自己思想紹介 - 原名 「介紹我自己的思想」」(『朝鮮日報』 1931. 6. 14-7. 5), 「움직이는 中國文壇의 最近相」(『朝鮮日報』 1931. 11. 8-12. 1), 「中國 新詩壇의 彗星 '徐志摩'를 弔함」(『東亞日報』 1931. 12. 2-4), 「中國文壇의 新作家 巴金의 創作態度」(『朝鮮日報』 1933. 2. 28), 「中國文壇現狀」(『東亞日報』 1933. 10. 26-27), 「中國 文藝作品 中에 나타난 農村의 變遷」(『中央』 1934. 3), 「長江에 永古한 詩人 朱湘과 中國 詩壇」(『東亞日報』 1934. 5. 1-3), 「中國文壇雜話」(『東亞日報』 1934. 6. 30-7. 4), 「周作人과 中國의 新文學」(『朝鮮中央日報』 1934. 9. 30-10. 13), 「中國의 '國故'整理에 대한 諸說」(『東亞日報』 1934. 11. 2-13), 「中國文人印記」(『東亞日報』 1935. 5. 1-8), 「中國 兩大 文學團體 概觀」(『新東亞』 1935. 6). 또한 정래동은 중국 신문학 작품으로 루쉰의 「愛人의 죽음(傷逝)」(『中外日報』 1930. 3. 27-4. 10), 슝포시(熊佛西)의 독막극 「모델」(『朝鮮日報』 1932. 4. 16-22), 샹페이량의 희곡 「흑암중(黑暗中)의 홍광(紅光)」(『東光』 1932. 5), 루쉰의 「과객(過客)」(『三千里』 1932. 9), 궈모뤄의 시극(詩劇) 「상루(湘累)」(『第一線』 1932. 9), 「중국신시선역(中國新詩選譯)」(『中央』 1933. 2), 톈한(田漢)의 「강촌소경(江村小景)」(『新家庭』 1933. 9) 등을 번역했다.

20 丁來東, 「中國現文壇槪觀」, 『丁來東全集(II)』(金剛出版社, 1971), 71쪽.

으로 이름 있기는 루쉰, 저우쭤런, 후스, 궈모뤄 등 제인(諸人)이다"[21]라고 했다. 정래동은 저우쭤런을 어사파의 대표 작가로서 소품 창작의 독보적 존재요 이름 있는 번역가로 소개한 것이다. 또한 정래동은 1933년 10월 27일 『동아일보』에 발표한 「중국 문단 현상(하)」에서도 저우쭤런을 소품문 작가로 높이 평가했다. "중국 신문학의 산문 방면은 퍽으나 진보되었다. 특히 소품문(엣세이), 수필(스케취) 등은 지금에 있어 소설, 시, 희곡과 병칭하게 되어 있다. 이 방면에 가장 노력을 한 문인은 필자가 그 전에 소개한 바와 같이 저우쭤런, 천시잉(陳西瀅), 셰류이(謝六逸), 루쉰, 위핑보, 주쯔칭(朱自淸) 등 많은 문인이다. 그중에 저우쭤런의 산문집만 하더라도 전후 7, 8책이 출판되었고 약 3, 4년 전은 소품문 전성시대를 이루었으나 지금에 이르러서는 다소 고개를 나려가는 것 같은 경향이 있다."[22] 이때까지 정래동은 저우쭤런을 산문 방면의 대표 작가로 이해하고 저우쭤런의 창작 성과를 간단히 언급하는 데 그쳤다.

그런데 1934년에 이르러 정래동은 중국 신문학 작가로서 저우쭤런을 전면적으로 비평·소개하게 되는데, 그해 9월 30일부터 10월 13일까지 10회에 걸쳐 『조선중앙일보』에 「저우쭤런과 중국의 신문학」이라는 글을 발표했다. 이 글은 서언, 본론, 결론으로 구성된 논고(論考)인데, 신문에 연재될 때 매회 다음과 같은 부제가 붙어 있었다. (1) 초기엔 에쎄이스트로 일인자, (2) 그 약력과 작품, (3) 씨의 중문 학습의 경험담, (4) 씨의 백화문학론-후스 씨와의 차이점, (5)·(6)·(7) 국민 문학과 무산[계급] 문학 비판, (8) 씨의 소품문론, (9)·(10) 문학 일반에 대한 태도. 이 부제만으로도 글의 전체 내용을 대략 짐작할 수 있다. 정

21 丁來東, 「中國現文壇概觀」, 『丁來東全集(II)』, 80쪽.
22 丁來東, 「中國 文壇 現狀(下)」, 『東亞日報』 1933. 10. 27.

래동은 '서언'에서 저우쭤런은 '비교적 견실한 작가'에 속한다고 말하고 "저우쭤런 씨도 중국 문단에 있어서는 그와 같은 노대가(老大家)의 지위에 있으면서 조선에 아직까지 상세하게 한 번도 소개된 일이 없는 것은 그가 유행에 흐르지 않고 신기(新奇)한 일시적 문제로 떠들지 아니한 관계일 것이다"[23]라고 했듯이 이 글은 근대 시기 한국 최초로 저우쭤런을 가장 체계적으로 비평·소개한 평론이라는 점에서 높이 평가할 만하다. 정래동은 예의 '서언'에서 "필자는 최근 벽향(僻鄕)에 있는 관계상 지지열람(紙誌閱覽)의 범위가 퍽으나 적으므로 저우쭤런 씨의 일본에 온 소식도 『가이조(改造)』, 『중앙공론(中央公論)』의 광고에 그의 글이 발표된 것으로써 알게 되었다"라고 말하고, "무수개월(無數個月) 동안 필자는 『중국신문학개론(中國新文學概論)』을 초(草)할 예정으로 신문학에 관한 서적을 섭독(涉讀) 중 마침 저우쭤런 씨의 저서를 보는 중이므로 이 단론(短論)을 쓰는데 많은 편의가 있게 되었다"[24]라고 했다. 그러면 정래동은 이 글을 언제 어디서 쓴 것일까? 정래동은 1934년 8월에 발표한 「조각소설(彫刻小說)과 나열소설(羅列小說)」이라는 글의 말미에 "베이핑(北平)을 떠나면서…… 4월 23일"[25]이라고 부기해놓았으니, 그가 1930년 베이징의 민국대학을 졸업한 후 4년간 베이징에 남아 중국 현대 문학을 연구한 것을 감안하면[26] 그는 1934년 4월 말에 귀국한 것이다. 귀국 후 정래동은 이른바 '벽향'인 고향 전라남도 곡성

23 丁來東, 「周作人과 中國의 新文學(一): 初期엔 에쎄이스트로 一人者」, 『朝鮮中央日報』 1934. 9. 30.

24 丁來東, 「周作人과 中國의 新文學(一): 初期엔 에쎄이스트로 一人者」, 『朝鮮中央日報』 1934. 9. 30.

25 丁來東, 「彫刻小說과 羅列小說」, 『中央』 1934. 8.

26 丁來東, 「著者年譜(自敍)」, 『丁來東全集(Ⅰ)』, 425쪽 참조. "1930年(28歲): 민국대학(民國大學) 졸업. 졸업 논문은 'Study on Keats'이다. 졸업하고 나니, 영문학이나 중국 문학이 다 미흡해서 이후 4년간을 중국 문학을 전공하기로 작정하다."

에서 수개월 동안 지내며 저우쭤런의 다양한 저작들을 탐독한 후 「저우쭤런과 중국의 신문학」을 집필한 것으로 보인다.

정래동은 이 글에서 먼저 에세이스트로서 저우쭤런의 창작 성과와 문학혁명 당시 그의 문학론을 집중적으로 조명했다. "저우쭤런 씨는 민국(民國) 이전부터 문학 활동을 했었다. 그가 '문학혁명' 당시에 후스나 천두슈 같이 논문으로 선성(先聲)을 납함(吶喊, '외치다'의 뜻)하지는 않았으나 문학 각 부류에 대한 실지공작(實地工作)은 누구에게 빠지지 않은 것이며 씨와 같이 지금까지도 한 작가로서 문학 활동을 하는 문사(文士)도 씨 외에 몇 사람이 되지 않은 것이다"[27]라고 소개한 뒤, 지금까지 가치 있는 산문집으로 평가되는 『자기의 원지』를 출간했고 그 후 10여 년 동안 소품문을 창작하는 데 매진해왔다고 평했다. 이어 그는 인생파(人生派)의 예술을 주장한 저우쭤런의 문학론을 소개하기 위해 저우쭤런의 「신문학의 요구」에 나오는 "(1) 이 문학은 인생(人生)의 것이요, 수성(獸性)의 것도 아니며 신성(神性)의 것도 아니다. (2) 이 문학은 인류의 것이며 역시 개인의 것이요, 결코 종족의 것이나 국가의 것이나 향토(鄕土) 및 가족의 것이 아니다"[28]라는 문학 주장을 제시했다. 또한 그는 저우쭤런이 '언지(言志)'론의 입장에서 '문이재도(文以載道)'론의 문학비평가를 배척한다고 강조했다. 정래동은 이와 같이 저우쭤런의 창작과 문학론을 집중적으로 소개한 후, 베이징대학 교수로서의 신분, 가족 관계 등 그의 이력을 간단히 언급하고 20여 년 전에 형 루쉰과 함께 『역외소설집(域外小說集)』을 번역한 사실과 『역외소설집』에 대

27 丁來東, 「周作人과 中國의 新文學(一): 初期엔 에쎄이스트로 一人者」, 『朝鮮中央日報』 1934. 9. 30.

28 丁來東, 「周作人과 中國의 新文學(一): 初期엔 에쎄이스트로 一人者」, 『朝鮮中央日報』 1934. 9. 30.

한 후스의 평을 직접 인용해 소개했다. 정래동은 또한 저우쭤런의 중문 학습 경험담을 소개하면서 "나는 그때 적지 않은 소설을 보았었다. 좋은 것도 있고 나쁜 것도 있었으며"[29]라는, 저우쭤런이 「나의 국문 학습의 경험(我學國文的經驗)」에서 자술한 문장을 인용해 그가 소설 탐독을 통해 백화와 문언의 중문을 익혔음을 밝혔다. 나아가 "씨는 끝으로 소설, 곡(曲), 시사(詩詞), 문(文)의 각종(各種)과 새것이고 옛것이고 문언(文言)이고 백화(白話)고 본국 것이나 외국 것의 각종과 좋은 것이나 나쁜 것의 각종을 다 보고야 문학과 인생의 전체를 알 수가 있다고 말했다"[30]라고 하며 저우쭤런의 독서 수양과 포용적인 문학적 태도를 강조했다. 저우쭤런의 이러한 독서 경험은 1949년 윤태영이 학생들에게 소설 읽기를 권장하기 위해 쓴 수필 「저우쭤런의 방법」에서도 다시 한번 간략히 소개되기도 했다.[31]

정래동은 저우쭤런의 백화문학론과 후스의 백화문학론의 차이점도 정확하게 비교 분석했다. 그는 저우쭤런과 후스의 백화에 대한 입장을 각각 개괄한 뒤 다음과 같이 요약했다. "곧 이상(以上) 양설(兩說)을 간단히 말하면 후(胡) 씨는 백화라는 공구(工具)로 발표한 것이라야만 산(生)문학이라고 주장하는 형식론자이요 저우(周) 씨는 사상 즉 내용이 변하여지면 그 공구도 자연 백화로 향한다는 내용론자라고 볼 수 있다. 이 두 논(論)은 물론 서로 그 절대를 주장하는 것은 아니나 내용과 형식에 각각 더 주중(注重)한 것만이 사실이다. 후 씨의 설과 저우 씨의 설은 현 중국 신문학의 원류와 필연을 논위(論謂)하는 데 양대설(兩大說)

---

29 丁來東, 「周作人과 中國의 新文學(三): 氏의 中文學習의 經驗談」, 『朝鮮中央日報』 1934. 10. 4.

30 丁來東, 「周作人과 中國의 新文學(三): 氏의 中文學習의 經驗談」, 『朝鮮中央日報』 1934. 10. 4.

31 尹泰榮, 「周作人의 方法」, 『새교육』 1949. 2, 114-116쪽 참조.

이라고 볼 수 있다. 오래전에 궈모뤄도 저우 씨의 설과 상사(相似)한 논문을 발표한 것이 있었으나 이것은 논제 이외이므로 여기서는 약(略)하기로 한다."[32] 정래동은 베이징에서 중국 현대 문학을 연구하면서 중국 고전 문학도 공부하고 있었으므로 백화라는 언어 형식만을 중시하는 후스의 관점보다 사상 내용을 중시하는 저우쭤런의 관점에 공감하는 바가 더 컸을 것이다. 후스와 저우쭤런의 백화문학론에 대한 정래동의 비교 분석은 중국 신문학에 대한 그의 인식이 상당한 깊이에 이르고 있었음을 보여준다. 그가 후스와 저우쭤런의 백화문학론을 비교 분석해 저우쭤런의 백화문학론을 앞세운 것은 중국 신문학의 전개를 '백화'의 전용과 같은 언어 형식주의로만 파악할 수 없음을 간파하고 있었기 때문이다. 말하자면 그는 중국 신문학의 전개를 단일적인 구조가 아니라 복합적인 구조로 설명함으로써 중국 신문학의 다면적 국면을 드러내려 했던 것이다. 이는 당시 한국인들에게 중국 신문학 전개의 내재적 논리를 정확하게 포착할 수 있도록 해주는 중요한 중국신문학사론(中國新文學史論)이라 할 만하다.

「저우쭤런과 중국의 신문학」은 저우쭤런의 문학 주장, 산문 창작의 특징과 성과, 독서 수양, 백화문학론, 사상적 입장, 소품문론, 문예 비평적 태도 등을 종합적으로 서술하고 있는데, 정래동이 가장 많은 분량을 할애해 논증하고 있는 것이 바로 저우쭤런의 사상적 입장이다. 정래동은 3회에 걸쳐 국민 문학과 무산계급 문학에 대한 저우쭤런의 비판을 상세하게 검토했다. 그는 먼저 저우쭤런이 제시한, 국민 문학이 야기할 수 있는 폐해와 중국 민족을 개혁해야 할 여러 사항을 열거하면서 저

32 丁來東, 「周作人과 中國의 新文學(四): 氏의 白話文學論 - 胡適氏와의 差異點」, 『朝鮮中央日報』 1934. 10. 6.

우쭤런의 말을 직접 인용했다. "그러나 내가 한마디 부가하여야 할 것은 국민 문학을 제창하는 동시에 꼭 개인주의를 제창하여야 할 것이다. 나보기 국가주의를 고취하는 사람이 개인주의에 대하여는 갈력(竭力) 반대한다. 그러면 국가주의가 그 근거를 잃어버릴 뿐 아니라 또 그네들 주장으로 하여금 종교의 기미(氣味)가 있게 하여 '광신(狂信)'으로 변하기가 쉽다. 그런 결과는 무엇이나 본국의 것은 꼭 좋고 무엇이나 외국의 것은 다 나빠서 자기의 국토는 세계의 중심이요 자기의 전쟁은 천하의 정의(正義)라 하면서 자존심이라고 일컫게 된다."[33] 중국에서 1930년 3월 좌익 문학 진영과 진보적인 문인들을 중심으로 중국좌익작가연맹(中國左翼作家聯盟)이 결성되자 위기의식을 느낀 국민당 정부가 이들에 대한 금압 조치를 취하는 한편 '삼민주의(三民主義)'를 문예 정책의 방향으로 결정하고 '민족주의 문예운동'을 적극적으로 추진하게 되는데, 이로써 저우쭤런이 말한 '국민 문학', 즉 민족주의 문학이 등장한 것이다. 저우쭤런은 '국민 문학'이 개인주의를 말살하고 오히려 국가주의를 고취해 사람들이 배타적인 광신에 빠질 수 있음을 경고했는데, 정래동은 이를 통해 국가주의를 배격하고 개인주의를 선양하려는 저우쭤런의 사상적 입장을 명확하게 제시한 것이다. 또한 정래동은 무산계급 문학을 비판한 저우쭤런의 사상적 입장도 상세히 소개했다.

> 그러므로 씨(氏)는 계급 문학을 일종의 재도(載道)의 문학으로 보아서, …… 이 혁명 문학 혹은 계급 문학이 성공하지 못할 것을 말하였다. "문학으로써 혁명의 공구(工具)로 한다는 차종(此種) 소위 혁명 문

33 丁來東, 「周作人과 中國의 新文學(五): 國民文學과 無産文學 批判」, 『朝鮮中央日報』 1934. 10. 8.

학은 남방(南方)에서 납함(吶喊)하는 구호와 지상(紙上)의 표어와 같은 것이다. 만약 문학이 참으로 혁명의 공구가 되어서 능히 군중을 분기(奮起)시키어 모두 다 혁명의 전사가 되게 한다면 염원(念願)하는 묘법(妙法) 혹은 종교상의 기구제화(祈求除禍)와 같은 것이 되지 않겠는가? 그리고 혁명 문학을 제창하는 사람이 혁명 문학으로써 세인(世人)을 인기(引起)하여 다 혁명을 하게 하려고 한다면 이야말로 이전 구파(舊派) 인물이 사서오경, 제자백가 등 고서를 읽은 것으로써 치국평천하(治國平天下)를 하려는 몽상과 무엇이 다르랴!" 물론 계급 문학에 대한 씨의 의견을 다 찬성할 수는 없으나 주의할 요점은 많다고 생각한다.[34]

정래동은 1929년 7·8월에 발표한 「중국 현 문단 개관」에서 '혁명 문학의 제문제(諸問題)'를 논하면서 '언(言)'과 '행(行)'이 일치해야 하므로 예술가와 혁명가가 겸립(兼立)할 수 있다고 주장한 궈모뤄의 관점을 소개하고, 이것이 바로 혁명 문학의 '선전(宣傳)'과 다름없다고 평했다. 그는 혁명문학파의 문학 주장과 대립되는 '아나키즘문학파의 주장', '어사파의 주장', '신월파(新月派)의 주장'을 상세하게 고찰하면서, 특히 아나키즘문학파가 혁명문학파의 무산계급 독재를 전제로 한 계급투쟁론을 반대하며 마르크스주의의 정치 투쟁도 반대한다고 말하고 양 파의 예술관의 차이를 구체적으로 논했다. "아나파에서는 예술의 최고 이상(理想)은 자유에 있다고 하고, 마르크스파에서는 예술은 선전의 도구에 불과하여서 예술 자체에 아무 특질도 없고, 다만 문제는 어떻게

34 丁來東, 「周作人과 中國의 新文學(七): 國民文學과 無産文學 批判」, 『朝鮮中央日報』 1934. 10. 9.

예술을 이용할까에 있다 한다."[35] 또한 정래동은 1931년 11월 『조선일보』에 연재한 「움직이는 중국문단의 최근상(最近相)」이라는 글에서 "문학은 사회의 반영이요 인류의 표현이라는 말은 일면(一面)의 진리를 가지고 있다"[36]라고 전제하고, "민족주의 문학은 현 중국의 어용 문학일 것이요, 마르크스주의 문학은 그와 똑같이 러시아의 어용 문학일 것이다. 마르크스주의 문학과 민족주의 문학은 두 독재정치 국가 하의 어용 문학인 점에 추호도 다를 것이 없다. 이와 같이 독재국가 안에서는 그와 적대되는 사상 문학만을 압박할 뿐만 아니라, 기타 일체 자유사상을 찬양하는 문학도 다른 국가에서 같이 유린하고 있다"[37]라고 했다. 정래동은 국민당 정부가 제창한 민족주의 문학을 어용 문학이라는 측면에서 신랄하게 비판하는 한편 마르크스주의 문학 역시 일종의 어용 문학으로 간주했다. 그는 "여기서 필자는 중국 마르크스주의의 몰락 혹은 중단된 이때에 그의 이론이라든지 그 작품이라든지 그의 평론 등을 청산할 필요를 느끼지마는, …… 그러나 마르크스주의 문학 평가(評家)들은 그와 같이 작품 아닌 작품, 미숙한 작품, 외국 작품의 번안(飜案) 등을 그리 찬양하여 마지않았으니, 더욱 절도(絶倒)할 일이었다"[38]라고 말함으로써 마르크스주의 문학을 전면적으로 부정하는 태도를 더욱 분명하게 드러냈다.[39] 정래동은 아나키즘 문예 이론의 입장에서 민족주의

35 丁來東, 「中國現文壇槪觀」, 『丁來東全集(II)』, 69쪽.

36 丁來東, 「움직이는 中國文壇의 最近相」, 『丁來東全集(II)』, 27쪽.

37 丁來東, 「움직이는 中國文壇의 最近相」, 『丁來東全集(II)』, 36쪽.

38 丁來東, 「움직이는 中國文壇의 最近相」, 『丁來東全集(II)』, 40-41쪽.

39 정래동은 「움직이는 中國文壇의 最近相」의 '필자의 말'에서 "이 원고를 거의 마칠 때, 상하이에 있는 김광주(金光洲) 씨 등 제씨(諸氏)가 문예 잡지 『신흥문단(新興文壇)』을 간행한다는 소식을 신문지상으로 알게 되었다. …… 또 '프롤레타리아 입장'이란 표제 밑에서 입장을 천명한 것을 보니, 사족이나마 일언(一言)을 진공(進供)하고자 하는 마음이 간절하다. 곧 프롤레타리아의 명의하(名儀下)에서 프롤레타리아를 압박하지 않는 프롤레타리아의 입장에서 그 간물(刊物)을 성장시키기를 절망(切望)한다는 일언이다"

문학과 마르크스주의 문학을 동시에 비판했는데, 이러한 문예 입장에서 있었기에 국민 문학과 무산계급 문학에 대한 저우쭤런의 비판을 적극적으로 소개할 필요성을 느낀 것이다. 정래동이 국민 문학과 무산계급 문학을 비판한 저우쭤런의 사상적 입장을 상세하게 소개한 것은 이념적 공감에서 비롯된 것인바, 이는 자신의 사상적 입장의 정당성을 우회적으로 드러내는 것이자 국내 사상계에 비평적으로 개입하는 것이기도 하다.

정래동은 국민 문학과 무산계급 문학을 비판한 저우쭤런의 사상적 입장을 비평·소개한 후 저우쭤런의 소품문론을 전개해나갔다. 그는 먼저 중국 문단에서의 소품문과 수필의 구별을 언급하면서 소품문이 영국의 에세이에 가깝지만 확연한 구분이 어려워 둘을 합쳐 상위의 산문에 포함시키는 이도 있다고 말하고, 소품문에 대한 저우쭤런의 견해를 제시했다. 정래동은 소품문과 정치 상태와의 관계를 논한 저우쭤런의 관점을 소개해 "정치가 문란하여지면 사상과 문학이 발달하고 정치가 정돈되면 사상과 문학은 쇠퇴한다고 말한다. 소품문의 발달도 역시 정치와 반비례로 소장(消長)한다는 것이다"라고 말하고 "차설(此說)은 퍽으나 오인(吾人)의 주의를 끄는 말이다"라고 강조했다.[40] 그는 저우쭤런의 견해에 근거해 '조선 문단'에서 수필이 잡문의 대우도 받지 못하고 조잡한 유행가보다도 천시되는 경향이 있다고 보아 수필의 중요성을 환기하기도 했다. 그가 나중에 『베이징 시대(北京時代)』(1949)라는 수필집을 펴낸 것도 그러한 문제의식에서 비롯되었을 것이다. 그리고 정래동은 저우쭤런의 소품문론의 요체를 전달하기 위해 선치우가 엮은

라고 했다. 『신흥문단』이라는 문예 잡지가 실제로 창간되지는 않았으나, 정래동은 프로 문학을 내세우는 문예 활동에 우려를 표명한 것이다.

40 丁來東, 「周作人과 中國의 新文學(八): 氏의 小品文論」, 『朝鮮中央日報』 1934. 10. 11.

『근대산문초(近代散文抄)』에 나오는 저우쭤런의 서문에서 문장을 직접 가져와 다음과 같이 인용했다. "소품문은 개인적인 문학의 첨단에서 '언지(言志)'하는 산문으로 그것은 서사설리(敍事說理)·서정(抒情)의 분자(分子)를 집합하여 다 자기의 성정(性情)에 담궈(浸) 가지고 적의(適宜)한 수법을 써서 조리(調理)하는 것이다. 그러므로 근대 문학의 조두(潮頭)에서 소품문은 전두(前頭)에 서서 있으므로 만약 벽에 부딪히게 되는 때에는 자연 가장 먼저 부딪히게 될 것이다."[41] 정래동은 이러한 저우쭤런의 견해에 대해 "다시 말하자면 소품문은 근대 문학의 첨단이므로 근대 조류를 가장 예민하게 촉감(觸感)하리라는 것일 것이다"[42]라고 부언했는데, 이는 근대 문학(현대 문학)의 첨단에 놓인 소품문의 문학적 가치를 강조하는 동시에 소품문 작가인 저우쭤런의 문학적 위상을 간접적으로 드러내는 것이었다.

나아가 정래동은 저우쭤런의 포용적인 문예 비평적 태도를 다각도로 논평했다. 첫째는 저우쭤런의 독서 범위가 광범한 만큼 문학 각 부류에 대한 이해가 다른 사람보다 많은 것이요, 둘째는 저우쭤런이 '언지'론을 주장한 만큼 다른 평가(評家)가 요해(料解)하지 못한 작품을 발굴하며 다른 평가가 협소한 자기의 견해로 공격하는 작품도 능히 작자의 의견을 존중하고 그 작품의 장단이실(長短利失)을 광범위하게 평하는 데 저우쭤런의 장점이 있다는 것이다. 그는 구체적으로 저우쭤런이 민간 문학의 각 분야에 대해 남보다 먼저 주의하기 시작했으며, 중국의 신사조(新思潮)가 발흥하면서 비과학적 사상을 배격할 때에도 저우쭤런은 문학상(文學上) 신화와 전설 등을 매우 중시했음을 강조했다. 그

41 丁來東, 「周作人과 中國의 新文學(八): 氏의 小品文論」, 『朝鮮中央日報』 1934. 10. 11.
42 丁來東, 「周作人과 中國의 新文學(八): 氏의 小品文論」, 『朝鮮中央日報』 1934. 10. 11.

실례로서 저우쭤런이 「문예상의 이물(文藝上的異物)」에서 언급한 내용을 직접 인용했다. "민간의 습속은 대개 정령신앙(精靈信仰, animism)에 근본(根本)한 것이어서 사실상 문화 발전에 퍽으나 장해가 있는 것이다. 그러나 예술상으로 평심정기(平心靜氣)하여 가지고 본다면 우리는 괴이한 전설의 이면에서 인류 공통한 비애 혹은 공포를 별견(瞥見)할 수가 있으므로 무의의(無意義)한 일은 아니다. 과학사상은 문예 속에 가입시켜서 문예에 약간 변화를 발생케 할 수 있으나 그러나 과학과 예술의 영역은 판이한 까닭에 문예를 완전히 점유할 수는 없는 것이다."[43] 또한 저우쭤런이 「신화와 전설(神話與傳說)」에서 신화와 전설을 고대 문학으로 보고 역사 비평이나 예술 감상으로서 취급한다면 상당한 좋은 결과를 얻게 될 것이라고 주장한 내용도 소개했다. 정래동은 덧붙여 아동 문학에 대한 저우쭤런의 관심을 엿볼 수 있는 논문으로 「아동을 노래한 문학(歌咏兒童的文學)」, 「아동극(兒童劇)」, 「아동의 책(兒童的書)」, 「와일드 동화(淮尔特的童話)」, 「아동의 문학(兒童的文學)」 등을 예거하고, 베이징대학에서 '가요연구회'를 조직하고 『가요(歌謠)』라는 잡지를 발간해 민가(民歌)에 대한 일반의 주의를 끌게 한 사실도 소개했다.[44] 정래동은 저우쭤런의 포용적인 문예 비평적 태도를 좀 더 실감나게 이해할 수 있도록 위다푸(郁達夫)의 소설 「침륜(沈淪)」에 대한 저우쭤런의 비평을 구체적으로 제시했다. 그는 저우쭤런이 당시 '외설론(猥褻論)'에 따라 부도덕한 작품으로 비판받고 있던 위다푸의 「침륜」에 대해 '비록 외설한 분자(分子)는 있으나 결코 부도덕한 성질은 없다'고 논단(論斷)했

43 丁來東, 「周作人과 中國의 新文學(九): 文學一般에 對한 態度」, 『朝鮮中央日報』 1934. 10. 12.

44 丁來東, 「周作人과 中國의 新文學(九): 文學一般에 對한 態度」, 『朝鮮中央日報』 1934. 10. 12.

다고 말하고 "씨(저우쭤런—인용자)의 비평적 태도는 신구(新舊) 협소한 도덕에 구속된 범유(凡儒)의 도저히 미칠 수 없는 바일 것이요 실로 그의 범박(汎博)한 학식은 그의 비평의 시야를 널리 하는 데 큰 원인이 되었을 것이다"[45]라고 평했다. 그렇다면 정래동은 저우쭤런이 광범한 독서와 학식, '언지(言志)'의 문학론, 민간 문학에의 관심 등으로 말미암아 당시 중국의 문예 비평가 중에서 가장 포용적인 비평 태도를 지니고 있었음을 높이 평가한 것이다.

마지막으로 정래동은 세계주의자 바실리 예로센코가 저우쭤런과 루쉰에게 끼친 영향을 언급하는 것으로 '결론'을 삼았다. 정래동은 "예로센코는 인류에 대한 사랑과 사회에 대한 비애를 가지고 있으므로 늘 냉각(冷刻)한 언사(言詞)와 열렬한 정조(情調)로 그의 애(愛)와 증(憎)을 써낸다. …… 결코 사람을 지휘하여 폭동을 하거나 혹은 정치운동을 하는 것은 아니다. 그의 세계는 동화 같은 꿈의 기경(奇境)이어서 결코 공산 혹은 무정부의 사회는 아니다"[46]라고 소개했다. 이어 그는 루쉰의 소설집 『외침(吶喊)』에 나오는 「오리의 희극(鴨的喜劇)」이 예로센코에 관한 이야기임을 지적하고 그 작품의 서두를 인용하기도 했다. 그리하여 정래동은 "이런 것은 여하간에 예로센코가 저우쭤런 씨나 루쉰에게 준 인상과 영향은 보통 것이 아니었던 것을 알 수가 있으며 또 오우(吾友) 샹페이량(向培良) 군의 『중국희극개평(中國戲劇概評)』을 보면 예로센코가 중국에 있을 때 극평(劇評)으로 상당한 영향을 주었다고 한 말이 있는 것으로 보더라도 예 씨(예로센코—인용자)의 중국 문단에 기여가 적지 않

45 丁來東, 「周作人과 中國의 新文學(完): 文學一般에 對한 態度」, 『朝鮮中央日報』 1934. 10. 13.

46 丁來東, 「周作人과 中國의 新文學(完): 文學一般에 對한 態度」, 『朝鮮中央日報』 1934. 10. 13.

은 것을 겸하여 알 수 있다"[47]라는 말로 끝을 맺었다. 정래동은 이 결론에서 저우쭤런과 루쉰에게 끼친 예로센코의 영향을 간략히 언급함으로써 저우쭤런과 루쉰의 문학적·사상적 경향성이 어디에 기반하고 있는지를 우회적으로 환기해주고 있다.

요컨대 「저우쭤런과 중국의 신문학」은 정래동이 저우쭤런의 다양한 저작들을 탐독한 후 그의 글을 직접 인용하면서 저우쭤런을 전면적으로 분석 비평한 평론임을 알 수 있다. 정래동의 이 글은 저우쭤런이 일제에 부역하기 이전에 쓰인 것이므로 그때까지 저우쭤런의 문학 활동과 창작 성과를 대단히 높이 평가하고 있다. 그동안 국내에서 저우쭤런은 단편적으로 소개되었을 뿐이었으나 이 글이 나옴으로써 한국 독자들도 저우쭤런의 문학론, 창작 성과, 독서 수양, 백화문학론, 사상적 입장, 문예 비평적 태도 등 다양한 측면에서 저우쭤런을 이해할 수 있게 되었다.

그런데 여기서 고려해야 할 것은 1934년에 이르러 한국에서는 일제에 의해 프로문학운동에 대한 사상 통제가 강화되고 카프(KAPF, 조선프롤레타리아예술가동맹)에 대한 제2차 검속이 대대적으로 이루어졌다는 점이다. 민족문학파와 해외문학파로부터 집요한 공격을 받아왔고 내부의 분쟁과 충돌에 시달려온 카프는, 만주를 점령하는 등 중국 침략을 노골화해온 일제가 강경한 사상 탄압에 나서면서 1931년과 1934년, 두 차례에 걸친 대규모 검거를 피할 수 없었다. 카프의 주요 맹원이었던 박영희(朴英熙)가 1933년 12월 카프를 탈퇴하고 1934년 1월 『동아일보』에 「최근 문예이론의 신전개와 그 경향」을 발표해 "예술이 최

47 丁來東, 「周作人과 中國의 新文學(完): 文學一般에 對한 態度」, 『朝鮮中央日報』 1934. 10. 13.

고의 수준에서 정책에 봉사(奉事)되는 때는 사회의 비상시에만 한한다. 말하자면 예술은 이러한 때는 겨우 생명만 보지(保持)하는 셈이다"[48]라고 했는데, 이른바 '얻은 것은 이데올로기며 잃은 것은 예술 자신'이라고 하며 전향을 선언한 것도 그러한 배경에서 가능했다. 정래동은 1932년 10월 「이광수(李光洙) 씨의 꿈: 그의 공상(空想)을 타파함」을 발표해 이광수의 '근래지론(近來持論)'이 "'나'를 버리고 '우리'를 기본으로 하자 하며 '개인'을 그만두고 '민족'을 단위로 삼자는 것이다"[49]라고 했다. 그리고 이광수의 '공상적'인 민족주의 경향에 대해 '민족'을 앞세워 '새 노예 철학'을 수립하려 한다고 비판하는 한편 자신은 마르크스주의와 사상적 입장이 다르다고 명확히 밝힘으로써 당시 사상계에 비평적 개입을 시도한 바 있다. 그렇다면 정래동의 저우쭤런 비평은 '공상적'인 민족주의가 대두하고 일제의 사상 통제와 탄압 속에서 프로문학 운동이 약화되던 시기에 사상적 출로를 모색하려는 비평적 개입의 성격도 아울러 띠고 있었던 것이다. 물론 그것이 당시 한국 사회에 직접적인 영향을 끼쳤는가 하는 것은 별개의 문제이다. 일제 치하 한국의 특수한 문화적 환경에서 저우쭤런의 개인주의적인 '언지'의 문학론이나 무산계급 문학을 비판하는 사상적 입장은 한국 지식인들에게 즉각적인 문학적·사상적 자극제가 되기에는 한계가 있었다. 그 점은 이후 저우쭤런의 저작이 국내에 거의 번역·소개되지 않았고, 그의 문예 이

---

48 朴英熙, 「最近 文藝理論의 新展開와 그 傾向: 社會史的及文學史的考察(五)」, 『東亞日報』 1934. 1. 8.

49 丁來東, 「李光洙氏의 꿈: 그의 空想을 打破함」, 『第一線』 1932. 10, 36쪽. 정래동은 이 글의 서두에서 "필자가 이에 다시 이광수 씨 근론(近論)을 반박하기 전에 맑스주의자 간에서 많은 반박이 나왔다. 그러나 그들과 필자와는 사상적 입장이 다르고 비판하는 태도가 다르므로 비록 이 논문이 명일황화(明日黃花)의 감(感)이 없지 않으나 역시 현하 조선의 현실을 정당하게 파악하고 반현실적(反現實的) 사상을 청산하는 데 발전할 필요를 느끼므로 이에 초(草)하는 것이다"(34쪽)라고 했다.

마스다 와타루가 발표한
「저우쭤런론」(『중국문학월보』 1935. 9)

론을 수용하거나 신봉한 사람이 거의 없었다는 데서 알 수 있다.

그렇지만 정래동의 저우쭤런 비평은 중국의 그것과 거의 동시기에 발표되었을 뿐만 아니라 일본의 저우쭤런 비평에 비해 시기적으로 앞선다는 점에서도 주목할 만하다. 저우쭤런이 일본에서 크게 주목받기 시작한 것은 그가 1934년 여름(7월 15일-8월 25일) 일본을 방문했을 때부터인데, '중국문학연구회'의 동인들이 저우쭤런 환영회를 개최한 후 본격적으로 저우쭤런을 연구 대상으로 해서 논문을 발표하기 시작한 것이다.[50] 마스다 와타루(增田涉)가 1935년 9월에 현실주의 시각으로 저우쭤런을 비판한 「저우쭤런론(周作人論)」(『중국문학월보(中國文學月報)』)을 발표했고, 다케우치 요시미(竹內好)가 1936년 12월에 1930년대 중기의 중국 소품문운동을 분석하며 저우쭤런을 깊이 있게 고찰한 「최근의 중국문학(最近的中國文學)」(『문예(文藝)』)을 발표했다. 또한 마쓰에다 시게오(松枝茂夫)가 1936년부터 『베이징의 다식(北京的茶食)』(1936)을 비롯해 『저우쭤런 수필집(周作人隨筆集)』(1938) 등 저우쭤런의 작품집과 저작을 번역 출판했다.

50 伊藤德也, 「周作人硏究在日本」, 文萍 譯, 『魯迅硏究月刊』 1993. 8, 57쪽 및 주석 4, 5, 6 참조.

이러한 상황을 고려할 때, 정래동의 저우쭤런 비평은 단발적이기는 하지만 한국 최초의 저우쭤런에 대한 체계적이고 전면적인 평론으로서 한·중·일 동아시아의 중국 현대 문학 연구사에서 일정한 학술적 가치를 갖는다.

4. 김태준의 저우쭤런 방문과 비평

김태준(金台俊)은 1930년 여름에 학부 졸업 논문을 쓰는 데 필요한 자료를 구하기 위해 베이징을 방문했고, 그때 구해온 자료를 바탕으로 1930년 11월 12일부터 12월 8일까지 18회에 걸쳐 『동아일보』에 「문학혁명 후의 중국문예관: 과거 14년간」을 연재했다. 김태준이 '머리말'에서 "문학혁명 후의 중국문예관—이것은 그 실(實)은 베이징 여행 중에 조금 듣고 본 것을 그대로 도청도설(道聽塗說)함에 지나지 않는다"[51]라고 했듯이 이 글은 그가 베이징을 방문했을 때 보고 들은 것과 입수한 자료 등에 의거해 당시 중국 신문학의 특징 및 작가와 작품 등을 개괄적으로 설명한 것이다. 김태준은 이 글에서 저우쭤런을 어떻게 비평·소개하고 있을까? 그는 「문학혁명 후의 중국문예관(4)」의 '문학혁명 직후의 문단'이라는 소절에서 "루쉰의 지은 단편 「광인일기」(「아Q정전」을 포함함)는 이 시대를 대표하는 것이며, 또 동인(同人)의 지은 『외침』과 저우쭤런의 지은 수필 『자기의 원지』도 당시의 문단에 많은 '센세이션'을 일으켰다"[52]라고 하며 루쉰의 소설과 저우쭤런의 수필을 문

51 天台山人(金台俊), 「文學革命後의 中國文藝觀: 過去十四年間(1)」, 『東亞日報』 1930. 11. 12.

52 天台山人(金台俊), 「文學革命後의 中國文藝觀: 過去十四年間(4)」, 『東亞日報』

학혁명 직후의 주요한 창작 성과로 소개했다. 18편의 산문을 수록하고 있는 저우쭤런의 수필집 『자기의 원지(自己的園地)』는 1923년에 출판되어 독자들로부터 호평을 받으며 중국 현대 산문 창작의 중요한 이정표가 되었는데, 김태준도 그 점을 특기한 것이다. 또한 그는 「문학혁명 후의 중국문예관(8)」의 '문학연구회의 공적'이라는 소절에서 "문학혁명 이전부터 저우수런(周樹人, 호 루쉰魯迅), 정전둬 등이 상무인서관의 자본을 배경으로 하고 『소설월보(小說月報)』를 발행하여 외국 문학을 번역·소개하며 중국의 신구문학(新舊文學)을 연구하여 왔다. 그 반면에 후스, 저우쭤런 일파도 문학혁명의 제창 후에 구문학을 정리(고증考證 혹은 표점標點, 연구 등)하는 사업에 착수했으므로 이들은 서로 악수하여 문학운동상에 한 파(派)를 이루었다"[53]라고 하며 구문학의 정리에 기여한 저우쭤런의 공적을 간단히 언급하기도 했다.

김태준이 「문학혁명 후의 중국문예관」을 쓴 의도는 분명하다. 그것은 "중국혁명을 리드하여 오는 문예운동을 개관하는" 데 있었고, "황해를 건너 저희들의 부르짖음을 들으라. '예술은 반항의 산물이다'—'문학은 선전이다'라고!" 하는 데[54] 있었다. 김태준은 마지막 회(回)인 「문학혁명 후의 중국문예관(18)」의 '중국 문단의 현세(現勢)'라는 소절에서[55]

1930. 11. 16.

53 天台山人(金台俊), 「文學革命後의 中國文藝觀: 過去十四年間(8)」, 『東亞日報』 1930. 11. 26. 이 부분은 김태준이 세누마 사부로(瀨沼三郎)의 논문 「중국의 현대 문예(支那の現代文藝)」(1930. 8) 중에서 제8장 '文學研究의 概要'(261쪽)의 일부 내용을 참조해 쓴 것임을 확인할 수 있다.

54 天台山人(金台俊), 「文學革命後의 中國文藝觀: 過去十四年間(1)」, 『東亞日報』 1930. 11. 12.

55 '中國文壇의 現勢'는 세누마 사부로의 논문 「중국의 현대 문예(支那の現代文藝)」(1930. 8) 중에서 제5장 '프롤레타리아 문학운동'의 제4절 '支那 프로文藝의 發展段階'와 제5절 '支那文壇의 現狀 一瞥'의 내용을 참조한 것으로 보인다. 瀨沼三郎, 「支那の現代文藝」, 『大支那大系(第十二卷)』 文學·演劇篇(下卷), 322-326쪽 참조.

중국 문단의 추세를 두 가지로 요약했다. 첫째 상하이가 중국 문단의 중심이 되었고 중국좌익작가연맹이 성립되어 프로 문단의 투장(鬪將)이 한 진영에 단결해 강진(强陣)을 이루고 있으며, 둘째 프로 문학의 결정적 승리와 기성 문단의 완전한 파멸을 들며 '뿌티 부르'파(派)로 주목하는 루쉰도 이제는 프로소설의 번역에 종사하며 극단(劇壇)의 건장(健將) 톈한(田漢)도 프로 진영의 산하로 들어가 '뿌티 부르' 문단의 완전한 붕괴를 보게 되었다는 것이다. 물론 김태준은 프로 문단의 통일전선에도 불구하고 개별 작가의 다양한 작품 내용에 의거해 당시 중국의 사회상을 '모순적 혼효(混淆)'의 상태로 묘사했다.[56] 그렇지만 '뿌티 부르' 문학의 몰락과 프로 문학의 급부상을 중국 문단의 주요 추세로 보아 장래 중국 문단의 방향을 다음과 같이 예단했다. "중국 문단도 이제는 이론적이나마 세계 문단의 최고봉인 프로 문학의 정점을 바라보고 기어 올라가고자 한다. 가까운 장래에 대한 나의 기대를 예언하여 둔다. 중국의 현 문단에 대하여는 벌써 작년 팔구월에 정래동 씨가 『조선일보』에 소개한 바 있었으며 저도 좀 더 작가 본위로 쓴 논고(論稿)가 있지만 아직 이만한다."[57] 김태준은 '모순적 혼효'가 중국의 실제 사회상이지만, 중국 신흥 문학인 프로 문학이 '여명기'에서 벗어나 점차 성숙기로 들어설 것임을 확신했다. 이는 김태준이 중국좌익작가연맹이 성립되어 좌익 문학이 문단의 주류로 부상하고 있던 1930년 여름에 베이

56 天台山人(金台俊), 「文學革命後의 中國文藝觀: 過去十四年間(18)」, 『東亞日報』 1930. 12. 8. "이와 같이 표면적으로는 프로 문단의 통일전선에 있는 것 같지만 각 작가의 작품의 내용을 검토하면 그렇지도 아니하다-신(新)로맨틱, 자연주의적, 퇴폐적, 육욕적, 음락문학(飮樂文學), 도피문학 등 각 작가의 개성과 생활에 의한 복잡한 현상을 혼효(混淆)하여 짜내고 있다. 이 모순적 혼효야말로 중국 금일의 사회상(社會相)이다."

57 天台山人(金台俊), 「文學革命後의 中國文藝觀: 過去十四年間(18)」, 『東亞日報』 1930. 12. 8.

징을 방문해 그때의 문단 상황을 인지했기 때문이기도 하지만, 당시 그가 사회주의계급 사관에 의거해 중국 문단을 관찰한 결과이기도 하다. 김태준은 세계 문단의 정점에 프로 문학이 놓여 있다는 것을 확신하고 문학혁명－혁명 문학－프로 문학으로 진전되어온 중국 문단도 세계 문단과 보조를 맞추고 있음을 특별히 강조한 것이다. 그렇다면 문학혁명 직후에 수필 문학과 문학 연구 방면에서 두각을 나타낸 저우쭤런의 공헌을 인정하더라도 '뿌티 부르' 문학의 몰락과 프로 문학의 대두라는 새로운 문단의 추세 속에서 저우쭤런은 주목의 대상이 되지 못했다.

위 인용문에서 김태준은 '저도 좀 더 작가 본위로 쓴 논고가 있지만'이라고 했는데, 김태준이 언급한 그 '논고'란 무엇이었을까? 김태준은 「문학혁명 후의 중국문예관」에 이어 이듬해 1월 『매일신보』에 「신흥 중국 문단에 활약하는 중요 작가」를 연재했다. 예의 '논고'는 바로 이 글을 가리킬 것이다. 김태준은 「신흥 중국 문단에 활약하는 중요 작가(4)」에서 '사오싱(紹興) 저우(周) 씨 형제'라는 소제목으로 루쉰과 저우쭤런을 함께 비평·소개했다. 먼저 "중국의 문예운동사상(文藝運動史上)에는 제일 먼저 논치 않을 수 없는 것이 저우(周) 씨 형제의 공적이다. 루쉰이라면 누구든지 아는 저우수런(周樹人)의 성가(聲價) 높은 「아Q정전」과 저우쭤런의 백화문 번역의 성공이 모두 남보다 선편(先鞭)을 치고 있음으로써다"[58]라고 하며 루쉰의 문학 활동과 「아Q정전」을 개괄적으로 설명한 뒤 저우쭤런을 간단히 평했다.

> 저우쭤런 호 치밍(啓明), 자는 중미(仲密), 그 처는 일본 여성이지만은 …… 베이징대학에 이어 번역에 종사하여 『역외소설집(域外小說

58 天台山人(金台俊), 「新興中國 文壇에 活躍하는 重要 作家(四)」, 『每日申報』 1931. 1. 7.

集)』을 발간하였으나 예전 한문으로 번역했기 때문에 독자가 없어서 완전히 실패하고 문학혁명 직후에 백화로써 직역적 문체를 창안하여 비로소 번역에 성공했다. 씨의 힘으로 문체가 많이 구화(歐化)되었다. 씨는 특별히 이름난 창작은 없지만은 또 소품 산문의 세계에도 성공하고 있으며, 그의 수필집으로 『담용집(談龍集)』, 『담호집(談虎集)』이 있어서 문원(文苑)의 진중(珍重)을 받고 있다.[59]

이렇게 본다면 김태준은 저우쭤런을 번역 문학가, 산문 작가, 구문학 연구자로 이해하고 문학혁명 시기에 이룩한 그의 공적을 상당히 높이 평가한 것이다. 「문학혁명 후의 중국문예관」과 「신흥 중국 문단에 활약하는 중요 작가」[60]는 거의 동시기에 쓰였는데, 전자는 1917년 1월 중국의 문학혁명이 제창된 이후부터 1930년 3월 중국좌익작가연맹이 성립되기까지 14년간의 중국 신문학을 개괄한 것이며, 후자는 그 시기의 주요 작가를 비평·소개한 것이다. 두 글을 나란히 놓고 보면, 김태준은 14년간의 중국 신문학을 상당히 체계적으로 정리한 셈인데, 이 글들에서 서술한 저우쭤런에 대한 평가는 중국 신문학사에서 저우쭤런의 위상을 개괄하는 것이었다.

그런데 김태준이 1931년 여름에 베이징을 방문해[61] 저우쭤런을 직

---

59 天台山人(金台俊), 「新興中國 文壇에 活躍하는 重要 作家(四)」, 『每日申報』 1931. 1. 7.

60 김태준은 「新興中國 文壇에 活躍하는 重要 作家(二)」(『每日申報』 1931. 1. 3)에서 "반부분(半部分)은 첸싱춘(錢杏邨)의 『현대중국문학작가(現代中國文學作家)』를 초역(抄譯)하는 정도로 하였다"라고 말했는데, 첸싱춘의 저작을 참조했음을 알 수 있다.

61 김태준은 1932년 1월 『신흥(新興)』에 발표한 「北平紀行: 멍텅구리 遊燕草」라는 글에서 "경의선(京義線) 열차에 실린 몸이 되어 6월 13일 아침은 '멍텅구리'의 고향이 가까운 청천강(淸川江)을 건너간다"라고 했고, 『조선어문학회보』 제2호(1931. 10)에 실린 「편집여묵」에 "'천태산인'(天台山人, 즉 김태준—인용자)이 중국문학 연구차로 베이핑(北平)에 장기 여행 중이었으며"라고 기술하고 있으므로 김태준은 1931년 여름 베이징에 장기간 체류한 것이다. 이것은 김태준이 1930년의 여름에 이은 두 번째

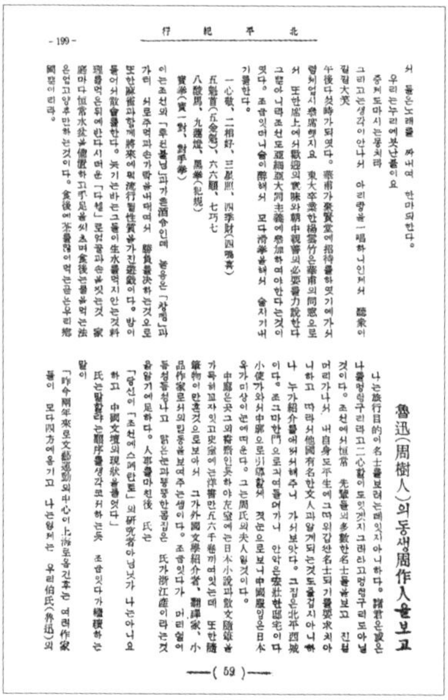

北平紀行

魯迅(周樹人)의동생周作人을보고

김태준의 「베이핑 기행」 중 ‘루쉰의 동생 저우쭤런을 보고’(『신흥』 1932. 1)

접 만나 대화를 나눈 이후 저우쭤런에 대한 평가는 확연히 달라진다. 그는 1932년 1월 『신흥』에 발표한 「베이핑 기행(北平紀行)」이라는 글의 ‘루쉰(周樹人)의 동생 저우쭤런을 보고’라는 소절에서 저우쭤런의 자택을 방문해 그와 나눈 대화 내용을 매우 생생하게 서술했다. 다만 현재 출판되어 있는 『저우쭤런 일기(周作人日記)』에는 1931년도의 일기가 결락되어 있어 저우쭤런이 김태준의 내방을 어떻게 기록했는지는 확인할 길이 없다.

김태준은 「베이핑 기행」에서 저우쭤런을 방문한 데 대해, 조선에서 다수(多數)한 선배 명사(名士)들을 보고 진절머리가 나서 자신도 평생에 값싼 명사가 되기를 원치 않으며 타국의 명사를 알게 되는 것도 즐겁지 아니하나 “누가 애써서 소개를 해주니 가서 보았다”라고 했다. 베이핑 시청(西城)의 저우쭤런 집에 도착한 김태준은 저우쭤런과의 만남과 그와 나눈 대화를 다음과 같이 서술했다.

> 중랑(中廊)은 곧 그의 서재인 듯하여 좌실(左室)에는 일본소설과 산문수필을 가득히 꽂아 있고 우실(右室)에는 양서(洋書)만 오육천권 끼

베이징 방문이 된다.

여 있는데 또한 수필물이 많은 것으로 보아서 그가 외국 문학 소개자, 번역가, 소품 작가로서의 밑동을 보여주는 셈이다. 조금 있다가 머리털이 듬성듬성 나고 맑은 눈과 뚱뚱한 몸집은 씨가 저장산(浙江産)이라는 것을 알기에 족하다. 인사를 마친 후 씨는

"당신이 '조선 에스페란토'의 연구자 아닙니까"

나는 '아니요' 하고 중국 문단의 현상(現狀)을 물었다.

씨는 말하려는 순서를 생각고자 하는 듯 조금 있다가 계속하는 말이

"작금(昨今) 양년래(兩年來)로 문예운동의 중심이 상하이로 옮긴 후는 여러 작가들이 모두 사방에 옮기고 나는 이제는 우리 백씨(伯氏, 즉 루쉰)의 소식조차 들어볼 수가 없는 형편입니다. 기성 문단 작가들은 번역을 하거나 혹은 침묵을 지키고 있으며 신진 문인이라는 것은 멋도 모르고 '프로문예'만 주장하니까 문단은 갈수록 침체하고 료료(廖廖)합니다."

나는 일부러 그의 대답을 보고자

"지금은 외부에서 평하기를 중국은 프로문예운동의 초기에 있어서 매우 맹렬한 활동을 한다는데, 선생도 한몫 들으시겠지요."

라고 한즉 씨는 놀라는 듯 어세(語勢)를 전(轉)하여

"프로문예는 프로계급 자신이 스스로 쓰기 전까지는 영원히 진정한 운동을 볼 수 없다. 나는 문예라는 것은 나의 여흥이요 취미로 하는 유락(愉樂)이요 나의 본직은 군인이요 손무병법(孫武兵法)이 가장 나의 애독하는 글이요."

라고 하므로 나는 많은 실망을 가지고 보게 되었다. 『세계소설역총(世界小說譯叢)』을 짓고 많은 소품을 지은 씨가 겸손인망정 자기는 '사벨'(네덜란드어 sabel에서 유래한 것으로 검劍이라는 뜻—인용자)을 좋아하고 문예에 대해서는 문외한이라고 단언하니 이것이 나의 예상하던 중국

일류의 문인이었던가 하는 생각이 난다. 돌(咄)! 사마골(死馬骨)! 소위 과도기의 명사는 중국이나 조선이나 모두 이 모양이다. 진정한 문단명사(文壇名士)는—그리고 나의 요구하는 문인은 여기저기 쫓겨 다니는 무명투사(無名鬪士) 속에 있으리라는 것을 알았다. 씨는 조선 문학, 가요, 문단 현세를 물음으로 나는 대강 대답하고 집에 돌아왔다. 나는 중국의 명류(名流)라는 자를 많이 보았지만 모두 이러한 실망으로써 보게 되고, 다만 한자폐지론의 급선봉인 구사(舊師) 웨이젠궁(魏建功) 씨에게 세 가지 점에 서로 논란(論難)한 것이 아직도 기억에 남아 있다.

1. 첫째는 어학(語學)에 대하여 조선어의 입성(入聲)과 제주 방언을 묻고 조선의 횡서(橫書)에 대한 조선 학자의 이론을 물으며 중국의 문자를 역사적으로 고찰하여 당연(當然) 한자와 국음자모(國音字母)를 폐하지 아니하면 안 될 것을 말하며
2. 조선과 중국의 문학적 제휴라는 의미에서 조선에서의 중국 연구단체를 흥왕(興旺)하게 하는 동시에 조선에도 중국 백화 서적을 판매하는 곳이 있었서야 할 것이라고 하며
3. 베이핑이나 난징에도 조선 문학 혹은 어학에 대한 강좌를 만들고—서로 문화적 교환을 하여 볼 필요가 있다는 것 등이었으나 학도의 만담(漫談)에 지나지 못한 것이었다.

× × × ×

그날 저녁에 돌아오려니 배가 고파서 노변에서 산매탕을 조금 마시고 조그마한 행상에게 만두 두 개, 초육정채(炒肉丁菜) 한 그릇, 계란탕 한 그릇을 사서 먹었지.[62]

---

62 短舌(金台俊), '魯迅(周樹人)의 동생 周作人을 보고', 「北平紀行: 멍텅구리 遊燕草」, 『新興』 제6호, 1932. 1, 59-60쪽.

저우쭤런은 1920년대 초반에 한국인 오상순, 이우관, 유림 등 에스페란토(세계어) 혹은 아나키즘운동과 관계된 인물들과 교류했으므로 김태준을 대면하자마자 곧바로 에스페란토 연구자가 아닌가 하고 물었던 것이다. 그렇지만 김태준은 이미 「문학혁명 후의 중국문예관」과 「신흥 중국 문단에 활약하는 중요 작가」라는 글을 발표한 바 있으므로 저우쭤런의 물음에 맞서 오히려 '중국 문단의 현상(現狀)'에 대해 질문을 던진 것이다. 기성 문단 작가들의 침묵과 신진 작가들의 프로문예의 주장으로 인해 문단이 갈수록 침체되고 적막해지고 있다고 진단한 저우쭤런의 관점은, 프로문예의 대두를 중국 문단의 새로운 추세로 기정사실화하고 중국 문단이 세계 문단의 정점을 향해 나아가고 있다고 예단한 바 있는 김태준의 관점과 완전히 상반되었다. 김태준은 문학 번역, 산문 창작, 문학 연구 방면에서 저우쭤런의 공헌을 높이 평가하고 저우쭤런을 '일류의 문인'으로 여겨오던 터에 여기에 이르러 실망하지 않을 수 없었다. 그는 결국 저우쭤런을 '돌(咄)! 사마골(死馬骨)!'이라는 말로 매도하는 데까지 이른 것이다.

이 대목에서 김태준이 저우쭤런을 방문한 1931년의 국내 문단 상황을 짚어볼 필요가 있다. 1931년 10월 28일 자 『동아일보』는 김광주(金光洲), 류산방(柳山房), 이경손(李慶孫), 황석우(黃錫禹) 등이 '프롤레타리아' 문예 잡지 『신흥문단(新興文壇)』을 발간하려 한다는 '문예 소식'을 전했는데,[63] 이 잡지가 실제로 발간되지는 않았으나 그 무렵 중국의 프로문예에 대한 국내의 관심이 그만큼 컸음을 보여준다. 더욱이 1931년

63 「『新興文壇』 發刊」, 『東亞日報』 1931. 10. 28. "상하이에서 다년간 중국 신흥 문학을 연구하고 귀국한 김광주(金光洲) 씨, 류산방(柳山房) 씨, 상하이 재류 중인 이경손(李慶孫) 씨, 시인 황석우(黃錫禹) 씨 등의 노력으로 '프롤레타리아' 문예 잡지 신흥문단(新興文壇)를 발간하리라는데, 임시사무소는 적선동 16번지 김건(金鍵) 씨 방이라 한다."

은 카프 제1차 검거 사건이 일어나기 직전까지 계급 문학과 혁명 문학의 조류가 급격하게 상승해 그 발전이 최고봉에 이르렀던 때이다.[64] 카프는 1931년을 전후해 '전위(前衛)의 눈으로 사물을 보라'와 '당(黨)의 문학'이라는 두 가지 명제를 내세우며 볼셰비키화를 추진했는데, 마침내 일제는 1931년 여름부터 강경한 사상 탄압으로 카프 맹원에 대한 대대적인 검거에 나섰다. 김태준이 저우쭤런을 방문한 시점은 바로 이러한 카프 제1차 검거 사건이 발생하기 직전, 그러니까 국내 비평계가 계급 문학과 혁명 문학의 방향으로 급선회하던 때이다. 그리고 이 시기를 전후해 '조선학(朝鮮學)' 연구에 매진해온 김태준은 조선의 현실로부터 유리된 현실 도피적인 '조선학' 연구를 비판하고 중국의 혁명 문학(프로 문학)을 주창했던 궈모뤄의 중국 고대 사회 연구의 태도를 찬송했다. "조선학 연구가 현실에 조선 땅에 사는 일반인의 행복을 위해서 한다고 할진대 우리는 그 일반인의 진두에서 실천적 지도를 아니하겠거든 일반인과 호흡을 함께하여 차라리 종(縱)으로는 현 계급에 이르기까지의 발전과정을 분명히 해석하여, 미래의 예측에 제공할만한 자조(資助)가 되어야 할 것이요 횡(橫)으로는 세계적 학문으로서 연락(連絡)이 있어야 하고 또 거기서만 학문의 생명도 있나니 나는 이 점에서 차라리 중국 궈모뤄 씨의 『중국고대사회연구(中國古代社會研究)』와 같은 연구 태도를 다소 씨의 격월(激越)된 혁명적 구호에 탈선(脫線)이 있음을 적발하면서도 대단히 찬송하던 자이다."[65] 김태준은 프로문예의 방향으로 급선회하던 당시 국내의 사상적 조류를 내면화하면서 '실천적 지도'가 아니거든 계급론적 시각에 의한 학문 연구에 나설 것을 역설했는데,

64 박영희 편, 「초창기 문단측면사」, 『현대 조선문학사(외)』(범우, 2008), 338쪽 참조.
65 金台俊, 「朝鮮學의 國學的 硏究와 社會學的 硏究(下)」, 『朝鮮日報』 1933. 5. 2.

그의 이념적 성향으로 말미암아 프로문예를 부정하고 현실 도피적인 태도를 취한 저우쭤런을 '과도기의 명사'로 치부하고 신랄하게 비판하는 태도를 드러내지 않을 수 없었다. 이는 문학혁명 직후의 저우쭤런의 공헌을 상당히 비중 있게 다루었던 이전의 비평적 태도와는 전혀 다른 것이었다.

그러면 김태준에게 저우쭤런의 자택 방문을 주선해준 사람은 누구일까? 김태준은 그 사람이 누구인지는 구체적으로 밝히지 않았지만, 위 인용문의 전후 맥락을 잘 살펴보면 그가 바로 '구사 웨이젠궁'임을 알 수 있다. 김태준은 저우쭤런의 자택을 방문한 후 저녁 무렵에 숙소로 돌아왔는데, 문맥으로 보아 김태준이 웨이젠궁과 '논란'한 것이 시간상으로 저우쭤런과의 대화와 동시에 이루어진 것임을 짐작할 수 있다. 김태준은 웨이젠궁의 주선으로 그와 함께 저우쭤런을 방문했고, 저우쭤런과 대화하는 자리에서 웨이젠궁과 '논란'한 것이다. 특히 저우쭤런과의 대화에 이은 웨이젠궁과의 '논란'은 그 내용이 의미심장하다. 저우쭤런이 김태준에게 '조선 문학, 가요, 문단 현세'를 물었으므로 화제가 자연스럽게 '조선'으로 옮겨갔고, 김태준과 웨이젠궁이 한중의 문학 또는 학술 교류에 관해 의견을 교환하는 데까지 나아간 것이다. 그 자리에서 조선어의 발음, 조선의 방언, 중국의 한자 폐지, 조선의 중국 연구 단체 구성과 중국 백화 서적 판매소 설치, 베이징과 난징의 조선 문학 및 조선어 강좌 개설 문제 등을 논의한 것은 특기할 만하다.

김태준과 웨이젠궁 사이에 그런 논의가 가능하게 된 배경은 무엇일까? 1930년 5월에 발표된 「국립 베이징대학 직원록」에 따르면, 저우쭤런은 당시 베이징대학의 '동방문학계 교수 겸 주임'이었고,[66] 동방문

66 王學珍·郭建榮 主編, 『北京大學史料(第二卷·一, 1912-1937)』(北京: 北京大學出版社,

학계가 일본어문학을 중심으로 하는 것이었지만 이 학과에 한국인 김구경이 '일문 강사'로 임용되어[67] 일본어와 조선어를 강의하고 있었다. 1927년 4월부터 1928년 8월까지 서울(경성)의 경성제국대학 중국어 강사를 역임한 바 있는 웨이젠궁은 이때 '어음악률 실험실 조교(語音樂律實驗室助教)'로 있었으며,[68] 저우쭤런의 일기에 나오거니와 이 시기에 누구보다도 저우쭤런과 빈번하게 왕래하고 있었다. 제6장에서 언급한 바와 같이 저우쭤런의 적극적인 노력으로 1925년 베이징대학에 동방문학계가 설립되어 예과(豫科)가 처음 열렸지만, 1927년 펑톈 군벌 장쭤린의 베이징 점령으로 말미암아 동방문학계가 폐지된다. 하지만 1년 뒤 장쭤린이 베이징에서 물러가자 1929년 가을 학기부터 이전의 학제가 회복되어 저우쭤런과 쉬야오천(徐耀辰), 두 사람의 교원과 예과 학생 세 명으로 동방문학계의 수업이 재개되고, 곧이어 동방문학계의 본과(本科)도 열려 1937년 중일전쟁이 발발하기까지 도합 일곱 명의 졸업생을 배출하게 된다.[69] 이러한 정황으로 보건대, 김태준이 저우쭤런을 방문한 1931년은 저우쭤런이 동방문학계를 본궤도에 올려놓기 위해 적극적으로 노력하던 때이다. 동방문학계는 일본어문학을 중심에 두었지만, 학과 명칭으로 보아 조선어문학도 포함할 수 있는 것이었다. 저우쭤런이 일본 문학과 일본 문화를 깊이 있게 연구해왔으므로 일본어문학을 중시할 수밖에 없었지만, 학과 명칭을 동방문학계라고 정한 것으로 보아 그는 처음부터 일본어문학뿐만 아니라 조선어문학도 포함할 것을 염두에 두었다고 보아야 할 것이다.

2000), 365쪽 참조.

67 王學珍 · 郭建榮 主編, 『北京大學史料(第二卷 · 一, 1912-1937)』, 365쪽 참조.

68 王學珍 · 郭建榮 主編, 『北京大學史料(第二卷 · 一, 1912-1937)』, 372쪽 참조.

69 周作人, 『周作人散文』 第四集, 張明高 · 范橋 編(北京: 中國廣播電視出版社, 1992), 313쪽 참조.

이러한 배경에서 베이징과 난징에 조선 문학 및 조선어 강좌를 만들어 한중 간의 문화적 교환을 이룩하자는 논의가 가능해진다. 김태준은 이에 대해 웨이젠궁과 논의했다고 말했지만, 웨이젠궁의 의견은 동방문학계 주임 교수인 저우쭤런의 의견을 반영한 것이기도 하다. 웨이젠궁은 경성제국대학 중국어 강사로 초빙되어 서울에 체류할 때 '화한(華韓) 인민'의 내재적인 정신적 유대감을 강조해 "목전의 사실(事實)로서 화한 인민이 감정적으로 미워하는 것과 이상(理想)으로서 화한 인민이 정신적으로 우호적인 것은 '공영공존(共榮共存)'의 '동아주의(東亞主義)'의 표면과 이면이다"[70]라고 말했다. 한중의 정신적 유대감을 강조한 그가 언어학자로서 조선어의 발음, 조선의 방언에 관심을 갖고 조선의 중국 연구 단체 구성과 중국 백화 서적 판매소 설치 문제를 고민하는 것은 당연해 보인다. 여기서 한발 더 나아가 베이징과 난징에 조선 문학 및 조선어 강좌를 개설해야 한다는 문제에 이르면, 이는 아무래도 동방문학계를 설립한 저우쭤런의 구상과 연계되어 있었다고 보아야 할 것이다. 사실 베이징대학의 동방문학계는 조선어 강좌만 열고 조선 문학 강좌를 열지 않았지만, 당시 일제 치하 '조선'의 문화적 정체성이 희미했던 상황을 고려한다면 그 실효성과 상관없이 그러한 논의 자체만으로도 대단히 중요한 의미를 갖는다.

5. 이명선의 「저우쭤런론」

경성제국대학의 중국어문학과에서 중국 현대 문학을 전공하고 루쉰

70 天行(魏建功), 「僑韓瑣談(八): 華韓間之愛憎」, 『語絲』 142期, 1927. 7. 30, 15쪽.

문학을 주제로 졸업 논문을 쓴 이명선(李明善)은 졸업 직후에 「저우쭤런론(周作人論)」을 발표했다. 그는 중국 현대 문학을 전공한 만큼 대학 재학 시기부터 「루쉰에 대하여」(1938. 12. 5), 「현대 지나(支那)의 신진작가」(1938. 12. 11), 「지나의 신진작가 샤오쥔(蕭軍)의 작풍」(1939. 2. 19), 「루쉰의 미성작품(未成作品)」(1940. 1)을 발표했고, 졸업 논문으로 「루쉰 연구」를 제출했다. 졸업 이후 그는 이노부(李魯夫)라는 필명으로 「현대 지나의 여류작가」(1940. 7)와 「저우쭤런론」(1940. 8)을 발표했으며, 해방 공간에서는 중국 현대 단편소설을 편역한 『중국현대단편소설선집』(1946)을 출판하고, 루쉰의 잡감문(雜感文)을 선역(選譯)해 『루쉰 잡감문 선집』(1949년 탈고, 미간행)을 완성했다. 또한 『춘향전』과 같은 한국 고전소설을 연구했을 뿐만 아니라 사회주의계급 사관에 의거해 한국 고전 문학의 사적 흐름을 서술한 『조선문학사』(1948)를 출간하기도 했다. 이 중에서 「저우쭤런론」은 단평이기는 하지만, 1934년에 발표된 정래동의 「저우쭤런과 중국의 신문학」과 더불어 저우쭤런에 대한 전문 평론이라는 점에서 정밀하게 검토할 필요가 있다.

이명선은 「저우쭤런론」에서 중국 문단의 유명한 작가들이 모두 자취를 감춘 베이징에서 저우쭤런만이 그대로 남아 『중국문예(中國文藝)』의 매호에 '즈탕(知堂, 저우쭤런의 호) 소품문'을 발표하고 있어 간과 못할 중요한 존재이므로 이 글을 쓴다고 했다. 그는 먼저 저우쭤런이 1934년에 쓴 「오십자수시(五十自壽詩)」 두 수 중 첫 번째 작품인, "전세에 출가했으나 지금은 속세에 있나니, 두루마기를 가사로 바꿔 입지는 않았도다./ 거리에서 종일토록 귀신 이야기를 듣고 말하고, 창문 아래서 1년 내내 뱀 그리기를 배우고 있지./ 나이 들어 까닭 없이 골동만 만지작거리고, 한가로이 분수에 맞게 참깨를 심누나./ 누군가가 그 속뜻을 물으면, 아예 한재(寒齋)에 들어가 고차(苦茶)를 마시리(前世出家今

周作人論

李魯夫

이명선(이노부)의 「저우쭤런론」(『인문평론』 1940. 8)

在家, 不將袍子換袈裟. 街頭終日聽談鬼, 窓下通年學畵蛇. 老去無端玩骨董, 閑來隨分種胡麻. 旁人若問其中意, 且到寒齋吃苦茶)"[71]를 인용하고 이 시와 관련된 당시의 논란을 소개했다. 그리고 비판과 옹호의 두 진영으로 나누어 그 입장의 차이를 다음과 같이 제시했다. 이 시를 저우쭤런의 소극적·도피적 태도를 표명한 것이라고 보아 '과거의 유령'이라는 '렛텔'을 붙여 통매한 어느 비평가의 입장, 그리고 '차가움 속에 뜨거움이 있고(冷中有熱)' '그윽한 한가로움 속에 침통함이 깃들어 있다(寄沈痛於幽閒)'라고 평한 린위탕(林語堂)의 입장과 '들뜬 기분으로 용맹하게 내달리던 것

---

71 이 시는 해학적인 시(打油詩)로서 비유와 은유로 표현되어 있어 이해하기가 쉽지 않다. 그렇지만 '뱀'이 적막(寂寞)을 은유하는 것이라면 '뱀 그리기(畵蛇)'는 저우쭤런의 적막한 심경을 표현한 것으로 해석할 수 있고, 또 '참깨(胡麻)'가 자질구레한 일을 비유하는 것이라면 '참깨를 심누나(種胡麻)'는 자질구레한 일에 매달린다는 의미로 해석할 수 있다. 이 시는 이러한 비유와 은유를 통해 세상과 다투지 않고 한아(閑雅)하고 담담하게 지내는 저우쭤런의 심리와 생활을 드러낸 것으로 볼 수 있다.

(浮躁凌厲)'으로부터 '사상이 차분하게 가라앉은 것(思想消沉)'으로, 공융(孔融)에서 도연명(陶淵明)으로 대발전한 것이라 평한 차오쥐런(曹聚仁)의 입장이 바로 그것이다.

이어 그는 중국 신문학운동에서 저우쭤런의 문학 주장, 평론, 번역 면에서의 '위대한 공헌'을 적극적으로 소개했다. 저우쭤런의 「인간의 문학」(1918), 「평민문학」(1919), 「신문학의 요구」(1920) 등은 구식 문언문학(文言文學)을 부정하고 개인주의의 백화 문학을 주장한 것으로 당시의 문학운동에 실로 광대한 영향을 주었다고 했으며, 비평계에 있어서 저우쭤런의 『자기의 원지』(1923) 1집은 중국 신문예 비평의 초석을 확립한 것이며 동시에 당시 문단을 횡행하던 반동 세력 '학형파(學衡派)'의 봉건사상을 소멸시킨 것이라고 평했다. 또한 「침륜(沈淪)」, 「정시(情詩)」 등에 대한 평론 역시 중국 신문학운동 사상 가장 중요한 문헌의 하나라고 말하고 『역외소설집(域外小說集)』, 『물방울(點滴)』, 『현대소설역총(現代小說譯叢)』, 『현대일본소설집(現代日本小說集)』, 『마잘의 꿈(瑪加爾的夢)』, 『팽이(陀螺)』 등의 수많은 번역은 중국 신문학을 '양육'하는 데 직간접으로 가장 생신(生新)하고 거룩한 영양제가 되었다고 논평했다.[72]

그런데 이명선은 이러한 '위대한 공헌'에도 불구하고 저우쭤런이 1924년 이후 소품문 창작의 방향으로 선회함으로써 루쉰의 잡문 창작의 방향과 다른 소극적인 길로 들어섰다고 비평했다.

> 저우쭤런의 소품문과 루쉰의 잡감문—이것은 양인(兩人)의 이후의 추향(趨向)을 결정하는 데 중대한 역할을 한 것이며 후에 루쉰이 저우

72 李魯夫(李明善), 「周作人論」, 『人文評論』 1940. 8, 81쪽 참조.

줘런, 린위탕 등 은사연(隱士然)하는 도연명의 후예들에게 선전포고를 보낸 것도 결코 우연한 일이 아니었던 것이다. 소품문의 길은 '귀거래(歸去來), 귀거래(歸去來)'를 외이는 전원(田園)으로의 길이 되기 첵경 쉬운 것이기 때문이다. 이 길은 후스의 국고정리(國故整理)의 길보다는 더 풍취가 있을는지도 모르나 혹은 또 더 소극적인 길인지도 모른다.[73]

이명선은 저우줘런이 소품문 창작으로 선회한 것은 그 자신의 문학론과 밀접하게 관련되어 있다고 판단하고, 그가 『중국 신문학의 원류(中國新文學的源流)』라는 책에서 제시한, 중국문학사를 '재도(載道)'의 문학과 '언지(言志)'의 문학의 순환으로 파악한 중국문학사론을 소개했다. "이 두 갈래로 구별하여 '언지'의 다음에는 '재도', '재도'의 다음에는 도루 '언지', '언지'의 다음에는 다시 또 '재도'로—이처럼 서로 교대해 순환해온 것이라 했다. '언지'의 문학은 예술 지상주의의 경향을 띤 문학이요, '재도'의 문학은 인생을 위한 문학·사회를 위한 문학·도덕을 위한 문학 등—목적을 문학 자체에 두지 않은 문학을 가리켜 말하는 것이다."[74] 이명선은 저우줘런의 중국문학사론이 전대미문의 독창적인 이론은 아니나 대담하게 체계를 세운 데 대해 높이 평가할 만하다고 긍정한 뒤, 이러한 체계 아래서 중국의 신문학을 청대(清代)의 '재도'의 문학에 대한 반동으로 일어난 '언지'의 문학이라고 규정한 데 대해서는 부정적인 입장을 표명했다. 문학혁명 시기에 저우줘런이 제창한 '인간의 문학'도 오히려 '재도'의 문학에 가깝다고 보아 "신문학을 '언지'의 문학이라고 규정하며 청대의 '재도'의 문학의 반동(反動)이라고 말할 수 없을 것

73 李魯夫(李明善),「周作人論」,『人文評論』1940. 8, 81쪽.

74 李魯夫(李明善),「周作人論」,『人文評論』1940. 8, 82쪽.

같다. 아니 문학사조를 '언지'와 '재도'의 양 파(派)로 나누는 그 일 자체가 원래 어리석은 짓인지도 모른다"[75]라고 비평했다. 그는 오히려 저우쭤런의 소품문이야말로 '언지' 문학의 극치에 이른 것으로 이해했다.

> 저우쭤런이 '재도(載道)'의 문학보다도 '언지(言志)'의 문학을 더 높이 평가한 것은 그의 문학에 대한 정의(定義)로도 명백한 일이어서 그의 소품문은 실로 '언지'의 문학의 극치에 이른 것이다. 여기서도 우리는 그의 소품문에 대한 애착이 결코 일시적의 것이 아니며 필연코 죽을 때까지도 변함이 없으리라는 것은 엿볼 수 있다. '나이 들어 까닭 없이 골동만 만지작거리고, 한가로이 분수에 맞게 참깨를 심누나'의 심경도 결코 오십정수(五十整壽)의 일시적인 감회가 아니었었다는 것을 말할 수 있다.
>
> 우리는 저우쭤런의 과거의 신문학을 위한 위대한 공적을 기억하며 소품문을 떠메고 전원으로 향하랴 하는—아니 이미 향한 그의 앞날을 주목하자.[76]

이명선은 저우쭤런의 중국문학사론에 의거해 저우쭤런이 필연적으로 '언지'의 소품문 창작으로 나아갈 수밖에 없었고 그 방향을 영원히 바꾸지 않을 것임을 예견했다. 이렇게 본다면 「저우쭤런론」의 주된 취지는 중국 신문학운동에서의 위대한 공헌에도 불구하고 1924년 이후 방향을 선회해 '언지'의 소품문 창작에 매진해온 저우쭤런의 소극적이고 도피적인 문학 활동을 비판하는 데 있었다. 당시 사회주의계급 사관

75 李魯夫(李明善), 「周作人論」, 『人文評論』 1940. 8, 82쪽.
76 李魯夫(李明善), 「周作人論」, 『人文評論』 1940. 8, 83쪽.

에 기울었던[77] 이명선에게 목적 지향적인 문학, 즉 '인생을 위한 문학·사회를 위한 문학'이 급선무이기에 예술 지상주의적인 경향을 띤 소품문 창작에만 매달려온 저우쭤런은 비판의 대상이 아닐 수 없었다. 이명선의 이러한 비평적 관점은 경성제국대학 중국어문학과 선배인 김태준이 저우쭤런을 '과도기의 명사'로 치부하며 '사마골(死馬骨)'로 혹평한 관점을 잇는 것이기도 하다.

여기까지 오면 우리는 이명선이 「저우쭤런론」을 쓰게 된 심층적인 의도가 무엇인지를 유추해볼 필요가 있다. 일제는 1937년 중일전쟁을 일으킨 이후 조선에서 전시 총동원 체제를 확립하고 '황국신민화' 정책을 펴나가면서 1940년 8월에 이르러 『조선일보』, 『동아일보』 등 한글 신문을 폐간하고 조선의 정치·경제·사회·문화 등 전 분야에 걸쳐 통제와 억압을 전면적으로 실시했다. 1939년 10월에 창간된 『인문평론』(1941년 4월에 폐간)은 당대 최고의 좌파 논객과 제도권 엘리트들을 동시에 포용하는 위상과 파급력을 가졌지만 제국 일본의 침략 전쟁에 호응해 그 욕망과 논리를 반영하지 않을 수 없었다. 그렇지만 『인문평론』에 나타난 중국(즉 지나支那)에 대한 시선을 보면, 적극적인 저항이나 정면충돌을 피해 시대에 부합하면서도 그 나름의 길을 모색하려는 시도가 엿보인다.[78] 이를테면 『인문평론』 1940년 1월에 발표된 배호(裵澔)의 「린위탕론(林語堂論)」에서도 그러한 시도를 발견할 수 있다. 이명선의 경성제국대학 중국어문학과 선배이기도 한 배호는 예의 글에서 1930년대에 잡지 『논어』, 『인간세』, 『우주풍(宇宙風)』 등을 발간해 소품문운

---

77 졸저 『루쉰과 근대 한국: 동아시아 공존을 위한 상상』(이화여자대학교출판문화원, 2017), 314-321쪽 참조.

78 박필현, 「『인문평론』에 나타난 '지나(支那)': 자기화 된 만주와 제국의 '안의 밖' 지나」, 『한국문예비평연구』 제45집, 2014. 12, 300쪽 참조.

동을 전개한 린위탕을, 애초부터 저우쭤런의 산문 정신에 영향을 받았다고 지적하고 다음과 같이 평했다. "청담가(淸談家)의 주창하는 해학과 풍자는 사회악을 철저적발(徹底摘發)하자는 것이 아니라 도리어 도피하는 것이고 그들의 해학은 참된 건전한 유머가 아니고 니힐한 유머이어서 청자로 하여금 담화뿐만 아니라 담화자 자체까지 포함해서 웃어버리게 한다. 린위탕은 여사(如斯)한 단계까지 도달하고 말았다."[79] 배호는 '사회악'을 철저하게 적발하지 못하고 현실 도피적인 소품문을 창작하는 데 매진해온 린위탕을 비판적으로 서술함으로써 당시 한국의 지식인들이 어떠한 사상적 태도를 취해야 하는지를 암시하고 있는데, 이는 제국 일본의 욕망과 논리를 비켜 가는 것이었다. 배호의 「린위탕론」에 이어 발표된 이명선의 「저우쭤런론」도 저우쭤런의 현실 도피적인 사상적 태도를 비판적으로 서술함으로써 동일한 효과를 노리고 있다. 말하자면 배호와 이명선은 '한적'과 '유머'를 지향해온 린위탕과 저우쭤런에 대한 작가론을 각기 기획함으로써 제국 일본의 욕망과 논리에 부응하는 듯하지만, 그들의 현실 도피적인 소품문 창작을 비판적으로 서술함으로써 당시 한국의 지식인들이 어떠한 길로 나아가야 할지를 우회적으로 암시한 것이었다.

더욱이 저우쭤런은 일제가 점령한 베이징에서 1939년 1월 12일 베이징대학 도서관장으로 초빙받았고, 8월에 베이징대학 교수 겸 문학원 원장직을 맡게 되었으며, 9월 3일부터 동아문화협회(東亞文化協會) 문학부 회의에 참가해 일본군이 통제하던 동아문화협회의 성원이 되었다. 이명선은 '그의 앞날을 주목하자'라고 하며 저우쭤런의 향후 행보에 우려를 표시했지만, 실은 그 우려가 이미 현실화되고 있었다. 말

79 裵澔, 「林語堂論」, 『人文評論』 제2권 제1호, 1940. 1, 43-44쪽.

하자면 전원으로 향했던 저우쭤런은 결국 친일 협력의 길로 깊숙이 빠져든 것이다.[80] 저우쭤런은 1941년 4월 6일 첸다오쑨(錢稻孫) 등 일행과 함께 베이징을 출발, 4월 10일 고베를 거쳐 교토에 도착, 교토에서 열리는 동아문화협회 문학부 회의에 참석하게 된다. 이 소식은 한국의 『매일신보』에도 게재되었다. 1941년 4월 12일 자 『매일신보』에 「저우쭤런 씨 이하 내조(周作人氏以下來朝)」라는 제하에 다음과 같은 간단한 기사가 실렸다. "십일일(十一日)부터 교토에서 열리는 동아문화협의회(東亞文化協議會)에 출석할 허베이(河北, '화베이華北'라고 해야 옳음-인용자) 정무위원회 교육총서 특판(特辦, '독판督辦'이라고 해야 옳음-인용자) 저우쭤런 씨 이하 일행 이십이명은 십일 아침 고베 입항의 '알젠치나' 환(丸)으로 내조(來朝)하였는데, 오전 팔시 삼십사분 산노미야 역(三宮驛) 발(發) 성선(省線)으로 교토로 향하여 교토 '호텔'에 들었다."[81] 이 소식은 중국의 대표적인 문인인 저우쭤런이 일제에 협력하고 있다는 사실을 널리 알리는 선전이기도 하지만, 한국에서도 저우쭤런의 행보에 그만큼 관심을 가지고 있었음을 보여준다.

요컨대 이명선의 '저우쭤런론'은 그 시대의 배경 속에 놓고 볼 때 두 가지 심층적인 의미를 내포한다. 하나는 저우쭤런이 걸어온 길을 비평하고 그의 향후 행로를 예측함으로써 당시 한국의 지식인들이 어떠한 길로 나아가야 할지를 계시하는 것이었다. 다른 하나는 그때까지 본명을 사용해 글을 발표해오던 이명선이 '이노부(李魯夫)'라는 필명-노

80 錢理群, 『周作人傳』(北京: 北京十月文藝出版社, 1994), 441-448쪽 참조.

81 「周作人氏以下來朝」, 『每日新報』 1941. 4. 12. 또한 1941년 4월 17일 자 『매일신보』에 「저우쭤런 씨 육상 방문(周作人氏陸相訪問)」이라는 기사에서 "동아문화협의회(東亞文化協議會) 출석차 내조(來朝)한 저우쭤런 씨는 십오일 오후 오시 도조(東條, 도조 히데키 東條英機-인용자) 육상(陸相)을 관저로 방문하고 오래간만에 악수를 교(交)하고 약 이십분간에 면회하야 격의없는 회구담(懷舊談)을 하고 사거(辭去)하였다"라고 나와 있다.

부(魯夫)는 루쉰(魯迅)을 연상시킨다—을 사용한 것도 그렇거니와, 당시 제국 일본의 욕망과 논리를 비켜 가며 자신의 문학적·사상적 입장을 은연중에 드러낸 것이었다.

6. 사상적 계보와 제한된 영향력

지금까지 살펴본 바와 같이 근대 시기에 한국인들도 저우쭤런과 교류하며 제한적이나마 저우쭤런의 문예 활동과 창작을 비평·소개하는 글들을 발표했다. 중국 현대 문학 연구자로서 정래동, 김태준, 이명선의 저우쭤런 비평은 주목할 만하다.

정래동은 두 차례 저우쭤런을 방문했으며, 1934년 「저우쭤런과 중국의 신문학」이라는 평론을 발표해 당시 가장 체계적으로 저우쭤런을 분석 비평했다. 정래동은 저우쭤런의 저작을 폭넓게 탐독한 후 그의 '언지(言志)'의 문예 이론에 크게 공감해 그의 소품문 창작을 높이 평가했다. 그리고 '사상 내용' 중심의 저우쭤런의 백화문학론을 앞세워 중국 신문학 전개의 복합적 구조를 드러내고, 그의 포용적인 문예 비평적 태도를 크게 중시했다. 또한 정래동은 아나키즘 문예 이론에 기울었던 만큼 저우쭤런과 사상적으로 공명해 그의 '국민 문학·무산계급 문학 비판'을 적극적으로 소개했다. 일제가 만주사변을 일으킨 후 1931년과 1934년, 두 차례에 걸쳐 카프(KAPF) 맹원에 대한 대규모 검거를 실시해 강경한 사상 탄압에 나섰고, 이에 문단에서는 '공상적' 민족주의가 대두하고 프로문학운동이 크게 약화되었는데, 정래동의 저우쭤런 비평은 바로 이러한 시대적 배경 속에서 새로운 사상적 출로를 모색하려는 비평적 개입의 성격도 지니는 것이었다.

김태준 역시 1931년에 저우쭤런을 방문한 바 있으며, 그 시점을 전후해 단편적이나마 저우쭤런을 비평·소개했다. 그가 저우쭤런을 방문한 시점은 국내 비평계가 계급 문학과 혁명 문학의 방향으로 급선회하던 때였다. 김태준은 이러한 사상적 조류를 내면화하면서 '실천적 지도'가 아니거든 계급론적 시각에 의해 학문 연구를 진행할 것을 역설하게 되는 만큼 그의 이념적 성향으로 말미암아 현실 도피적인 태도를 취하고 프로문예를 부정한 저우쭤런을 신랄하게 비판하지 않을 수 없었다. 김태준은 중국 문학혁명 직후의 저우쭤런의 수필 창작과 문학 연구 성과를 긍정적으로 평가하기도 했으나, 저우쭤런을 직접 만나본 뒤에는 사상적으로 낙오한 '과도기의 명사(名士)'로 혹평하기에 이르렀다.

또한 김태준의 사상적 계보를 이어간 이명선도 1940년에 「저우쭤런론」을 발표해 문학혁명 시기의 저우쭤런의 '위대한 공헌'을 크게 인정하면서도 1924년 이후 소품문 창작으로 전향해 현실 도피로 나아간 그의 행보를 사상적인 측면에서 신랄하게 비판했다. 이명선의 이러한 저우쭤런 비평의 심층적인 의도는, '황국신민화' 정책과 더불어 조선의 정치·경제·사회·문화 등 전 분야에 걸친 일제의 통제와 억압이 전면적으로 실시되던 1940년이라는 시대적 배경 속에서 파악해야 한다. 그것은 저우쭤런이 걸어온 길을 비평하고 향후 그의 행로를 예측함으로써 당시 한국의 지식인들이 어떠한 길로 나아가야 할지를 계시하는 것이자, 당시 제국 일본의 욕망과 논리를 비켜 가면서 자신의 문학적·사상적 입장을 은연중에 드러내는 것이었다.

그렇다면 근대 시기 한국에서의 저우쭤런에 대한 비평은 아나키즘과 사회주의계급론이라는 평자(評者)의 사상적 입장에 따라 그 내용이 크게 갈라질 뿐만 아니라 1931년, 1934년, 1940년의 시대적 상황을 반영하고 있어 각기 그 현실적 함의도 달라진다.

정래동은 중국 현대 문학 연구자로서 저우쭤런과 직접 교류하며 「저우쭤런과 중국의 신문학」이라는 평론을 발표해 한국 최초로 저우쭤런을 체계적이고 전면적으로 분석 비평했으니 주목을 요한다. 정래동의 저우쭤런 비평은 중국의 그것과 거의 동시기에 발표되었을 뿐만 아니라 일본보다 시기적으로 앞선다는 점에서 한국 및 동아시아의 중국 현대 문학 연구사에서 일정한 학술적 가치를 갖는다. 다만 저우쭤런에 대한 정래동의 비평이 당시에는 문단의 사상적 출로를 모색하려는 비평적 개입의 성격도 지녔지만, 현실적으로 큰 영향을 끼쳤던 것은 아니다. 일제 치하 한국의 특수한 사회 현실과 저우쭤런의 친일 행보로 인해 김태준과 이명선의 저우쭤런 비평이 오히려 한국 지식인들에게 더 큰 공명을 불러일으켰던 것으로 보인다. 근대 시기에 저우쭤런에 대한 비평과 소개가 더 심화되지 못하고 그의 작품이 거의 번역되지 않았다는 사실이 이를 방증해준다. 저우쭤런의 대표 저작인 『중국 신문학의 원류(中國新文學的源流)』도 1970년에 이르러서야 『중국신문학강화(中國新文學講話)』(김철주金喆洙 역주)라는 제목으로 출판되었고, 저우쭤런의 산문만 하더라도 2003년에 이르러 『연애편지 쓰는 법』(방철환方哲桓 역)이라는 제목으로 단행본 선집이 출판되었을 뿐이다.

끝으로 언급할 것은, 저우쭤런이 근대 시기 중국 문학가 중에서 누구보다 한국인들과 빈번하게 교류하면서 한국 문화에 많은 관심을 가지고 한국의 독립을 지지했으며 한국의 문화적 정체성을 적극적으로 인정하고자 했다는 점이다. 그것은 근대 시기 한중 교류와 상호 문화 인식의 측면에서 매우 중요한데, 이에 대한 실증적 고찰도 마땅히 진행되어야 할 것이다. 이제까지의 논의를 바탕으로 한국 문화에 대한 저우쭤런의 인식을 심도 있게 규명하는 데로 나아갈 수 있을 것이다.

제8장
저우쭤런의 동아시아 문명 의식과 한국 문화 인식

1. 한국 문화 관련 서적의 구입

저우쭤런(周作人)은 1930년대에 '한적'·'유머'를 주요 특징으로 하는 산문을 창작해 신문화운동 시기의 시대적 '반도(叛徒)'에서 '은사(隱士)'로 전향했다는 비판을 받기도 했다. 그렇지만 사상적 전변을 겪은 루쉰과 달리 저우쭤런은 일생 인식이나 관점의 전환이라는 측면에서 큰 변화를 겪지 않았다고 이해되기도 한다.[1] 사실 1930년대에 저우쭤런을 직접 만나본 정래동은 저우쭤런의 사상적 태도에 큰 변화가 없음을 이미 간파하고 있었다. "중국 신문단 성립 후 근 20년간에 사상상(思想

1 쑨위(孫郁), 『루쉰과 저우쭈어런』, 김영문·이시활 역(소명출판, 2005), 385쪽 참조.

上)으로나 또는 다른 방향으로 전변한 문인이 일이인(一二人)일 뿐만 아니었었다. 손쉽게 그의 친형이 좌향(左向)함에도 불구하고 씨는 여전하게 동일한 태도를 가지고 있다. 물론 '오사(五四)'(5·4신문화운동을 가리킴—인용자) 당시의 태도에 비한다면 그 예리한 필봉이 둔하여지지 않은 바가 아니나 대체로 본다면 그리 큰 변천은 없는 셈이다."[2] 정래동은 저우쭤런의 사상적 일관성을 잘 포착하고 있었으니, 그 시기에 상당한 통찰을 보여준다.

저우쭤런은 1920-1930년대에 한국의 문인·지식인과 교류하며 한국 문화에 많은 관심을 가졌는데, 1920년대에 『한어통』, 『조선어 연구』, 『전설의 조선』, 『조선과 그 예술』 등 한국어 및 한국 문화 관련 서적을 구입했고, 1925년에 한국의 민간 전설을 번역해 「조선전설(朝鮮傳說)」이라는 글을 잡지 『어사(語絲)』에 발표했다. 또한 그는 1926년에 일본의 『요미우리신문』에 실린 이완용의 사망 소식과 박열 열사에 대한 재판 기사를 보고 「이완용과 박열(李完用與朴烈)」이라는 글을 써서 『경보부간(京報副刊)』에 발표했고, 1931년에는 베이징대학 동료 교수이던 류반눙의 요청으로 『조선민간고사(朝鮮民間故事)』[3]의 서문을 쓰기도 했다. 저우쭤런은 이러한 글들을 통해 일제 치하 한국의 문화 예술의 가치를 고평하고 한국의 독립운동을 지지하며 한국의 문화적 정체성을 적극적으로 인정하고자 했다.

저우쭤런은 자신이 구입하거나 입수한 다양한 서적의 목록을 일기에 기록했는데, 그중에는 한국 문화와 관련된 서적도 종종 발견된다.

---

2 丁來東, 「中國 文人 印象記(四): 精密、堅忍、謙讓하고 終始一如한 周作人氏」, 『東亞日報』 1935. 5. 4.

3 『조선민간고사』는 원래 프랑스어로 출판된 책 *Contes Coréens*을 프랑스 유학 중이던 류반눙이 파리에서 구입해 그의 딸 류샤오후이(劉小蕙)에게 번역시키고 자신이 교열한 후 출판한 것이다.

이를 구체적으로 예거하면 다음과 같다.

1920년 7월: 마에마 교사쿠(前間恭作)의 『한어통(韓語通)』[4]

1920년 10월: 미와 다마키(三輪環)의 『전설의 조선(傳說の朝鮮)』[5]

1922년 12월: 야나기 무네요시(柳宗悅)의 『조선과 그 예술(朝鮮とその藝術)』(1922)[6]

1925년 3월 6일: 야마우치 마사나리(山內正誠)의 『조선어 연구(朝鮮語研究)』[7]

1929년 6월 22일: 아사카와 다쿠미(淺川巧)의 『조선의 소반(朝鮮の膳)』(1929)[8]

1929년 11월 16일: 야나기 무네요시의 『잡기의 미(雜器の美)』[9]

1933년 3월 20일: 도기 도록(陶器圖錄) 『이조 백자(李朝白磁)』·『이조 철사(李朝鐵砂)』[10]

1933년 11월 6일: 가이조문고(改造文庫)의 『조선민요선(朝鮮民謠選)』[11]

1933년 11월 28일: 이와나미문고(岩波文庫)의 『조선동요선(朝鮮童謠選)』[12]

---

4 魯迅博物館 藏, 『周作人日記(中)』(鄭州: 大象出版社, 1996), 177쪽 참조.

5 魯迅博物館 藏, 『周作人日記(中)』, 180쪽 참조.

6 魯迅博物館 藏, 『周作人日記(中)』, 285쪽 참조. 저우쭤런은 일기에 '『朝鮮と其藝術』'이라고 기록했다.

7 魯迅博物館 藏, 『周作人日記(中)』, 432쪽 참조. 저우쭤런의 1930년 9월 16일 자 일기 내용을 보면, "오전에 젠궁(建功)이 돌려준 조선어서(朝鮮語書) 2책을 받다(上午取建功還朝鮮語書二冊)"(『周作人日記(下)』, 119쪽)라고 기록했는데, 웨이젠궁(魏建功)이 중국 언어학 전공자였으므로 '조선어서 2책'이란 『한어통(韓語通)』과 『조선어 연구(朝鮮語研究)』일 것으로 짐작된다.

8 魯迅博物館 藏, 『周作人日記(中)』, 658쪽 참조.

9 魯迅博物館 藏, 『周作人日記(中)』, 735쪽 참조.

10 魯迅博物館 藏, 『周作人日記(下)』, 399쪽 참조.

11 魯迅博物館 藏, 『周作人日記(下)』, 516쪽 참조.

12 魯迅博物館 藏, 『周作人日記(下)』, 527쪽 참조.

저우쭤런은 1920년에 한국어와 조선의 전설에 관한 서적을 구입한 이래 1930년대 초반까지 영역을 확대해 조선의 예술, 민요 및 동요에 관한 서적 등을 지속적으로 구입했다. 앞서 언급했듯이 그 과정에서 그는 조선의 전설(민간 설화)을 번역해 1925년에 「조선전설」이라는 글을 잡지 『어사』에 발표했고, 독립운동가 박열 열사의 '혈기와 용기'를 기리기 위해 1926년에 「이완용과 박열」이라는 글을 『경보부간』(2. 26)에 발표했으며, 베이징대학 동료 교수이던 류반눙의 요청으로 1931년에 『조선민간고사』의 서문을 쓰기도 했다. 저우쭤런은 이들을 통해 한국의 문화적 독자성을 강조하고 그 예술을 상찬(賞讚)하면서 한국의 독립운동을 지지했다. 그리고 한국전쟁이 발발한 직후인 1950년 8-9월에는 상하이에서 발행되던 『역보(亦報)』에 단문 형식으로 「조선 문자(朝鮮文字)」, 「조선의 도기(朝鮮的陶器)」, 「조선의 조각(朝鮮的雕刻)」을 연이어 발표해 조선 문자의 우수성과 조선 예술의 아름다움을 소개하기도 했다.

이렇게 저우쭤런이 한국인과 빈번하게 교류하면서 한국 문화와 관련된 서적을 구입하고 한국의 문화적 독자성을 강조하면서 독립운동을 지지하고 그 예술을 상찬한 이유는 무엇일까? 이를 규명하기 위해서는 그의 동아시아 문명 의식의 형성 과정을 추적할 필요가 있다. 그동안 저우쭤런의 '동아시아 문명 의식'에 대한 연구는 구체적으로 진행된 바 없는데,[13] 주지하듯이 그가 1937년 이후 점차 일제의 '대동아주

13 우민(吳敏)은 저우쭤런의 「이완용과 박열(李完用與朴烈)」이라는 글을 중심으로 한국인에 대한 저우쭤런의 인식이 당시 중국의 '집단 상상물'과 전혀 다른 '타자'의 형상을 보여주고 있다고 분석했다. "저우쭤런은 타이징눙(臺靜農)과 마찬가지로 자신의 작품 속에서 피 흘리며 항쟁하는 불요불굴의 조선 민족에 대해 진심 어린 경의를 표했고, '집단 상상물'과 전혀 다른 '타자' 형상을 묘사해냈다"(吳敏, 「臺靜農、周作人筆下的韓人形象」, 『當代韓國』 2008年 夏季號, 99쪽).

의(大東亞主義)'를 선전하는 등 '친일 협력'의 길로 나아갔기 때문일 것이다. 하지만 저우쭤런이 동아시아 문명이라는 시각에서 한국 문화에 관심을 기울인 것은 '친일 협력'으로 전향하기 이전 그의 학술 활동 및 사상적 입장과 밀접하게 관련되어 있다는 데 주의할 필요가 있다. 이 장에서는 저우쭤런이 동아시아 문명이라는 시각에서 한국 문화에 관심을 갖게 된 경위와 그 사상적 배경, 한국 문화 예술에 대한 그의 인식, 중·일·한 동아시아의 문화적 관계에 관한 그의 입장을 세밀하게 고찰하고자 한다. 그 과정에서 그의 동아시아 문명 의식이 일본의 시라카바파(白樺派) 지식인, 이를테면 무샤노코지 사네아쓰(武者小路實篤)와 야나기 무네요시로부터 일정한 사상적 영향을 받았음을 논증할 것이며, 아울러 그의 사상적 한계도 검토할 것이다.

2. 한국어 학습과 '조선' 인식의 기점

저우쭤런은 『한어통(韓語通)』이라는 책을 1920년 7월에 구입했는데, 『한어통』은 1909년 5월 도쿄의 마루젠주식회사(丸善株式會社)에서 출판된 한국어 학습서로 한국어의 발음, 품사, 어휘, 문법 등을 설명하고 회화 예문을 제시하고 있는 책이다.[14] 저우쭤런은 왜 이 책을 구입했을까? 그가 동년 10월 20일 나가시마 도요타로(長島豊太郎)에게 쓴 편지를 보면 그 이유를 짐작할 수 있다. 이 편지는 저우쭤런이 일본의 '신촌

14 이 책의 제1편 '성음(聲音)'에서는 발음 위주로 로마자를 곁들여 자모(字母)와 합자(合字) 방법을 설명하고, 제2편 '어사(語辭)'에서는 명사, 수사, 동사, 형용사, 부사, 접속사, 조사, 조동사를 설명하고, 제3편 '회화례(會話例)'에서는 예문을 15류(類)로 나누어 일어 대역을 덧붙였다. 前間恭作, 『韓語通』(東京: 丸善株式會社, 1909) 참조.

(新村)'운동을 전개하던 잡지 『새마을(新しき村)』을 부쳐준 나가시마 도요타로에게 보낸 답신이다.

> 저는 세계어를 배우고 있습니다. 책은 조금 읽을 수 있지만, 아직 세계어로 글을 쓰지는 못합니다. 저는 조선어도 배우고 싶습니다만, 적당한 교재가 없고 조선어 발음도 어려워서 아무런 진척이 없습니다. 조선어를 조금이나마 알 수 있다면, 내년이나 아니면 다른 때라도 일본에 가는 김에 조선에 가서 둘러보고 싶습니다. 현재 조선의 사정에 대해서 저는 아는 게 하나도 없지만, 웬일인지 조선에 대해서는 일종의 사랑을 품고 있으며, 조선인의 정신세계를 이해하고 싶습니다.[15]

위의 인용 부분은 저우쭤런이 중국의 혼란한 정국 속에서 물질 방면에서든 정신 방면에서든 '신촌(新村)'에 대해 아무런 공헌도 하지 못하고 있는 자신의 현재 상황을 설명한 뒤, 세계어(世界語)를 배우고 있으며 동시에 한국어도 배우고 싶다는 바람을 피력한 내용이다. 이 대목은 저우쭤런이 세계어와 한국어를 배우려 한 것이 일본의 '신촌'운동의 이념과 어떤 연관이 있음을 짐작게 하는데, 나가시마 도요타로에게 답신을 보내기 3개월 전에 『한어통』을 구입했으니 이 책을 교재로 삼아 한국어를 배우려 했던 듯하다.

저우쭤런이 한국어를 배우려 했던 그 무렵에 그의 세계어 학습 상황을 살펴볼 필요가 있다. 그는 「외국어(外國語)」라는 글에서 자신의 '잡

15 周作人, 「周作人致長島豊太郎」(『新しき村』 1920. 12), 董炳月 譯, 『中國現代文學研究叢刊』 第2期, 1998, 160쪽.

학(雜學)'이 대부분 영문과 일문을 매개로 이룩된 것임을 밝히고, 영문과 일문 이외의 외국어로 고희랍문(古希臘文)과 세계어를 배웠다고 했다.[16] 그는 "세계어의 이상(理想)은 아주 좋은 것이었다. 실현할 수 있는가 하는 것은 알 수 없었지만, 어쨌든 일의 성패와 이상의 좋고 나쁨은 반드시 어떤 상관관계가 있는 것은 아니다"[17]라고 말하고 세계어를 배운 경위를 좀 더 부연했다. 그는 세계어의 영문 해설서를 사용해 1-2년 공부하다가 3년째 되던 해에 결심해 50과(課) 전체를 단숨에 학습했고, 그 후 사전을 찾아가며 책을 읽을 수 있게 되었다고 했다.[18] 그렇다면 저우쭤런이 나가시마 도요타로에게 답신을 보낸 것은 바로 그가 세계어 서적을 읽을 수 있게 된 직후이며, 적당한 조선어 교재가 없다고 말하기는 했지만 『한어통』을 통해 조선어를 배우기 시작한 때였다. 그런데 저우쭤런은 1921년 1월 초 건강이 악화되어 병원에 입원했고 그 후 5개월간이나 일기조차 쓰지 못했는데,[19] 세계어에 이어 한국어를 습득하려는 애초의 계획을 계속 밀고 나갈 수 없었던 듯하다. 더욱이 이듬해인 1922년 2월부터 러시아의 맹인 시인 예로센코가 바다오완(八道灣) 11호 저우씨가(周氏家)에 머물며 동년 3월부터 베이징대학에 세계어 강좌를 열고, 저우쭤런이 동년 5월 23일 베이징세계어학회를 조직해 이 학회의 회장을 맡게 되면서 저우쭤런의 한국어 학습은 중단된 것으로 보인다. 저우쭤런은 영어, 일어, 그리스어, 세계어를 습득해 자신의 학문적 언어 도구로 활용할 수 있었지만 한국어 습득에는 실패한 것이다. 그렇지만 저우쭤런은 한국어 학습 경험을 바탕으로 이후 지

---

16 周作人, 「外國語」(1944. 9. 16), 『周作人散文全集(9)』, 鐘叔河 編訂(桂林: 廣西師範大學出版社, 2009), 234-235쪽 참조.

17 周作人, 「外國語」, 『周作人散文全集(9)』, 235쪽.

18 周作人, 「外國語」, 『周作人散文全集(9)』, 234-235쪽 참조.

19 魯迅博物館 藏, 『周作人日記(中)』, 188쪽 참조.

속적으로 한국 문화 관련 서적을 구입하고 한국인과 빈번하게 교류하게 된다. 그가 1929년 가을 학기부터 베이징대학 동방문학계의 주임교수를 맡으면서 한국인 김구경을 강사로 초빙해 베이징대학 최초로 '조선어' 강좌를 개설한 것도 그의 한국어 학습 경험과 무관하지 않을 것이다.

저우쭤런이 한국어를 배우고 한국 문화 관련 서적을 구입하기 시작하던 그 무렵에 '조선'을 공간적 실체로서 체험한 것도 흥미롭다. 저우쭤런은 『한어통』과 『전설의 조선』을 구입하기 직전 해인 1919년에 두 차례 선편으로 일본을 방문했고, 그 여정에서 '조선'을 경유한 것이다. 그는 1919년 4월 사오싱(紹興)을 출발해 일본을 방문하던 중 때마침 5·4운동 발발 소식이 전해지면서 서둘러 베이징행 귀국길에 올랐는데,[20] 1919년 5월 15일 자 일기에서 "오전, 조선 경내에 들어가다"[21]라고 기록하고 있어 이때 처음으로 '조선'을 공간적 실체로서 체험한 것으로 보인다. 또한 그는 동년 7월에 재차 일본을 방문해 규슈에 있는 휴가(日向)의 '신촌'을 참관하면서 왕복 여정에서도 조선을 경유하게 된다. 그의 일기에 따르면, 톈진의 탕구(塘沽)항을 출발한 후 7월 4일 "오후 안개가 자욱하고, 4시 반 조선에 정박했다가 한밤의 어둠을 뚫고 출발하다"[22]라고 했고, '휴가'에서의 참관을 마친 후 귀국길에 올라 8월 6일 오후 3시 나가사키(長崎)를 출발, 8월 7일 "오전, 조선 경내를 지나다"[23]라고 했다. 저우쭤런은 일본의 '신촌'을 참관하고 돌아온 후 1919년 10월 『신조(新潮)』에 발표한 「일본 신촌 방문기(訪日本新村記)」에서

20 周作人, 「《小河》與"新村"(下)」, 『周作人散文全集(13)』, 569쪽 참조.
21 魯迅博物館 藏, 『周作人日記(中)』, 26쪽. "上午入朝鮮境."
22 魯迅博物館 藏, 『周作人日記(中)』, 36쪽. "下午霧四時半停泊朝鮮沖夜半發."
23 魯迅博物館 藏, 『周作人日記(中)』, 42쪽. "上午過朝鮮境."

이때의 사정을 좀 더 구체적으로 서술했다. "(7월) 4일 안개가 짙게 끼어 조선 해안에서 하루 머물렀는데, 이 때문에 6일 아침에야 모지(門司)에 도착했고, 곧 요시마츠(吉松)행 기차를 탔다."[24] 이렇듯 저우쭤런은 1919년 선편으로 두 차례 일본을 방문할 때 조선을 경유함으로써 '조선'을 공간적 실체로 체험했다. 그 이전까지 저우쭤런에게 조선은 잘 의식되지 않는 모호한 '부재(不在)'의 이웃 나라 정도였으나 직접 눈으로 확인함으로써 이제 조선이 '현실태(現實態)'로 다가온 것이다. 저우쭤런은 두 차례 일본을 방문한 이듬해인 1920년부터 한국어 및 한국문화 관련 서적들을 구입하기 시작했으니 '조선' 체험이 중요한 계기로 작용한 것이 분명하다.

물론 '조선' 체험이 저우쭤런에게 유의미한 계기로 작용했다면 그것은 아무래도 일본 방문 여정에서 휴가의 '신촌'을 참관하는 등 그가 무샤노코지 사네아쓰를 위시한 시라카바파 지식인들과 교류하면서 그들의 이념과 이상에 크게 공명했기 때문일 것이다. 일본의 '신촌'은 시라카바파의 사상적 지도자였던 무샤노코지 사네아쓰에 의해 1918년 11월 14일 규슈의 휴가에 건설된 이상촌(理想村)이다. 저우쭤런은 1919년 3월 『신청년』에 발표한 「일본의 신촌(日本的新村)」이라는 글에서 신촌운동을 "세계적으로 주목받을 만한 운동 중의 하나이다"라고 소개하고, "신촌운동은 여기서 한 걸음 더 나아가 범노동(泛勞動)을 주장하는 한편, 서로 협력하는 공동체 생활을 제창하고 있다. 인류의 의무를 다하는 한편, 각자 자신의 의무를 다하길 주장하며, 협력을 찬미하는 동시에 인간의 개성을 찬미한다. 이는 공동의 정신을 발전시키는 동시에 자유의 정신을 발전시키는 것이다. 참으로 적절하고 실행 가능한 이상

24 周作人, 「訪日本新村記」(『新潮』 1919. 10. 30), 『周作人散文全集(2)』, 174쪽.

이며, 진정 보편적인 인생의 복음(福音)이라고 할 수 있다"[25]라고 강조했다. 또한 그는 「일본 신촌 방문기」에서 '신촌'의 체험을 다음과 같이 술회했다. "우리는 항상 동포(同胞)의 사랑을 말해왔으나, 대부분 동류(同類)의 사랑을 느끼지는 못했어요. 이 동류의 사랑이라는 이론은 저로서는 항상 생각하고 있었던 바이나 그것을 경험했느냐 하면 이번이 처음입니다. 신촌의 공기에는 이러한 사랑으로 가득 차 있어서 완전히 융화, 도취되어 차마 되돌아가고 싶지 않아요. 이는 진정 기적 아닌 기적(不奇的奇迹)이라고 말할 수 있겠지요."[26] 저우쭤런은 '신촌' 방문을 계기로 인류애를 바탕으로 이상촌을 건설하고자 한 무샤노코지 사네아쓰의 인류주의 이념에 크게 공감해 귀국 후 중국에서도 그것을 선전하고 실현하고자 했다.[27] 그가 '동포의 사랑'을 뛰어넘어 '동류의 사랑', 즉 인류애의 이념에 도취되었을 때, 조선에 대한 공간적 실체로서의 체험은 그로 하여금 조선이 엄연히 실재한다는 점, 인류애로써 조선을 대해야 한다는 점을 깨닫게 해준 것이다. 물론 저우쭤런은 나중에 "신촌의 이상은 지금 보기에는 실현되기 어려운 것이지만 그 당시 창시자의 열정과 굳센 의지는 상당히 존경할 만한 것이었다. 게다가 혁명을 기대하면서도 우려를 품고 있던 심정이 여기서 다소나마 위안을 얻게 되었다. 그러니 신촌의 이론에 대해 과거에는 나도 선양(宣揚)하는 데 앞장

25 周作人, 「日本的新村」(『新靑年』 1919. 3), 『周作人散文全集(2)』, 134쪽.

26 周作人, 「訪日本新村記」, 『周作人散文全集(2)』, 176쪽.

27 저우쭤런은 1920년 3월 1일 『신청년』에 「신촌 베이징 지부 안내(新村北京支部啓事)」라는 글을 게재했는데, 그 내용은 다음과 같다. "본 지부는 이미 올해 2월에 성립되었으며, 저우쭤런 군이 모든 것을 관장합니다. 신촌에 관한 각종 사무에 대해서는 직접 통신으로 문의해주시기 바랍니다. 또 휴가(日向)로 가서 마을 현장을 직접 고찰하고 싶다면, 본 지부는 적극적으로 소개할 것이며, 여행의 수속도 대신해줄 것입니다. 지부의 주소 및 면회 시간은 다음과 같습니다. 베이징 시즈먼(西直門) 내의 바다오완(八道灣) 11호 저우쭤런 자택, 매주 금요일 및 일요일 오후 1시부터 5시까지"(周作人, 「新村北京支部啓事」, 『周作人散文全集(2)』, 228쪽).

선 것인데, 그때가 바로 「냇물(小河)」이라는 시를 지었던 시기이다"[28]라고 말했듯이 '신촌'의 이념과 이상을 끝까지 밀고 나가지는 못했지만, 그것이 특정한 시기에 그에게 지대한 사상적 영향을 끼쳤던 것만은 분명하다.

한편 저우쭤런이 '신촌'을 방문한 시점이 한국에서 3·1운동이 일어난 직후라는 사실도 간과해서는 안 된다. 베이징대학 학생들이 발간한 계몽 잡지 『신조』 1919년 4월호에 실린 푸쓰녠(傅斯年, 즉 멍전孟眞)의 「조선 독립운동의 신교훈(「朝鮮獨立運動中之新教訓)」 및 천자오처우(陳兆疇, 즉 쑤이팅穗庭)의 「조선 독립운동에 대한 감언(朝鮮獨立運動感言)」이라는 글이 증명하듯이 중국의 청년 지식인들은 한국의 3·1운동으로부터 깊은 감명을 받았다. 푸쓰녠은 예의 글에서 "이번 조선의 독립은 단지 외적으로는 힘이 아주 미약한 것이었고 성공이 전혀 없는 것이었고 시간도 매우 짧은 것이었지만, 내적인 정신 면에서 볼 때 실로 '혁명계(革命界)의 신기원을 열었다'고 할 수 있다"[29]라고 하며 조선의 독립운동에 대해 적극적인 지지를 보냈다. 1919년 1월에 창간된 『신조』는 당시 베이징대학 재학생이던 푸쓰녠과 뤄자룬(羅家倫)이 편집을 담당했으나 얼마 뒤 이들이 유학을 떠남에 따라 저우쭤런이 이 잡지의 주임을 맡게 되는데, 저우쭤런도 학생들의 글에 주목했음이 분명하다.

저우쭤런은 「냇물」(『신청년』 1919. 2. 15)의 창작 시기에 일본의 이상촌 건설 현장을 체험하고 '동포의 사랑'을 넘어 '동류의 사랑', 즉 인류애를 자각함으로써 '혁명을 기대하면서도 우려를 품고 있던 심정'에서 다소나마 벗어날 수 있었다고 말했는데, 당시 저우쭤런의 이념적 지향이

28 周作人, 「《小河》與"新村"(下)」, 『周作人散文全集(13)』, 571쪽.

29 傅斯年, 「朝鮮獨立運動中之新教訓」, 『新潮』 第1卷 第4號, 1919. 4. 1(影印本), 687쪽.

「냇물」[30]에 은유적으로 표현되어 있다고 할 수 있다. 「냇물」에서 '냇물'의 흐름을 방해해 하류를 마르게 하고 상류를 썩게 만드는 둑은 농부(인간)의 인위적 조작을 의미하고, 흐르지 못하고 빙빙 돌고 있는 냇물의 처지는 인위적 조작에 의한 그 생명력의 억압을 상징한다. 이 시는 이러지도 저러지도 못하는 처지에 놓인 저우쭤런 자신의 심경을 표현한 것으로 해석하는 경우도 있으나, 생명의 자연스러운 흐름을 강조하는 그의 이념적 지향을 은유적으로 표현한 것으로 해석하는 편이 더 옳다. 「냇물」이 생명의 자연스러운 흐름을 억압하는 모든 인위적 조작을 거부하는 저우쭤런의 이념적 지향을 시적으로 형상화하고 있다고 할 때, 일제는 조선인의 생명의 자연스러운 흐름을 억압하는 인위적 조작을 일삼는 '농부'에 비유될 수 있고, 일제의 '조선 지배'는 농부가 흙으로 '둑'을 쌓는 것을 넘어 돌로 '둑'을 쌓는 행위에 비유될 수 있다. 그렇다면 「냇물」을 발표한 직후에 일어난, 일제로부터 완전한 자주독립을 부르짖었던 3·1운동은 저우쭤런에게 조선인의 생명의 자연스러운 흐름이 저항의 힘으로 폭발한 중대한 사건으로 다가왔을 것이다.

요컨대 저우쭤런은 1919년을 전후해 세계어를 매개로 한 세계주의 및 시라카바파의 신촌운동의 이념에 공명해 인류주의를 지향하고, 조선의 3·1운동으로부터 자극을 받은 후 조선을 공간적 실체로 체험함으로써 한국인의 정신세계를 이해하기 위해 한국어를 배우고자 했으며, 이후 한국인들과 빈번하게 교류하고 한국 문화와 관련된 서적을 구입한 것이다.

30 周作人, 「小河」, 『談龍集』, 『周作人全集(一)』(台北: 藍燈文化事業股份有限公司, 1992), 123-126쪽 참조.

3. '조선전설'의 번역과 야나기 무네요시의 『조선과 그 예술』

저우쭤런은 「향토 연구와 민예(鄕土硏究與民藝)」라는 글에서 일본의 민속학을 창시한 야나기타 쿠니오(柳田國男)의 향토 연구로부터 많은 영향을 받았다고 말한 뒤 일본의 민예운동을 주도했던 야나기 무네요시(柳宗悅)로부터 받은 영향에 대해서도 언급했다. 그는 야나기 무네요시의 『종교와 그 본질(宗教與其本質)』을 흥미롭게 읽었다고 말하고 다음과 같이 서술했다. "야나기 씨는 또 『조선과 그 예술(朝鮮與其藝術)』이라는 책을 저술했고, 그 후 『신과 미(信與美)』라는 문집을 내놓았는데, 이들은 종교와 예술에 관한 논문을 수록한 선집이다. 민예운동은 대략 20년 전에 시작되었고, 『잡기의 미(什器之美)』 논집과 야나기 씨의 저작 『공예의 도(工藝之道)』에 그 의미가 가장 분명하게 설명되어 있다. 대개 모리스(摩理斯)의 라파엘(拉飛耳) 전파(前派)의 주장과 비슷하여 일상 용구와 집단의 공예 속에서 미를 추구하는 것이었다. 그 경건한 태도는 전후가 일치하며, '신과 미(信與美)'라는 말은 참으로 야나기 씨의 학문과 사업의 전모를 포괄하기에 충분하다."[31] 나아가 저우쭤런은 '민예총서(民藝叢書)'의 하나로 출판된 야나기 무네요시의 『초기 오오츠에(初期大津繪)』, 아사카와 다쿠미가 펴낸 『조선의 소반(朝鮮之食案)』과 『조선도기명회(朝鮮陶器名滙)』를 모두 자신의 서재에 소중히 보관하고 있다는 말도 덧붙였다. 저우쭤런은 야나기 무네요시의 저술을 탐독하고 그의 '민예운동'을 지지했는데, 『조선과 그 예술』은 저우쭤런에게 조선의 문화적 위상과 그 예술의 가치를 인식하는 데 많은 영향을 끼친 책이

31 周作人, 「鄕土硏究與民藝」(1944. 8. 1), 『周作人散文全集(9)』, 222쪽.

다. 그가 『조선민간고사』의 서문에서 “조선의 예술에 관한 나의 지식은 이조 자기(磁器)에 대한 일부 지식에 지나지 않는다. 그것도 야나기 무네요시 씨의 책에서 간접적으로 얻은 것이었고 자기라고 해도 잘 알지 못하는 것이었다”[32]라고 말한 데서 입증이 된다.

야나기 무네요시는 당시 누구도 관심을 갖지 않았던 조선의 불상과 도자기 등에 주목해 조선의 고유한 미(美)를 찾으려는 노력을 기울여 조선 예술의 우수성과 독자성을 밝힌 장본인이다. 그는 예술의 유형적 분류의 단위를 민족으로 보고 조선 민족을 독자적이고 고유한 예술 정신을 구현하고 있는 기본 단위로 삼아 그 특색으로 ‘선(線)’과 ‘백색(白色)’을 제시하고 그것을 미학적으로 ‘비애미(悲哀美)’로 규정했는데, 일제 치하의 조선 민족을 독립적인 예술 정신의 실체로 파악했다는 데 그의 주요한 공헌이 있다. 야나기 무네요시는 『조선과 그 예술』에서 “조선이 그 예술로 인해 동양 문화 속에서 그 탁월한 위치를 인정받게 될 날도 멀지 않을 것이다”[33]라고 예단했고, “일본이 국보로서 세계에 자랑하고 세계 사람들도 그 아름다움을 인정하고 있는 작품의 대부분은 도대체 누구의 손에 의해 만들어진 것인가. 그 가운데서도 국보 중의 국보라 불려야 할 거의 모든 작품은 실제에 있어서 모두 조선 민족이 만든 것이 아닌가. 그다음으로 중국 것이 많다는 것은 말할 나위도 없다. 이것은 사가(史家)들이 실증하는 틀림없는 사실이다. 그것들은 일본의 국보라 하기보다도 정당하게 말해서 조선의 국보라 해야 할 것이다”[34]라고 역설했다. 그는 또한 “나는 도자기에 있어서 조선은 독립된

32 周作人, 「序」, 『朝鮮民間故事』(上海: 上海女子書店, 1933), 3쪽.

33 야나기 무네요시, 『조선과 그 예술』, 이길진 역(신구문화사, 1994), 82쪽; 柳宗悅, 『朝鮮とその藝術』(東京: 春秋社, 1954), 103쪽.

34 야나기 무네요시, 『조선과 그 예술』, 82쪽; 柳宗悅, 『朝鮮とその藝術』, 104-105쪽.

조선이라고 생각한다"[35]라고 말하고, "나는 최후로 이 사실을 지적함으로써 조선 예술에 대한 새로운 변호를 세상에 바칠까 한다"[36]라고 강조했다.[37]

저우쭤런은 이러한 조선 예술의 독자성을 역설한 야나기 무네요시의 입장을 적극적으로 받아들여 당시 자신의 주요 관심사였던 민간 문학 영역에서 조선 문화의 독자성을 예증해 보이려고 시도했다. 그가 1925년 5월 25일 『어사』에 발표한 「조선전설(朝鮮傳說)」이 바로 그 실례이다. 그는 이 글의 첫머리에 간단한 해설을 붙이고, 이어 「최치원(崔致遠)」·「법술 겨루기(鬪法)」·「문자 쓰기(掉文)」의 번역문을 실었는데, 우선 그 해설을 보자.

(第二八期) 一九二五年五月二十五日 (1)

語絲 第二十八期

每星期一出版

地址 北大一院新潮社

朝鮮傳說 開明

這三篇故事是從日本三輪環譯述的傳說之朝鮮（Densetsu no Chōsen 1919）中選譯出來的。無論朝鮮是否箕子之後，也不管他以前是否屬不等屬，就他的地位歷史講來，介在中日之間，為聯絡兩國的文化，是研究東亞文明的人所不應忽視的。我們知道日本學于本國文化研究上可以供給不少幫助，同時也應知道朝鮮所能給與的未必會少于日本。這幾篇雖只是民間傳說，又是出于重譯，不能說有多大的價值，但在中國人讀了當能感到一種特別的，況且日本又不全是中國的趣味。我想在這里帶使表明對于朝鮮藝術的敬意，希望有人介紹那些優美的彫刻繪畫給中國人看。

在這種小故事前面寫上些莊重的話，或者不大適合，但也是難得的機會，不能不附說幾句：其實這都是枝節，還是請看故事的本文罷。

一 崔致遠

崔致遠是新羅時代得道的人。有一天，中國想考查朝鮮人的能力，把一件東西裝在玉合裏拏來，叫他們猜是什麼。新羅王大窘，有人說，「除了崔致遠之外沒有人能猜。若是叫崔致遠來，他一定知道。」王很喜悅，便赶緊把他叫來問道，

「你知道這裏邊的東西麼?」

「知道。」崔致遠答說。

「什麼?」

「請賜紙筆。」

王看他所寫的是這幾句話：

「團團玉函裏，半玉半黃金，夜夜知時鳥，含精未吐音。」

新羅王便將這個答覆中國，中國方面看了覺得奇怪，「裏邊放著一個鷄蛋，前兩句是對的，後兩句怎麼說呢?」把這個的合子打開來看，原來蛋已孵化成為小鷄，卻已經死了。

二 鬭法

約三百年前有西山大師居金剛山，四明堂居妙香山。二人深通佛道，並精于儒術，受政府相當之優待，萬民無限之尊敬，壬辰之亂（即豐臣秀吉攻朝鮮之役）其時戰略以及和議皆出于二人的計畫云。

四明堂與西山大師雖是這樣人物，其初兩人中間卻有過一件有趣的事情。

四明堂常說自己的法術是朝鮮第一，很是自大。有一天聽說金剛山有一個名叫西山大師的豪傑，心想把他收服，便往金剛山出發。西山大師早已知道，吩咐弟子說，

「今天有客從妙香山來，你去到半路上迎接來來。」弟子覺得詫異，問道，

「一回都沒有見過的人，怎麼能夠認識他呢?」大師道，

本期目錄

朝鮮的傳說 開明

碎瓦

海外民歌譯 劉復

生活

杜鵑的故事

五七

저우쭤런이 번역한 「조선전설(朝鮮傳說)」
(『어사』 1925. 5. 25)

35 야나기 무네요시, 『조선과 그 예술』, 155쪽; 柳宗悅, 『朝鮮とその藝術』, 222-223쪽.

36 야나기 무네요시, 『조선과 그 예술』, 161쪽; 柳宗悅, 『朝鮮とその藝術』, 233쪽.

37 저우쭤런은 1950년 9월 19일 『역보(亦報)』에 발표한 「조선의 조각(朝鮮的雕刻)」에서도 경주 토함산의 석굴암 내에 있는 불상의 아름다움을 언급한 뒤 "야나기(柳) 씨는 누군가는 조선 미술이 종류와 수량 면에서 매우 적다고 말하지만, 이 수량이 적은 원인이 바로 파괴를 좋아하는 왜구의 죄에 있다는 점을 모르고 있으니, 사실이 증명하듯이 발뺌할 수도 없다고 말했다. 야나기 씨는 일본인으로서 도요토미 히데요시(豊臣秀吉) 등 왜구의 행위를 승인할 수 있었는데……"라는 말도 덧붙였다(周作人, 「朝鮮的雕刻」, 『周作人散文全集(10)』, 497쪽).

이 세 편의 이야기(故事)는 일본 미와 다마키(三輪環)가 역술한 『전설의 조선(傳說之朝鮮)』(*Densets no Chosen*, 1919) 중에서 선역(選譯)한 것이다. 조선이 기자(箕子)의 후예이든 아니든, 이전에 번속국(藩屬國)이었든 아니었든 상관없이 조선의 지위를 역사적으로 말하면, 중·일의 사이에서 양국의 문화를 전달해주었으니, 동아시아 문명(亞東文明)을 연구하는 사람들이 소홀히 해서는 안 되는 것이다. 우리는 일본학이 우리나라 문화 연구에 적지 않은 도움을 줄 수 있다는 것을 잘 알고 있으며, 동시에 조선이 기여할 수 있는 것도 일본만 못하지 않다는 것을 잘 알아야만 한다. 이 몇 편은 민간 전설에 지나지 않고 또 중역(重譯)한 것이라 그다지 가치가 없을지도 모르겠다. 하지만 중국인들이 읽게 되면, 일본적인 것도 아니요 전적으로 중국적인 것도 아닌 일종의 특별한 맛을 느낄 수 있을 것이다. 나는 여기서 이 기회를 빌려 조선 예술에 대해 경의를 표하고자 하며, 우아하고 아름다운 조선의 조각과 회화를 중국인들이 볼 수 있도록 누군가가 소개해주길 바란다.[38]

저우쭤런이 선역의 저본으로 사용한 미와 다마키의 『전설의 조선(傳說の朝鮮)』은 1919년 9월 16일 도쿄의 하쿠분칸(博文館)에서 출판되었는데, 제1편 산천 34화(話), 제2편 인물 38화, 제3편 동식물 및 잡(雜) 42화, 제4편 동화 25화 등 한국의 설화 총 139편을 수록하고 있다. 당시 일본의 대표적인 종합월간지 『태양(太陽)』의 1919년 11월호에 실린 「신간 소개」에서는 이 책을 다음과 같이 평가했다. "조선의 문화는 오래되었고 고대에서 중세에 걸쳐 일본 문화의 가장 많은 부분은 조선에

38 開明(周作人), 「朝鮮傳說」, 『語絲』 第28期, 1925. 5. 25, 1쪽.

의지했다. 그 오랜 조선 문화의 자취는 오늘날에도 그 단편적 흔적을 다방면에서 엿볼 수 있는데, 그러나 그것은 물상적(物像的)이 아니라 오히려 민간의 유습(遺習)이나 구비 전설 등에 풍부하게 잔존한다. 이 점에서 이 책은 조선 문화사의 귀중한 일편을 이루는 좋은 연구이다."[39] 저우쭤런은 이 책에 실린 세 편의 이야기를 번역·소개하면서 '기자 조선' 또는 '번속국'의 관념으로 조선을 이해해온 중국인의 전통적인 역사 인식으로부터 벗어나서 동아시아 문명에서 조선이 차지해온 문화적 위상을 높이 평가하고 중국 문화 연구를 위해 비교학적 차원에서 일본학 연구 못지않게 조선학 연구의 필요성을 제기한 것이다. 저우쭤런도 스스로 인정하고 있듯이 세 편의 '조선전설'로 조선의 문화적 위상을 충분히 입증할 수는 없지만, 이러한 문제의식하에 그것이 번역·소개되었다는 점은 매우 중요하다.

저우쭤런이 '조선전설'을 번역·소개한 것은 그 시기 베이징대학 교수로서 그의 학술 활동과 밀접하게 관련되어 있었다. 1920년 12월 베이징대학에 가요연구회가 성립되어 저우쭤런이 주임을 맡았고 1922년 12월 『가요(歌謠)』 주간(週刊)이 창간되어 중국 각지의 가요를 수집·연구하는 붐이 일기 시작했다. 1923년 1월 가요연구회는 수집 범위를 확대하기로 결정하고 가요 이외에 신화, 전설, 동화 고사, 풍속, 방언 등의 자료도 수집하기 시작했는데, 저우쭤런 역시 민속학 방면에 뜻을 두어 가요, 신화, 전설, 동화 고사, 풍속 등을 연구하기 시작했고,[40] 바

39 이시준·김광식, 「미와 다마키(三輪環)와 조선설화집 『전설의 조선』考」, 『日本言語文化』 제22집, 2012, 616쪽 재인용.

40 저우쭤런의 이러한 학술 활동은 당시 한국에서도 소개되었다. 정래동은 1931년 『동아일보』에 양인선(楊蔭深)이 저술한 『중국민간문학개설(中國民間文學概說)』(上海: 上海華通書局, 1930)이라는 책을 소개하면서 민간 문학을 연구해온 저우쭤런의 학술 활동을 간단히 서술했다. "저우쭤런은 3-4년 전에 가요(歌謠)의 수집(蒐集)을 주창하여 3-4집

로 그 과정에서 조선의 민간 고사에도 눈을 돌려 '조선전설'을 번역하게 된 것이다.[41] 그가 베이징대학에서 '유럽 문학' 강좌를 열어 비교학적 연구 방법론을 매우 중시해온 터에 '조선전설'은 중국의 민간 문학 연구 방면에 비교학적 참고 자료를 제공해줄 수 있는 것이었다. 앞의 인용문에 나오는 "일본적인 것도 아니요 전적으로 중국적인 것도 아닌 일종의 특별한 맛을 느낄 수 있을 것이다"라는 저우쭤런의 언급은 야나기 무네요시의 『조선과 그 예술』에 수록된 「이조 도자기의 특질(李朝陶磁器の特質)」이라는 장에 나오는 다음과 같은 말을 연상시킨다. "대부분은 한 송이 꽃이나 한 마리의 새와 같은 단순한 것을 대범한 필치로 그렸다. 그것은 결코 중국의 것도 아니요 일본의 것도 아니다."[42] 그러니까 저우쭤런은 조선 예술에 대한 야나기 무네요시의 언설을 차용해 '중국적인 것'도 아니요 '일본적인 것'도 아닌 조선적인 '특별한 맛'을 느낄 수 있는 '조선전설'을 중국에 소개함으로써 조선의 문화적 독자성을 예증하고 나아가 중국 민간 문학 연구를 위한 비교학적 참고 자료를 제공하려는 것이었다. 다만 그는 한국어 습득에 실패했으므로 일어로 번역된 『전설의 조선』을 매개로 '조선전설'을 중역할 수밖에 없었다.

저우쭤런은 『전설의 조선』에 나오는 인물편에서 「최치원(崔致遠)」·「법술 겨루기(鬪法)」(「신술 겨루기(術競べ)」)를, 동화편에서 「문자 쓰기(掉

(集)의 가요를 모아놓고 또 가요논문집(歌謠論文集)을 발간했으며, 금일에 와서는 민간 고사도 상당히 토론되는 중이요 중국 이외의 학자들도 벌써 당시(唐詩)나 원곡(元曲)이나 고대의 시가보다도 명청(明淸) 이후의 민간 문학을 연구하는 대상으로 하는 경향이 있다"(丁來東, 「中國民間文學概說」, 『東亞日報』 1931. 12. 27).

41 「조선전설」이 게재된 『어사(語絲)』 제28기에는 프랑스의 민가(民歌) 두 편을 번역한 류반눙(劉半農, 즉 류푸劉復)의 「국외민가역(國外民歌譯)」 및 옌리밍(顏黎明)이 저우쭤런에게 보내는 통신(通信) 형식으로 쓴 「두견 이야기(杜鵑的故事)」도 함께 실려 있다.

42 야나기 무네요시, 『조선과 그 예술』, 160쪽; 柳宗悅, 『朝鮮とその藝術』, 230쪽.

文)」(「한어 사용(漢語遣ひ)」)를 골라 번역했는데, 이 세 편의 이야기를 고른 이유는 무엇이었을까? 이야기의 내용을 검토해보면 그 이유를 대략 짐작할 수 있다.

「최치원」은 신라시대에 중국에서 달걀을 넣은 옥상자를 보내와서 그 속에 무엇이 담겨 있는지를 알아맞히라고 하자, 최치원이 원래는 달걀이 들어 있었으나 그것이 부화해 죽은 병아리가 되었음을 알고 그 내용을 한시로 써서 옥상자와 함께 다시 중국으로 보냈다는 이야기이다. 이 이야기는 옥상자에 달걀이 있었다는 사실과 그것이 부화해 죽은 병아리가 되었다는 사실까지 맞출 만큼 지혜로운 인물이 신라에도 있다는 것을 보여줌으로써 중국이 조선인의 능력을 시험하는 것은 부질없는 짓임을 암시한다. 또한 「법술 겨루기」는 임진왜란 때 혁혁한 공을 세운 금강산의 서산대사와 묘향산의 사명당이 처음 만났을 때 서로 도술을 겨루었고, 결국 사명당이 한 수 위의 서산대사에게 무릎을 꿇고 그의 제자가 된다는 이야기이다. 이것은 두 대사가 서로 도술을 겨루는 해학적인 이야기이지만, 조선에도 뛰어난 능력을 갖춘 인물이 있음을 암시한다. 「문자 쓰기」는 어느 산골에 한 농부가 외동딸을 위해 사위를 맞이했고 그 사위는 함부로 한문을 사용하며 우쭐댔는데, 어느 날 해 질 녘에 호랑이가 와서 장인을 물고 가자 사위는 한문으로 위급한 상황을 알렸다는 이야기이다. 그런데 마을 사람들이 그 말을 알아듣지 못해 결국 장인을 구할 수 없었고, 그 책임을 물어 군수가 사위에게 곤장을 쳤으나 사위는 계속 한문을 사용하며 '한어(漢語, 즉 한문)를 쓰고 싶으니 허락해주십시오(實用漢語願容恕而已)'라고 하다가 결국에는 '앞으로 절대로 한어를 쓰지 않겠습니다(今後決不用漢語)'라고 말했다는 내용이다. 한문을 사용하다 봉변을 당한다는 이 해학적인 이야기는 조선의 일반 백성들에게 한문(한어)은 전혀 의사소통의 수단이 될 수 없음을 암시함으로써 중국과 서로 다른, 조선 사회의 문화적 독자성을 은연중에 드러낸 것이다. 저우쭤런은 세 번째 이야기 다음에 '부기(附記)'를 덧붙여 "이 「문자 쓰기」의 사위를 보면, 『경화연(鏡花緣)』에 나오는 백민국(白民國)의 '심부름꾼(酒保)'과 '노인(老者)'을 떠올리게 한다. 비록 각자 뛰어난 부분이 있지만 사위가 더욱 자연스러워 보이며, 백민 사람들이 몹시 그로테스크(grotesque)한 것과는 다르다"[43]라고 했는데, 「문자 쓰기」가 인물 형상 면에서 청대 장회소설 『경화연』보다 뛰어난 일면을 지니고 있음을 지적하기도 했다.

이 세 편의 이야기는 모두 조선의 문화적 정체성을 뚜렷하게 보여주는바, 저우쭤런이 이를 고른 이유도 바로 여기에 있다. 『전설의 조선』은 비슷한 시기에 출판된 다카하시 도루(高橋亨)의 『조선 이야기집과 속담(朝鮮の物語集附俚諺)』(1910)에서 보이는 조선(인)에 대한 편견 등이 배제된 자료집으로 높이 평가되는데,[44] 저우쭤런도 이 점을 은연중에 간파하고 있었던 것은 아닐까. 일제 강점기에 조선총독부가 발간한 『조선인』이라는 책에는 조선인에 대한 편견이 노골적으로 기술되어 있다. 이를테면 일본의 조선 지배를 정당화하기 위해 "조선인의 대표적인 심성인 '사상의 고착성'과 '사상의 종속성'은 앞으로도 변하지 않을 것이다"라고 했고, 또 "조선인의 형식주의, 심미 관념의 결핍, 문약함, 당파심 그리고 공사를 구분하지 못함과 같은 심성과 태도는, 앞으로 조선인이 근대적인 학문을 배우고 또 일본인의 통치를 통해서 개조해갈 수 있다"[45]라고 주장했다. 저우쭤런의 조선 또는 조선 문화에 대한 인

43 開明(周作人), 「朝鮮傳說」, 『語絲』 第28期, 1925. 5. 25, 2쪽.

44 이시준·김광식, 「미와 다마키(三輪環)와 조선설화집 『전설의 조선』考」, 『日本言語文化』 제22집, 2012, 618쪽 참조.

45 다카하시 도루, 『식민지 조선인을 논하다』, 구인모 역(동국대학교출판부, 2010) 참조.

식은 이와 전혀 다른 사상적 토대 위에 서 있는 것이다.

이 대목에서 조선의 미(美)를 '비애미'로 규정한 야나기 무네요시의 관점을 좀 더 따져볼 필요가 있다. 왜냐하면 야나기 무네요시가 조선 예술의 고유성을 '선'과 '백색'의 '비애미'로 규정한 데에는 식민 지배자의 성원으로서 슬픔과 동정의 시선으로 조선을 바라본 그의 심리적 기제가 작용했음을 부인하기 어렵기 때문이다. 게다가 그가 논의의 중심에 둔 것은 주로 조선의 불상이나 도자기 및 생활 잡기(雜器)와 같은 '민예' 방면에 한정되어 있어 전체 조선의 예술을 대상으로 한 것이 아니었기 때문이다. 그런데 저우쭤런은 『조선과 그 예술』을 통해 조선 예술의 독자성과 그 가치에 깊이 공감했지만, 조선 예술의 특질을 '비애미'로 귀결시킨 야나기 무네요시의 미학적 관점을 그대로 받아들이지는 않았던 것 같다. 야나기 무네요시는 "참담하고 고통스러웠던 한 조선의 역사는 그 예술에 남모를 고독과 슬픔을 아로새겼던 것이다. 거기에는 언제나 슬픔의 아름다움이 있다. 눈물어린 고독이 있다. 나는 이것을 바라볼 때 가슴에 치미는 감정을 누를 길 없다. 이렇게 비애에 찬 아름다움이 어디에 또 있을 것인가"[46]라고 하며 조선 예술을 고독과 슬픔의 시선으로 바라보았다. 하지만 저우쭤런은 조선 예술에 대해 '경의'를 표했을 뿐 그것을 '비애에 찬 아름다움'으로 소개하지는 않았다.

요컨대 저우쭤런은 1920년대 중반부터 민속학 영역으로 관심을 확대해 가요, 신화, 전설, 민간 고사 등을 연구해오던 터에 야나기 무네요시의 『조선과 그 예술』을 통해 조선의 문화적 위상과 그 예술의 가치를 깊이 깨닫고 『전설의 조선』에 수록된 세 편의 이야기를 골라 '조선 전설'을 번역·소개한 것이다. 그는 중국적인 것도 아니요 일본적인 것

46 야나기 무네요시, 『조선과 그 예술』, 41쪽; 柳宗悅, 『朝鮮とその藝術』, 36쪽.

도 아닌 조선의 특별한 맛을 느낄 수 있는 '조선전설'을 중국에 소개함으로써 민간 문학 연구의 비교학적 참고 자료를 제공하는 동시에 중국인으로 하여금 전통적인 관념이나 편견에서 벗어나 조선을 이해하고 조선의 문화적 독자성을 인식하도록 한 것이다. 말하자면 '조선전설'은 저우쭤런에게 한국의 문화적 정체성을 이해하고 예증하는 중요한 경로의 하나였던 셈이다.

4. 중·일·한 동아시아의 문화적 관계

저우쭤런은 1945년 9월에 쓴 「과거의 작업(過去的工作)」이라는 글에서 자신은 그때까지 40년 동안 글을 써왔으며 이 시기를 전후의 두 단계로 나누어볼 수 있다고 했다. 전(前) 20년 동안은 문학을 좋아해 약소민족 및 피압박 국가의 작품, 즉 헝가리, 폴란드, 러시아의 작품을 주로 번역했으며, 이후 20년 동안은 문화와 사상 문제에 주의해 처음에는 그리스, 이어서 일본, 그리고 마지막으로 중국의 그것에 관심을 가졌다고 했다.[47] 저우쭤런이 문화와 사상 문제로 전환한 시기는 대략 민속학 영역으로 관심을 확대하기 시작한 1924-1925년 무렵이었다고 할 수 있다. 그가 야나기 무네요시의 『조선과 그 예술』을 탐독하고 「조선전설」을 번역·소개한 시기와 겹친다.

저우쭤런은 문화와 사상 문제로 전환하면서 조선의 독립운동에 대해서도 관심을 표명했는데, 1926년 2월 26일에 발표한 「이완용과 박열(李完用與朴烈)」이라는 글이 바로 그것이다. 이 글은 그가 동년 2월 13

47 周作人, 「過去的工作」(1945. 9. 30), 『周作人散文全集(9)』, 622쪽 참조.

일 일본의 『요미우리신문』에 실린 이완용의 사망 소식 기사와 곧이어 15일 자 동 신문에 실린 박열 열사의 법정 재판에 관한 기사를 읽은 후 감회를 쓴 것이다. 저우쭤런은 먼저 "한일 합방의 공신 이완용 후작의 작고"라는 제목과 "궁중에서는 이 후작의 병이 위독하다는 소식을 듣고 포도주 한 다스를 하사해서 위문했다"라는 기사 내용을 그대로 번역해 싣고, 이어 "3년 만에 처음으로 법정에서 만난 박열 부부"라는 제목과 박열이 반역도로서 사형 선고를 받을 것이라는 기사 내용도 그대로 번역해 실었다. 그런 뒤 저우쭤런은 이 두 기사의 내용과 전혀 다른 시각에서 이완용과 박열을 논평했다. 그는 이완용이 오히려 '반역도'이고 박열이 진정한 '열사'라고 칭하면서 "조선은 한·일이 합방될 때 적지 않은 반역도를 낳았거니와 안중근, 박열 그리고 독립 때와 지진 때 학살된 수백의 조선인들이 그 대가로 흘린 피 역시 적지 않았으니, 나는 이 망국의 조선에 대해 경의를 표하지 않을 수 없다"[48]라고 했다. 나아가 "조선의 민족이여, 나의 미약한 개인적인 경의를 받아주길 바란다. 이것이 당신들에게 아무런 도움이 되지 않겠지만 말이다. 나는 이전에 단지 경주 일대의 석불 및 이조(李朝)의 자기(磁器)를 알고 있었고 당신들의 선조들이 천부적인 예술적 소질이 풍부하다는 것을 알고 있었을 뿐인데, 이제는 동시대 조선인들에게 혈기와 용기도 있다는 점을 알게 되었다"[49]라고 말했다. 저우쭤런은 조선 예술의 우수성과 그 문화적 독자성을 이해하고 있던 터에 박열 열사를 통해 드러난 조선인의 '혈기와 용기'에 크게 감동해 붓을 든 것이다. 그리하여 그는 일본이 조선을 병탄한 데 대해 격앙된 어조로 "비분(悲憤)의 감정을 금치 못하겠

48 周作人, 「李完用與朴烈」, 『周作人散文全集(4)』, 489쪽.
49 周作人, 「李完用與朴烈」, 『周作人散文全集(4)』, 489쪽.

다"[50]라고 토로했는데, 그것은 고유한 문화적 정체성을 가진 민족은 국가 독립을 이룩해야 마땅하다고 보았기 때문이다.

> 조선 역시 독립할 수 있어 중·일에 속하지 않기를 나는 바라며, 당연히 소련에 속하게 해서도 안 된다. 조선의 문화는 대부분이 중국적인 것이라 하더라도 그와 다른 나름의 의미를 가지고 있으니, 그것은 중·일 문화의 연결자로서 중국 문화의 계승자요 일본 문화의 계발자(啓發者)이다. 일본이 중국과 직접 교류하기 이전에 조선은 일본의 유일한 스승이었으며 문자, 종교, 공업, 문물 등 모든 방면에 있어 지대한 도움을 주었고, 근대 도쿠가와(德川) 시대의 도자 공예 역시 조선의 장인에 의해 창시된 것이었다.[51]

저우쭤런이 야나기 무네요시의 『조선과 그 예술』이라는 책을 통해 조선의 예술과 문화를 이해하게 되었음은 앞서 살펴본 바와 같다. 야나기 무네요시가 3·1운동에 자극을 받아 『요미우리신문』에 발표한 「조선인을 생각한다(朝鮮人を想ふ)」(1919. 5. 20-24)라는 글도 『조선과 그 예술』에 수록되어 있는데, 여기서 그는 "앞에서도 말했듯이 나는 조선에 대하여 아무런 학식도 없는 사람이지만, 다행히도 예술에 나타난 조선인의 마음의 요구를 음미함으로써 조선에 대하여 충분한 애정을 가지고 있는 한 사람이라는 것을 느끼고 있다. 나는 종종 생각하고 있거니와 어떤 나라 사람이 다른 나라를 이해하는 가장 깊은 길은 과학이나 정치상의 지식이 아니라 종교나 예술적인 내면을 이해하는 것이라고

50 周作人, 「李完用與朴烈」, 『周作人散文全集(4)』, 489쪽.
51 周作人, 「李完用與朴烈」, 『周作人散文全集(4)』, 490쪽.

생각한다"[52]라고 했다. 조선의 예술과 문화의 가치를 자각함으로써 조선에 대해 충분한 애정을 갖게 되었다고 말한 야나기 무네요시의 인식 논리를 따라 저우쭤런 역시 조선의 예술과 문화에 대한 공감으로부터 조선 민족의 국가 독립을 상상하는 데로 나아간 것이다.

예술과 문화를 통해 각 민족의 고유한 정체성을 확인하고 이를 바탕으로 각 민족의 국가 독립을 상상할 때, 저우쭤런에게 중·일·한 동아시아의 문화적 관계는 재조명되어야 할 중요한 사안이 아닐 수 없다. 저우쭤런은 1931년 10월에 쓴 『조선민간고사』의 서문에서 이 점을 분명히 밝혔다. 그는 이 글에서 우선 6년 전에 발표한 「조선전설」을 통해 피력했던 자신의 견해를 재인용해 중·일 사이에서 양국의 문화 전달자로 조선의 역사적 지위를 중시하면서 동아시아 문명 연구라는 시각에서 '조선학'을 소홀히 해서는 안 된다는 점을 강조했다.

> 내가 조선 예술과 그 연구의 가치를 이론적으로 추앙하는 데 있어서는 이전의 의견과 전혀 달라지지 않았다. 이러한 의견이, 다소 세상 물정에 어둡고 '대아세아주의(大亞細亞主義)'에 가까우며 현금(現今)의 실제에 부합하지 않을 것이라는 점도 알고 있다. 그렇지만 달리 방법이 있겠는가? 양자는 모두 사실이므로 승인할 수밖에 없다. 중·일·한의 문화 관계는 정말 오래된 일이거니와 중·일·한의 외교 갈등도 결코 아주 최근의 일은 아니다. …… 인지(人智)가 미진(未進)한 지금 두 가지 장부를 나누어 계산할 수밖에 없다. 물론 이렇게 하는 것은 이미 쉬운 일은 아니다. 평양, 인천, 선양(沈陽), 진저우(錦州)에서 대폭동이 일어난 뒤이기에 일·한의 예술과 문화를 점검하고 나아가 그것

52 야나기 무네요시, 『조선과 그 예술』, 19-20쪽; 柳宗悅, 『朝鮮とその藝術』, 1-2쪽.

을 이해하고 귀중하게 여기라고 하면 열혈 청년들은 아마 받아들이기 어렵거니와 제대로 이해하지도 못할 것이다. 그렇지만 이것은 우리가 응당 노력해야 할 일이라고 나는 생각한다.[53]

저우쭤런은 조선 예술과 그 연구의 가치를 이론적으로 추앙한다고 말했는데, 이를 실제로 증명하려는 듯이 「조선전설」을 발표한 이후 아사카와 다쿠미의 『조선의 소반』을 구입하고, 『조선민간고사』의 서문을 쓴 이후에 『이조 백자』와 『이조 철사』, 『조선민요선』, 『조선동요선』 등을 구입했다. 그렇다면 저우쭤런이 '일·한의 예술과 문화를 점검해야' 한다고 주장하면서도 그것이 자칫 일제가 아시아 침략을 위해 내세운 '대아세아주의'에 대한 동조로 오해될 소지가 있다고 말한 배경은 무엇이었을까?

저우쭤런이 이 서문을 쓴 것은 일제의 책동으로 중국 지린성 지역에서 조선인 농민과 중국인 농민이 충돌해 유혈 사태가 빚어진 만보산사건(萬寶山事件)과, 일제의 만주 점령의 계기가 된 만주사변이 발생한 지 얼마 지나지 않은 시점이었다. 이른바 만보산사건은 1931년 7월 2일 일제가 중국과 조선 사이에 유혈 충돌을 일으켜 만주 지역을 점령하려는 구실을 만들기 위해 책동한 사건이었다. 중국 내에서 조선인 농민·일본 영사관 경찰과, 중국인 지주·주민 사이에 일대 충돌이 일어났고, 이때 일본 경찰은 중국인 농민에게 무차별 발포함으로써 많은 피해를 냈다. 또한 조선 내에서는 각 신문이 조선 민족의 순진한 민족 감정을 자극해 조선에 거류하는 중국인을 적대시하는 운동을 일으켰고, 인천, 서울, 원산, 평양 등 각지에서 중국인 배척운동이 일어났으며, 평

53 周作人, 「序」, 『朝鮮民間故事』, 3-5쪽.

양에서는 대낮에 중국인의 상점과 가옥을 파괴하고 중국인을 구타·학살하는 일까지 벌어졌다. 일제는 곧이어 동년 9월 18일 만주사변을 일으켜 결국 만주를 점령했다. 이렇게 조선인이 일제의 책동에 부화뇌동하고 일제가 만주를 점령한 일련의 정치적 사건이 발생했던 그 무렵에 중국인들에게 일·한의 예술과 문화를 점검하라고 주문한다는 것은 자칫 일제의 침략 책동에 동조하는 논조가 될 수 있는 것이다. 저우쭤런이 『조선민간고사』의 서문에서 중·일의 정치 관계를 비유해 스승인 예(羿)를 죽인 '봉몽(逢蒙)'이나 오래된 빵 가게를 부숴버린 '벼락부자 제자'로 일본을 풍자했지만, 만보산사건과 만주사변으로 한국과 일본에 대한 중국인의 적대 감정이 고조되고 있을 때 일·한의 예술과 문화를 점검하고 그것을 귀중하게 여기라고 주장한다는 것은 사실 시대착오적인 발상일 수 있었다. 그렇지만 저우쭤런은 표면적인 현실의 정치 관계 이면에 역사적으로 엄연히 존재해온 중·일·한의 문화적 관계를 탐구하는 것이 장기적으로는 뒤틀린 현실 정치의 문제를 해결할 수 있는 중요한 통로라고 생각한 것이다. 저우쭤런이 거듭해서 "양자는 모두 사실이므로 승인할 수밖에 없다"거나 "두 가지 장부를 나누어 계산할 수밖에 없다"라고 말한 것은 바로 현실의 정치 관계로부터 한발 비켜서서 더 근원적인 과거 '동아시아'의 문화적 관계를 탐구해야 한다고 보았기 때문이다. 말하자면 저우쭤런에게 중·일·한 동아시아의 문화적 관계는 현실의 정치 관계와 별도로 독립해서 먼저 학문적으로 탐구되어야 할 대상이었다. 그것은 그러한 탐구가 미래의 중·일·한 동아시아의 정치 관계를 재정립하는 데 필요한 역사적·문화적 정당성을 확보해주는 일이기 때문이었다.

요컨대 저우쭤런은 한국의 예술과 문화의 독자성과 그 가치를 높이 평가하고 그 역사적 위상을 중시함으로써 중·일·한을 아우르는 동아시아 문명이라는 시각에서 그 문화적 관계를 선행적으로 탐구하고자 했다. 그리고 이를 기반으로 역사적으로 이룩된 문화적 관계에 합당한 동아시아 각 민족의 국가 독립이 달성되는 새로운 정치 관계를 정립할 것을 상상했다.

5. '사상(思想)'의 한계와 '대동아주의' 선전

지금까지 살펴본 바와 같이 저우쭤런은 1919년을 전후해 일본의 신촌운동 및 무샤노코지 사네아쓰를 위시한 시라카바파 지식인들의 이념에 공명해 인류주의 혹은 세계주의 이념을 지향하고, 한국의 3·1운동의 자극과 한국에 대한 공간적 실체로서의 체험을 계기로 한국어를 배우고 한국 문화 관련 서적을 구입하기 시작했다. 더욱이 그는 문학 연구에서 문화와 사상 연구로 전환한 1924-1925년 무렵부터 가요, 신화, 전설, 민간 고사, 풍속 등 민속학 연구에 매진하면서 한국의 예술과 문화를 이해하는 데 야나기 무네요시의 『조선과 그 예술』로부터 많은 영향을 받았다. 저우쭤런은 한국의 문화적 위상과 그 예술의 가치를 높이 평가하고 한국의 문화적 정체성을 예증하기 위해 '조선전설'을 번역했다. 그리고 고유한 문화적 정체성을 가진 '조선 민족'의 국가 독립을 지지하면서 중국 문화 연구를 위한 비교학적 차원에서 '조선학' 연구의 필요성을 제기했다. 또한 그는 당시 현실의 정치 관계와 별도로 동아시아 문명이라는 시각에서 역사적으로 이룩된 중·일·한의 문화적 관계를 선행적으로 탐구하고자 했으며, 과거의 문화적 관계에 합당한 동아시아 각 민족의 국가 독립이 달성되는 새로운 정치 관계를 정립할 것을 상상했다.

그런데 간과할 수 없는 것은 저우쭤런의 한국 문화 인식과 동아시아 문명 의식이 그의 이후 행보가 증명하듯이 구체성을 결여한 선언적 이념형에 그쳤다는 점이다. 저우쭤런이 1931년 『조선민간고사』의 서문을 쓴 이후 1945년 일제가 패망하기까지 한국 문화에 관한 어떠한 글도 발표하지 않았다는 사실이 이를 방증한다. 물론 그가 한국어 습득에 실패함으로써 한국 문화에 대한 심화된 연구로 나아갈 수 없었던 개인적인 상황도 고려되어야 하고, 만보산사건과 만주사변을 계기로 중국 내에서 일본 문화 연구의 필요성이 점점 약화되어갔던 것과 마찬가지로 한국 문화 연구 역시 호소력을 잃어갔던 객관적인 상황도 고려되어야 할 것이다. 하지만 저우쭤런이 "스스로도 경제·정치 등에 전혀 지식이 없는 데 대해 부끄럽게 여긴다"[54]라고 말한 바 있듯이 경제·정치 방면으로부터 일정한 거리를 유지한 채 예술·문화 방면에만 관심을 집중함으로써 결국 중국 내에서 혁명운동이 고조되고 1937년 7월 일제가 중국을 전면 침공함에 따라 위기에 봉착한 것이다. 그가 문학에서 문화와 사상의 문제로 전환했다고 말했지만, 절박한 현실 문제와 거리를 유지한 채 예술·문화 연구를 진행함으로써 진정한 '사상(思想)' 연구의 깊이로까지 밀고 나가지 못한 것이다. 저우쭤런은 스스로 일본 문화 연구마저 접게 된 직접적인 계기가 바로 일제의 중국 침략 때문이었음을 암시한 바 있다. "문학·예술로부터 얻은 의견은 일본의 다른 사정을 해석할 수 없었는데, 특별히 역사적으로 중국에 대한 정치 행동은 종종 정리(情理)를 크게 벗어나는 것이었다. 이러한 심각한 반증(反證)이 생겨서 이전에 나는 일본 문화에 관한 의견을 완전히 포기하지 않을 수 없었고 아는 바가 없다고 성명(聲明)하지 않을 수 없었다. ……

54 周作人, 「兒童文學」(1944. 7. 9), 『周作人散文全集(9)』, 212쪽.

나의 헛된 일본 문화 연구는 이 때문에 일단락을 고했다."[55] 현실 정치로부터 벗어나고자 한 그의 노력에도 불구하고 바로 그 때문에 저우쭤런은 오히려 일제의 침략 '정치'에 포섭되어 '친일 부역'이라는 수렁으로 깊이 빠져들게 된 것이다.

저우쭤런의 '친일 부역'은 아시아 침략의 명분으로 내세운 일제의 '대동아주의(大東亞主義)'를 선전하는 데 앞장선 것에서 더욱 두드러진다. 사실 그는 「이완용과 박열」을 발표한 직후인 1926년 3월 16일 『경보부간』에 「배일(排日)」이라는 글을 발표했는데, 일제가 내세운 '중일 공존(中日共存)'의 명분 속에 감춰진 중국 침략의 의도를 분명하게 간파하고 있었다. "중일 공존의 이론은 맞지만, 그 전제는 우선 중국이 배일의 결심과 의지가 있어야 한다는 것이며, 이것이 없으면 공존은 곧 합병인 것이다."[56] 또한 1927년 7월에 발표한 「배일평의(排日平議)」에서는 "일본은 매일 '일중 공존공영(日支共榮共存)'을 크게 부르짖고 있지만 사실은 침략의 대명사이며", "우리는 일본이 중국의 가장 위험한 적이라는 것을 분명히 알아야 하고, …… 수시로 그들의 공작을 파괴할 방법을 강구해야 한다. 이것은 중국 지식계급, 특히 일본에 관해 다소나마 이해하고 있는 사람들이 지금 해야 하는 일이며, 마땅히 다해야 하는 책임이다"[57]라고 강조했다. 이처럼 일제가 내세운 '공존공영'의 명분 이면에 숨겨진 중국 침략의 의도를 정확하게 꿰뚫어 보고 중국의 지식인들에게 경각심을 불러일으켰던 그가 일제의 전면적인 중국 침략이 개시된 이후 오히려 일제의 '공존공영'의 '대동아주의'를 고취하는 길로 나아간 것이다. 저우쭤런은 1940년 11월 30일에 발표한 「동아민족의

55 周作人, 「過去的工作」, 『周作人散文全集(9)』, 624쪽.

56 周作人, 「排日」(1926. 3. 16), 『周作人散文全集(4)』, 532쪽.

57 周作人, 「排日平議」(1927. 7. 9), 『周作人散文全集(5)』, 248-249쪽.

전도(東亞民族的前途)」라는 글에서 '대동아주의'를 직접적으로 선전했다. "동아시아 문화의 원류는 전체적인 것이요 동아시아 민족의 운명 역시 전체적인 것이니, 이것은 내가 여러 해 동안 가지고 있던 신념이다. …… 이들 민족의 사활 문제는 전체적인 것으로서 여기에는 남을 해치고 자기를 이롭게 할 수 있다든지 너 죽고 나 살자는 도리는 없다고 나는 생각한다. …… 모두가 서로 협력해야 하며, 함께 살길을 찾는 것이야말로 정당한 방법이라고 생각한다."[58] 그는 1944년 1월 15일에 발표한 「태업의 변(怠工之辯)」이라는 글에서도 "동양 민족의 운명은 전체적인 것이며, 상호 협력하고 화합하지 않으면 살길을 찾을 수 없다"[59]라고 거듭 강조했다.

여기서 주목되는 것은 저우쭤런의 이러한 논조가 일제의 '대동아전쟁'을 고취하는 데로 전향한 무샤노코지 사네아쓰의 그것과 거의 일치한다는 점이다. 저우쭤런에게 인류주의 혹은 세계주의 이념을 심어주었던 무샤노코지 사네아쓰는 일제의 중국 침략이 본격화되면서 동아시아에서 일본이 없으면 중국과 한국의 독립적 존재는 이야기할 수 없으며, 동아시아에서 일본이 있음으로써 비로소 신생을 획득할 희망이 있다고 역설했다. "일본의 사명은 동아시아를 진정한 동아시아로 만드는 것이요, 동아시아 민족이 미영(美英)으로부터 경멸을 받지 않게 하는 것이며, 사람들이 살아가면서 더욱더 자신의 생명에 충실하도록 하는

58 周作人, 「東亞民族的前途」, 『晨報』(北平), 1941. 11. 30; 张菊香, 「周作人的一篇佚文」, 『鲁迅研究月刊』 第1期, 1999, 60쪽 참조. "東亞文化的祖源是整個的, 東亞民族的運命亦是整個的, 這是我個人多年來的信念. (略) 我只凭了自己淺近的常識看去, 覺得這些民族的死活問題是整個的, 在這裏沒有損人可以利己, 你死就是我活的道理. (略) 大家須得相互扶助, 共尋生路, 才是正當的辦法."

59 周作人, 「怠工之辯」(1944. 1. 15), 『周作人散文全集(9)』, 15쪽. "東洋民族的運命是整個的, 非互相協和不能尋生路."

것이다."[60] 무샤노코지 사네아쓰는 1937년 6월 일본의 제국예술원(帝國藝術院) 회원으로 선임된 후 '대동아전쟁'을 선전하면서 문학보국회(文學報國會)의 극문학부(劇文學部) 회장을 맡았고, 이른바 제2차 '대동아문학자대회'에서는 '필승의 신심(信心)'이라는 제목의 강연을 통해 '대동아성전(大東亞聖戰)'을 적극 부르짖었다.[61] 무샤노코지 사네아쓰의 인류주의 혹은 세계주의에 공명했던 저우쭤런은 '대동아주의'로 전향한 무샤노코지 사네아쓰의 전철을 밟아 '대동아주의'를 선전하는 데 앞장선 것이다.

그런데 저우쭤런에게 한국의 문화적 위상과 그 예술의 우수성을 일깨워준 야나기 무네요시는 무샤노코지 사네아쓰와 전혀 다른 길을 걸었다. 야나기 무네요시는 1924년 조선민족미술관을 설립한 후 1936년 일본민예관(日本民藝館)을 설립해 민예운동의 거점으로 삼고 현장 문화운동에 깊이 참여하면서 일본의 군국주의를 지양하고자 했다. 그가 한국의 3·1운동에 대한 일제의 무력 탄압에 항거한 바 있듯이 '오키나와(沖繩) 방언 금지령'에 맞서 1940년부터 1942년에 걸쳐 수년간 금지령 해제를 위한 논쟁과 운동을 이끌었다.[62] 태평양전쟁을 눈앞에 두고 있던 일제가 전시 체제로의 전환을 위해 국민정신 통일운동의 일환으로 벌인 표준어운동에 대한 그의 이의 제기는 일본의 군국주의에 의한 국가 통제 체제 자체를 비판하는 성격을 갖는다. 그렇다면 저우쭤런은 무샤노코지 사네아쓰와 야나기 무네요시로부터 각기 일정한 사상적 영향을 받았지만, 야나기 무네요시의 일본 군국주의에 대한 항거와 현실

60 武者小路實篤, 「日本的使命」, 『日本白樺派與中國作家』(劉立善 作, 沈陽: 遼寧大學出版社, 1995), 267쪽 재인용.
61 劉立善, 『日本白樺派與中國作家』, 267쪽 참조.
62 이인범, 『조선예술과 야나기 무네요시』(시공사, 1999), 27쪽 참조.

참여 운동의 길을 따르지 않고 무샤노코지 사네아쓰의 '대동아주의' 선전이라는 길을 따라간 것이다. 저우쭤런은 야나기 무네요시로부터 영향을 받아 한국의 예술과 문화를 인식하는 과정에서 동아시아 문명 연구를 적극적으로 내세웠지만 이를 '사상(思想)'의 깊이로까지 진전시키지 못함으로써 결국 일제의 '대동아주의'에 포섭되어 오히려 그것을 선전하는 '친일 부역'의 길로 빠져든 것이다.

다만 '대동아주의' 선전이라는 저우쭤런의 사상적 한계에도 불구하고 그가 1920년대 중반부터 1930년대 초반에 이르는 시기에, 동아시아 문명 의식이 박약했던 당시 중국적 상황에서 전통적인 관념이나 편견으로부터 벗어나 중·일·한 동아시아의 문화적 관계를 중시하고 이를 적극적으로 연구할 것을 요청했다는 점은 나름의 의의를 갖는다. 그것은 오늘날 동아시아의 공존을 위해 여전히 추구되어야 할 중요한 과제의 하나로 남아 있다.

제 9 장

『조선민간고사』의 중역과 쉬베이훙의 삽화

1. 『조선민간고사』의 중역(中譯)과 저본 텍스트

한국의 문학 작품이 중국에 번역·소개되기 시작한 것은 대체로 1920년대 중반부터이며, 본격적으로 번역·소개된 것은 1930년대부터이다. 박회월(朴懷月), 김영팔(金永八), 송영(宋影), 최서해(崔曙海), 장혁주(張赫宙), 조벽암(趙碧巖) 등의 단편소설이 중국 잡지에 게재되었고, 장혁주, 이북명(李北鳴), 정우상(鄭遇尙), 김동인(金東仁), 이효석(李孝石), 이태준(李泰俊), 김사량(金史良), 유진오(兪鎭午), 이광수(李光洙) 등의 단편소설을 수록한 소설집이 단행본으로 출판되기도 했다.[1] 이 시기에 한국의 전설과

1 중국 잡지에 게재된 한국의 단편소설로는 박회월의 「戰鬪」(「전투」, 翠生 譯, 『東方雜誌』,

민담, 동화도 중국인들에게 상당한 관심을 불러일으켜 중국어로 번역 출판되었다. 저우쭤런이 번역한 한국의 전설 세 편이 1925년 5월 잡지 『어사』에 게재된 이후, 1930년 6월 칭예(淸野)가 번역한 『조선전설(朝鮮傳說)』이 출판되었고, 1932년 6월에는 류샤오후이(劉小蕙)가 번역한 『조선민간고사(朝鮮民間故事)』가, 1934년 2월에는 우짜오시(吳藻溪)가 편역한 『조선동화(朝鮮童話)』가 출판되었다.[2]

이 중에서 『조선민간고사(朝鮮民間故事)』(이하 『조선민간고사』로 표기)의 번역 출간은 의미심장하다. 이 책은 불문본 *Contes Coréens*(한국의 이야기)를 중국어로 번역한 것이라는 점, 당시 중국 학술사상계의 지도자였던 차이위안페이(蔡元培)가 책의 제자(題字)를, 베이징대학 교수이자 저명한 산문 작가로 민간 문학 등을 연구해온 저우쭤런이 서문을 쓰고, 역시 베이징대학 교수이던 류반눙(劉半農)이 교감 후기(校後語)를 썼으며, 유명한 화가인 쉬베이훙(徐悲鴻)이 삽화를 그렸다는 점에서 주목할 만하다. 이 책은 초판 1천 부가 팔린 후 9개월 만인 1933년 3월에 다시

1926. 11), 김영팔의 「黑手」(「흑수」, 深吟枯腦 譯, 『現代小說』 1930. 1), 송영의 「熔礦爐」(「용광로」, 白斌 譯, 『現代小說』 1930. 3), 최서해의 「我的出亡」(「탈출기」, 白斌 譯, 『現代文藝』 1931. 5), 장혁주의 「被驅逐的人們」(「쫓기는 사람들」, 王笛 譯, 『文學』 1933. 4)과 「姓權的那個家伙」(「권(權)이라는 사나이」, 黃源 譯, 『文學』 1934. 7), 조벽암의 「猫」(「구직과 고양이」, 李劍菁 譯, 『矛盾』 1934. 5) 등이 있다. 그리고 중국에서 단행본으로 출판된 소설 작품집으로는 장혁주, 이북명, 정우상의 단편소설을 번역 수록한 『산령(山靈)』(胡風 譯, 文化生活出版社, 1936. 4), 김동인, 장혁주, 이효석, 이태준, 김사량, 유진오, 이광수의 단편소설을 번역 수록한 『조선단편소설선(朝鮮短篇小說選)』(王赫 編, 長春新時代社, 1941. 7)이 있다. 金柄珉 · 李存光 主編, 『中國現代文學與韓國(6): 飜譯編 · 小說 詩歌 散文 劇本卷』(延吉: 延邊大學出版社, 2014) 참조.

2 이 외에도 사오린성(邵霖生)이 편역한 『조선현대아동고사집(朝鮮現代兒童故事集)』과 『조선현대동화집(朝鮮現代童話集)』이 1936년 11월(上海中華書局)에 출판되었고, 판취안(范泉)이 번역한 장혁주(張赫宙)의 장편동화집 『흑백기(黑白記)』가 1943년 2월(上海永祥印書館)에 출판되었다. 또한 츄쯔(秋子) 여사가 1934년부터 1936년에 걸쳐 번역한 많은 한국의 전설 · 민담 등이 『예풍(藝風)』 등의 중국 잡지에 게재되었다. 金柄珉 · 李存光 主編, 『中國現代文學與韓國(7): 飜譯編 · 民間故事 童話 神話傳說卷』 참조.

1천 부의 재판을 찍어, 당시 중국 출판계의 상황을 감안하면 독자들로부터 상당한 호응을 얻었다고 할 수 있다.

『조선민간고사』는 류반눙이 프랑스 유학 시기(1921-1925)에 세르쥐 페르스키(Serge Persky, 1870-1938)가 프랑스어로 번역해 1925년에 출간한 *Contes Coréens*를 구입해 자신의 딸인 류샤오후이에게 번역시키고 직접 교열을 본 후 출판한 것이다. 그리고 세르쥐 페르스키의 *Contes Coréens*(이하 『한국의 이야기』로 표기)는 러시아인 가린-미하일롭스키(N. G. Garin-Mikhailovskii, 1852-1906)가 1904년 러시아어로 출간한 *Корейские сказки*(이하 『조선설화』로 표기)[3]를 중역(重譯)한 것이다. 역자인 세르쥐 페르스키는 1870년 러시아에서 태어났다. 그는 젊은 시절 프랑스에 정착한 후 톨스토이 등 러시아 작가의 작품을 프랑스어로 번역하는 데 크게 공헌한 인물이다. 세르쥐 페르스키는 프랑스에서 번역가로 잘 알려져 있었거니와 그의 작품 『문호(文豪)의 아내』는 1962년 한국어로 번역되어 출판된 바 있는 등[4] 한국에도 알려진 인물이다. 『조선설화』를 펴낸 가린-미하일롭스키는 러시아 작가로 『티오마의 어린 시절』(1892) 등의 작품을 발표해 작가로서의 명성을 얻었으며, 러시아의 브나로드운동(농민계몽운동)에 앞장서기도 하고 사회주의를 신봉하기도 한 인물이다. 그는 1898년 러시아지리학회의 재정적인 지원을 받아 탐사단의 일원으로 1898년 9월 13일부터 10월 18일까지 한국의 북부 지방을 탐사했다. 이때 그는 지리적 탐사 이외에 한국의 풍

---

3 'сказки(skazki)'는 '설화', '동화', '이야기'로 번역할 수 있는데, 안상훈은 노문본(露文本) *Корейские сказки*(Koreiskie skazki)를 『조선설화』(한국학술정보, 2006)라는 제목으로 번역했다. 본고에서는 이를 존중해 '조선설화'라는 말을 사용하기로 한다.

4 쎄르쥬 뻬르스키, 『文豪의 아내』, 김영(金英) 역(梨大出版部, 1962) 참조.

속과 설화(민담)에 관심을 기울였는데, 『조선설화』는 바로 그때 채집한 한국의 설화를 엮은 책이다. 가린의 『조선설화』는 총 64편의 한국 설화를 수록하고 있으며, 페르스키의 『한국의 이야기』는 『조선설화』 중에서 20편을 골라 프랑스어로 번역한 것이다. 그러니까 『조선민간고사』는 러시아어를 거쳐 프랑스어로 중역된 한국 설화를 다시 중국어로 번역한 것이다. 한국의 설화가 러시아어로 간행된 뒤 프랑스어를 거쳐 중국어로 번역되어서 중국 독자들을 만나게 되었다는 것은 흥미로운 일이 아닐 수 없다. 더욱이 『조선민간고사』에는 저우쭤런의 서문과 쉬베이훙의 삽화도 실려 있어 그 시기 한중 문예 교류의 의미를 한층 높여준다.

류반눙은 『조선민간고사』의 「교감 후기」에서 번역 출판과 관련해 다음과 같이 설명했다.

> 이것은 딸아이 샤오후이(小蕙)가 시험적으로 번역한 작품으로, 원본은 1925년 파리에서 출판되었고, 서명은 Contes Coréens이며, 역자는 세르쥐 페르스키이다. 그런데 이것은 진짜 원본은 아니다. 페르스키가 서문에서 언급한 바에 따르면, 유명한 엔지니어인 가린이 조선에 체류할 때 채집한 것으로 원서는 중문과 노문을 대조해놓았으며, 페르스키는 단지 노문에 의거해 불문으로 번역했을 뿐이라는 것이다.
>
> 조선은 언어가 중국과 다르지만 이미 2천 년 이상 중국 문자를 빌려 쓴 역사를 가지고 있다. 중국 문자를 사용하여 조선의 민간 고사를 기록한 것은 적어도 십중팔구에 이를 것이다. 그래서 가령 우리가 가린의 원서 중의 중문본을 볼 수 있다면, 대조해놓은 노문본보다 분명 더 나을 것이고, 노문본으로부터 번역한 불문본보다 더 나을 것이며, 두말할 것도 없이 세 굽이를 돌아서 불문본으로부터 중역(重譯)한

지금의 중문본보다 훨씬 나을 것이다.[5]

곧이어 류반농은 가린의 원본을 찾으려 노력했으나 성과가 없었음을 밝혀놓았다. 그는 국립베이핑도서관이 엮은 『베이핑 각 도서관 소장 서문서 연합 서목(北平各圖書館所藏西文書聯合書目)』에서 1904년에 출간된 가린의 책, *Through Corea, Manchuria, and Liaotung peninsula*(『한국, 만주, 랴오둥반도 기행』)를 찾아서 빌려보았으나 전부 러시아어로 되어 있어 불문본 『한국의 이야기』의 저본(底本)인 가린의 원본을 찾는 일을 그만두었다고 했다.

류반농은 가린의 원본이 러시아어와 중국어의 대조본(對照本)으로 되어 있다고 여겼는데, 그것은 불문본 『한국의 이야기』의 서문에 나오는 페르스키의 다음과 같은 언급에 주목했기 때문일 것이다.

> 이 이야기는 잘 알려진 엔지니어인 가린 씨가 한국에 머무는 동안 러시아어와 중국어로 수집하여 출판했다.[6]

류반농은 가린의 책이 러시아어와 중국어로 수집·출판되었다는 페르스키의 언급을, 러시아어와 중국어의 대조본으로 출판된 것으로 이해하고 가린의 원본을 찾으면 중문을 확인할 수 있으리라고 판단한 것이다. 페르스키는 가린의 책이 러시아어와 중국어로 수집·출판되었다고 했지만, 그것은 러시아어로 출판되었다. 가린이 한국에 체류하는 동안 채집한 한국 설화는 한국인 이야기꾼이 들려주는 이야기를 한국인

5 劉半農, 「校後語」, 『朝鮮民間故事』, 『中國現代文學與韓國(7): 飜譯編·民間故事 童話 神話傳說卷』, 111쪽.

6 Serge Persky, “Préface”, *Contes Coréens* (Paris: Librairie Delagrave, 1925).

통역관 '김 씨'(P. N. 김)가 러시아어로 통역하고 가린이 이를 기록한 것이다. 그러니 중문본이 따로 있을 수 없었다. 류반눙은 「교감 후기」에서 말하고 있듯이 한국이 오랫동안 한문을 사용해왔으므로 한국의 이야기가 십중팔구 한문, 즉 중문으로 기록되었을 것으로 생각하고, 그러한 선입견에 따라 가린이 출간한 한국 설화가 원래 중문본에서 유래했을 것으로 단정했다.

가린은 노문본 『조선설화』의 서문에서 한국 설화의 채집 과정을 구체적으로 설명했다.

> 이 책에 실린 이야기들은 내가 이 여행을 하는 동안에 수집한 것들이다.
>
> 흰색 두루마기를 걸치고 아랫부분이 넓고 윗부분이 좁은 뾰족한 삿갓을 쓴 이삼십 명의 조선 사람들이 우리를 에워싸며 웅크리고 앉았다. 말솜씨가 훌륭한 이야기꾼은 옛날이야기를 능숙하게 들려주었고, 그곳에 모인 사람들은 기다란 곰방대를 입에 문 채 그가 들려주는 이야기를 주의 깊게 들었다.
>
> 우리의 통역을 맡은 '김 씨'라는 조선인은 전문 통역관으로 러시아어와 조선어를 유창하게 구사했다. 나는 조선설화들이 지닌 다채로움을 보존하려고 노력했고 전혀 가필을 하지 않으면서 통역관이 하는 말을 신속하게 받아 적었다. 나는 이것에 대해 보증한다. 내 말이 사실임을 미래의 연구자들이 확신하리라는 것에 대해 나는 전혀 의심하지 않는다.[7]

---

7 N. G. 가린-미하일로프스키, 「서문」, 『조선설화』, 안상훈 역(한국학술정보, 2006); Н. Г. Гарин-Михайловский, "Предисловие", *Корейские сказки* (СПб.: Энергия, 1904) 참조.

가린은 1904년 『조선설화』와 함께 출간한, 만주와 랴오둥반도 그리고 한국의 북부 지방(두만강, 백두산, 압록강)을 탐사한 내용을 일기 형식으로 기록한 『한국, 만주, 랴오둥반도 기행』[8](이하 『기행』으로 줄임)이라는 책에서도 한국 설화의 채집 과정을 설명했다. 그는 서른 댓 살 정도의 젊은 이야기꾼이 한국인들에게 둘러싸여 "예술가다운 열정을 가지고 온통 몰두해서 이야기를 하는" 장면을 서술한 뒤 "이 한인 예술가는 내 제안을 받아들여 나와 함께 한국 여행을 하게 되었다. 그는 가능한 한 내가 많은 민담을 수집할 수 있도록 도와줄 것이다"라고 기록했다.[9] 한국인 이야기꾼이 가린과 동행하며 그에게 이야기를 들려주고, 가린은 '김 씨'의 통역을 거쳐 그 이야기를 러시아어로 기록한 것이다. 가린은 『조선설화』의 서문에서 "안타깝게도 내가 들었던 이야기들을 적어놓은 노트 한 권을 잃어버렸다. 이제 극동으로 다시 돌아가서 잃어버린 그 이야기를 보충할 수 있다면 좋으련만…… 아이처럼 순수하고 마치 성서에 등장하는 사람들처럼 타인을 쉽게 믿는 순박한 사람들이 사는 곳, 그리고 인간의 영혼과 지상의 허무함을 직접적인 경험을 통해서 알고 있는 오천 년의 연륜을 지닌 노인들이 여리고 고상하게 살아가고

---

8 이 책은 가린이 1898년 7월 페테르부르크에서 시베리아 철도를 타고 중앙아시아, 시베리아를 지나 블라디보스토크, 두만강, 백두산, 압록강을 거쳐 중국의 뤼순(旅順)항, 일본까지 여행하면서 기록한 일지이다. 가린이 탐사대에서 맡은 역할은 철도 개설에 필요한 지질과 지리의 측정, 압록강과 두만강의 시원을 조사하는 것이었다. 러시아와 한국, 중국, 일본을 거치는 5개월간의 여정을 기록한 이 책은 1899년 2월 러시아 잡지에 게재되기 시작했으며, 1904년에는 단행본으로 출간되었다. 그런데 가린의 이 여행기는 탐사의 목적이나 탐사대에서 그가 조사했던 자료들에 대한 언급은 거의 없고, 대신 여행 중에 만났던 사람들의 삶과 만남에 대한 소회, 그들로부터 들은 고장의 내력이나 설화, 민담이 여행기의 대부분을 차지한다(홍순애, 「근대계몽기 외국인 여행서사의 표상체계와 문화상대주의: 러시아 가린-미하일롭스키의 『한국, 만주, 랴오둥반도 기행』을 중심으로」, 『한민족문화연구』 제34집, 2010. 8, 115-117쪽 참조).

9 가린-미하일롭스키, 『러시아인이 바라본 1898년의 한국, 만주, 랴오둥반도』, 이희수 역(동북아역사재단, 2010), 187-188쪽.

있는 옛날이야기와 흡사한 조선을 나는 이제 찾지 못할 것이다"[10]라고 했다. 가린이 출간한 『조선설화』에는 64편의 이야기가 수록되어 있지만, 그가 채집한 노트 한 권 분량의 이야기를 잃어버리지 않았다면 훨씬 더 많은 분량의 한국 설화가 러시아어로 출판될 수 있었을 것이다. 페르스키도 가린이 한국 설화의 채집 과정을 설명한, 앞서 인용한 일부 내용을 『한국의 이야기』의 서문에서 프랑스어로 번역해놓았다. 이렇듯 중문본이 따로 있지 않았고, 류반눙이 중문본을 찾으려는 바람은 애초에 오해로 인한 것으로 이루어질 수 없었다.

가린의 노문본 『조선설화』는 출간 후에 상당한 호응을 얻어 프랑스어, 독일어, 중국어, 에스토니아어로 번역 출간되었다고 한다.[11] 가린의 『기행』도 『조선설화』와 더불어 당시 상당한 반향을 불러일으킨 것으로 알려져 있다.[12] 『기행』과 『조선설화』는 한국을 유럽에 알리는 데 크게 기여했는데, 『조선설화』가 프랑스어로 번역되어 『한국의 이야기』라는 책으로 출간되었으니 류반눙도 유럽에서 주목받고 있는 한국의 이야기를 중국어로 옮겨 중국 독자들에게 소개할 필요성을 느낀 것이다. 실제로 류반눙은 「교감 후기」에서 『한국의 이야기』를 구입하게 된 이유로, 한국의 민간 고사가 중국에 전혀 소개되어 있지 않아 이 책을 통해 다소나마 이해할 수 있다는 점, 프랑스 당대 문예계에서 상당한 명성을 얻고 있던 페르스키의 역작(譯作)이라는 점, 쉬베이훙의 삽화가 실려 있

---

10 N. G. 가린-미하일로프스키, 「서문」, 『조선설화』; Н. Г. Гарин-Михайловский, "Предисловие", *Корейские сказки* 참조.

11 N. G. 가린-미하일로프스키, 「역자 후기」, 『조선설화』, 260-261쪽 참조.

12 『기행』의 일부가 김동진에 의해 번역되어 「외안(外眼)에 비친 조선: 1898년, 노문호(露文豪) 가린의 조선기행(朝鮮紀行)」이라는 제목으로 1931년 2월부터 여섯 차례에 걸쳐 잡지 『동광(東光)』에 연재된 것도 이를 방증한다. 민태원 외, 『잃어버린 풍경 2, 1920-1940』, 이지누 엮고 씀(호미, 2005), 112-162쪽 참조.

어 그것이 그의 '득의지작(得意之作)'은 아니라 할지라도 보기 드문 것이라 보존할 가치가 있다는 점 등을 들기도 했다.[13]

2. 가린 및 페르스키의 한국에 대한 시선과 『조선민간고사』 번역의 문화적 함의

가린의 『조선설화』나 『기행』이 당시 상당한 반향을 불러일으킨 것은 한국을 바라보는 가린의 시선이 크게 작용한 듯하다. 페르스키도 한국을 바라보는 가린의 시선에 공명해 『조선설화』를 프랑스어로 번역했다고 할 수 있다. 가린의 시선은 『조선설화』의 서문에 나타나 있거니와 『기행』에서도 뚜렷하게 드러나 있다.

가린은 『조선설화』의 서문에서 한국인에 대한 인상을 다음과 같이 서술했다.

> 해학, 친절함, 깊은 이해심, 무한한 관대함, 놀랄 만한 우아함……, 조선인들은 이렇게 살아가고 이렇게 죽어간다. ……
>
> 조선인들은 '겁쟁이'라고 불린다. 하지만 러시아인들은 그들이 입고 있는 흰색 옷과 그들의 소심함 때문에 조선인들을 '하얀 백조'라고 부른다.
>
> 그렇다. 조선인들은 백조처럼 싸울 줄도 모르며 다른 사람의 피를 흘리게 할 줄도 모른다. 그들은 백조처럼 자기들의 노래를 부르고 이

13 劉半農, 「校後語」, 『朝鮮民間故事』, 『中國現代文學與韓國(7): 飜譯編 · 民間故事 童話 神話傳說卷』, 111쪽 참조.

야기를 할 따름이다. 그들에게 모든 것, 특히 그들의 생명을 빼앗는 것은 어린아이와 백조의 생명을 빼앗는 것처럼 수월하다. ……

아! 자신의 옛날이야기의 시간에서 여전히 앞으로 나아가지 못하고 있는 이 어린아이들은 얼마나 불가사의한 것인가![14]

가린은 한국인들이 자기만의 동화의 시기를 아직 벗어나지 않은 유년기에 살고 있다고 보았는데, 그래서 그에게 한국인들은 남을 해칠 줄 모르며 관대하고 우아하고 순수한 모습으로 비쳤다. 그는 한국을 문명의 시간적 발전 선상에서 '옛날이야기의 시간'에 갇혀 있지만, 바로 그렇기 때문에 선량하고 순박한 사람들이 살고 있는 곳으로 여긴 듯하다.

가린은 『기행』에서도 한국인에 대한 생각과 느낌을 곳곳에 서술해놓았다. 그는 이야기꾼의 이야기를 즐겨 듣는 한국인에 대해 "한국인에게는 행복에 대한 이야기가 필요하다. 그리고 그 이야기는 무거운 돈보다 빈약한 경작지보다 더 소중한 것이다"[15]라고 말했다. 또한 그는 한국인들을 두고 "그 어떤 권리도 주장하지 않고, 자신의 행복을 중국인과 다른 민족들이 가져갔다는 사실에 분노하지 않는, 독특하고 작고 겸손한 민족이다"[16]라고 했다. 가린은 통역관 '김 씨'가 들려주는, 어느 마을에 도착하기 얼마 전 표범에게 물린 한 처녀의 이야기—부부가 되기로 맹세했지만 처녀와 사랑을 이루지 못하고 죽은 청년의 영혼이 표범 속에 들어갔다고 하는—를 기록하면서 자신의 느낌을 서술했다.

---

14 N. G. 가린-미하일로프스키, 「서문」, 『조선설화』; Н. Г. Гарин-Михайловский, "Предисловие", *Корейские сказки* 참조.

15 가린-미하일롭스키, 『러시아인이 바라본 1898년의 한국, 만주, 랴오둥반도』, 259쪽.

16 가린-미하일롭스키, 『러시아인이 바라본 1898년의 한국, 만주, 랴오둥반도』, 284쪽.

"지금 그 청년은 처녀를 데리러 온 겁니다. 그가 온 게 아니고 표범 속에 들어간 그의 영혼이 온 거지요. 그래서 표범은 위험을 감수했고 사냥꾼도 눈에 보이지 않았던 겁니다. 그냥 평범한 표범이라면 그렇게 했겠습니까? 도망가 버리고 말았겠지요." ……

그렇게 우리 눈앞에서 새로운 전설이 만들어졌다. 이 사람들은 옛날이야기와 전설을 만들어 내는 그 시기를 아직 벗어나지 않았든지 아니면 영원히 그 속에 살고 있는 것이다.

고유의 문화를 가진 사람으로서 이 태고의 문화를 보고 나는 마치 내가 선명한 시간의 먼 풍경 속에서 이 어린아이 같은 민족의 평화로운 요람의 시기를 갑자기 보게 된 것 같은 느낌을 받는다.[17]

가린은 한국인의 책 읽는 소리를 '동양의 노래' 소리로 듣고 "그것은 한국의 산과 계곡에 꽃들이 그려내고 있는 무늬처럼, 섬세하지만 짓눌리고 소심한 한국인의 영혼에 어울리는 노래였다"[18]라고 표현했고, 백두산 여행을 위해 짐을 나누어 가지고 있는 한국인들을 바라보며 "얼마나 예의 바르고 교양 있는 사람들인지! 자기들끼리도, 낯선 사람에게도 얼마나 호의적이고 섬세한지! 아이들은 호기심이 많고 감동적이리만치 친절하다. …… 얼굴도 선량해 보이고 천성도 선량하다"[19]라고 서술했다. 가린은 문명자의 시선으로 한국인의 나약한 성격과 위생상의 불결함을 지적하기도 하지만, 짓눌리고 권리를 빼앗긴 한국인들을 동정하며, 선량하고 순박한 그들의 심성과 행복을 기원하는 그들의 순수

17 가린-미하일롭스키, 『러시아인이 바라본 1898년의 한국, 만주, 랴오둥반도』, 288-289쪽.
18 가린-미하일롭스키, 『러시아인이 바라본 1898년의 한국, 만주, 랴오둥반도』, 242쪽.
19 가린-미하일롭스키, 『러시아인이 바라본 1898년의 한국, 만주, 랴오둥반도』, 302-303쪽.

한 소망에 깊은 감동을 받았다.

그렇기에 가린은 한국인들에 의해 만들어진 이야기를 존중하며 그것을 통해 한국인의 정신적·심리적 특질을 긍정적으로 이해하고자 했다. 그는 자신의 실제 체험에서 우러난 한국인에 대한 인상을 '이야기꾼'이 들려주는 이야기를 통해 재확인하는 것이었는지도 모른다. 가린의 이러한 시선은 한국 문화를 존중하며 그 가치를 정당하게 평가하려는 문화상대주의[20] 이념을 반영한 것이기도 하다. 다만 그는 이 '어린아이 같은 민족의 평화로운 요람의 시기'의 설화의 세계가 문명의 거대한 소용돌이 속에서 곧 파괴될 운명에 놓여 있다는 것을 직감했다.

한국에 대한 가린의 시선은 페르스키로 하여금 『조선설화』를 프랑스어로 번역하도록 촉발한 주요한 요인이 되었을 것이다. 가린의 시선은 페르스키의 『한국의 이야기』 서문에도 반영되어 있다.

> 여기는 유구한 역사를 가진 한국이다. 우리는 한국의 윤리, 신앙, 풍속, 정의에 대한 본능적 욕구를 찾아볼 수 있다. 천제(天帝)인 옥황상제는 종종 정직한 사람을 지켜주기 위해 개입한다. 그의 영향력은 비록 언급되지 않을 때에도 도처에서 간파할 수 있다. 그 영향력은 부차적인 사건 가운데서 드러나는데, 극이 진행되는 동안 가치를 부여받으며, 주인공이나 여주인공을 구하는 데 기여한다.
>
> 아버지의 권위는 왕권을 상징하기에 절대적이다. 그러나 아버지가 자신의 권한을 남용하면 징벌을 받는다. 최고로 존중받는 법들일지라

---

20 가린의 『한국, 만주, 랴오둥반도 기행』 전반에 걸쳐 적용된 문화상대주의적인 시각은 가린의 텍스트가 한국 근대계몽기의 외국인 여행기에 있어서 새로운 담론을 보여준 텍스트라는 것을 입증하는 근거가 되고 있다는 평가도 있다(홍순애, 「근대계몽기 외국인 여행서사의 표상체계와 문화상대주의: 러시아 가린-미하일롭스키의 『한국, 만주, 랴오둥반도 기행』을 중심으로」, 『한민족문화연구』 제34집, 2010. 8, 132쪽 참조).

도 그 위에는 영원한 법이 군림한다. 어떤 민족에게서나 이런 상위의 정의에 대한 의식을 찾아볼 수 있다. 소포클레스의 장엄한 작품에는 오라버니 폴리네이케스에게 예를 갖춰 장사 지내주고자 헌신하는 안티고네가 있다. 그녀는 시신을 내버려 두라고 명하는 잔인한 크레온의 명을 거역한다. 그리고 폭군에게 감히 말하기를 신의 법이 지배자가 공포한 법들 위에 있다고 한다.

보편적 윤리와 지혜가 이 한국의 이야기들 속에서 빛나고 있다. ……

아이들은 이야기에 담긴 의외의 요소에 매료될 것이고, 어른들은 흥미롭게 읽을 것이다. 학자들의 경우 그들은 매우 귀중한 고대의 자료로 간주할 것이다. 그들은 이따금 표면적으로 시시해 보이는 어떤 사건, 동물, 사람일 수도 있지만, 원시시대 인류의 감정을 다소나마 드러내 줄 어떤 행위자들이 갖고 있는 알레고리적 의미를 연구할 것이다.[21]

페르스키는 유구한 역사를 가진 나라 한국의 이야기를 통해 한국의 윤리, 신앙, 풍속, 정의 등의 문화적 특질을 이해하고자 했다. 특히 그는 이야기 속에서 옥황상제의 권위와 같은 영원한 법으로서 상위의 정의가 작동하고 있음을, 그래서 이야기 속에는 보편적 윤리와 지혜가 빛나고 있음을 강조한 것이다. 나아가 그는 이들 이야기가 내포하고 있는 문화인류학적 또는 민속학적 자료로서의 가치도 중시하고자 했다. 류반눙이 『한국의 이야기』를 중국어로 번역할 필요성을 느낀 것도 한국을 바라보는, 가린의 시선이 투영된 페르스키의 시선과 무관하지 않

21 Serge Persky, "Préface", *Contes Coréens*. 이 인용문은 이화여자대학교 불어불문학과 김도훈 교수님으로부터 도움을 받아 번역한 것임을 밝혀둔다.

을 것이다. 류반눙은 잡지 『어사』 제28기(1925. 5. 25)에 프랑스의 민가(民歌) 두 편을 번역해 「국외민가역(國外民歌譯)」이라는 제목으로 소개한 바 있는데,[22] 그 시기 민가를 비롯한 민간 문학에도 관심을 기울이고 있던 그가 페르스키의 『한국의 이야기』에 흥미를 느낀 것도 우연이 아니다. 더욱이 『한국의 이야기』에는 당시 프랑스에서 함께 유학하고 있던 화가 쉬베이훙이 그린 삽화가 수록되어 있었음에랴.

류반눙의 부탁으로 『조선민간고사』의 서문을 쓴 저우쭤런도 그 시기에 문화인류학 또는 민속학의 관점에서 전설, 민담, 가요, 동화 등 민간 문학을 연구해온 만큼 그의 입장은 가린의 시선이나 페르스키의 시선에 공명하는 것이기도 했다. 저우쭤런은 『조선민간고사』의 서문에서 건축, 음악, 미술, 공예 등 민간 예술은 '비개인적', '민족 집단적인 예술'이며 그것은 '비독창적', '전통적인 미'를 드러낸다고 말하고, "민간 사도(民間師徒)의 전수(傳授)라는 제도는 이러한 민족의 예술 정신을 가장 잘 보존할 수 있다"[23]라고 했다. 그는 민간 예술이 갖는 민족의 집단적 성격과 그 속에 체현된 민족의 예술 정신을 강조한 것이다. 또한 저우쭤런은 "동화는 바로 소설의 어린 시절이며, 가요 역시 어떤 것들은 그야말로 시의 조모(祖母)—어떤 것들은 시의 손녀(孫女)이기도 하지만—이다"[24]라고 하며 동화와 가요 등 민간 문학의 가치를 중시했

---

22 劉復(劉半農), 「國外民歌譯」, 『語絲』 第28期, 1925. 5. 25, 5-6쪽 참조. 류반눙은 1921년부터 프랑스의 파리대학에서 실험음성학을 전공해 1925년 박사 학위를 받고 동년 8월에 귀국했다. 귀국하기 전인 1925년 5월에 프랑스 민가 두 편을 번역한 「국외민가역(國外民歌譯)」을 잡지 『어사』에 발표했으며, 이 무렵에 출판된 페르스키의 *Contes Coréens*를 발견하고 중국어로 번역할 필요성을 느꼈다.

23 周作人, 「序」, 『朝鮮民間故事』, 『中國現代文學與韓國(7): 飜譯編 · 民間故事 童話 神話 傳說卷』, 107쪽. "民間師徒傳授的制度最能保存此類民族的藝術之精神."

24 周作人, 「序」, 『朝鮮民間故事』, 『中國現代文學與韓國(7): 飜譯編 · 民間故事 童話 神話 傳說卷』, 108쪽. "童話正是'小說之童年', 歌謠也實在有些是詩的祖母, 有些雖然也是詩的孫女."

다. 이러한 민간 예술과 민간 문학을 중시하는 입장에서 그는 “나는 조선 예술과 그 연구의 가치를 이론적으로 높이 평가해야 한다는 데 대한 이전의 의견이 전혀 바뀌지 않았다”라고 역설하고, “이 『조선동화집』(『조선민간고사』를 가리킴—인용자)이라는 책에는 20편의 이야기가 실려 있는데, 모두 재미있는 이야기이며, 아이들에게 읽을거리로 보여줄 수 있을 뿐만 아니라 어른들이 보아도 여러 가지 비교 연구할 자료를 얻을 수 있을 것이다”라고 평했다.[25] 앞 장에서 언급했듯이 사실 저우쭤런은 류반눙이 번역한 「국외민가역」이 실린 잡지 『어사』 제28기에 「조선전설(朝鮮傳說)」이라는 글을 발표해 한국의 전설 세 편(「최치원(崔致遠)」·「법술 겨루기(鬪法)」·「문자 쓰기(掉文)」)을 번역·소개했는데, 번역문 앞에 덧붙인 간단한 머리말에서 한국의 민간 전설과 예술의 가치를 중시해야 한다는 자신의 관점을 다음과 같이 피력했다. “이 몇 편은 민간 전설에 지나지 않고 또 중역(重譯)한 것이라 그다지 가치가 없을지도 모르겠다. 하지만 중국인들이 읽게 되면, 일본적인 것도 아니요 전적으로 중국적인 것도 아닌 일종의 특별한 맛을 느낄 수 있을 것이다. 나는 여기서 이 기회를 빌려 조선 예술에 대해 경의를 표하고자 하며, 우아하고 아름다운 조선의 조각과 회화를 중국인들이 볼 수 있도록 누군가가 소개해주길 바란다.”[26] 저우쭤런은 『조선민간고사』의 출판에 즈음해 「조선전설」에서 강조한 바 있는 한국 예술의 가치를 재확인하면서 민간 문학의 관점에서 『조선민간고사』의 가치를 중시하고 이를 한국 민족의 문화적 정체성을 이해하는 중요한 통로로 생각하고자 한 것이다.

---

25 周作人, 「序」, 『朝鮮民間故事』, 『中國現代文學與韓國(7): 飜譯編 · 民間故事 童話 神話 傳說卷』, 108쪽. “我理論地推重朝鮮藝術與其研究的價值, 毫不改變從前的意見.” “此冊『朝鮮童話集』內共二十篇, 都是很有意思的故事, 給兒童看可以消遣, 大人看了可以從其中得好些研究比較的資料.”

26 開明(周作人), 「朝鮮傳說」, 『語絲』 第28期, 1925. 5. 25, 1쪽.

『조선민간고사』는 불문본 『한국의 이야기』에 수록된, 페르스키의 서문을 제외한 20편의 이야기를 차례대로 중국어로 옮긴 것인데, 이야기는 내용에 따라 선량하고 순박한 심성을 기리는 이야기, 남녀 간 또는 부부간의 굳건한 사랑의 이야기, 신의를 존중하는 이야기, 재치와 해학을 다룬 이야기, 풍자와 교훈을 담은 이야기 등으로 구분할 수 있다.[27] 구전 설화인 이들 이야기가 선량하고 순박한 한국인의 심성, 신의와 지조를 지키는 한국인의 윤리적 신념, 고난을 극복하고 행복을 추구하는 한국인의 굳건한 정신과 순수한 소망 등을 묘사하고 있다고 할 때, 한국에 대한 가린의 시선은 문화인류학적 문화상대주의 이념에 기대고 있었다고 하더라도 구전 설화를 채집하는 과정에서 이야기의 내용으로부터 체득한 실체적 진실에 기반하고 있었다고 보아야 한다. 페르스키도 이야기의 내용을 통해 가린의 시선에 공명하며 한국인의 보편적 윤리와 지혜를 깨달았으며, 류반눙과 저우쭤런 역시 그랬을 것이다. 요컨대 『조선민간고사』의 중역(中譯)은 외국인에 의한 한국 설화의 채집과 간행 및 다양한 언어로의 번역과 유통, 문화인류학적 문화상대주의

---

27 중문본 『조선민간고사』에 수록된 20편의 이야기를 내용에 따라 분류하면 다음과 같다(괄호 속에 있는 제목은 불문본의 이야기 제목임). 선량하고 순박한 심성을 기리는 이야기: 「沈清(심청)」(「Sim-Tchen」), 「車福(차복)」(「Tchapogui」), 「叔父(아저씨)」(「L'Oncle)」), 「鳥語(새의 말)」(「Le Langage des oiseaux」), 「奴的妻(노예의 아내)」(「La Femme de l'esclave」)/ 남녀 간 또는 부부간의 굳건한 사랑의 이야기: 「八去福(팔거복)」(「Le Huit-Fois Malheureux(여덟 가지 불행)」), 「梁與石氏(양 씨와 석 씨)」(「Nian et Tori-Si」), 「高與吉氏(고 씨와 길 씨)」(「Ko et Kili-Si」), 「月梅氏(월매 씨)」(「Volmaï」), 「誓約(서약)」(「Le Serment」)/ 신의를 존중하는 이야기: 「蓮池(연못)」(「Nen-Moï(Le Marais Des Violettes)[넨모이(제비꽃의 습지)]」), 「蜈蚣精(지네의 혼령)」(「La Scolopendre」), 「猫(고양이)」(「Les Chats」)/ 재치와 해학을 다룬 이야기: 「卜者(점쟁이)」(「Le Devin」), 「李無憂(이무우)」(「Ni-Mouéï (Sans-Souci)[니무에이(걱정이 없는)]」)/ 풍자와 교훈을 담은 이야기: 「畵家(화가)」(「L'Artiste」), 「孔夫子(공자)」(「Confucius」), 「一個不忠實的朋友(불충실한 친구)」(「Un ami indigne(가치 없는 친구)」), 「孤兒(고아)」(「Les Orphelins」), 「兩塊石(두 개의 돌)」(「Les Deux pierres」).

관점의 관류, 한국인의 심성과 한국의 문화적 정체성의 긍정 등 풍부한 문화적 함의를 지닌다.

더욱이 『조선민간고사』는 번역 과정에서 고유 명사를 음역(音譯)한 프랑스어를 한자로 바꾸는 데 한국인도 참여했다는 점에서 또 다른 의미를 갖는다. 류반눙은 『조선민간고사』의 「교감 후기」에서 "음역한 고유 명사도 러시아어 · 프랑스어의 두 가지 번역 과정을 거쳤기 때문에 읽으면 전혀 조선 음 같지 않았다. 이 점에 대해서는 다행히도 중국 국적의 조선 친구 김구경(金九經) 군이 대신 연구해주어 하나하나 적당한 한자를 찾을 수 있었다. 물론 그중에는 그다지 알맞지 않은 데도 있을 것이나 잠시 그대로 둘 수밖에 없었다"[28]라고 했다. 가린의 『조선설화』에 나오는 인명과 지명 등은 한국어 발음을 토대로 음역한 것이니 러시아어와 프랑스어의 음역을 거친 그 단어들의 발음에 근거해 알맞은 한자를 선택한다는 것은 쉬운 일이 아니었을 것이다. 그래서 류반눙은 베이징대학 중국문학계에서 '중일한 자음 연혁 비교 연구'를 강의하고 있던 한국인 김구경에게 도움을 요청했다. 김구경은 당시 한자의 자음(字音)을 연구하고 있어 한국인으로서 음역된 글자의 발음에 근거해 한국어 단어를 추정해내고 그에 알맞은 한자를 선택하는 데 적임자였을 것이다.

김구경이 프랑스어 발음에 근거해 인명, 국명, 지명 등의 한국어 단어를 추정해내고 그것을 한자로 옮긴 것으로 짐작되는 몇 가지 실례를 들어보자. 김구경은 「심청」 이야기에서 불문본의 'San-Nara'를 '宋國'으로 옮겼는데, 「심청전」은 이본(異本)이 여러 종류가 있으니 작

28 劉半農, 「校後語」, 『朝鮮民間故事』, 『中國現代文學與韓國(7): 飜譯編 · 民間故事 童話 神話傳說卷』, 112쪽.

품 배경이 유리국인 것도 있고 송나라 말기의 황주 도화동인 것도 있어 'San-Nara'를 '송나라'로 읽어 '宋國'으로 옮긴 것이다. 또 'Sim-Tchen'을 '심청'으로 읽어 '沈淸'으로, 'Sim-Poissa'를 '심 봉사'로 읽어 '沈奉事'로 옮겼으며, 심청의 어머니 'Vansi'를 '왕 씨'—원래 「심청전」에서는 곽씨 부인(郭氏夫人)으로 나옴—로 읽어 '王氏'로 옮겨놓았다. 김구경은 「이무우(李無憂)」 이야기에서 불문본의 'Ni-Men-San'을 '이문산'으로 읽어 '李文山'으로 옮겼고, 'Ni-Mouéï'는 불문본의 제목 「Ni-Mouéï(Sans-Souci)」에 근거해 괄호 속의 '걱정이 없는(Sans-Souci)'이라는 뜻을 살리면서 'Ni-Mouéï(니무에이)'의 발음도 고려해 '李無憂'로 옮겼다. 추측건대 'Mouéï'는 막힘이나 걸림이 없다는 뜻의 '무애(無碍)'를 음역한 것이 아닌가 한다. '이무애(李無碍)'의 발음을 러시아어로 음역하는 과정에서 'Ни-муей(니무에이)'로, 그것이 프랑스어로 음역되어 'Ni-Mouéï(니무에이)'로 된 것으로 보인다. 또한 'Bouyou-oni'를 문맥에 따라 '부유옹+이'로 읽고, 사람을 일컫는 말에 덧붙이는 접미사 '이'를 생략해 '富裕翁'으로 옮겼다. 김구경은 「월매 씨(月梅氏)」 이야기에서 불문본의 'Kosmi-Dzon-Tvan'이라는 말을 '공민대왕'으로 읽어 '恭愍大王'으로, 'Volmaï-Si'를 '월매 씨'로 읽어 '月梅氏'로 옮겼으며, 'Orou-Chonsen'을 '오루 선생'으로 읽고, '오루'를 '오륜'의 음역으로 판단해 '五倫 先生'으로 옮겼다.[29]

이렇게 보면 『조선민간고사』는 비록 류반눙의 딸인 류샤오후이가 번역했다고는 하나 류반눙이 교열을 본 데다가 김구경이 프랑스어 발음에 근거해 한국어 단어를 추정해내고 그것을 한자로 바꾸는 작업을

29 『조선민간고사』에서 김구경이 프랑스어 발음에 근거해 한국어 단어를 추정하고 그것을 한자로 옮긴 것으로 짐작되는 예는 18편의 이야기에서 두루 확인할 수 있다.

진행했으니, 한중 학자의 공동 결과물이라고 해도 좋을 것이다.

3. 쉬베이훙이 그린 삽화의 특징과 그 의의

불문본 『한국의 이야기』에는 쉬베이훙(徐悲鴻)이 그린 삽화 15폭이 수록되어 있는데, 류반눙이 중문본을 출판할 때도 불문본에 수록된 삽화를 쉬베이훙의 동의를 얻어 그대로 실었다. 쉬베이훙은 『한국의 이야기』에 실린 20편의 이야기 중에서 15편의 이야기에 삽화를 그렸는데, 「차복이(Tchapogui)」(중문본 「車福」)의 삽화에 '갑자 중추, 베이훙(甲子中秋 悲鴻)'이라는 서명이 있는 것으로 보아 대체로 갑자년 중추절, 즉 1924년 9월 13일 전후로 삽화를 그렸을 것이라고 짐작된다.[30] 쉬베이훙은 1919년부터 프랑스에서 유학했는데, 유학을 시작한 지 5년째 되는 해인 1924년 무렵 프랑스어로 된 한국의 설화를 읽고 그 내용을 토대로 삽화를 그렸다. 페르스키는 『한국의 이야기』의 서문에서 "이 이야기에 실려 있는, 중국 예술가 쉬베이훙이 아름답게 그린 삽화는 대단히 독창적이다"[31]라고 평했는데, 쉬베이훙의 삽화는 한국 설화를 프랑스 독자들에게 시각적 이미지로 전달하는 데 중요한 역할을 했을 것이다. 그 삽화는 『조선민간고사』에도 수록되어 있으므로 중국 독자들에게도 동일한 역할을 했을 것이다.

---

30 쉬베이훙의 삽화 중에는 '베이훙(悲鴻)', '갑자 중추 베이훙(甲子中秋 悲鴻)'이라는 서명이 있는 것도 있고, '강남 쉬생(江南徐生)', '베이훙지화(悲鴻之畵)'라는 인장이 찍혀 있는 것도 있다. 또한 '베이훙(悲鴻)'이라는 서명과 함께 '쉬베이훙인(徐悲鴻印)'이라는 인장이 찍혀 있는 것도 있고, 서명이나 인장이 없는 것도 있다.

31 Serge Persky, "Préface", *Contes Coréens*. "Ces' contes si joliment illustrés par l'artiste chinois M. Ju-Péon sont d'une originalité extrême."

쉬베이홍의 삽화는 이야기에서 극적인 순간의 장면을 잘 포착해 생동적이고 우아하게 그린 그림으로, 독창적인 작품으로 평가할 수 있다. 류반눙은 『조선민간고사』의 「교감 후기」에서 "이들 이야기는 러시아어 및 프랑스어로 크게 두 바퀴 돌았으니 일부 문장은 뚜렷한 서방적 색채(西方色彩)를 띠게 되었다. 번역할 때 당연히 그대로 옮겨올 수밖에 없었고, 이야기의 동방적 분위기(東方氣)를 함부로 회복할 수는 없었다"[32] 라고 했는데, 그의 말대로 러시아어에서 프랑스어를 거쳐 중국어로 번역되는 과정에서 한국 설화가 지닌 원래의 '동방적 분위기'(한국적 분위기)는 희석될 수밖에 없었을 것이다. 하지만 쉬베이홍의 삽화가 들어감으로써 그림의 시각적 이미지로 인해 류반눙이 말한 '동방적 분위기'가 더해졌다.

쉬베이홍의 삽화가 한국 설화를 어떻게 시각적 이미지로 재현하고 있는지 몇 가지 예를 들어 살펴보자. 먼저 불문본 『한국의 이야기』의 속표지 그림으로 사용된 쉬베이홍의 삽화를 보자. 『한국의 이야기』의 속표지 그림은 열여섯 번째 이야기인 「새의 말(Le Langage des oiseaux)」(중문본 「鳥語」)을 위해 그린 삽화인데, 이 삽화가 속표지 그림으로 사용된 것은 그것이 한국 설화의 전체 분위기를 시각적 이미지로 잘 전달할 수 있다고 판단되었기 때문일 것이다. 「새의 말」 이야기의 개략적인 내용은 다음과 같다.

새들이 지저귀는 소리를 알아듣는 이지(李智)라는 사람이 길을 가다가 까마귀가 그에게 '가오, 가오'('함께 가자'는 뜻)라고 지저귀자 까마귀를 좇아가게 되었다. 어떤 곳에 다다른 그는 고깃덩어리를 발견하고 그

32 劉半農, 「校後語」, 『朝鮮民間故事』, 『中國現代文學與韓國(7): 飜譯編 · 民間故事 童話 神話傳說卷』, 112쪽.

『한국의 이야기(Contes Coréens)』의 속표지 그림[33]

Un corbeau lui criait : « Kao, kao ».

「새의 말(Le Langage des oiseaux)」의 삽화[34]

것으로 국을 끓이고 있었다. 그때 누군가가 다가와 이지에게 자기의 소를 죽였다고 비난하며 그를 재판관에게 데려갔다. 재판관은 이지를 감옥에 가두었는데, 마침 제비 새끼 한 마리가 둥지에서 창문을 통해 감옥에 있던 이지의 무릎에 떨어지자 그는 자신의 침을 먹이며 제비 새끼를 가슴에 품고 있었다. 다음 날 아침 재판관에게 불려간 이지는 머리 위에 맴도는 제비 한 마리가 울어대는 원인이 무엇인지 묻는 재판관의 질문에 그것은 새끼를 돌려달라고 애원하는 어미 제비의 울음이

33 朴大憲, 『西洋人이 본 朝鮮: 朝鮮關係 西洋書誌』(하권, 壺山房, 1996), 726쪽 사진 참조.

34 그림 아래에 있는 설명은 다음과 같다. 불문본: Un corbeau lui criait: ≪Kao, kao≫(까마귀가 그에게 소리쳤다. “가오, 가오”). 중문본: 一只飛的烏鴉向他喊: “嗃! 嗃!”(날아가는 까마귀 한 마리가 그에게 소리쳤다. “가오! 가오!”).

라고 답했다. 과연 제비 새끼를 둥지에 넣어주니 어미 제비가 날아와서 이지에게 고맙다는 의미로 '칙칙' 소리를 내고는 잠잠해졌다. 이에 재판관은 '자네는 어떠한 악한 일도 할 수 없는 그런 사람인 듯하다'고 말하며 이지를 풀어주었다는 이야기이다.

이 이야기는 동물인 새와 교감하며 살아가는 이지라는 인물의 선량한 심성을 묘사하고 있는데, 쉬베이홍의 삽화는 평화로운 전원을 배경으로 선량한 얼굴을 한 이지가 마치 새와 직접 교감하며 새를 따라가는 듯이 생동적이고 낭만적으로 표현되어 강한 흡인력을 지닌다. 이 삽화가 『한국의 이야기』의 속표지 그림으로 선택된 것은 바로 그 흡인력 때문인 듯하며, 게다가 이 삽화에는 '베이홍(悲鴻)'이라는 서명도 있고 '쉬베이홍인(徐悲鴻印)'이라는 인장도 찍혀 있어 속표지 그림으로 사용하기에 적합했을 것이다.

다음으로 첫 번째 이야기인 「여덟 가지 불행(Le Huit-Fois Malheureux)」(중문본 「八去福」)의 삽화를 보자. 이 이야기의 개략적인 내용은 다음과 같다.

「여덟 가지 불행(Le Huit-Fois Malheureux)」의 삽화[35]

35 그림 아래에 있는 설명은 다음과 같다. 불문본: Il arrêta sa monture et dit ≪ Aime-moi! sois ma femme!≫(그는 소를 멈추고 말했다. "나를 사랑해주오! 내 아내가 되어주오!"). 중문본: 他停住了他的牛, 向她說: "愛我吧! 做我的妻!"(그는 소를 멈추고 그녀를 향해 말했다. "나를 사랑해주오! 내 아내가 되어주오!").

여덟 가지 불행을 타고난, 즉 '팔거복(八去福)'인 황동(黃童)이라는 사람이 주(周) 씨라는 여인을 만나 서로 사랑해서 결혼했으나 팔거복의 불행이 주 씨에게도 전해져 주 씨마저 불행해지자 팔거복은 아내를 생각해서 집을 떠난다. 주 씨는 남편에 대한 사랑을 끝까지 지키기 위해 자신의 재산을 모두 가난한 사람들에게 나눠주고 고향을 떠나 남편을 찾아 나선다. 길을 가는 도중에 소를 타고 오는 잘생긴 젊은이를 만나게 되고, 그 젊은이는 주 씨에게 아내가 되어줄 것을 간청한다. 그렇지만 주 씨는 팔거복인 남편과의 사랑을 지키기 위해 그 젊은이의 청을 거절하고 오누이의 인연을 맺기로 한다.

이 이야기의 삽화는 바로 소를 타고 오는 잘생긴 젊은이가 주 씨에게 아내가 되어주기를 간청하고, 주 씨는 몸가짐을 조심하며 몸을 뒤로 살짝 기울이는 순간의 장면을 포착해 그린 그림이다. 팔거복이라 하더라도 남편과의 사랑의 믿음을 지키기 위해 잘생긴 젊은이의 간청을 거절하면서도 그 호의를 존중하는, 지조 있는 여인인 주 씨의 이미지를 아름답고 절제된 모습으로 묘사하고 있다. 이 삽화에서 젊은이는 꽃과 이삭을 몸에 두른 채 소를 타고 오는 모습으로 그려져 있는데, 쉬베이훙은 불문본에 나오는 'fleurs et d'épis'(꽃과 이삭)이라는 말에 따라 정확하게 세부 묘사를 한 것이다.

여섯 번째 이야기인 「니무에이(Ni-Mouéï)」(중문본 「李無憂」)의 삽화를 보자. 이 이야기의 개략적인 내용은 다음과 같다.

아들 열두 명과 딸 한 명을 두고 다달이 자식 집을 옮겨 다니며 아무 걱정거리 없이 지내는 이문산(李文山)을 중국 황제가 기이하게 여겨 그를 불러서 상황을 물었다. 그리고 진주를 건네면서 잘 보관하고 있다가 자기가 보고자 할 때 다시 그 진주를 가져와야 하며 그렇지 않으면 불행이 닥칠 것이라고 일렀다. 이문산은 진주를 소중하게 가지고 집으로 돌아가는데, 황제가 보낸 병사가 몰래 그 진주를 훔쳐서 강에 던져버렸다. 진주를 잃어버린 사실을 알게 된 이문산은 몹시 근심하며 뜬눈으로 밤을 지새웠다. 아침이 되어 배가 고파진 그는 물고기 장수에게 물고기를 사서 배를 갈랐는데 그 속에서 진주를 되찾게 되었다. 마침 중국 황제가 그를 데려오라고 명해 진주를 보여달라고 했고, 이문산이 진주를 내밀자 잃어버린 것으로 알았던 진주를 눈앞에서 보고 놀란 황제는 이문산으로부터 자초지종을 듣게 되었다. 이야기를 듣고 난 황제는 상제(上帝)와 해왕(海王)이 그대를 도와준 것이라 말하고 이문산을 '이무우(李無憂)'라고 불렀고, 이후 사람들은 이무우를 '부유옹(富裕翁)'이라 불렀다는 이야기이다.

Ni-Men trouve la perle dans les entrailles du poisson.

「니무에이(Ni-Mouéï)」의 삽화[36]

이 이야기의 삽화는 이문산이 진주를 내밀며 물고기의 배에서 진주를 되찾게 된 경위를 설명하는 장면을 그린 것인데, 물고기를 들고 진주를 보여주는 이문산의 모습과, 이문산의 말을 듣고 깜짝 놀라는 중국 황제의 모습이 절제된 선묘(線描)로써 생동적으로 묘사되어 있다. 이 삽화는 이야기에 묘사된 장면을 그린 것이라기보다 물고기의 배에서 진

36 그림 아래에 있는 설명은 다음과 같다. 불문본: Ni-Men trouve la perle dans les entrailles du poisson(이문산은 물고기의 내장에서 진주를 찾았다). 중문본: 他境在魚肚裏找到了那珠子(그는 마침내 물고기의 배에서 진주를 찾았다).

주를 찾게 된 내용을 시각적으로 생생하게 전달하기 위해 극적인 장면을 허구적으로 재구성해서 그린 것이다. 그래서 마치 자초지종을 설명하는 이문산의 말이 귀에 들리는 듯하다. 이 그림에는 '강남 쉬생(江南徐生)'이라는 인장이 찍혀 있는데, 중국 강남의 '이싱(宜興)' 출신인 쉬베이훙은 이 시기에 '강남 쉬생'이라는 별호도 사용한 것이다.

이번에는 열 번째 이야기인 「지네(La Scolopendre)」(중문본 「蜈蚣精」)의 삽화를 보자. 이 이야기의 개략적인 내용은 다음과 같다.

임(林) 씨라는 사람은 너무나 가난해서 죽음까지 생각했으나 한 여인으로부터 도움을 받았다. 그 여인은 임 씨에게 자기를 방문할 때는 반드시 문을 두드려야 한다고 당부했는데, 임 씨가 여인을 자주 방문하면서 두 사람은 서로 사랑하게 되었다. 결혼을 앞두고 있던 어느 날 밤 임 씨가 집을 나서서 그녀에게 가는데, 어둠 속에서 거대한 혼령이 나타나 그 여인은 지네이므로 문을 두드리지 말고 곧장 방으로 들어가야 한다고 일러주었다. 임 씨는 여인의 집에 도착해서 혼령의 말을 따르려 했으나 지네가 불쌍하다는 생각이 들어 결국 방으로 들어가기 전에 문을 두드렸다. 모든 것을 알고 있던 여인은, 그 혼령이 원래 구렁이이며 마침 그날은 천여 년 만에 여인인 지네와 혼령인 구렁이 중 하나가 사람이 되는 날이라고 설명해주었다. 임 씨가 여인과의 약속을 끝까지 지킴으로써 여인인 지네가 사람이 될 수 있었고, 두 사람은 결혼해 행복하게 살았다는 이야기이다.

이 이야기의 삽화는 임 씨가 집을 나서서 여인의 집으로 향하다가 거대한 혼령과 마주치는 장면을 그린 것인데, 혼령이 손가락으로 임 씨에게 뭔가 일러주는 순간의 장면을 매우 사실적으로 묘사하고 있다. 화면 구도에서 혼령을 근거리에 두어 더욱 크게 그리고 임 씨를 원거리에 두어 더욱 작게 그린 것, 그리고 둥근 달을 마치 혼령의 머리의 후

광처럼 거대하게 그린 것은, 혼령의 말은 따르지 않을 수 없는 위엄—비록 사악한 위엄이라 할지라도—이 있다는 점을 시각적으로 형상화하기 위한 것이다. 그리고 혼령의 뒷모습만을 그린 것은, 혼령이 정체가 모호한 사악한 존재일 수 있음을 암시한다. 임 씨는 위엄 있는 혼령의 말에도 불구하고 결국 그 말을 따르지 않고 문을 두드리고 여인의 방으로 들어감으로써 여인과의 사랑의 믿음을 지켰으니, 쉬베이훙의 삽화는 임 씨의 여인에 대한 사랑의 믿음을 돋보이게 해주는 독창적인 그림이라 할 만하다. 쉬베이훙은 이야기에서 극적인 순간의 장면을 포착해 이를 시각적 이미지로 재현하는 데 장기를 보여주고 있는데, 이야기의 언어적 진술을 회화적 진술로 전환하는 예술적 기량을 발휘한 것이다.

Un soir, un immense fantôme se dressa devant lui.

「지네(La Scolopendre)」의 삽화[37]

쉬베이훙의 삽화와 관련해 좀 더 검토할 것은 삽화 제작이 이후 그가 본격적으로 회화 작품을 창작할 때 어떤 원형적 모티프를 제공해주었을 것이라는 점이다. 쉬베이훙이 창작한 중국화(中國畵)의 일부 회화

37 그림 아래에 있는 설명은 다음과 같다. 불문본: Un soir, un immense fantôme se dressa devant lui(어느 날 저녁 거대한 혼령이 그의 앞에 서 있었다). 중문본: 他看見一個大鬼, 矗立在面前(그는 거대한 혼령을 만났는데, 그의 앞에 우뚝 서 있었다).

Ni-Men trouve la perle dans les entrailles du poisson.

「니무에이(Ni-Moueï)」의 삽화

「어부(漁夫)」

「공자학당(孔子講學)」

작품의 인물 형상과 화면 구도를 보면 그 원형적 모티프를 그의 삽화에서 찾을 수 있기 때문이다.

쉬베이훙이 1926년에 그린 「어부(漁夫)」라는 중국화 작품은 「니무에이(Ni-Mouéï)」(「李無憂」)의 삽화와 비교해 인물 형상에서 선묘의 유사한 조형적 특징을 보여준다. 두 그림에 등장하는 노인의 형상, 즉 콧수염과 턱수염이 있는 얼굴에 짧은 바지와 반소매 윗옷을 입은 노인의 모습을 그린 선묘의 필선이 비슷하다는 사실을 알 수 있다. 쉬베이훙이 1943년에 그린 중국화 「공자학당(孔子講學)」에 등장하는 인물 역시 「니무에이」의 삽화에 등장하는, 노인과 마주해 이야기를 듣고 놀란 표정을 짓는 인물 형상과 선묘의 조형적 특징을 공유한다. 의습선(衣褶線)이 비슷하고 눈의 표정을 중심으로 얼굴을 묘사하는 방식도 비슷하다.

「여덟 가지 불행(Le Huit-Fois Malheureux)」의 삽화

쉬베이훙이 1936년에 그린 「촌가도(村歌圖)」 및 1943년에 그린 「자기동래(紫氣東來)」[38]라는 중국화 작품도 「여덟 가지 불행(Le Huit-Fois Malheureux)」(「八去福」)의 삽화와 비교해볼 수 있다. 우선 「촌가도」와 「자기동래」에 등장하는 소의 형상은 삽화

38 '자기동래(紫氣東來)'는 노자(老子)가 함곡관(函谷關)을 지나기 전에 관윤(關尹)이 자줏빛 기운이 동쪽에서 오는 것을 보고 기뻐하며 장차 성인이 함곡관을 지나갈 것임을 알았다는 이야기에서 유래한 말이다.

「촌가도(村歌圖)」

「자기동래(紫氣東來)」

에서 그 원형적 모티프를 발견할 수 있다. 특히 삽화와 「자기동래」의 작품을 비교해보면 이들은 소를 타고 있는 인물이 또 다른 인물과 대화를 나누는 듯한, 회화의 서사성을 강조하는 화면 구도로 되어 있다는 점에서 유사한 조형적 특징을 보여준다.

쉬베이훙이 1937년에 그린 중국화 「파인빈부(巴人貧婦)」라는 작품도 한 인물이 화면 전체를 구성하는 구도로 되어 있다는 점에서 「고양이들(Les Chats)」(중문본 「猫」)의 삽화나 「월매(Volmaï)」(중문본 「月梅氏」)의 삽화와 유사한 조형적 특징을 보여준다. 이들 작품은 모두 한 인물의 어떤 순간 동작의 자세를 화면 전체에 배치하고 있는데, 머리에 두건을 쓴 인물의 얼굴을 윤곽선으로만 표현한 것도 서로 비슷하다.

이와 같이 쉬베이훙의 일부 중국화 작품들은 인물 형상이나 화면 구도 면에서 그의 삽화와 선묘의 조형적 특징을 공유하고 있는데, 쉬베이훙의 삽화는 이후 그의 일부 회화 작품에 어떤 원형적 모티프를 제공해주었을 것으로 추정할 수 있다. 쉬베이훙은 프랑스 유학에서 주로 사실적인 재현을 기본으로 하는 아카데미 화풍의 스승들로부터 그림을 배웠는데, 그들은 대체로 신화, 종교, 역사적인 내용을 작품 주제로 하

Le tireur d'arc porte les petits animaux.

「고양이들(Les Chats)」의 삽화

Ah! dit le charbonnier, voilà une cliente que je connais.

「월매(Volmaï)」의 삽화

「파인빈부(巴人貧婦)」

는 화풍을 지향하고 있었다. 이러한 아카데미 화풍의 역사화(歷史畵)는 쉬베이훙이 귀국한 후 본격적으로 작품을 창작할 때 작품의 주제와 표현에 큰 영향을 미치게 되는데, 그가 중국의 역사와 전설을 소재로 한 작품을 많이 제작한 것은 이러한 역사화의 방식을 차용한 것이었다. 그런데 쉬베이훙이 유학하는 동안에는 소묘를 연구하고 명화를 임모하는 것에 집중해 정작 역사화는 그리지 않았는데, 불문본 『한국의 이야기』의 삽화는 본격적인 회화 작품이 아니라 하더라도 이야기의 시각적 재현이라는 점에서 그가 배우고 지향하던 역사화의 양식적 특징과 분명 연관된 것이었다. 말하자면 쉬베이훙은 불문본 『한국의 이야기』의 삽화를 그리는 과정에서 이야기(故事)를 시각적 이미지로 재현하는 회화 창작 방법의 가능성을 깨달았고, 이후 본격적으로 회화 작품을 창작할 때 그러한 방법을 적극 활용한 것이다. 그의 대표적인 회화 작품 「전횡오백사(田橫五百士)」(1928-1930, 유화), 「구방고(九方皐)」(1931, 중국화), 「해아후(徯我后)」(1930-1933, 유화), 「우공이산(愚公移山)」(1940, 중국화) 등도 중국의 역사와 전설의 이야기를 소재로 하고 있다는 점에서 그의 삽화 작업과 무관하지 않아 보인다.

요컨대 쉬베이훙의 삽화는 이야기에서 감동적이고 극적인 순간의 장면을 재구성해 인물 중심의 절제된 선묘 형식으로 생동적이고 우아하게 표현함으로써 한국의 이야기를 훨씬 품위 있게 만드는 데 공헌한 것이다. 이들 삽화의 독창적인 화면 구성과 조형적 특징을 고려할 때, 그것이 습작이라 하더라도 일정한 예술적 성과를 인정할 수 있을 것이다. 더욱이 쉬베이훙의 삽화는 이후 그가 본격적으로 회화 작품을 창작할 때 일부 중국화 작품에 원형적 모티프를 제공하고 있다는 점에서도 나름의 가치를 갖는다. 다만 짚고 넘어가야 할 것은 쉬베이훙의 삽화가 한국 설화를 대상으로 하고 있음에도 불구하고 중국적 이미지를 적극적으로 사용하고 있다는 점이다. 쉬베이훙은 중국 남방의 이싱 출신인 만큼 그가 경험적으로 익숙한 중국 남방의 여러 가지 형상을 삽화에 활용했는데, 인물의 차림새, 소의 형상, 집의 형태 등은 대체로 중국 남방 지역의 것이다. 그래서 『한국의 이야기』의 삽화는 한국적 이미지를 재현한 것이라기보다는 중국적 이미지를 재현한 것에 더 가깝다. 쉬베이훙은 자신이 익숙한 중국적 이미지를 즐겨 사용함으로써 동방적 이미지—류반눙이 말한 '동방적 분위기'—를 재현하는 데 역점을 둔 것이다.

4. 『조선민간고사』의 한국 구비 문학에서의 위상

가린의 『조선설화(Корейские сказки)』는 민간에서 구전되어온 한국 설화를 채록해 간행한 최초의 활판본 한국 설화집으로 평가된다. 그것이 불문본 『한국의 이야기(Contes Coréens)』를 거쳐 중문본 『조선민간고사(朝鮮民間故事)』로 번역 출간된 것은 풍부한 문화적 함의를 지닌다. 가린은 『조선설화』의 서문에서 밝히고 있듯이 한국 설화를 통해 선량하고 순박한 한국인의 아름다운 심성과, 신의와 지조를 지키며 행복을 추구하는 한국인의 굳건한 정신과 순수한 소망을 전하고자 했는데, 이러한 가린의 시선은 『한국의 이야기』를 거쳐 『조선민간고사』에도 관류해 페르스키의 서문이나 저우쭤런의 서문에도 분명하게 나타나 있다. 그들은 모두 문화인류학적 또는 민속학적 문화상대주의 관점을 공유하며 한국인의 심성과 한국인의 문화적 정체성을 긍정하는 시각을 드러내고 있는바, 이는 한국 설화가 담고 있는 보편적 윤리와 지혜에 주목한 결과이다. 더욱이 불문본 『한국의 이야기』 및 중문본 『조선민간고사』에는 쉬베이훙이 그린 15폭의 삽화가 함께 실려 있어 또 다른 가치를 지닌다. 쉬베이훙의 삽화는 절제된 선묘 형식으로 이야기의 극적인 순간의 장면을 생동적이고 우아한 시각적 이미지로 재현하고 있어 독창적인 작품으로 평가할 수 있는데, 한국 설화를 '동방적 분위기'를 더한 품위 있는 이야기로 만드는 데 크게 공헌했다. 쉬베이훙은 삽화 제작을 통해 이야기(故事)의 언어적 진술을 회화적 진술로 전환하는 예술적 기량을 발휘했는데, 삽화가 이후 그의 일부 중국화 작품 창작에 원형적 모티프를 제공해주었다는 점에서도 주목할 만하다.

끝으로 가린의 『조선설화』와 불문본 『한국의 이야기』 및 중문본 『조선민간고사』가 갖는 한국 구비 문학에서의 위상을 언급할 필요가 있다. 한국에서 심의린(沈宜麟)이 1926년 최초의 한글 설화집인 『조선동화대집(朝鮮童話大集)』을 출간하고 손진태(孫晉泰)가 1930년 『조선민담집(朝鮮民譚集)』을 간행하기 이전에는 주로 일본인들이 한국의 민담·전설·동화 등을 조사하고 수집, 간행했다. 일본인이 간행한 것으로는 다카하시 도루(高橋亨)가 1910년 서울의 일한서방(日韓書房)에서 간행한, 한국의 대표적 구전 설화를 포함해 설화 24편과 고전소설 4편 등을 수록한 『조선 이야기집과 속담(朝鮮の物語集附俚諺)』이 있고, 다나카 우메키치(田中梅吉)가 채집한 조선의 설화를 동화로 가공해 제출한 것을 조선총독부 학무국에서 1924년에 펴낸 『조선동화집(朝鮮童話集)』이 있다. 이들은 근대 초기에 나온 일본어로 기록한 한국의 설화집인데, 한국의 구비 문학 연구에서 일정한 영향을 끼친 문헌으로 평가받는다. 그런데 다카하시 도루의 『조선 이야기집과 속담』은 선험적으로 한국의 설화를 부정적으로 인식하고 그 밑에 깔린 민중들의 정신을 다소 저급하게 평가했다는 점도 지적되고 있으며,[39] 「혹부리 영감」이나 「나무꾼과 선녀」의 경우처럼 설화 고유의 원형이 윤색되고 변질된 부분이 상당수 있을 것으로 추정되기도 한다.[40] 다나카 우메키치의 『조선동화집』은 1913년에 조선총독부 학무국에 제출된 '전설 동화 조사' 보고서에서 많은 설화를 취해 개작한 것으로 분석되기도 한다.[41] 이러한 상황을 고려하면 가린의 『조선설화』는 러시아어로 간행된 것이기는 하나 1898년이라는 이른 시기에 이야기가 채집된 데다가 가린이 서문에서 밝히고 있듯이 한국인 이야기꾼의 구술을 그대로 번역해 기록한 것이라 한국 설화의 원형을 잘 보존하고 있는 문헌으로 보아도 손색이 없다. 『조선설화』는 한국의 북부 지역이라는 특수한 일부 지역에 한정된 구전 설화만을 수록하고 있어 한국 설화를 대표한다고 할 수는 없지만, 그 문헌적 가치는 인정할 수 있을 것이다. 불문본 『한국의 이야기』와 중문본 『조선민간고사』는 각각 1925년과 1932년에 출판되었지만, 이들은 가린의 『조선설화』를 저본으로 한 것인 만큼 동일한 문헌적 가치를 인정할 수 있다. 더욱이 『조선설화』는 이야기의 내용과 더불어 한국을 바라보는 가린의 긍정적인 시선이 더해짐으로써 한국인의 아름다운 심성, 굳건한 정신, 순수한 소망을 유럽에 알리는 데 크게 공헌했으니 한국 구비 문학 연구에서 소홀히 다룰 수 없는 텍스트이다. 『한국의 이야기』의 서문에서 드러나는 페르스키의 시선이나 『조선민간고사』의 서문에서 드러나는 저우쭤런의 시선 역시 가린의 시선에 공명하고 있어 『한국의 이야기』와 『조선민간고사』도 한국 구비 문학 연구에서 빠뜨릴 수 없는 텍스트임이 분명하다.

---

39 권혁래, 『일제 강점기 설화·동화집 연구』(고려대학교 민족문화연구원, 2013), 25쪽 참조.
40 권혁래, 『일제 강점기 설화·동화집 연구』, 40쪽 참조.
41 김광식, 『근대 일본의 조선 구비문학 연구』(보고사, 2018), 24쪽 참조.

참고문헌

「謹奉賀 新年」, 『春秋』 창간호, 1941. 3.

「魯迅先生原作 阿Q正傳의 解題」, 『藝術通信』 1946. 12. 14.

「魯迅氏來日?」, 『東亞日報』 1936. 7. 28.

「魯迅作 '阿Q正傳'을 上演」, 『東亞日報』 1938. 1. 20.

「大東亞共榮圈確立의 新春을 맞이하며」, 『文章』 1941. 1.

『東亞日報』 창간호, 1920. 4. 1.

「文壇諸家의 見解(8)」, 『中外日報』 1928. 7. 2.

「三千里社主催 文學問題評論會」, 『三千里』 1934. 6.

「新刊紹介」, 『東亞日報』 1946. 11. 20.

「新刊紹介」, 『自由新聞』 1946. 12. 27.

「新春座談會: 文學의 諸問題」, 『文章』 1941. 1.

「『新興文壇』 發刊」, 『東亞日報』 1931. 10. 28.

『良友』 第25期, 1928. 4.

『藝文志』 第2輯, 新京: 藝文志事務會, 1939. 12.

「人事」, 『每日新報』 1944. 1. 21.

『日政下의 禁書 33卷』(『新東亞』 1977년 1월호 별책부록), 東亞日報社, 1977.

「조선문예가총람」, 『文章』 1940. 1.

「周作人氏陸相訪問」, 『每日新報』 1941. 4. 17.

「周作人氏以下來朝」, 『每日新報』 1941. 4. 12.

「中國文壇의 巨星 魯迅氏逝去」, 『每日申報』 1936. 10. 20.
「招請案: 世界的 政治家·思想家·文豪·科學者」, 『三千里』 1935. 12.
「편집여묵」, 『조선어문학회보』 제2호, 1931. 10.
「學生劇運動의 新烽火 魯迅先生의 阿Q正傳 上演」, 『藝術通信』 1946. 12. 7.

가린-미하일로프스키, N. G. 『조선설화』, 안상훈 역, 한국학술정보, 2006.
가린-미하일롭스키, 『러시아인이 바라본 1898년의 한국, 만주, 랴오둥반도』, 이희수 역, 동북아역사재단, 2010.
강창민, 『李陸史 詩의 硏究』, 국학자료원, 2002.
開明(周作人), 「朝鮮傳說」, 『語絲』 第28期, 1925. 5. 25.
季維龍 編, 『胡適著譯系年目錄』, 合肥: 安徽敎育出版社, 1995.
古濱修一, 『(支那現代小說集) 夜哨線』, 東京: 第一書房, 1938.
古丁, 『平沙』, 大内隆雄 譯, 東京: 中央公論社, 1940.
________, 「골목안(小巷)」, 陸史 譯, 『朝光』 1941. 6.
郜元寶, 「"末人"時代憶"超人": "魯迅與尼采"六題議」, 『同濟大學學報』 第26卷 第1期, 2015. 2.
郭延禮 主編, 『愛國主義與近代文學』, 濟南: 山東敎育出版社, 1992.
國史編纂委員會 編, 『韓民族獨立運動史資料集』(30·31), 國史編纂委員會, 1997.
권혁래, 『일제 강점기 설화·동화집 연구』, 고려대학교 민족문화연구원, 2013.
金光均, 「魯迅」, 『新天地』 제2권 제3호, 1947.
김광식, 『근대 일본의 조선 구비문학 연구』, 보고사, 2018.
金九經, 「胡適氏의 學術獨立十年計劃案」, 『朝鮮敎育』 1947. 12.
________ 校刊, 『楞伽師資記』, 待曙堂, 1932(동국대학교 중앙도서관 소장본).
________ 校刊, 『楞伽師資記』, 待曙堂, 1932(서울대학교 중앙도서관 소장본).
________ 校刊, 『校刊唐寫本楞伽師資記』, 薑園叢書, 1933(동국대학교 중앙도서관 소장본).
________ 校刊, 『校刊柳氏諺文志』, 薑園叢書, 1934(서울대학교 중앙도서관 소장본).
________ 校刊, 『重刊三學士傳』, 宋時烈 撰, 1935(서울대학교 중앙도서관 소장본).

金東成, 「내가 본 胡適 博士」, 『東亞日報』 1962. 2. 28.

金柄珉 · 李存光 主編, 『中國現代文學與韓國(6): 飜譯編 · 小說 詩歌 散文 劇本卷』, 延吉: 延邊大學出版社, 2014.

________, 『中國現代文學與韓國(7): 飜譯編 · 民間故事 童話 神話傳說卷』, 延吉: 延邊大學出版社, 2014.

金時俊, 「魯迅이 만난 韓國人」, 『中國現代文學』 제13호, 1997. 12.

김억, 『김억 평론선집』, 김진희 편, 지식을만드는지식, 2015.

김영진, 「후스(胡適)의 선종사연구와 과학방법론」, 『佛敎硏究』 제41집, 2014.

김용직 편, 『이병각 문학전집』, 푸른사상사, 2006.

________ 편저, 『김소월전집』, 서울대학교출판부, 1996.

김용직 · 손병희 편저, 『李陸史全集』, 깊은샘, 2008.

김정현, 「니체사상의 한국적 수용: 1920년대를 중심으로」, 『니체연구』 제12집, 2007.

________, 「1930년대 니체사상의 한국적 수용: 김형준의 니체해석을 중심으로」, 『니체연구』 제14집, 2008.

金哲 · 莊慶濤, 「후스의 식민지 조선 인식과 교류 양상 연구」, 『中國語文學誌』 제73집, 2020. 12.

金台俊, 「朝鮮學의 國學的 硏究와 社會學的 硏究(下)」, 『朝鮮日報』 1933. 5. 2.

김학동, 『이육사 評傳』, 새문사, 2012.

________, 『황석우 평전』, 서강대학교출판부, 2016.

김학동 · 오윤정 편저, 『황석우 전집』, 국학자료원, 2016.

김학동 · 이민호 편, 『김광균 전집』, 국학자료원, 2002.

老舍, 「開市大吉」(支那短篇), 魯夫 譯, 『人文評論』 1940. 11.

魯迅, 「故鄕」, 李陸史 譯, 『朝光』 1936. 12.

________, 『魯迅全集』(1 · 2 · 4 · 5 · 11 · 14 · 16), 北京: 人民文學出版社, 2005.

魯迅博物館 藏, 『周作人日記』(中 · 下), 鄭州: 大象出版社, 1996.

魯迅先生紀念委員會 編, 『魯迅先生紀念集』, 上海: 上海書店復印, 1979.

니체, 『디오니소스 찬가』, 이상일 역, 민음사, 1997(개정증보판).

다카하시 도루, 『식민지 조선인을 논하다』, 구인모 역, 동국대학교출판부, 2010.
短舌(金台俊), 「北平紀行: 멍텅구리 遊燕草」, 『新興』 제6호, 1932. 1.
唐俟(魯迅), 「察拉圖斯忒拉的序言」, 『新潮』 第二卷 第五號, 1920. 9.
大内隆雄 譯, 『原野』, 満人作家小説集, 東京: 三和書房, 1939.
________, 『蒲公英』, 満人作家小説集 第二輯, 東京: 三和書房, 1940.
大韓言論人會, 『韓國言論人物史話ー8 · 15前篇(下)』, 大韓言論人會, 1992.
도진순, 『강철로 된 무지개: 다시 읽는 이육사』, 창비, 2017.
瀬沼三郎, 「支那の現代文藝」, 『大支那大系(第十二卷)』 文學 · 演劇篇(下卷)
馬嘶, 『一代宗師 魏建功』, 北京: 文化藝術出版社, 2007.
민두기 편, 『신언준 현대 중국 관계 논설선』, 문학과지성사, 2000.
민태원 외, 『잃어버린 풍경 2, 1920-1940』, 이지누 엮고 씀, 호미, 2005.
박노균, 「니체와 한국문학(2): 이육사를 중심으로」, 『開新語文研究』 제31집, 2010. 6.
朴魯哲 鈔, 「中國新文學簡考(二): 白話文學主張」, 『朝鮮日報』 1928. 11. 28.
朴大憲, 『西洋人이 본 朝鮮: 朝鮮關係 西洋書誌』(하권), 壺山房, 1996.
朴英熙, 「最近 文藝理論의 新展開와 그 傾向: 社會史的及文學史的考察(五)」, 『東亞日報』 1934. 1. 8.
박영희 편, 『현대 조선문학사(외)』, 범우, 2008.
朴宰雨 · 王錫榮 編輯, 『2020 한중문학대화회 학술자료집 · 2020 中韓文學對話會學術資料集』, 2020.
박필현, 「『인문평론』에 나타난 '지나(支那)': 자기화 된 만주와 제국의 '안의 밖' 지나」, 『한국문예비평연구』 제45집, 2014. 12.
박현수, 『원전주해 이육사 시전집』, 예옥, 2008.
________, 『한 권에 담은 264 작은 문학관』, 도서출판 울력, 2016.
裵澔, 「林語堂論」, 『人文評論』 제2권 제1호, 1940. 1.
________, 「支那文學의 特質: 詩와 小說의 發展」, 『人文評論』 1940. 6.
________, 「現代中國文學과 西洋文學」, 『春秋』 1941. 7.
白鐵, 「北京 여름의 夜話」, 『세대』 제11권 제11호, 1973. 11.

傅斯年, 「朝鮮獨立運動中之新教訓」, 『新潮』 第1卷 第4號, 1919. 4. 1(影印本).
北京魯迅博物館 編輯, 『魯迅 1881-1936』, 北京: 文物出版社, 1976.
北旅東谷, 「現中國의 舊思想·舊文化의 改革으로부터 新東洋文化의 樹立에: 他山의 石으로 現中國의 新文學建設運動을 이야기함」, 『開闢』 제30호, 1922. 12.
뻬르스키, 쎄르쥬, 『文豪의 아내』, 金英 역, 梨大出版部, 1962.
西諦(鄭振鐸), 「『吶喊』」, 『說不盡的阿Q: 無處不在的魂靈』, 陳漱渝 主編, 北京: 中國文聯出版公司, 1997.
蕭超然等 編, 『北京大学校史(1898-1949)』, 北京: 北京大學出版社, 1988.
손병희 편저, 『이육사의 문학』, 이육사문학관, 2017.
孫知慧, 「忘れられた近代の知識人「金九経」に関する調査」, 『大谷學報』 94-2, 2015. 3.
宋志英, 「魯迅과 中國: 그의 十一周忌를 記念하야」, 『漢城日報』 1947. 10. 19.
申報館 編, 『最近之五十年』, 上海: 申報館, 1923.
申石艸, 「李陸史의 追憶」, 『現代文學』 1962. 12.
________, 「이육사의 인물」, 『나라사랑』 제16집, 1974. 9.
申彦俊, 「中國의 大文豪 魯迅訪問記」, 『新東亞』 1934. 4.
申應植(申石艸), 「봐레리 研究斷片」, 『文章』 1941. 4.
쑨위(孫郁), 『루쉰과 저우쭈어런』, 김영문·이시활 역, 소명출판, 2005.
야나기 무네요시, 『조선과 그 예술』, 이길진 역, 신구문화사, 1994.
梁白華, 「胡適氏를 中心으로 한 中國의 文學革命」, 『開闢』 1921. 2.
________, 「反新文學의 出版物이 流行하는 中國文壇의 奇現象」, 『開闢』 1924. 2.
吳敏, 「臺靜農、周作人筆下的韓人形象」, 『當代韓國』 2008年 夏季號.
汪衛東, 「魯迅與尼采的相遇: 中、西雙重現代轉型背景下的考察」, 『文藝爭鳴』 2014. 10.
王學謙, 「迷狂的激情與智慧: 魯迅《狂人日記》對尼采酒神的借用與共鳴」, 『文藝爭鳴』 2017. 2.
王學珍·郭建榮 主編, 『北京大學史料(第二卷·一, 1912-1937)』, 北京: 北京大學出版社, 2000.
牛山學人, 「中國新興文學의 '阿Q'時代와 魯迅」, 『東方評論』 1932. 5.
劉立善, 『日本白樺派與中國作家』, 沈陽: 遼寧大學出版社, 1995.
劉復(劉半農), 「國外民歌譯」, 『語絲』 第28期, 1925. 5. 25.
劉小蕙 譯, 『朝鮮民間故事』, 上海: 上海女子書店, 1933.
劉暘, 『古丁研究』, 東北師範大學 博士學位論文, 2015.
柳永益 · 宋炳基 · 李明來 · 吳瑛燮 編, 『李承晩 東文 書翰集(中)』, 연세대학교 출판부, 2009.
柳宗悅, 『朝鮮とその藝術』, 東京: 春秋社, 1954.
윤영춘 편역, 「現代支那詩抄」, 『人文評論』 1941. 1.
尹泰榮, 「周作人의 方法」, 『새교육』 1949. 2.
이경훈 편역, 『춘원 이광수 친일문학전집(II)』, 평민사, 1995.
李光洙, 「戰爭期의 作家的 態度: 嚴肅 · 勇壯한 題材를 取하라」, 『朝鮮日報』 1936. 1. 6.
________, 『李光洙全集(8)』, 三中堂, 1971.
李魯夫(李明善), 「周作人論」, 『人文評論』 1940. 8.
伊藤德也, 「周作人研究在日本」, 文萍 譯, 『魯迅研究月刊』 1993. 8.
李善燕 編, 『古丁作品選』, 沈陽: 春風文藝出版社, 1995.
이시준 · 김광식, 「미와 다마키(三輪環)와 조선설화집 『전설의 조선』考」, 『日本言語文化』 제22집, 2012.
李時活, 「근대성의 궤적: 이육사의 중국문학 수용과 변용」, 『동북아문화연구』 제30집, 2012.
李陸史, 「魯迅追悼文」, 『朝鮮日報』 1936. 10.
________, 「季節의 五行」, 『朝鮮日報』 1938. 12.
________, 「中國文學 五十年史」, 『文章』 1941. 4.
________, 「年輪」, 『朝光』 1941. 6.
________, 「中國 現代詩의 一斷面」, 『春秋』 1941. 6.
________, 「잃어진 故鄕」, 『주간 서울』 1949. 4. 4.

李允宰, 「建設的 文學革命論」, 『東明』 제2권 제16호, 1923. 4. 15.
이인범, 『조선예술과 야나기 무네요시』, 시공사, 1999.
李朝(李源朝), 「詩의 故鄕: 片石村에게 붙이는 斷信」, 『文章』 1941. 4.
李活(李陸史), 「新進作家 張赫宙君 訪問記: 改造社 入選 「餓鬼道」 作家」, 『朝鮮日報』 1932. 3. 29.
________, 「公認 "깽그"團, 中國青帮秘史小考」, 『開闢』 1935. 3.
________, 「中國農村의 現狀」, 『新東亞』 제6권 제8호, 1936. 8.
林學洙 譯, 「新支那文學特輯: 支那 新詩壇」, 『三千里』 1940. 6.
張菊香, 「周作人的一篇佚文」, 『魯迅研究月刊』 第1期, 1999.
張釗貽, 『魯迅: 中國"溫和"的尼采』, 北京: 北京大學出版社, 2011.
前間恭作, 『韓語通』, 東京: 丸善株式會社, 1909.
錢理群, 『周作人傳』, 北京: 北京十月文藝出版社, 1994.
정각(淨覺), 『능가사자기』, 박건주 역주, 운주사, 2011.
丁東(丁來東), 「現代中國文學의 新方向」, 『新民』 제5권 제42호, 1928.
丁來東, 「中國 新詩壇의 彗星 '徐志摩'를 弔함(上)」, 『東亞日報』 1931. 12. 2.
________, 「中國 新詩壇의 彗星 '徐志摩'를 弔함(中)」, 『東亞日報』 1931. 12. 3.
________, 「中國民間文學概說」, 『東亞日報』 1931. 12. 27.
________, 「李光洙氏의 꿈: 그의 空想을 打破함」, 『第一線』 1932. 10.
________, 「中國文壇現狀(下)」, 『東亞日報』 1933. 10. 27.
________, 「海外文學 研究者의 任務(一)」, 『東亞日報』 1933. 12. 22.
________, 「彫刻小說과 羅列小說」, 『中央』 1934. 8.
________, 「周作人과 中國의 新文學」(一·三·四·五·七·八·九·完), 『朝鮮中央日報』 1934. 9. 30-10. 13.
________, 「中國의 國故整理에 대한 諸說」(1·7·完), 『東亞日報』 1934. 11. 2·11·13.
________, 「中國 文人 印象記(二): 才氣와 精力이 横溢한 文人 또 學者인 胡適氏」, 『東亞日報』 1935. 5. 2.
________, 「中國 文人 印象記(三): 孤獨과 諷刺의 象徵인, 지금은 左傾한 魯迅

氏」, 『東亞日報』 1935. 5. 3.

________, 「中國 文人 印象記(四): 精密·堅忍·謙讓하고 終始一如한 周作人氏」, 『東亞日報』 1935. 5. 4.

________, 「支那新作家集 夜哨線」, 『人文評論』 창간호, 1939. 10.

________, 「外國文學專攻의 辯(9)」, 『東亞日報』 1939. 11. 16.

________, 「偉大한 中國作家 魯迅의 回憶(上): 그의 紀念講演會를 열면서」, 『東亞日報』 1947. 10. 21.

________, 『丁來東全集』(I · II), 金剛出版社, 1971.

________ 譯, 「胡適의 自己思想紹介 - 原名 「介紹我自己的思想」」, 『朝鮮日報』 1931. 6. 14.

정문길·최원식·백영서·전형준 편, 『발견으로서의 동아시아』, 문학과지성사, 2000.

정병욱, 「잊지 못할 윤동주의 일들」, 『나라사랑』 제23집, 1976. 6.

曹伯言 整理, 『胡適日記全編』(1 · 2 · 6 · 7), 合肥: 安徽教育出版社, 2001.

曹伯言·季維龍 編著, 『胡適年譜』, 合肥: 安徽教育出版社, 1986.

鐘叔河 編訂, 『周作人散文全集』(2 · 4 · 5 · 9 · 10 · 13), 桂林: 廣西師範大學出版社, 2009.

佐藤春夫·增田涉 共譯, 『魯迅選集』, 東京: 岩波書店, 1935.

周作人, 「序」, 『朝鮮民間故事』, 上海: 上海女子書店, 1933.

________, 『魯迅的故鄉』, 上海: 上海出版公司, 1953.

________, 『周作人散文』 第四集, 張明高·范橋 編, 北京: 中國廣播電視出版社, 1992.

________, 『周作人全集(一)』, 台北: 藍燈文化事業股份有限公司, 1992.

________, 「周作人致長島豊太郎」(『新しき村』 1920. 12), 董炳月 譯, 『中國現代文學研究叢刊』 第2期, 1998.

中國社會科學院文學研究所魯迅研究室 編, 『魯迅研究學術論著資料滙編 1(1913-1936)』, 北京: 中國文聯出版公司, 1985.

中國版畫年鑑編輯委員會 編, 『中國版畫年鑑 1985』, 沈陽: 遼寧美術出版社, 1986.

增田涉,「魯迅傳」,『改造』 1932. 4.
陳漱渝 主編,『說不盡的阿Q: 無處不在的魂靈』, 北京: 中國文聯出版公司, 1997.
陣暉,「魯迅對尼采《查拉圖斯特拉如是說》的譯介」,『湖南人文科技學院學報』 2016. 8.
天台山人(金台俊),「文學革命後의 中國文藝觀: 過去十四年間」(1 · 4 · 8 · 18),『東亞日報』 1930. 11. 12 · 16 · 26, 12. 8.
________,「新興中國 文壇에 活躍하는 重要 作家(二)」,『每日申報』 1931. 1. 3.
________,「新興中國 文壇에 活躍하는 重要 作家(四)」,『每日申報』 1931. 1. 7.
天行(魏建功),「僑韓瑣談(八): 華韓間之愛憎」,『語絲』 142期, 1927. 7. 30.
靑園(柳樹人) 譯,「狂人日記」,『東光』 1927. 8.
최상욱,『차라투스트라는 이렇게 말했다 메타포로 읽기』, 서광사, 2016.
春園(李光洙),「成造記(感想)」,『三千里』 1936. 1.
심원섭,「이육사의 서지마(徐志摩) 시 수용 양상」,『우리文學硏究』 제6 · 7집, 1988.
프리드리히 니체,『차라투스트라는 이렇게 말했다』, 장희창 역, 민음사, 2004.
하타야마 야스유키(畑山康幸),「『경성일보(京城日報)』에 게재된 李樺의 판화 <魯迅先生木刻像>」,『근대서지』 제19호, 2019. 6.
胡頌平,『胡適之先生晩年談話錄』, 北京: 中國友誼出版公司, 1993.
胡適,『胡適論學近著』 第一集(影印本), 北京: 朝華出版社, 2018.
________,『胡適文存』 第二集, 上海: 亞東圖書館, 1924.
________,『國語文學史』, 北京: 北京文化學社, 1927.
________,「莊子 時代의 生物進化論」, 洪性翰 譯,『新東亞』 제6권 제8호, 1936. 8.
________,『胡適自傳』, 合肥: 黃山書社, 1986.
________,『胡適學術文集: 語言文字硏究』, 北京: 中華書局, 1993.
________,『胡適書信集(上)』, 北京: 北京大學出版社, 1996.
________,『胡適文集(10)』, 北京: 北京大學出版社, 1998.
홍석표,「루쉰(魯迅)과 그 제자들 그리고 '조선' 인식」,『中國語文學誌』 제47집, 2014. 6.
________,『근대 한중 교류의 기원: 문학과 사상 그리고 학문의 교섭』, 이화여자

대학교출판부, 2015.

________, 『루쉰과 근대 한국: 동아시아 공존을 위한 상상』, 이화여자대학교출판문화원, 2017.

洪性翰, 「魯迅印象記」, 『四海公論』 1936. 4.

홍순애, 「근대계몽기 외국인 여행서사의 표상체계와 문화상대주의: 러시아 가린-미하일롭스키의 『한국, 만주, 랴오둥반도 기행』을 중심으로」, 『한민족문화연구』 제34집, 2010. 8.

黃開發, 『周作人研究: 歷史與現狀』, 沈陽: 遼寧人民出版社, 2015.

黃喬生, 『魯迅像傳』, 貴陽: 貴州出版集團 · 貴州人民出版社, 2013.

黃錫禹, 「나의 八人觀」, 『三千里』 1932. 4.

________, 「北風來!」, 『三千里』 1932. 12.

황호덕, 「변비와 설사, 전향의 생정치(生政治): 「無明」의 이광수, 식민지(감옥)의 구멍들」, 『상허학보』 제16집, 2006. 2.

후스, 『중국문학 50년 1872-1922』, 김수연 역, 서울대학교출판문화원, 2018.

Persky, Serge, "Préface", *Contes Coréens*, Paris: Librairie Delagrave, 1925.

Suh, Dae-Sook (Edited and Translated, with an Introduction), *The Writings of Henry Cu Kim: Autobiography with Commentaries on Syngman Rhee, Pak Yong-man, and Chon Sun-man*, Hawaii: University of Hawaii Press, 1987.

Гарин-Михайловский, Н. Г., *Корейские сказки*, СПб.: Энергия, 1904.

(Garin-Mikhailovskii, Nikolai, *Koreiskie skazki*, St. Petersburg: Energia, 1904.)

출전

이 책에 실린 글 중에 미발표 원고인 「한중 문학의 대화와 동아시아 문학」을 제외하고 본문을 구성하는 9편의 글은 모두 국내외 전문 학술지에 발표된 것이다. 이 책을 구성하면서 학술서로서의 완성도를 높이고 글들이 유기적으로 연계될 수 있도록 기발표 원고를 부분적으로 수정·보완했음을 밝혀둔다.

서장: 한중 문학의 대화와 동아시아 문학

미발표 원고

제1장 루쉰 문학의 비평과 번역

「이육사의 루쉰(魯迅) 문학 비평과 〈고향(故鄕)〉 번역: 저널리즘적 글쓰기에서 문예적 글쓰기로의 전환」, 『중국문학』 제107집, 2021. 5.

제2장 소품(소설) 창작과 니체의 수용 그리고 루쉰 문학

「이육사(李陸史)의 니체 수용과 루쉰(魯迅)」, 『중국현대문학』 제95호, 2020. 10.

제3장 후스 문학사 저작의 번역과 구딩 단편소설의 번역

「이육사의 후스(胡適) 문학사 저작의 번역과 구딩(古丁) 단편소설의 번역」, 『중국현대문학』 제98호, 2021. 7.

제4장 시 창작과 쉬즈모 시의 번역

「이육사(李陸史)의 쉬즈모(徐志摩) 시(詩) 번역의 양상: 시창작이 번역에 미친 영향」, 『중국현대문학』 제88호, 2019. 1.

제5장 루쉰의 초상 이미지와 작품 텍스트의 유전(流傳)

"The Shaping of Lu Xun's Public Image and His Portrait Images", *Frontiers of Literary Studies in China*, Vol. 13 No. 4, 2019. 12.

제6장 후스와 김현구 그리고 김구경: 한글 자모의 이해와 중국 선종사(禪宗史) 연구

「후스(胡適)와 김현구 그리고 김구경: 한글 자모의 이해와 중국 선종사(禪宗史) 연구」, 『중국현대문학』 제96호, 2021. 1.

제7장 한중 문예 교류의 확대와 저우쭤런 문예의 비평

「근대시기 한국의 周作人 비평과 인적(人的) 교류」, 『중국어문학지』 제62집, 2018. 3.

「1930年代東亞對周作人的評價: 以丁來東的周作人評論爲例」, 『濟南大學學報』(社會科學版) 第29卷 第1期, 2019(이 글은 위의 논문을 토대로 해서 새로 쓴 것으로 1930년대 동아시아에서 진행된 저우쭤런에 대한 비평을 다루었음).

제8장 저우쭤런의 동아시아 문명 의식과 한국 문화 인식

「周作人的"東亞文明"意識」, 『文化論集』 第55号, 早稻田大學, 2019. 9.

제9장 『조선민간고사』의 중역과 쉬베이홍의 삽화

「『조선민간고사(朝鮮民間故事)』의 중역(中譯)과 쉬베이홍(徐悲鴻)의 삽화」, 『중국어문학지』 제74집, 2021. 3.

찾아보기

■ 인명

■ 작품 및 작품집

한중 문학의 대화

이육사와 루쉰 그리고 한중 상호 문화 인식

펴낸날 1판 1쇄 2021년 8월 19일
지은이 홍석표
펴낸이 이승아
펴낸곳 이화여자대학교출판문화원
주소 서울특별시 서대문구 이화여대길 52 (우03760)
등록 1954년 7월 6일 제9-61호
전화 02) 3277-2965 (편집), 362-6076 (마케팅)
팩스 02) 312-4312
전자우편 press@ewha.ac.kr
홈페이지 www.ewhapress.com
본문디자인 정혜진
찍은곳 (주)현문자현

ISBN 979-11-5890-435-7 93820
값 29,000원